Die Eigentümlichkeit des Weinkaufs

Pia Friedrich

Die Eigentümlichkeit des Weinkaufs

Über die Sonderstellung der emptio vini im römischen Vertragsrecht

Springer

Pia Friedrich
Juristische Fakultät
Ludwig-Maximilians-Universität München
München, Deutschland

Zugleich Inaugural-Dissertation zur Erlangung der Doktorwürde der Hohen Juristischen Fakultät der Ludwig-Maximilians-Universität München; Jahr 2025, Referent Prof. Johannes Platschek.

ISBN 978-3-658-50366-6 ISBN 978-3-658-50367-3 (eBook)
https://doi.org/10.1007/978-3-658-50367-3

Die Deutsche Nationalbibliothek verzeichnet diese Publikation in der Deutschen Nationalbibliografie; detaillierte bibliografische Daten sind im Internet über https://portal.dnb.de abrufbar.

Planung/Lektorat: Karina Kowatsch
Springer ist ein Imprint der eingetragenen Gesellschaft Springer Fachmedien Wiesbaden GmbH und ist ein Teil von Springer Nature.
Die Anschrift der Gesellschaft ist: Abraham-Lincoln-Str. 46, 65189 Wiesbaden, Germany

Interessenkonflikt Der/die Autor*in hat keine für den Inhalt dieses Manuskripts relevanten Interessenkonflikte.

Gliederung

Die Rubrik *de vini venditione* in den Sabinus-Kommentaren

Erster Hauptteil: Vertragliche Einordnung von Grosshandelskäufen

Zweiter Hauptteil: Die *effusio vini* als echte Sonderregelung

Inhaltsverzeichnis

Die Rubrik *de vini venditione* in den Sabinus-Kommentaren

Erster Hauptteil:
Vertragliche Einordnung von Grosshandelskäufen

Vorwort

Am Grunde dieser Arbeit steht der Wunsch, einen eigenen wissenschaftlichen Irrtum auszuräumen. In meinem 2015 in der Tijdschrift voor Rechtsgeschiedenis veröffentlichten Beitrag zur *mora creditoris* vertrat ich die Auffassung, dass den Quellen über die *effusio vini*, insbesondere Cato agr. 148 und D. 18,6,1,4, eine Schlüsselfunktion zukam: Diese Fragmente stünden geradezu beispielhaft dafür, dass generell im römischen Vertragsrecht schwerwiegende Verzugsfolgen an ein Verschuldenselement gekoppelt waren.

Im Rahmen weiterer Forschungen wuchsen Zweifel an der Richtigkeit meiner damaligen These. Es reifte die Überlegung, dass die Fragmente über den Weinkauf vielmehr Sonderfälle beschrieben und dass deren Übertragbarkeit auf das römische Kaufrecht ganz grundsätzlich in Frage gestellt werden müsste.

Zum durchaus verständlichen Reflex, mein Buch mit dem von E. Jakab zu vergleichen, sei nur folgendes angemerkt: Die von mir vorgelegte Untersuchung widmet sich insbesondere der Frage, inwieweit einzelne Quellenbefunde überhaupt generalisierende Rückschlüsse auf eine gesamte Rechtsmaterie zulassen. Insofern nimmt meine Arbeit gezielt methodologische Aspekte in den Blick.

Danken möchte ich allen, die mich in meinem Entschluss, diese Arbeit zu verfassen, bestärkt und unterstützt haben. Meinem Doktorvater, Herrn Prof. Platschek, gebührt Dank für seine wertvolle, stets konstruktive Kritik und zahlreichen Anregungen, die dieses Buch bereichert und ohne jeden Zweifel besser gemacht haben. Den Herausgebern der TR, allen voran Herrn Prof. Winkel, danke ich für die frühe wissenschaftliche Förderung. Mein Dank gilt auch dem Institut für römisches Recht an der Universität Federico II in Neapel, insbesondere Frau Prof. Masi Doria, die mich während eines Forschungssemesters in Neapel mit großer Gastfreundschaft aufgenommen und gefördert hat. Dieser Aufenthalt in Neapel hat meinen Lebensweg nachhaltig beeinflusst und geprägt. Umso trauriger, dass ich dem von mir außerordentlich geschätzten Herrn Prof. Cascione dieses Buch nicht mehr überreichen kann.

Zu guter Letzt möchte ich von ganzem Herzen meiner Familie und meinem Ehemann Pierre danken. Er hat mir in schweren Phasen meiner Forschung mit Rat und Tat zur Seite gestanden und besonders nach der Geburt meines Sohnes Carl die nötigen Freiräume geschaffen, um meine Dissertation fertigstellen zu können.

Es würde mich freuen, wenn dieses Buch manchem Kollegen Zuversicht und Mut schenken könnte, angefangene Dissertationsprojekte auch parallel zu Berufseinstieg und Familiengründung zu einem Abschluss zu bringen. So schreibe ich dieses Vorwort als an die deutsche Botschaft Manila entsandte Diplomatin, wo vor wenigen Wochen meine Tochter Clio zur Welt gekommen ist.

Manila, im August 2025

Die Rubrik *de vini venditione* in den Sabinus-Kommentaren

§ 1 Weinkauf als Schlüsselelement des römischen Kaufrechts?

Die vertragsrechtliche Einordnung griechischer Weinlieferungskaufurkunden wird bis in jüngere Zeit kontrovers diskutiert[1]. Das romanistische Schrifttum zählt den Weinkauf jedoch, oftmals wie selbstverständlich, zum Kaufrecht[2]. So führt beispielsweise Ernst überwiegend Fragmente an, die den Verkauf von Wein behandeln, um damit eine für das gesamte römische Kaufrecht geltende Regel eines strengen *periculum est emptoris* zu belegen[3]. Auch Pennitz

1 Vgl. Pringsheim, Fritz: A new and peculiar Contract for Cash Payment with deferred Delivery (P.Oslo Inv. No. 1440). Studia et documenta historiae iuris. Vol. 24. Romae 1958 pp. 224–236, bes. 226f., 235; Rupprecht, Hans-Albert: Vertragliche Mischtypen in den Papyri. In: Jördens, Andrea (ed.): In: Hans-Albert Rupprecht. Beiträge zur Juristischen Papyrologie. Kleine Schriften. Stuttgart 2017 pp. 86–94, 274ff.; Thür, Gerhard: Rechtsfragen des Weinkaufs. In: Kramer, Bärbel (ed.): In: Akten des 21. internationalen Papyrologenkongresses. Berlin, 13.–19.8.1995. Archiv für Papyrusforschung und verwandte Gebiete. Vol. 2, Beiheft 3. Stuttgart et al. 1997 pp. 967–975, bes. 973ff.

2 »Der Verkauf von Wein im allgemeinen – und unabhängig von der wirtschaftlichen Bedeutung des Weinhandels – [vermag] ein ausgesprochen gutes Beispiel für die rechtliche Behandlung der Gefahrtragungsthematik abzugeben«, vgl. Pennitz, Martin: Die Gefahrtragung beim Weinverkauf im klassischen römischen Recht. In: TR 62 (1994) pp. 251–296, bes. 252. Im gleichen Sinne Jörs, Paul / Kunkel, Wolfgang / Wenger, Leopold: Römisches Recht. Berlin et al. 1949 § 141 pp. 229f.: Zwar sei das Geltungsgebiet des *periculum est emptoris* »verhältnismäßig beschränkt« und abweichende Vereinbarungen zulässig, jedoch spiele »[…] unter den Quellenbeispielen [für das *periculum est emptoris*] der (wirtschaftlich recht erhebliche) Weinkauf die Hauptrolle, bei dem das Kaufobjekt besonders leicht verderblich ist.« Jakab, Éva: Risikomanagement beim Weinkauf. Periculum und Praxis im Imperium Romanum. Vol. 99. München 2009 p. 193, insbesondere im Hinblick auf die Gefahrtragungsproblematik; Benítez López, María: La venta di vino y otras mercancias en la jurisprudencia romana. Madrid 1994 p. 11.

3 Etwa Ernst, Wolfgang: Periculum est emptoris. In: ZRG RA 99 (1982) pp. 216–248, der Frg. Vat. 16 (Pap. 3 resp.), C. 4,48,2, D. 18,6,1,1, D. 18,6,4 pr. zitiert.

P. Friedrich, *Die Eigentümlichkeit des Weinkaufs*,
https://doi.org/10.1007/978-3-658-50367-3_1

erkennt im Weinkauf ein »ausgesprochen gutes Beispiel«[4] für die rechtliche Behandlung der Gefahrtragung beim Kauf.

Der Titel *de periculo et commodo rei venditae* wird in D. 18,6,1,1–4 mit einem langen Fragment über den Verkauf von Wein eingeleitet. Tatsächlich behandelt annähernd die Hälfte der Fragmente im Titel D. 18,6 den Weinkauf: Von D. 18,6,1–6 behandeln alle Fragmente bis auf eines[5] ausdrücklich den Kauf, Verkauf und Handel mit Wein[6]. Diese auffällige Dominanz von Weinstellen gerade im ersten Teil des Titels D. 18,6 suggeriert prima facie dessen herausgehobene Bedeutung für die Problematik des Gefahrübergangs und damit für das Kaufrecht[7].

Vertieft man jedoch die zunächst noch oberflächliche, rein mengenmäßige Betrachtung der Fragmente im Titel D. 18,6 durch eine palingenetische Rekonstruktion, ergibt sich ein gänzlich anderes Bild. In Lenels Rekonstruktion der Sabinuskommentare befinden sich die Wein-Fragmente stets im ersten Buch *de emptione et venditione*. Sowohl bei Paulus als auch bei Pomponius und bei Ulpian erstrecken sich die Ausführungen zu Kauf und Verkauf über mehrere Bücher, die sich in ihrer Gliederung[8] und in ihrem Aufbau[9]

---

4 Pennitz, TR 62, p. 252.

5 Aus der Reihe fällt allein D. 18,6,3 über die *custodia*-Haftung, ein Fragment, das aber durchaus im Kontext von Weingeschäften gelesen werden kann, beispielsweise im Zusammenhang mit der Obhut für beim Verkäufer lagernde Weinfässer.

6 Jakab weist ferner darauf hin, dass D. 18,6 aus 239 Zeilen besteht, wovon 122 den Weinkauf betreffen, vgl. Eadem, Risikomanagement p. 3.

7 Vgl. ibidem p. 193.

8 Das erste Buch gliedert sich bei den verschiedenen Autoren wie folgt: Bei Ulpian unterteilt sich das Buch in die Rubriken *de contrahenda emptione* und *de vini venditione*, vgl. Lenel, Otto: Palingenesia juris civilis. Juris consultorum reliquiae quae Justiniani Digestis continentur ceteraque Juris prudentiae civilis fragmenta minora secundum auctores et libros disposuit. Vol. II. Leipzig 1889 coll. 1120f. Bei Pomponius folgt auf die Rubrik *de contrahenda emptione* die Rubrik *de obligatione enditoris*, vgl. ibidem coll. 108ff. Bei Paulus folgen auf die immer wiederkehrende Rubrik *de contrahenda emptione* die Abschnitte *de mancipatione et traditione rei venditae* und *de custodia a venditore praestanda*, vgl. Idem: Palingenesia juris civilis. Juris consultorum reliquiae quae Justiniani Digestis continentur ceteraque Juris prudentiae civilis fragmenta minora secundum auctores et libros disposuit. Vol. I. Leipzig 1889 coll. 1264ff. Die letzten beiden Überschriften finden sich bei Ulpian zu Beginn des zweiten Buchs *de emptione et venditione*, vgl. Idem, Palingenesia II coll. 1122ff.

9 Der Aufbau der Rubrik *de contrahenda emptione* ist bei allen Sabinuskommentaren sehr ähnlich. Alle Autoren beginnen die Rubrik mit Fragmenten

stark ähneln. Insoweit kann davon ausgegangen werden, dass die Autoren sich jeweils an der Gliederung von Sabinus' *ius civile* orientierten. Bei allen Autoren beginnt das erste Buch über den Kauf mit der Rubrik *de contrahenda emptione*. Bei Paulus und Pomponius befinden sich die Wein-Fragmente hintereinander angeordnet am Ende dieser Rubrik. Bei Ulpian sind die Weinstellen vom übrigen Kaufrecht separiert und in einer eigenen – sich *de contrahenda emptione* anschließenden – Rubrik *de vini venditione* versammelt[10]. Diese Aussonderung des Weinkaufs in einer eigenen Rubrik hält Lenel auch bei den Sabinuskommentaren von Paulus und Pomponius für wahrscheinlich[11]. Lenel schreibt in seiner Untersuchung über das Sabinussystem, er vermute, dass die drei Sabinuskommentare eine eigene Rubrik *de vini venditione* aufwiesen, um den »praktischen Eigentümlichkeiten, die dies Geschäft hatte«, gerecht zu werden[12]. Der Titel der Rubrik *de vini venditione* findet nur eine quellenmäßige Stütze, nämlich lib. 53 tit. 7 der Basiliken[13]. Lenel übernahm offenbar diese Begrifflichkeit in seine Palingenesie.

---

zur *in diem addiectio* (Paul. frgg. 1701ff., Lenel, Palingenesia I coll. 1264f.; Pomp. frgg. 536f., Idem, Palingenesia II coll. 108f.; Ulp. frgg. 2707ff., ibidem coll. 117ff.). Darauf folgen bei Pomponius und Ulpian jeweils Fragmente über den Kauf unter einer Bedingung (Pomp. frgg. 2707ff., ibidem coll. 108f., Ulp. frgg. 2712f., ibidem col. 1119). Später wenden sich alle Autoren Fragen von Konsens beziehungsweise Willensmängeln zu (Paul. frgg. 1705ff., Idem, Palingenesia I col. 1265, Pomp. frgg. 543ff. Idem, Palingenesia II coll. 109f., Ulp. frgg. 2713f., ibidem coll. 1119f.). Abschließend behandeln Paulus und Ulpian den Verkauf von *res sacrae* (Paul. frg. 1701, Idem, Palingenesia I col. 1265, Ulp. frg. 2715, Idem, Palingenesia II col. 1120).

10 Aber auch bei Paulus und Pomponius hält Lenel die Absonderung der Weinstellen in einer eigenen Rubrik wie bei Ulpian für wahrscheinlich, vgl. Idem: Das Sabinussystem. In: Festgabe Rudolf von Ihering zu seinem Doctor-Jubiläum. Überreicht von der Rechts- und Staatswissenschaftlichen Fakultät zu Strassburg. Strassburg 1892 pp. 1–106, bes. 59.

11 Vgl. Idem, der insoweit auf die Gliederung in Ulpians Sabinuskommentar verweist: Idem, Palingenesia I col. 1265 not. 1; Idem, Palingenesia II coll. 110 not. 2: »*cf. Ulp. 28 ad Sab. sub rubr. ›de vini venditione‹*«.

12 Idem, FG Ihering p. 59.

13 B. 53,7 (*De emptione et venditione vini*), vgl. Heimbach, Gustav Ernst/Heimbach, Karl Wilhelm Ernst/Fabrot, Charles Annibal (edd.): Basilicorum libri LX. Vol. 5: Lib. XLIX–LX continens. Leipzig 1850.

§ 2 Erkenntnisinteresse

Die vorliegende Arbeit untersucht, ob nach heutigem Stand der Forschung tatsächlich das Weingeschäft im römischen Recht als so eigentümlich anzusehen ist, dass dieses, wie Lenel meinte, in einer eigenen Rubrik behandelt werden muss. Dieser Aspekt hat Bedeutung für die vertragsrechtliche Qualifikation des Weinkaufs und letztlich für die Frage der Verallgemeinerungsfähigkeit von den Weinkauf behandelnden Quellen. Ausgehend hiervon möchte sich die Arbeit erstmals einer systematischen Einordnung des Weinkaufs in das römische Kaufrecht annähern – ein Versuch, der in der Literatur bislang noch nicht unternommen worden ist.

I. Schlussfolgerungen aus Lenels Palingenesie

Die Anordnung der Fragmente in Lenels Palingenesie – vor allem in Ulpians Sabinuskommentar – spricht für eine Sonderstellung des Weinkaufs . Bei einer allgemein vertretenen zentralen dogmatischen Stellung des Weinkaufs wäre eine enge Verflechtung mit sonstigem Kaufrecht zu erwarten. In Lenels Palingenesie wird hingegen nahegelegt, dass jedenfalls in den Sabinuskommentaren nicht durchgängig auf den Weinkauf rekurriert wurde, sondern dieser eine eigene Masse bildete. Diese war, zumindest bei Ulpian, deutlich vom sonstigen Kaufrecht abgegrenzt. Eine Kommentierung des Kaufrechts anhand oder am Beispiel des Weinkaufs fand also – nach Lenel – in den Sabinuskommentaren nicht statt. Eine dogmatische herausgehobene Bedeutung für das römische Kaufrecht ist mit der Anordnung der Fragmente in Lenels Palingenesie kaum in Einklang zu bringen.

II. Textkritische Betrachtung der Separierung von Weinstellen

1. Fragestellung

In den Digesten ist der Weinkauf auf einen eigenen Textabschnitt innerhalb der Sabinusmasse beschränkt. In der Palingenesie wird der Weinkauf in Ulpians Sabinuskommentar sogar in einer eigenen Rubrik noch stärker räumlich abgesondert. Eine ähnliche Separierung hielt Lenel auch in den Sabinuskommentaren von Paulus und Pomponius für wahrscheinlich[14]. Ausgehend hiervon beschäftigt sich die vorliegende Arbeit mit der Frage nach einer rechtlichen Eigentümlichkeit des Weinkaufs.

a) Keine systematische Darstellung innerhalb der Digesten?

Eine erste Betrachtung des Titels D. 18,6 ergibt, dass nahezu sämtliche Wein-Fragmente am Anfang des Titels zusammengefasst werden und auf diese Weise innerhalb der Sabinusmasse[15] einen eigenen »Textblock«[16] bilden[17].

Erstmals konstatierte Bluhme, dass eine ›systematische‹ Auslegungsmethode ausgehend von der Anordnung der einzelnen Fragmente innerhalb eines Titels unzulässig sei[18]. Gemäß der von Bluhme begründeten Massentheorie[19] kann daher nicht darauf geschlossen werden, dass die Absonderung der Wein-Fragmente im Titel D. 18,6 aus inhaltlichen Gründen erfolgte[20].

---

14 Vgl. Lenel, FG Ihering p. 59.

15 Vgl. Corpus Iuris Civilis tit. 18 cap. 6 nota 8. Bluhme zufolge reicht die Sabinusmasse von D. 18,6,1–15, die Ediktsmasse von D. 18,6,16–17 und die Papiniansmasse von D. 18,6,18–20, vgl. Bluhme, Friedrich: Die Ordnung der Fragmente in den Pandectentiteln. Ein Beitrag zur Entstehungsgeschichte der Pandecten. In: ZGR RA 4 (1820) pp. 257–472, bes. 460.

16 Jakab, Risikomanagement p. 195.

17 Eine ähnliche textblockartige Anordnung von Weinstellen konnte in anderen Quellen (Frg. Vat., Scholia Sinaitica, Cod. Theod.) nicht nachgewiesen werden.

18 »Alle diese Umstände beweisen hinlänglich, daß weder das Bedürfnis der Zeitgenossen noch der Auftrag Iustinian's die Compilatoren anwies, die Fragmente in den Titeln logisch zu ordnen«, Bluhme, ZGR RA 4 p. 361.

19 Vgl. ibidem pp. 265ff.

20 Vielmehr liegt, nach Bluhme, nahe, dass der Weinkauf in erster Linie in Sabinuskommentaren behandelt wurde und weniger in den zur Edikts- oder Papiniansmasse gehörenden Werken. Eine Ausnahme bildet nur

Zuletzt hat Stagl mit einer Monographie[21] neue Argumente für eine systematische Auslegung der Digestentitel geliefert. Seiner Ansicht nach untergliedern sich alle Digestentitel dem Grunde nach in *Proömium, expositio, argumentatio* und, falls vorhanden, *conclusio*[22]. Nach Stagl fehlt im Digestentitel 18,6 das *Proömium*. Die D. 18,6,1–9 umfassende *expositio*[23] diene der Durchführung des Themas[24], während die von D. 18,6,10–20 reichende *argumentatio* das Thema vertiefen solle[25].

Stagl identifiziert in D. 18,6,1–9 einen »Textzopf«[26], aus Verflechtungen des »Leittexts«[27] von Ulpian mit Texten anderer Autoren. Eine solche Verflechtung ist unserer Ansicht nach nur von D. 18,6,1–6 eindeutig erkennbar, also ausschließlich innerhalb der den Weinkauf betreffenden Fragmente aus den Sabinus-Kommentaren von Ulpian, Paulus und Pomponius[28].

b) *Bedeutung der Rubrik in Lenels Palingenesie*

Lenel hält in den Sabinuskommentaren die Anordnung der Weinfragmente unter einer eigenen Rubrik für wahrscheinlich und begründete dies mit den praktischen Besonderheiten von Weintransaktionen. Aber können wir vom bloßen Vorhandensein einer eigenen Rubrik unmittelbar auf rechtliche Besonderheiten des Weinkaufs schließen?

Die Rubrik im ursprünglichen lateinischen Wortsinn meint Überschriften in roter Tinte, die den Text unterteilten und insoweit

---

D. 18,6,16 aus Gaius *rerum cottidianarum*. Dieser Text befindet sich in der Ediktsmasse.

21 Vgl. Stagl, Jakob Fortunat: Der Tempel der Gerechtigkeit: Zur Morphologie und Hermeneutik der Pandekten. Paderborn 2023.

22 Vgl. ibidem p. 78.

23 Vgl. ibidem Addidamentum I liber XVIII.

24 Zur *expositio* vgl. ibidem pp. 112ff.

25 Vgl. zur *argumentatio* ibidem pp. 122ff. und zum Titel D. 18,6, ibidem Addidamentum I liber XVIII.

26 Idem, Tempel p. 114.

27 Ibidem p. 112.

28 Folgt man Stagl, bleibt offen, warum D. 18,6,8 – als »Kardinalstelle« für den Gefahrenübergang beim Kauf (Ernst, ZRG RA 99 pp. 225ff.) – keine systematisch herausgehobene Position im Titel erhält (*Proömium*). Ferner wird zu klären sein, ob sich der Weinkauf, als vermeintlicher Sonderfall im Kaufrecht, dazu eignet, in die Problematik des *periculum rei venditae* einzuführen.

ein Spezifikum juristischer Literatur darstellten. Durch diese Rubriken, genau wie *capita* und *signa*, war ein römischer juristischer Text auch für Laien sofort als solcher erkennbar, da die Bevölkerung aufgrund öffentlicher Bekanntmachungen von Edikten oder *leges* mit dieser Darstellungsform vertraut war[29].

Mantovani stellt in Bezug auf Paratext in juristischen Werken wie Rubriken oder andere Zwischenüberschriften und Titel in erster Linie darauf ab, dass juristische Fachliteratur vor allem von Juristen gelesen wurde. Häufig wurde hierbei nicht der gesamte Text gelesen, sondern das Werk in Bezug auf bestimmte juristische Fragestellungen konsultiert. Rubriken dienten dem kundigen Leser demnach zweifellos als Orientierungshilfe innerhalb des Werkes[30]. Dies galt insbesondere für Codices und mehrseitigen, gebundenen juristischen Werken, die üblicherweise bezogen auf konkrete Fragestellungen passagenweise gelesen wurden. Solche Codices existierten aber erst ab dem 3./4. Jahrhundert n. Chr.[31].

Allerdings enthielten auch ältere, kürzere und leicht überschaubare antike Rechtstexte Rubriken[32]. Insbesondere bei diesen kürzeren Dokumenten ist Paratext zum Zwecke der Übersichtlichkeit oder als Orientierungshilfe für den Leser nicht zwingend erforderlich. Für eine über das äußere Erscheinungsbild des Textes hinausgehende Bedeutung der *rubrica* sprechen ferner ökonomische Erwägungen. So beinhaltete der Fließtext in juristischen Werken häufig Abkürzungen, auch um beim Schreiben wertvollen Platz zu sparen[33]. Wenn aber für eine Rubrik eine gesamte Zeile aufgewendet wird und notwendigerweise Teile des Schreibuntergrundes freibleiben, steht dies im Gegensatz zum ansonsten sehr sparsamen Gebrauch des Schreibmaterials.

---

29 Rubriken wurden wohl bereits vor der Zeit der Codices, möglicherweise sogar schon in der Zeit der Bronzetafeln verwendet, vgl. P.Mich. VII 456; P.Yale inv. 1158^r und *lex Irnitana* tab. VA. Im 1. Jh. v. Chr. finden wir solche Rubriken in den Werken von Scaevola, vgl. MANTOVANI, Dario: Les juristes écrivains de la Rome antique: les œuvres des juristes comme littérature. Vol. 3. Paris 2018 Rzz. 16, 20.

30 IDEM, Les juristes Rz. 22.

31 IBIDEM Rz. 10.

32 Bereits aus dem 1. und 2. Jahrhundert stammende juristische Texte auf Rollen, Bronze-, Marmor- oder Wachstafeln sowie auf Papyri weisen die für juristische Literatur charakteristische Gliederung in Rubriken auf, vgl. loc. cit.

33 Vgl. IBIDEM Rz. 18.

Aus diesen Gründen ist anzunehmen, dass Rubriken auch die Funktion einer inhaltlichen, systematischen Gliederung des Textes hatten. Unter einer Rubrik wurde rechtlich Verwandtes vereint und davon Verschiedenes abgegrenzt.

2. *Konkrete Fragestellungen*

Damit erscheint jedenfalls im Hinblick auf Lenels Palingenesie eine Sonderstellung des Weinkaufs plausibel. Unsere Arbeit wird zu klären versuchen:

(1.) ob die Entscheidung Lenels, den Weinkauf unter einer eigenen Rubrik zu behandeln, auch von den Quellen gestützt wird,

(2.) welche Konsequenzen dies gegebenenfalls für die Verallgemeinerungsfähigkeit und

(3.) für die systematische Verortung des Weinkaufs im römischen Recht hätte sowie,

(4.) ob sich die von Lenel behauptete Eigentümlichkeit des Weingeschäfts auch in echten Sonderregelungen zeigt.

§ 3 Forschungsstand

Die romanistische Forschung hat sich mit diesen Fragestellungen bislang noch nicht explizit beschäftigt. Für die vorliegende Untersuchung von Bedeutung sind zahlreiche Arbeiten mit direkten oder mittelbaren Bezügen zum Weinkauf. Die für unsere Arbeit relevante Literatur zum Weinkauf lässt sich grob in zwei Kategorien unterteilen: Arbeiten, die sich mit dem Weinkauf als solchem befassen, sowie Beiträge zum römischen Kaufrecht, die regelmäßig auf den Weinkauf rekurrieren.

In der Kategorie der ausschließlich den Weinkauf behandelnden Untersuchungen hat Jakab mit einer Monografie[34] und mehreren Aufsätzen[35] umfangreiche Quellenarbeit geleistet. Von besonderer Relevanz für unsere Fragestellung ist insbesondere ihre Betrachtung »Risikomanagement beim Weinkauf«. In dieser Untersuchung über den Gefahrübergang nimmt Jakab ein kasuistisches Modell des Gefahrübergangs nach Rabel in den Blick und qualifiziert den Weinkauf als eigene Fallgruppe[36]. Des Weiteren leistet Jakab wichtige Vorarbeiten in Bezug auf die *realia* der Weinherstellung und Weinlagerung[37].

Ferner wird die Monografie von Bénitez López zum Warenhandel im römischen Recht, die im deutschsprachigen Raum bislang nur wenig rezipiert wurde, für unsere Betrachtung herangezogen. In ihrem Buch stellt die Autorin ausgehend vom Gaiustext D. 13,3,4

34 Jakab, Risikomanagement; die Autorin wurde für die in dieser Studie geleistete Quellenarbeit gelobt, aber ihre Deutung der Fragmente bisweilen kritisiert, vgl. Platschek, Johannes: Caveat emptor (Rez. Jakab, Risikomanagement beim Weinkauf). In: Rg 18 (2011) pp. 229–232.

35 Besonders hervorzuheben sind Jakab, Éva: Vinum effundere in Ulp. D. 18.6.1.3. In: ZRG RA 116 (1999) pp. 71–111 sowie Eadem: Periculum und Praxis. Vertragliche Abreden beim Verkauf von Wein. In: ZRG RA 121 (2004) pp. 189–232.

36 »Auf den Spuren von Ernst Rabel soll ein einziger Kauftyp, der Kauf von Wein, eingehend untersucht werden«, vgl. Eadem, Risikomanagement pp. 2f.

37 Ibidem p. 5–46.

über die *merx* einen Vergleich von Wein, Weizen und Öl als fungible Konsumgüter an und arbeitet rechtliche Gemeinsamkeiten zwischen den drei Produkten heraus. Aufgrund der Quellenlage widmet sich der weit überwiegende Teil der Untersuchung dem Weinkauf, Geschäfte über Weizen und Öl werden nur kursorisch behandelt[38]. Insbesondere der von Benítez López herangezogene Vergleich von Wein mit anderen fungiblen Konsumgütern ist für unsere Arbeit wertvoll.

Für die in dieser Arbeit versuchte Einordnung des Weinkaufs in das System der *emptio venditio* ist ferner der Beitrag von Ernst über den Gattungs- und Lieferungskauf im römischen Recht von Bedeutung[39]. Als Kontrastfolie zum römischen Recht soll auch das griechische Kaufrecht berücksichtigt werden. Diesbezüglich werden wir insbesondere das Handbuch von Pringsheim zum griechischen Kaufrecht[40] sowie für Lieferungskäufe die Beiträge von Rupprecht[41] konsultieren.

Daneben existieren Studien zu einzelnen für den Weinkauf relevanten Rechtsfragen. An dieser Stelle verdienen insbesondere die Beiträge von Pennitz über die Gefahrtragung beim Weinkauf[42], Frier über das Umschlagen von Wein[43], Harder über das Problem der Ausprobung von Wein[44] sowie Thür für den Weinkauf im griechischen Recht Erwähnung[45].

Angesichts der Häufigkeit von Weintransaktionen in den Quellen zum Kaufrecht enthalten auch Werke zum römischen Kaufrecht zahlreiche Bezüge zum Weinkauf. Daher werden auch Handbücher zum römischen Kaufrecht für unsere Untersuchung herangezogen. Hierzu zählen die älteren Werke von Bechmann und

38 Benítez López, Venta di vino.

39 Vgl. Ernst, Wolfgang: Gattungskauf und Lieferungskauf im römischen Recht. In: ZRG RA 114 (1997) pp. 272–344.

40 Vgl. Pringsheim, Fritz: The Greek law of sale. Weimar 1950.

41 Vgl. Rupprecht, Hans-Albert: Untersuchungen zum Darlehen im Recht der graeco-ägyptischen Papyri der Ptolomäerzeit. München 1965; Idem, Beiträge zur Juristischen Papyrologie.

42 Vgl. Pennitz, TR 62.

43 Frier, Bruce W.: Roman law and the wine trade: The problem of »vinegar sold as wine«. In: ZRG RA 100 (1983) pp. 257–295.

44 Vgl. Harder, Manfred: Weinkauf und Weinprobe im Römischen Recht. In: Recht und Wirtschaft in Geschichte und Gegenwart. Festschrift für Johannes Bärmann zum 70. Geburtstag. München 1975 pp. 17–30.

45 Vgl. Thür, AFP 2 Bh. 3.

Rabel[46] sowie die neueren Handbücher von Arangio-Ruiz, Talamanca und Zimmermann[47]. Zuletzt erschien ferner der erste Band eines für unsere Untersuchung relevanten neuen Handbuchs zum römischen Privatrecht[48].

Zur Literatur mit Bezügen zum Weinkauf zählen außerdem Beiträge über die Gefahrtragung beim Kauf, den Kauf auf Probe und den Zumessungskauf. Bei Ersterem rekurrieren die Autoren angesichts der Häufigkeit von Wein-Fragmenten im Titel D. 18,6 regelmäßig auch auf den Weinkauf. Daher werden wir für die vorliegende Untersuchung unter anderem die Beiträge von Ernst, Gordon und Jakab heranziehen[49]. Beim Kauf auf Probe sowie dem Kauf von *res, quae pondere numero mensura constant* bildet der Weinkauf in den Quellen den häufigsten Anwendungsfall. Daher sind auch die Studie über den Kauf auf Probe von Misera[50] und die Monografie über die *res, quae pondere numero mensura constant* von Rüfner[51] relevant für die vorliegende Untersuchung.

---

46 Vgl. Bechmann, August von: Geschichte des Kaufs im römischen Recht. Vol. 1. Erlangen 1876; Idem: System des Kaufs nach gemeinem Recht. Vol. 2: Erste Abtheilung. Erlangen 1884; Rabel, Ernst: Das Recht des Warenkaufs. Eine rechtsvergleichende Darstellung. Vol. 2. Berlin et al. 1958.

47 Arangio-Ruiz, Vincenzo: La compravendita in diritto romano corso di lezioni svolto nell'Università di Roma anni 1951–1953. 2. Aufl., Neapel 1954; Talamanca, Mario: Vendita in generale (Diritto romano). Vol. 46: Validità –Zucchero. Milano 1993 pp. 303–475; Zimmermann, Reinhard: The law of obligations. Roman foundations of the civilian tradition. Oxford et al. 1996.

48 Babusiaux, Ulrike / Baldus, Christian / Ernst, Wolfgang / Meissel, Franz-Stefan / Platschek, Johannes / Rüfner, Thomas: Handbuch des Römischen Privatrechts. Vol. 1. Tübingen 2022.

49 Ernst, ZRG RA 114; Ernst, ZRG RA 99; Idem: Die Konkretisierung in der Lehre vom Gattungskauf. In: Gedächtnisschrift für Brigitte Knobbe-Keuk. Köln 1997 pp. 49–110; Gordon, William M.: Risk in sale in roman law. In: Collatio ivris romani. Études dédiées à Hans Ankum à l'occasion de son 65e anniversaire. Vol. 1. Amsterdam 1995 pp. 123–130; Jakab, Éva: Gedanken zur Gefahrtragung beim Kauf. In: A bonis bona discere. Festgabe für János Zlinszky zum 70. Geburtstag. Miskolc 1998 pp. 161–169.

50 Misera, Karlheinz: Der Kauf auf Probe im klassischen römischen Recht. In: Temporini, Hildegard (ed.): In: Recht (Materien [Forts.]). Aufstieg und Niedergang der römischen Welt (ANRW). Geschichte und Kultur Roms im Spiegel der neueren Forschung. Teil 2: Principat. Vol. 14. Berlin, New York 1982 pp. 524–582.

51 Rüfner, Thomas: Vertretbare Sachen? Die Geschichte der res, quae pondere numero mensura constant. Vol. 31. Berlin 2000.

§ 4 Methode

I. Interdisziplinärer Ansatz

Die vorliegenden Fragestellungen berühren sowohl rechtsdogmatische Aspekte als auch die Lebenswirklichkeit in der Antike. Mithin muss ein möglichst ganzheitlicher Ansatz interdisziplinär sein, also sowohl die rechtsdogmatischen Erkenntnisse der modernen Romanistik als auch die archäologische Forschung angemessen würdigen.

II. Division en deux parties

Im Aufbau folgt diese Untersuchung grob einer ›division en deux parties‹, wobei im ersten Hauptteil zunächst den rechtsdogmatischen Erwägungen das Hauptaugenmerk gelten soll. Im zweiten Hauptteil werden besonders die *realia* und relevante archäologische Erkenntnisse ihren Beitrag zur Klärung der vorliegenden Fragen leisten.

III. Untersuchungsgegenstand

Im Interesse einer wissenschaftlich präzisen Arbeits- und Ausdrucksweise soll der Untersuchungsgegenstand Weinkauf einer inhaltlichen Konkretisierung unterzogen werden.

1. *Vertragliche Ausgestaltung des Weinkaufs*

Aus den Quellen wird ersichtlich, dass Wein in der Antike typischerweise im Rahmen einer Auktion, eines Arral- oder eines Lieferungskaufs veräußert wurde[52].

52 Vgl. JAKAB, Risikomanagement p. 47.

Bei einem Lieferungskauf[53] veräußert der Verkäufer einen Gegenstand, über den er noch nicht verfügt[54]. Der Kaufgegenstand, hier Wein, muss also entweder noch produziert oder im Rahmen eines Deckungsgeschäftes beschafft werden. Der Kaufpreis wurde bereits bei Vertragsschluss gezahlt[55].

In den catonischen *leges* wird dem Gutsherrn geraten, seinen Wein im Rahmen einer Auktion[56] auf dem *forum*[57] an den Höchstbietenden zu verkaufen[58]. Häufig war bei Auktionen ein *argentarius* beziehungsweise gemäß früherer Quellen ein *coactor*[59] anwesend, der den Vertrag vermittelte. Der Weinhändler brachte den Wein üblicherweise nicht zur Versteigerung mit. Vielmehr verblieb der Wein im Keller des Gutsherrn, wo ihn der Erwerber zu einem späteren Zeitpunkt abholte[60].

---

53 Insbesondere in den Papyri aus dem römischen Ägypten ist der Weinkauf in Form des Lieferungskaufs belegt, vgl. Jakab, Risikomanagement. pp. 123ff.

54 Ernst, ZRG RA 114 p. 273; Bechmann, Kauf II p. 331. Der Verkauf von Produkten aus der eigenen Ernte ist gleichzeitig ein Fall der *emptio rei spearatae*, vgl. Ernst, ZRG RA 114 pp. 273ff.

55 Vgl. Jakab, Risikomanagement p. 127, die eine entsprechende Klausel in griechischen Papyri nachweist.

56 Im Vorfeld einer Auktion schrieb der Produzent den im Rahmen der Auktion angebotenen Wein und die Verkaufsbedingungen öffentlich aus. Schließlich wurde die Auktion abgehalten und der Wein an den Höchstbietenden verkauft, vgl. Morley, Neville: Trade in classical antiquity. Key themes in ancient history. Cambridge 2007 p. 80.

57 Auktionen wurden gewöhnlich auf dem *forum* oder der *agora* einer Stadt abgehalten, Rom verfügte sogar über ein *forum vinarium* nur für den Vertrieb von Wein, vgl. loc. cit.

58 Cato agr. 2,7: *Pecus consideret. Auctionem uti faciat: vendat oleum, si pretium habeat; vinum, frumentum quod supersit, vendat; boves vetulos, armenta delicula, oves deliculas, lanam, pelles, plostrum vetus, ferramenta vetera, servum senem, servum morbosum, et si quid aliud supersit, vendat.*

59 Vgl. Thielmann, Georg: Die römische Privatauktion. Zugleich ein Beitrag zum römischen Bankierrecht. Vol. 4. Berlin 1961 p. 46. Nach Bürge muss zwischen *coactor* und *argentarius* klar unterschieden werden. Während der *argentarius* den Einlieferer nach der Versteigerung ausbezahlte, war ein *coactor* dafür zuständig, bei den Käufern Schulden einzutreiben, vgl. Idem: Fiktion und Wirklichkeit: Soziale und rechtliche Strukturen des römischen Bankwesens. In: ZRG RA 104 (1987) pp. 465–558, bes. 484f.

60 Da der Käufer den Wein ohne vorherige Verkostung gekauft hatte, erfolgte nach Vertragsschluss eine Degustation. Entsprach der Wein nicht den Vorgaben, konnte der Käufer sich binnen drei Tagen vom Vertrag lösen, vgl. Jakab, Risikomanagement pp. 54ff., 58f.

Nach der pompeiianischen Geschäftspraxis zahlte der *argentarius* den Verkäufer sofort aus, während die Zahlungspflicht des Käufers kreditiert wurde[61]. Der Erwerber verpflichtete sich mittels Stipulation gegenüber dem *argentarius*, den vorgeschossenen Preis zu erstatten[62]. Nach der Übergabe der Kaufsache wurde der Kaufpreis dann beim Käufer eingetrieben[63]. Auf diese Weise entstand ein Drei-Personen-Verhältnis zwischen Verkäufer / Einlieferer[64], *argentarius* und Käufer. Cato geht in seinen *leges* jedoch offenkundig von einem anderen Ablauf aus. In CATO agr. 148 wird der Kaufpreis im Rahmen der Auktion pro *culleus* bestimmt[65] und durch die später auf dem Weingut stattfindende Zumessung erst ermittelt[66]. Somit kann der Kaufpreis nicht schon auf dem *forum vinarium* vom *argentarius* vorgeschossen worden sein[67]. Stattdessen wurde der Kaufpreis

---

61 Vgl. BÜRGE, ZRG RA 104 p. 481.

62 Vgl. JAKAB, Risikomanagement p. 54 not. 46.

63 Diese Aufgabe übernahm ein *coactor* oder *argentarius coactor*, BÜRGE, ZRG RA 104 pp. 481, 484f.

64 Aufgrund der Zwischenschaltung eines Bankiers bei einer Auktion bestand kein klassisches Synallagma zwischen Kaufpreiszahlung und Leistung. Deshalb wird die Frage, zwischen wem ein Kaufvertrag zustande gekommen ist, unterschiedlich beurteilt. Für einen ›Vertrag‹ zwischen Einlieferer und Käufer vgl. JAKAB, Risikomanagement p. 54 not. 46; ERNST, Wolfgang: Die Vorgeschichte der exceptio non adimpleti contractus im römischen Recht bis Justinian. In: Festgabe für Werner Flume zum 90. Geburtstag. Mit Beiträgen zum Römischen Recht in Antike und Mittelalter, zum geltenden Zivil- und Steuerrecht sowie zu den Grundlagen der Rechtsidee ehren Horst Heinrich Jakobs, Eduard Picker, Jan Wilhelm zusammen mit Wolfgang Ernst, Rainer Hüttemann und Wolfgang Schön den Lehrer Werner Flume aus Anlaß seines 90. Geburtstages. Berlin et al. 1998 pp. 1–58, bes. 3f.; IDEM: Die Einrede des nichterfüllten Vertrages zur historischen Entwicklung des synallagmatischen Vertragsvollzugs im Zivilprozeß. Schriften zur europäischen Rechts- und Verfassungsgeschichte. Berlin 2000 pp. 18ff. Für einen Vertrag zwischen *argentarius* als Veranstalter der Auktion und Käufer dagegen THIELMANN, Römische Privatauktion pp. 94ff. Gerade bei IDEM fällt auf, dass seine Vorstellung von einer römischen Auktion auffällig gut zur Praxis in modernen Auktionshäusern passt. Dieser Streitstand braucht für die catonischen *leges* allerdings nicht entschieden zu werden, da diesbezüglich auch IDEM von einer Verkäuferstellung des Gutsherrn (*dominus auctionis*) ausgeht, vgl. IBIDEM p. 107.

65 Vgl. JAKAB, Risikomanagement p. 66.

66 CATO agr. 148: [...] *Quod admensus erit, pro eo resolvito*, [der Käufer] muss zahlen, wofür zugemessen wurde. Mit dieser Lesart auch PLATSCHEK, Rg 18 p. 230, anders aber JAKAB, Risikomanagement pp. 66ff., die *resolvito* im Sinne von Freiwerden von einer Verbindlichkeit übersetzt.

67 Anders aber IBIDEM p. 54.

wahrscheinlich im Anschluss an die Zumessung[68] von einem *coactor* beim Käufer eingetrieben[69]. Unabhängig von dem jeweiligen Auktionsmodell fand der Vertragsschluss also auf dem *forum vinarium* statt, während der verkaufte Wein erst zu einem späteren Zeitpunkt dem Käufer übergeben wurde.

Insbesondere im griechischen Recht[70], aber auch im römischen Rechtsraum konnte das Institut des Arralkaufs für den Abschluss von Weintransaktionen genutzt werden[71]. Hierbei übergab der Käufer dem Verkäufer bei Vertragsschluss einen Wertgegenstand oder ein Angeld (*arra* respektive ἀρραβών). Die *arra* wurde – je nach Beschaffenheit – beim später stattfindenden Vertragsvollzug,

68 Dass der Käufer mit einer größeren Silbermenge auf das Weingut des Verkäufers gereist ist, um den Kaufpreis bei der Zumessung selbst zu begleichen, erscheint wenig praktikabel.

69 Vgl. Thielmann, Römische Privatauktion p. 107, nach dessen Ansicht die *centesima* auf die Beteiligung eines Bankiers schließen lasse. Anders aber Talamanca, der nur bei Cato agr. 150 von der Beteiligung eines *coactors* ausgeht: *Ex quo die lanam et agnos vendat menses X ab coactore releget.* Für Cato agr. 146 und das hierauf verweisende cap. 148 geht Talamanca davon aus, dass die dem Kaufpreis zugezahlte *centesima* die infolge der Auktion entstandenen Mehraufwendungen des *dominus* decken sollte. Hierauf aufbauend kommt Talamanca zum Ergebnis, der Kaufpreis sei kreditiert und vom Käufer stipuliert worden, vgl. Idem: Contributi allo studio delle vendite all'asta nel mondo classico. Serie 8, volume 6. Roma 1955 pp. 111f. Hiergegen wendet Thielmann zurecht ein, dass die *centesima* als Kompensation für die Unkosten der Auktion zu schematisch erscheine, für den *argentarius* hingegen, der einen Gewinn erzielen möchte, mehr Sinn ergebe, vgl. Idem, Römische Privatauktion p. 46.

70 Die *arra* (*arrha, arrhabo* resp. griech. ἀρραβών) lässt sich aus dem griechischen Kaufrecht erklären: Eine formlos geschlossene, nicht sofort vollzogene Kaufvereinbarung war nach griechischem Kaufrecht nicht verbindlich, vgl. Zimmermann, Obligations pp. 230ff. Durch die *arra* konnte eine solche Kaufvereinbarung in beide Richtungen abgesichert werden. Der Verkäufer erhielt in Form des Angeldes bereits bei Vertragsschluss einen Teil des Kaufpreises. Andererseits war er aber durch den vom Käufer gewährten Vorschuss unter Zugzwang gesetzt, den Kaufvertrag auch zu erfüllen, vgl. Bechmann, Kauf I pp. 524f.

71 Vgl. Jakab, Risikomanagement p. 79 zur *arra* im griechischen Recht. Zu Arralgeschäften beim römischen Weinkauf, vgl. ibidem pp. 105ff. D. 19,1,11,6 handelt von einem Arralkauf über Wein. Auf ibidem pp. 117ff. will Eadem ferner D. 33,7,27,3 als Arralkauf verstanden wissen. Dagegen Platschek, Rg 18 p. 231. Ferner wird in D. 14,3,5,15 ein Arralkauf von Öl behandelt. Leonhard, Rudolf: Arra. Reihe 1, Vol. 2,1: Apollon–Artemis. Stuttgart 1895 coll. 1219–1223, bes. 1221 vertritt die Ansicht, der Ring sei als *arra* bei Wein- und Ölverkäufen üblich gewesen.

also im Fall eines Weingeschäfts bei Weinlieferung und Zahlung des restlichen Kaufpreises, entweder zurückgegeben oder mit der restlichen Kaufpreisschuld verrechnet[72]. Wurde der Vertrag hingegen nicht vollzogen, verfiel die *arra* und verblieb beim Verkäufer[73]. Bei einem Vertragsbruch des Verkäufers, beispielsweise wenn er trotz Zahlung nicht leistete, konnte der Käufer auf das Doppelte (*duplum*)[74] der *arra* klagen.

2. *Kreditgeschäft*

Ausgehend von diesen häufigsten vertraglichen Ausgestaltungen von Weingeschäften fällt bei Lieferungskauf und Arralkauf als wichtige Gemeinsamkeit ins Auge, dass der Käufer bezüglich des Kaufpreises ganz oder teilweise in Vorleistung gehen musste, während der Weinhändler den Wein erst zu einem späteren Zeitpunkt zu liefern hatte. Bei beiden Kaufmodellen wurde regelmäßig Wein der künftigen Ernte, dessen Produktion also noch nicht abgeschlossen war, bestellt und sofort bezahlt oder zumindest angezahlt[75]. Bei der Auktion[76] schoss unter Umständen der *argentarius* dem Weinverkäufer den Kaufpreis vor[77]. Beim Käufer eingetrieben wurde der

---

72 Vgl. RE I.2,1 s.v. ›*arra*‹; siehe auch bei VARRO ling. 5,175, der sich über den Arralkauf folgendermaßen äußert: *Arrabo (pecunia) sic data ut reliquum reddatur: hoc verbum item a Graeco [arrabon]. Reliquum quod ex eo quod debitum reliquum.*

73 Vgl. BECHMANN, Kauf II pp. 416f., HEUMANN, Hermann Gottlieb/SECKEL, Emil: Heumanns Handlexikon zu den Quellen des römischen Rechts. 11. Aufl., Graz 1971 s.v. ›*arra*‹ p. 41.

74 Vgl. RE I.2,1 s.v. ›*arra*‹ col. 1222. In den plautinischen Komödien ist von einer Haftung auf das Vierfache die Rede, vgl. BECHMANN, Kauf I p. 525. Die Klage auf das Vierfache verhielt sich analog zum *furtum manifestum*, sodass der Verkäufer gewissermaßen eine »Unterschlagung« beging.

75 Vgl. bspw. JAKAB, Risikomanagement pp. 123ff., insbesondere das von EADEM erschlossene griechische Vertragsformular, BECHMANN, Kauf I p. 530.

76 Für die catonischen leges geltende Besonderheiten werden im Rahmen von CATO agr. 148 behandelt.

77 Vgl. BÜRGE, ZRG RA 104 p. 481; JAKAB, Risikomanagement pp. 51ff. Andererseits ist bei Cato offenbar von einer Bezahlung nach Zumessung die Rede: *quod admensus erit pro eo re[m]solvito*, vgl. LÜBTOW, Ulrich von: Catos Leges Venditioni et Locationi dictae. In: Krókowski, Georgius/Steffen, Victor/Strzelecki, Ladislaus (edd.): Symbolae Raphaeli Taubenschlag dedicatae. Vol. 3. Bratislava et al. 1957 pp. 227–441, bes. 400. Dies steht einer Anzahlung des mengenmäßig schätzbaren Weines durch den *argentarius* jedoch nicht entgegen.

Kaufpreis im Fall einer Auktion aber immer erst nach der Übergabe der Kaufsache[78], sodass man in dieser Konstellation schwerlich von einer Vorleistungspflicht des Käufers sprechen kann. Aber auch in den Fällen einer Auktion, in denen der Weinverkäufer nicht sofort ausbezahlt wurde[79], erhielt dieser zu einem sehr frühen Zeitpunkt Planungssicherheit über sein Weingeschäft.

Jede der dargestellten Vertriebsformen – Auktion, Arralkauf und Lieferungskauf – bot dem Weinhändler somit die Möglichkeit, in einem sehr frühen Stadium der Weinproduktion Leistung und Gegenleistung abzusichern. Aufgrund dieser Vorleistung des Käufers bestand beim Weinkauf häufig eine Nähe zum Darlehen und anderen Kreditverträgen[80].

Das zeitliche Auseinanderfallen von Vertragsschluss und Leistung wirkte sich auch auf die Bestimmbarkeit des Kaufgegenstandes aus. Je früher der Wein verkauft wurde, desto schwieriger war es, den konkreten Vertragsgegenstand, wie beispielsweise einzelne Fässer, zu benennen. Existierte zum Zeitpunkt der Einigung weder der Wein noch ein konkreter Vorrat, so musste der verkaufte Wein – nach generischen Merkmalen wie Qualität oder Menge – abstrakt bestimmt werden.

3. *Besondere Vertragsgestaltungen*

a) Weinverkauf per aversionem oder in aversione

Ein besonderes Weingeschäft wird in D. 18,6,4,1–2 beschrieben, der Weinverkauf *per aversionem.*

> D. 18,6,4,1 (Ulp. 28 ad Sab.): *Si aversione vinum venit, custodia tantum praestanda est. Ex hoc apparet, si non ita vinum venit, ut degustaretur, neque acorem neque mucorem venditorem praestare debere, sed omne periculum ad emptorem pertinere: difficile autem est, ut quisquam sic emat, ut ne degustet. Quare si dies degustationi adiectus non erit, quandoque degustare emptor poterit et quoad degustaverit, periculum acoris et mucoris ad venditorem pertinebit: dies enim degustationi praestitutus meliorem condicionem emptoris facit.*

78 Durch einen *coactor* oder *argentarius coactor*, Bürge, ZRG RA 104 pp. 481, 484f.

79 Zur Auktion nach diesem Modell vgl. ibidem pp. 481.

80 Vgl. Ernst, ZRG RA 114 pp. 277f., Bechmann, Kauf I p. 530, jedoch nicht nur auf den Weinkauf bezogen.

D. 18,6,4,2 (Ulp. 28 ad Sab.): *Vino autem per aversionem vendito finis custodiae est avehendi tempus. Quod ita erit accipiendum, si adiectum tempus est: ceterum si non sit adiectum, videndum, ne infinitam custodiam non debeat venditor. Et est verius secundum ea quae supra ostendimus, aut interesse, quid de tempore actum sit, aut denuntiare ei, ut tollat vinum: certe antequam ad vindemiam fuerint dolia necessaria, debet avehi vinum.*

Ein ganzer Weinvorrat wird »in Bausch und Bogen«[81] zu einem Festpreis verkauft[82].

Auch wenn über die einzelnen Modalitäten dieses Vertragstyps in der Literatur kontrovers diskutiert wird[83], kann ebenfalls beim Kauf *per aversionem* von einer Vorleistungspflicht des Käufers ausgegangen werden. Ein Barkauf eignete sich nur wenig als Einkleidung für ein solches Geschäft, da sowohl in Bezug auf Transport wie auch auf Lagerung Vorkehrungen getroffen werden mussten. Einen Sofortvollzug eines solchen Vertrages anzunehmen, liegt daher fern. Für den Verkäufer in D. 18,6,4,1–2 würde es darüber hinaus keinen Sinn ergeben, den Wein für den Käufer bis zur Ausprobung zurückzuhalten, ohne zumindest durch eine Anzahlung des Kaufpreises abgesichert zu sein[84]. Aufgrund dieser auch bei den anderen

81 Heumann/Seckel, Handlexikon s.v. ›*aversione*‹ p. 46.

82 Vgl. Ernst, ZRG RA 114 p. 292; Jakab, Risikomanagement p. 244 not. 2.

83 Ausgehend von den Fragmenten D. 18,6,4,1–2 entspannt sich eine Diskussion in der Literatur um den Risikocharakter dieses Kauftypus und um die Frage, ob ein Kauf *in aversione* ferner einen Gewährleistungsausschluss für eine Verschlechterung des Weines impliziert. Eine Ansicht versteht sprachlich den Verkauf von Wein *in aversione* als ›so, wie er ist‹ und hält folglich den von Ulpian anfangs erwähnten Gewährleistungsausschluss für eine Verschlechterung des Weines bei einem Aversionskauf für zwingend. Für eine nachträgliche Ausprobung wäre somit kein Raum mehr, sodass sich die Vertragsgestaltung des Kaufs *aversione* und eine Degustationsabrede gegenseitig ausschließen würden. Vgl. Krückmann, Paul: Periculum emptoris. In: ZRG RA 60 (1940) pp. 1–79, bes. 45ff.; Pennitz, TR 62 pp. 286f. Eine Gegenansicht versteht mit unseres Erachtens überzeugenderen Argumenten den Begriff *in aversione* hingegen im Sinne von ›Pauschalkauf‹ und geht deshalb davon aus, dass auch bei einem Weinverkauf *in aversione* eine Degustationsabrede vereinbart werden kann, vgl. Jakab, Risikomanagement pp. 241ff., Yaron, Reuven: Sale of wine. In: Daube, David (ed.): In: Studies in roman law of sale. Dedicated to the memory of Francis de Zulueta. Oxford 1959 pp. 71–77, bes. 71; Frier, ZRG RA 100 p. 280.

84 Dieses Interesse des Verkäufers nach einer finanziellen Absicherung wird noch deutlicher im zweiten Sinnabschnitt in D. 18,6,4,1, in dem Ulpian

beschriebenen Weintransaktionen typischen Vorleistung des Kaufpreises und Kreditierung der Lieferung wird auch der Weinverkauf *per aversionem* bei unserer Untersuchung berücksichtigt.

b) Barkauf

In den Quellen sind Weinkäufe also in aller Regel als Lieferungskäufe mit Vorleistungspflicht des Käufers ausgestaltet. Demgegenüber finden wir kaum Belege über Weinkäufe, die sofort vollzogen wurden[85]. Thür ist diesbezüglich der Ansicht, dass diese Häufung von Weinlieferungskäufen in den Urkunden irreführend sei. Da der Barkauf keine Urkunde verlange, sei das Schweigen der Quellen über den Barkauf von Wein nicht verwunderlich und bedeute keineswegs, dass der Barkauf von Wein nicht verbreitet gewesen sei[86]. Typischerweise wurde bei einem Barkauf von Wein eine geringere Menge Weines – beispielsweise einzelne Amphoren – an Ort und Stelle verkostet und verkauft[87].

Wenngleich der Barkauf von Wein im Alltag weiter verbreitet gewesen sein mag, als dies die Quellen vermuten lassen, soll dieser Kauftyp in unserer Untersuchung nicht berücksichtigt werden. Zum einen ist der Barkauf von Wein verglichen mit zeitlich weit in die Zukunft reichenden Lieferungskäufen rechtlich unkompliziert. Aufgrund der Quellenlage und der rechtlichen Trivialität sind keine zusätzlichen Erkenntnisse von einer Untersuchung des Wein-Barkaufs zu erwarten[88].

---

erklärt, dass, wenn kein Termin für die *degustatio* vereinbart ist, der Käufer diese vornehmen könne, wann er wolle. Würde der Verkäufer auf eine Anzahlung des Kaufpreises verzichten, müsste er den Wein bis zur nächsten Ernte (vgl. D. 18,6,4,2: *certe antequam ad vindemiam fuerint dolia necessaria, debet avehi vinum*) vorhalten.

85 Vgl. Thür, AFP 2 Bh. 3 pp. 967f. Idem hält diese Häufung an Weinlieferungskäufen in Urkunden für irreführend. Da der Barkauf keine Urkunde verlange, sei das Schweigen der Quellen über den Barkauf von Wein erklärbar. Jakab, Risikomanagement pp. 47, 210 hält den Barkauf von Wein zumindest rechtlich für wenig relevant und schließt den Barkauf aus ihrer Untersuchung aus.

86 Vgl. Thür, AFP 2 Bh. 3 p. 967.

87 Vgl. Jakab, Risikomanagement pp. 49, 210.

88 Mit ähnlicher Argumentation auch ibidem pp. 47, 210.

4. *Definition*

Bei den wirtschaftlich relevanten[89] Vertriebsformen der Auktion, des Arralkaufs und des Lieferungskaufs fällt als wichtigste Gemeinsamkeit auf, dass Vertragsschluss und Weinlieferung üblicherweise auseinanderfielen. Häufig, aber nicht immer, ging dies mit einer Vorauszahlung des Kaufpreises einher[90]. Jedenfalls wurde aber die Lieferung auf einen Zeitpunkt nach Vertragsschluss verschoben. Deshalb werden im Rahmen dieser Untersuchung nur Weingeschäfte mit kreditierter Lieferung des Weines berücksichtigt. Aufgrund dieses Kreditcharakters könnte eine Nähe des Weinkaufs zu anderen Vertragstypen wie dem Darlehen gegeben sein.

§ 5 Gang der Untersuchung

Die vermutete Sonderstellung des Weingeschäfts kann sowohl aus ihrer praktischen Besonderheit als auch aus einer rechtlich-dogmatischen Besonderheit herrühren. Wir wollen uns im Rahmen dieser Untersuchung zunächst von der rechtsdogmatischen Seite dieser Besonderheit annähern, bevor wir in einem darauf aufbauenden Schritt die praktischen Besonderheiten ins Auge fassen.

Zunächst soll also im ersten Hauptteil das Weingeschäft vertragsrechtlich eingeordnet werden. Hierbei liegt ein besonderer Fokus auf der bei Weintransaktionen typischen Kreditierung der Lieferungspflicht und damit einhergehenden Verlagerung des Geschäfts in die Zukunft.

Um uns an die rechtlichen Probleme anzunähern, die eine solche Kreditierung der Lieferungspflicht aufwirft, soll untersucht werden, wie das griechische Recht solche komplizierten Kauftypen rechtlich darstellte. Hiervon ausgehend wird dann eine Betrachtung des klassischen römischen Rechts vorgenommen. Besonderes Augenmerk wird bei dieser Untersuchung auf Geschäfte über größere Mengen fungibler Konsumgüter wie Öl, Weizen und Wein

89 Jakab, Risikomanagement p. 47.

90 Eine Ausnahme stellt diesbezüglich die Auktion dar, bei der ein zwischengeschalteter *argentarius* oder *coactor* dem Einlieferer den Kaufpreis vorschoss. Der Käufer verpflichtete sich dann gegenüber dem *argentarius*, die Summe zu erstatten, vgl. ibidem pp. 51ff.; Thielmann, Römische Privatauktion p. 46.

gelegt und erörtert, vor welche Probleme solche Transaktionen das römische Kaufrecht stellten. Sodann soll ausgehend von mehreren Fragmenten aus dem *Codex Iustinianus* untersucht werden, wie die rechtlich durchaus komplexen Weingeschäfte in nachklassischer Zeit abgebildet wurden. Besonderes Interesse gilt hierbei den juristischen Impulsen, die sich aus dem Aufeinandertreffen von römischen und griechischen Rechtsvorstellungen für den Weinkauf und dessen vertragsrechtliche Einordnung ergaben.

Der zweite Hauptteil der Arbeit widmet sich möglichen weintypischen Sonderregelungen. Zunächst wird am Beispiel der *effusio vini* untersucht, inwieweit diese Regelung speziell auf Weintransaktionen zugeschnitten war. Hierfür werden die *realia* der Weinherstellung und -lagerung in den Blick genommen und analysiert, welche praktischen Besonderheiten bei der Weinherstellung gegebenenfalls rechtliche Sonderregelungen erfordert haben könnten.

Dazu suchen wir nach echten Parallelstellen zur *effusio vini* und vergleichen diese mit in anderen Fällen des Gläubigerverzugs angeordneten Rechtsfolgen. Bei der Prüfung der Vergleichbarkeit liegt ein besonderes Augenmerk auf der Rechtsnatur der *effusio vini*. Im Anschluss soll erörtert werden, ob die Grundsätze der Weinausgießung auf andere fungible Konsumgüter wie Weizen oder Öl übertragbar waren. Abschließend sollen die in diesem Abschnitt gewonnenen Erkenntnisse noch auf andere weintypische Regelungen übertragen werden, wie die *degustatio*, die Zumessung sowie das Versprechen, dass der Wein frei von *acor* und *mucor* geliefert werde.

§ 6 Thesen

Das Weingeschäft war vertraglich nicht zwingend als *emptio venditio* ausgestaltet und stellte in mehrfacher Hinsicht eine Sondermaterie innerhalb des Kaufrechts dar. Deswegen ist die Entscheidung Lenels, den Weinkauf in seiner Palingenesie in einer eigenen Rubrik anzuordnen, korrekt und trägt der dogmatischen Einordnung des Weingeschäfts entsprechend Rechnung. Die über den Weinkauf in den Quellen gewonnenen Erkenntnisse sind mithin weitestgehend nicht übertragbar. Ausdruck der Eigentümlichkeit des Weinkaufs waren weinspezifische Sonderregelungen wie die *effusio vini*.

Erster Hauptteil: Vertragliche Einordnung von Grosshandelskäufen

Im folgenden Abschnitt soll geklärt werden, welchem Vertragstyp das Weingeschäft zuzuordnen ist. Diese Frage mag zunächst banal erscheinen, da in den Digesten fast ausschließlich von *vinum venditum* die Rede ist, sodass zumindest sprachlich Kaufterminologie verwendet wird[91]. Bezieht man andere, nichtrömische Quellen in die Untersuchung mit ein, entsteht hingegen ein weniger eindeutiges Bild. Beispielhaft sei nur auf das Gleichnis vom unehrlichen Verwalter aus dem Lukasevangelium verwiesen. In Bezug auf die Pflicht, Öl beziehungsweise Weizen, also aufgrund ihrer Fungibilität dem Wein vergleichbare Güter, zu liefern, ist von ausgestellten Schuldscheinen die Rede[92]. Diese Quelle stellt solche Lieferungsverträge

91 Vgl. D. 18,1,9,2 (Ulp. 28 ad Sab.); D. 18,1,35,7 (Gai. 10 ad ed. provinc.); D. 18,6,4,1 (Ulp. 28 ad Sab.); D. 19,1,3,4 (Pomp. 9 ad Sab.); D. 41,2,51 (Iav. 5 ex post. Labeonis.); C. 4,44,10 (Diocl./Maxim. AA. et CC. Aemilio Severo.); Frg. Vat. 16.

92 Lk 16,1–9: »Jesus sagte zu den Jüngern: Ein reicher Mann hatte einen Verwalter. Diesen beschuldigte man bei ihm, er verschleudere sein Vermögen. Darauf ließ er ihn rufen und sagte zu ihm: Was höre ich über dich? Leg Rechenschaft ab über deine Verwaltung! Du kannst nicht länger mein Verwalter sein. Da überlegte der Verwalter: Mein Herr entzieht mir die Verwaltung. Was soll ich jetzt tun? Zu schwerer Arbeit tauge ich nicht, und zu betteln schäme ich mich. Doch – ich weiß, was ich tun muss, damit mich die Leute in ihre Häuser aufnehmen, wenn ich als Verwalter abgesetzt bin. Und er ließ die Schuldner seines Herrn, einen nach dem andern, zu sich kommen und fragte den ersten: Wie viel bist du meinem Herrn schuldig? Er antwortete: Hundert Fass Öl. Da sagte er zu ihm: Nimm deinen Schuldschein, setz dich gleich hin und schreib »fünfzig«. Dann fragte er einen andern: Wie viel bist du schuldig? Der antwortete: Hundert Sack Weizen. Da sagte er zu ihm: Nimm deinen Schuldschein und schreib ›achtzig‹. Und der Herr lobte die Klugheit des unehrlichen Verwalters und sagte: Die Kinder dieser Welt sind im Umgang mit ihresgleichen klüger als die Kinder des Lichtes. Ich sage euch: Macht euch Freunde mit Hilfe des ungerechten Mammons, damit ihr in die ewigen Wohnungen aufgenommen werdet, wenn es (mit euch) zu Ende geht.« Vgl. Die Bibel. Altes und Neues Testament; Einheitsübersetzung. Freiburg et al. 1980.

P. Friedrich, *Die Eigentümlichkeit des Weinkaufs*,
https://doi.org/10.1007/978-3-658-50367-3_2

also zumindest in einen Zusammenhang mit Darlehensverträgen. Auch im Definitionsteil der Arbeit konnte herausgearbeitet werden, dass der Weinkauf ein Kreditgeschäft darstellte. Eine Nähe des Weinkaufs zum Darlehen ist also keineswegs verwunderlich. Im folgenden Abschnitt soll daher untersucht werden, welchen Platz der Weinkauf im Obligationenrecht hatte und inwiefern er über dem Kaufrecht fremde Elemente verfügte.

Insbesondere der bei Wein übliche Lieferungskauf stellte eine nicht nur in praktischer, sondern auch in rechtlicher Hinsicht anspruchsvolle Vertragsgestaltung dar[93]. Während der Weinkäufer den Preis üblicherweise vorschoss, wurde der Verkäufer verpflichtet, erst in Zukunft zu einem späteren Zeitpunkt zu leisten. So sollte der Käufer den Preis sofort begleichen, während sich der Verkäufer beispielsweise verpflichtete, Wein der kommenden Ernte zu liefern.

Sowohl das griechische wie auch das römische Kaufregime stießen bei der Darstellung eines solchen Lieferungs- oder Pränumerationskaufs auf Schwierigkeiten. Insbesondere der Verkauf zukünftiger Gegenstände stellte beide Kaufregime vor Probleme. Gerade im Großhandel bestand insbesondere bei fungiblen Konsumgütern wie Öl, Weizen und Wein ein wirtschaftliches Bedürfnis nach echten Gattungskäufen, also solchen Vereinbarungen, bei denen der Kaufgegenstand nur generisch bestimmt werden und möglichst früh verkauft werden konnte.

Im folgenden Teil der Arbeit werden wir daher der Frage nachgehen, welche Lösungen das griechische und das römische Kaufrecht entwickelten, um vertragliche Konstellationen wie den Pränumerationskauf von Wein und anderen fungiblen Großhandelsgütern rechtlich abzubilden.

Abschließend werden wir das nachklassische Recht betrachten und hierbei die Frage aufwerfen, ob sich beim Aufeinandertreffen von römischem und griechischem Kaufregime das antike Kaufrecht im Hinblick auf fungible Konsumgüter weiterentwickelte.

93 Vgl. Rupprecht, Hans-Albert: Kleine Einführung in die Papyruskunde. Darmstadt 2005 p. 119.

§ 1 Griechisches Kaufrecht

I. Papyri aus ptolemäischer Zeit

1. Quellenbefund

Nach klassischer Auffassung[94] basierte das griechische Kaufrecht auf dem Barkauf und entsprach im Wesentlichen einem Tauschgeschäft. Der Kauf wurde demnach als bloßer Austausch von Ware und Geld verstanden, sodass der Verfügung im Gegensatz zur Vereinbarung konstituierende Bedeutung zukam[95]. Nach dieser Auffassung verfügte das griechische Kaufrecht über keinerlei Mechanismen, um eine formlos geschlossene Kaufvereinbarung zu vollstrecken[96]. So konstatiert Wolff, die Obligation als »*vinculum iuris*« sei im griechischen Recht noch unbekannt gewesen. Es habe vielmehr ein Verständnis von »vergeltendem Zugriff« auf den Schuldner vorgeherrscht[97]. Diese starke Anlehnung des griechischen Kaufrechts an den Barkauf erwies sich naturgemäß problematisch bei der für Weingeschäfte typischen Ausgestaltung als Lieferungskauf, denn die Zusage des Verkäufers, in Zukunft etwas liefern zu wollen, war nach klassischer Ansicht nicht vollstreckbar, aus ihr erwuchs keine vollstreckbare Leistungspflicht[98].

---

94 Vgl. Wolff, Hans Julius: Die Grundlagen des griechischen Vertragsrechts. In: ZRG RA 74 (1957) pp. 26–72, bes. 61f., Vgl. Pringsheim, GLS p. 91, Rupprecht, Einführung in die Papyruskunde p. 115.

95 Vgl. Pringsheim, GLS p. 91; Soden, Heiko von: Untersuchungen zur Homologie in den griechischen Papyri Ägyptens bis Diokletian. Vol. 5. Köln 1973 p. 124.

96 Vgl. Pringsheim, GLS p. 91.

97 Wolff, ZRG RA 74 pp. 61f. Da das griechische Vertragsrecht nicht auf Konsens beruhte, gab es keine Klage auf Vertragserfüllung. Eine Vertragsverletzung löste stattdessen eine deliktische Haftung aus, die darauf beruhte, dass eine Partei mit den ihr zu einem Zweck gegebenen Waren nicht entsprechend verfahren war und somit den Zweck der Gabe vereitelt hatte. Die Homologie begründete daher keinen Konsens, sondern hatte eine rein prozessuale Funktion. Vgl. ibidem pp. 63f.

98 Vgl. Rupprecht, Einf. in die Papyruskunde p. 115; Pringsheim, GLS p. 269.

Jüngst haben einige Stimmen Wolffs Lehre der Zweckverfügung angezweifelt. So legt eine Untersuchung von Kaiser einer μίσθωσις über ein Grundstück nahe[99], dass die griechischen Juristen zumindest in dieser Konstellation den Konsensualvertrag kannten. Gagliari und Cohen gehen sogar noch weiter und sind der Ansicht, die Homologie habe ab dem Beginn des 5. Jahrhundert v. Chr. Konsens und damit einen direkt klagbaren Anspruch auf Leistung erzeugt[100]. Demnach könnte man ab diesem Zeitpunkt von einem Konsensualkauf im griechischen Recht ausgehen.

Der neueren Literatur ist zuzugeben, dass Wolffs Theorie der Zweckverfügung nicht alle Quellen widerspruchsfrei erklären kann[101]. Aus diesem Grund wurde seine Lehre verschiedentlich ergänzt und erweitert[102]. Hieraus folgt jedoch nicht, dass die Homologie einem Konsensualvertrag entsprach. Einen eindeutigen Beleg dafür, dass im griechischen Kaufrecht aus zwei übereinstimmenden Willenserklärungen eine Obligation erwuchs, liefern die Literaturstimmen nicht[103].

Damit kann für die für unsere Untersuchung relevante Konstellation des Lieferungskaufs im griechischen Recht davon ausgegangen werden, dass das bloße Versprechen, in Zukunft Wein liefern zu wollen, nicht bindend war und eine direkte Haftung auslöste. Aufgrund dieser Besonderheit des griechischen Vertragsrechts scheint sich das Darlehensrecht für die Konstruktion von Lieferungskäufen besser zu eignen. Das Darlehen ist wie

99 Vgl. Kaiser, Wolfgang: Überlegungen zum Vertragsschluss bei einer μίσθωσις über Grundstücke. In: ZRG RA 139 (2022) pp. 391–409, bes. 408f.

100 Vgl. Gagliardi, Lorenzo: La legge sulla ὁμολογία e i vizi della volontà nei contratti in diritto ateniense. In: Gagarin, Michael / Lanni, Adriaan (edd.): Symposion 2013, Vorträge zur griechischen und hellenistischen Rechtsgeschichte. Wien 2014 pp. 177–214, bes. 181ff. Idem stützt sich bspw. auf Hyp. Athenog. 15, wo von einer gegenseitigen Homologie die Rede ist. Ähnlich Cohen, Edward: Consensual contracts at Athens. In: Rupprecht, Hans Albert (ed.): Symposium 2003. Wien 2006 pp. 73–84. Dagegen allerdings Wallace, Robert: Did Athens have consensual contracts? A response to Lorenzo Gagliardi. In: Gagarin, Michael / Lanni, Adriaan (edd.): Symposium 2013. Wien 2014 pp. 215–222.

101 Vgl. Wallace, Response p. 219 sowie Jakab, Éva: Antwort auf Edward Cohen Symposium 2003 In: Cantarella, Eva / Modrzejewski, Joseph Mélèze / Thür, Gerhard (edd.): Symposion 2003. Vorträge zur griechischen und hellenistischen Rechtsgeschichte. Wien 2003 pp. 85–92, bes. 89ff. m.w.N.

102 Vgl. Kaiser, ZRG RA 139 pp. 399ff.

103 Vgl. Wallace, Response pp. 219ff; Jakab, Antwort auf Edward Cohen p. 91.

der Lieferungskauf in die Zukunft gerichtet. Ferner sind die Leistungspflichten beim Darlehen generischer Natur: Zurückzuzahlen sind Stücke einer bestimmten Kategorie und nicht wie beim Kauf bestimmte Gegenstände[104].

In den Papyri sind bei Pränumerationskäufen deutliche Anlehnungen an das Darlehen erkennbar[105]. So wurden beispielsweise in P.Hibeh I 84 a (= Chrest. Mitt. 131; Peroe / Ägypten, 285–284 v. Chr.) ein Kaufformular und ein Darlehensformular zusammengefügt, um einen Weizenlieferungskauf abzubilden.
Während die Kaufpreiszahlung wie bei anderen Kaufkonstellationen beurkundet wurde, griff man für die zukünftige Lieferung einer bestimmten Menge Weizens (ἀρτάβας τριάκοντα)[106] auf ein Vertragsformular für Darlehen zurück. Parallelen zum Darlehensformular[107] sind insbesondere im Hinblick auf die Vertragsdurchsetzung erkennbar[108].
Pringsheim sieht darüber hinaus im Hinblick auf die Lieferungspflicht eine sprachliche Anlehnung an das Darlehensformular. Er will das eigentlich unspezifische ἀποδότω[109] im Kontext von Lieferungskäufen nicht mit ›leisten‹, sondern mit ›zurückzahlen‹ übersetzen[110].

Ab dem 2. Jahrhundert v. Chr. etablierte sich ein auf Pränumerationskäufe zugeschnittenes Formular, so zum Beispiel in P.Flor. I 65, P.Mich. XV 734, P.Lond. V 1764 oder P.Heid. V 358[111]. In dieser

---

104 Vgl. ERNST, ZRG RA 114 pp. 277ff.

105 Vgl. PRINGSHEIM, GLS pp. 269f.

106 Vgl. P.Hibeh I 84 a lin. 17. Gemäß Herodot entsprach das persische Getreide-Hohlmaß, *artaba* (ἀρτάβη), einem um 3 *cheonikes* (χοίνικες) vermehrten attischen *medimnos* (μέδιμνος); vgl. HDT. hist. 1,192,3: ἡ δὲ ἀρτάβη, μέτρον ἐὸν Περσικόν, χωρέει μεδίμνου Ἀττικοῦ πλέον χοίνιξι τρισὶ Ἀττικῇσι. Da dieser seinerseits 48 χοίνικες fasste, ergeben sich für 30 ἀρτάβας entsprechend 1.530 χοίνικες oder circa 1.674 Liter Weizen; vgl. HULTSCH, Friedrich: Griechische und römische Metrologie. 2. Bearbeitung, Berlin 1882 p. 703 tab. X. Die griechischen Hohlmaße. C. Die Maße des Trockenen.

107 Nur in einzelnen Urkunden wird der vorgeschossene Kaufpreis explizit als Darlehen (δάνειον) bezeichnet, vgl. RUPPRECHT, Hans Albert: Vertragliche Mischtypen in den Papyri. Mnēmē Geōrgiu A. Petropulu. Bd. 2. Athen 1984 pp. 273–283, bes. 274ff.

108 Beispielsweise gewährt der Verkäufer bei der Lieferung der Ware einen Aufschlag, vgl. THÜR, AFP 2 Bh. 3 p. 974.

109 Von Rückzahlung sei »nicht die Rede« sei, vgl. loc. cit.

110 Vgl. PRINGSHEIM, GLS pp. 269f.

111 Vgl. KRUIT, Nico: Local Customs in the Formulas of Sales of Wine for Future Delivery. In: ZPE 94 (1992) pp. 167–184 p. 169. Für weitere den Weinkauf

Vertragsgestaltung bestätigte der Verkäufer, den vom Käufer vorgeschossenen Kaufpreis (τιμή)[112] erhalten zu haben und sagte sodann zu, die Ware zu einem bestimmten Zeitpunkt, meist den Monat der Weinlese, Mesore[113], zu liefern[114]. Hieran schloss sich in einigen Urkunden[115] eine Austauschklausel an für den Fall, dass sich der Wein als fehlerhaft, also insbesondere sauer oder kahmig erwies. Für diesen Fall konnte der Käufer noch vier bis sechs Monate nach dem Liefertermin im Monat Mesore einen Austausch des fehlerhaften Weines verlangen[116]. Dies wird von Teilen der Literatur als echte Sachmängelhaftung verstanden. Demnach würde der Wein im Monat Mesore, also unmittelbar nach der Weinlese, vom Käufer abgeholt und weiterbehandelt[117]. Als erster wandte sich Kruit in Bezug auf ägyptische Papyri gegen diese Lesart und belegt, dass Lieferung nicht mit Abholung gleichzusetzen sei. Vielmehr verblieb der Wein für die Dauer der Garantie in den Gärfässern des Verkäufers[118]. Jakab stellt in ihrer Untersuchung heraus, dass die von Kruit in Bezug auf ägyptische Papyri gemachten Beobachtungen für den gesamten griechischen Rechtsraum gültig sind. So ist die Austauschklausel fast ausschließlich auf Konstellationen beschränkt, in denen der Wein in Gärfässern des Verkäufers reifte[119]. Unsere Untersuchung wird zeigen, dass damit der Ablauf der Weintransaktion in

---

betreffende Vertragsurkunden vgl. Harrauer, Hermann: Sechs byzantinische Weinkaufverträge aus dem Hermupolites. Mit Bemerkungen zu einigen Formeln. In: Pintaudi, Rosario (ed.): In: Miscellanea Papyrologica. Florenz 1980 pp. 109–126.

112 Tatsächlich existierten in den Papyri Unterschiede in Bezug auf die genaue Bezifferung des Kaufpreises. Kruit stellt insoweit für die Papyrussammlung Heidelberg fest, dass nur in den Verträgen, in denen der Kaufpreis nicht beziffert ist, das gezahlte Geld als τιμή bezeichnet wird. Kruit, ZPE 94, bes. 168ff. Jakab hält diesen Unterschied für rechtlich irrelevant und verweist darauf, dass das Formular mit genau beziffertem Kaufpreis erst ab dem 6. Jh. aufgekommen zu sein scheint, vgl. Eadem, Risikomanagement p. 128.

113 Juli–August, vgl. ibidem p. 126.

114 Vgl. Rupprecht, Darlehen p. 128; Idem, Beiträge zur Juristischen Papyrologie p. 87; Pringsheim, GLS p. 276.

115 Eine Liste der Urkunden mit Austauschklausel findet sich bei Jakab, Risikomanagement p. 133.

116 Vgl. loc. cit.

117 Vgl. Pringsheim, GLS pp. 493ff.

118 Vgl. Kruit, Nico: The Meaning of Various Words Related to Wine. In: ZPE 90 (1992) pp. 265–276, bes. 272ff.

119 Vgl. Jakab, Risikomanagement pp. 137ff.

Bezug auf Gärung, Ausprobung und Lagerung sowie die Abholung beim Verkäufer den Gepflogenheiten im römischen Rechtsraum sehr stark ähnelte[120].

Ungeachtet gewisser regionaler und kautelarischer Unterschiede wurde bei Weinlieferungskäufen das Darlehensformular jedenfalls bei jüngeren Verträgen allenfalls noch in den Grundzügen verwendet[121]. Zwar ›verbanden‹ die Griechen hier die Kaufpreiszahlung mit einer zukünftigen Warenlieferung in ein- und demselben Formular, allerdings wurde im Wege der Homologie keine Obligation im Sinne eines »*vinculum iuris*« begründet[122]. Es handelte sich bei der in der Urkunde niedergelegten ›Leistungspflicht‹ des Verkäufers um eine rein prozessuale Konstruktion[123].

2. *Bewertung in der Literatur*

Die Einordnung dieses Befundes ist in der Literatur umstritten. Teilweise wird der Pränumerationskauf als Darlehen, teilweise als Form des Kaufs verstanden.

Simon spricht auch beim entwickelten Formular für Pränumerationskäufe hinsichtlich der Lieferungszusage des Verkäufers von einer »fiktiven Darlehensabsprache« und ordnet auch den entwikkelten Lieferungskauf nach griechischem Recht dem Darlehen zu[124].

Nach Auffassung von Pringsheim ist das für die Ware hingegebene Geld rechtlich ein Darlehen, das sich erst mit der Entstehung und Aussonderung der Sache zu einem Preis wandelt. Hierdurch kommt es zu einem Übergang des Eigentums an der gekauften Ware[125].

Rupprecht begreift die frühen Urkunden als Mischungen aus Kauf und Darlehen. Die ausgereifte Vertragsgestaltung des

---

120 So auch Kruit, ZPE 90 pp. 293ff., bes. 295.

121 Vgl. Rupprecht, Darlehen p. 128; Idem, Beiträge zur Juristischen Papyrologie p. 87, Platschek, Johannes: Das Edikt De pecunia constituta: die römische Erfüllungszusage und ihre Einbettung in den hellenistischen Kreditverkehr. Vol. 106. München 2013 pp. 246f.

122 Wolff, ZRG RA 74 pp. 61f. ist der Auffassung, dass die Obligation als »vin culum iuris von den Griechen niemals mit derselben Schärfe konzipiert [wurde ...] wie von den Römern«. Für die μίσθωσις einschränkend jedoch zuletzt Kaiser, ZRG RA 139 pp. 408f.

123 Vgl. Soden, Homologie pp. 70f., Wolff, ZRG RA 74 pp. 63ff.

124 Simon, Dieter: Studien zur Praxis der Stipulationsklausel. Vol. 48. München 1964 p. 72.

125 Vgl. Pringsheim, SDHI 24 pp. 226f., 235.

Pränumerationskaufs wird als eigenständiger Vertragstypus verstanden, der weder Kauf noch Darlehen zuzuordnen ist[126]. In diesem rückte die Pflicht, in Zukunft zu leisten, stärker als in den früheren Urkunden in den Vordergrund und wurde mit dem Erhalt des Kaufpreises verknüpft[127]. Rupprecht charakterisiert diesen eigenständigen Vertragstypus als Darlehen mit Objektwechsel[128].

In der neueren Literatur werden zunehmend Zweifel an der maßgeblich von Pringsheim geprägten strengen Barkaufdoktrin im griechischen Kaufrecht geäußert. Thür und, ihm folgend, Jakab[129] machen deutlich, dass sich Urkunden über Lieferungskäufe von Konsumgütern »bei unbefangener Lektüre« auch dem Kaufrecht zuordnen lassen[130]. So bildeten nach Auffassung von Thür im griechischen Kaufrecht Barkauf und Pränumerationskauf ein Paar. Während der Barkauf einen aktuell bestehenden Bedarf an (Konsum-)Gütern sichere, sei ein Pränumerationskauf solcher Güter darauf ausgelegt, künftigen Bedarf abzudecken. Auch wenn der Pränumerationskauf nur indirekt unter Rückgriff auf das Darlehensformular durchsetzbar war, hätten die griechischen Juristen auch den Lieferungskauf aufgrund seiner inhaltlichen und wirtschaftlichen Nähe zum Barkauf dem Kaufrecht zuordnen können.

Zutreffend führt Thür aus, dass terminologisch auch schon bei den frühen, aus Kauf- und Darlehensformularen zusammengefügten Urkunden keine eindeutige sprachliche Anlehnung an ein Darlehen erkennbar ist. Die mit ἀποδότω ausgedrückte Lieferungspflicht des Verkäufers lässt sich schlicht als ›leisten‹ übersetzen[131]. Daher spreche viel dafür, dass sich die griechischen Urkundenschreiber über den wirtschaftlichen Charakter des Geschäfts als Kauf bewusst waren. Auch deshalb hätten diese ohne erkennbare dogmatische Bedenken ein eigenständiges Formular für Lieferungskäufe von Konsumgütern entwickeln können[132]. Hierbei stünden

126 Vgl. Rupprecht, Darlehen p. 128; Idem, Beiträge zur Juristischen Papyrologie p. 87; Idem, Mischtypen p. 280.

127 Vgl. Pringsheim, GLS p. 506.

128 Bspw. in P.Rein. I 30 (= Chrest. Mitt. 139; Tenis-Hakoris / Ägypten, 116 v. Chr.), vgl. Rupprecht, Darlehen p. 128; Idem, Beiträge zur Juristischen Papyrologie p. 87.

129 Vgl. Jakab, Risikomanagement pp. 152ff.

130 Thür, AFP 2 Bh. 3 pp. 973f.

131 Vgl. Pringsheim, GLS pp. 269f. übersetzt ἀποδότω aufgrund der Anlehnung an das Darlehensformular mit ›zurückzahlen‹.

132 Thür, AFP 2 Bh. 3 pp. 973f.

die unterschiedlichen Formulierungen der früheren und späteren Lieferungskaufformulare weniger für einen dogmatischen Fortschritt als für eine sprachliche Vereinfachung[133].

Thür ist ferner der Ansicht, dass auch eine zukünftige Lieferung den Gegenstand einer Zweckverfügung bilden könne. In diesem Fall könnte sich der Weinproduzent dem Zugriff des Käufers dadurch entziehen, dass er in Zukunft den Wein wie vereinbart lieferte. Diesen Zusammenhang von Kaufpreiszahlung und zukünftiger Lieferung bejahen Rupprecht und Pringsheim erst bei den Papyri des 2. Jahrhunderts.

3. *Keine vertragliche Verknüpfung von Leistung und Gegenleistung*

Allein die Uneinigkeit in der Literatur über die vertragliche Einordnung des Lieferungskaufs zeigt deutlich, dass sich diese Konstellation kaum einem bestehenden Vertragstypen zuordnen lässt. Zudem weist bereits Jakab zutreffend darauf hin, dass sich Begriffe moderner Dogmatik kaum für die Erfassung antiker Rechtsfiguren eignen[134]. Dennoch sollen im folgenden Abschnitt die dargestellten Literaturansichten kritisch gewürdigt werden.

Gegen ein Verständnis des Lieferungskaufs als Darlehen[135] spricht, dass nicht wesensgleiche Gegenstände zurückgezahlt werden sollen, sondern ein Objektwechsel stattfindet und Ware anstelle des vorgeschossenen Kaufpreises geleistet werden soll. Somit liegt eine ganz andere Konstellation vor als beispielsweise bei einem Kreditkauf von Konsumgütern, da beim Pränumerationskauf gerade keine Hingabe von Weizen fingiert wurde, auf die sich ein Darlehen hätte beziehen können[136].

Dennoch kann eine Nähe des Pränumerationskaufs zum Darlehen nicht bestritten werden: Indem der Käufer den Kaufpreis vorschießt, gewährt er dem Verkäufer ein Gelddarlehen. Dass einzelne Urkundenschreiber die Vorauszahlung des Kaufpreises ausdrücklich als Darlehen ›δάνειον‹ oder Nutzung ›χρῆσις‹

133 Vgl. Thür, AFP 2 Bh. 3 pp. 973f. Die sprachliche Vereinfachung besteht darin, dass ἀπέδοτο nicht mehr im selben Formular einmal als »verkaufen« und einmal als »liefern« verwendet wird.

134 Vgl. Jakab, Risikomanagement pp. 153, 155.

135 So aber Simon, Stipulationsklausel pp. 73f., der die wirtschaftliche Verwandtschaft von Kreditkauf und Lieferungskauf in den Vordergrund rückt.

136 Vgl. Rupprecht, Darlehen p. 128; Idem, Beiträge zur Juristischen Papyrologie p. 87.

bezeichnen[137] oder in der Urkunde ein Aufschlag bei der Warenlieferung vereinbart wird, zeigt, dass allgemein Klarheit über den Kreditcharakter der Zahlung bestanden haben muss[138].

Entscheidend für die vertragliche Zuordnung des Pränumerationskaufs ist letztlich die Frage, wie abstrakt die Vorstellung der griechischen Juristen von Kauf war. Mittels der uns zur Verfügung stehenden Urkunden kann diese Frage kaum abschließend beantwortet werden: Die überlieferten Urkunden waren für die Rechtspraxis bestimmt, sodass ihnen zugrundeliegende, abstrakte Rechtsvorstellungen allenfalls durchschimmern. Allerdings liegt die Annahme nicht fern, im griechischen Rechtsraum habe ein grundsätzliches Verständnis von wirtschaftlichem Kauf vorgeherrscht[139]. Zwar blieb das griechische Kaufrecht, entgegen Gagliardi[140], an den Barkauf angelehnt und hat den Schritt zum Konsensualkauf nicht vollzogen[141]. Allerdings ist durchaus vorstellbar, dass auch eine zukünftige Lieferung im Wege einer Homologie versprochen werden konnte. Hielte man eine Haftung auf Leistung noch nicht existierender Gegenstände dem Grunde nach für unmöglich, wenden Thür und, ihm folgend, Jakab ein, verlagere man Probleme des römischen Gattungskaufs in das griechische Kaufrecht[142]. Im Hinblick auf diesen Aspekt ist Thür beizupflichten, wenn er Pringsheim eine »Überspitzung« der Barkaufdoktrin bescheinigt[143].

Jedenfalls konnten weder das althergebrachte Formular für Kauf- noch dasjenige für Darlehensverträge Lieferungskäufe erfassen. Dies machte ein eigenständiges Formular für Lieferungskäufe notwendig, in dem Elemente von Darlehen- und Kauf enthalten waren[144].

---

137 So zum Beispiel in SB 6 9569 (18) ›ἔχω ἐν δ[α]νίῳ τὴν τιμὴν κεραμίων‹ oder BGU 4 1015 ›χρῆσιν ἔντοκον‹, vgl. hierzu auch Rupprecht, Mischtypen pp. 275f.

138 Dieser Kreditcharakter wird auch von Thür nicht bestritten, der den Pränumerationskauf dem Kaufregime zuordnet, vgl. Idem, AFP 2 Bh. 3 pp. 974.

139 Vgl. loc cit.

140 Vgl. Gagliardi, La legge p. 177–205.

141 Vgl. Pringsheim, GLS pp. 90f.; Wolff, ZRG RA 74 p. 32.; Rupprecht, Einführung in die Papyruskunde pp. 116, 119.

142 Vgl. Jakab, Risikomanagement p. 152; Thür, AFP 2 Bh. 3 p. 975.

143 Ibidem pp. 974f.

144 Vgl. Rupprecht, Mischtypen pp. 280ff.

4. Ergebnis

Weil der griechische Kauf den rechtstatsächlich erfolgenden Pränumerationskauf nicht abbilden konnte, fügten griechische Notare eine Kauf- und eine Darlehensurkunde zusammen. Auf diese Weise wurde indirekt eine Verpflichtung des Verkäufers auf zukünftige Warenlieferung begründet. Dieser indirekten Haftung bedurfte es, weil eine direkte Haftungsbegründung über das Kaufrecht nicht möglich war. Das Kaufrecht bot für den Pränumerationskauf keine Klagemöglichkeit, da er eine Leistung zukünftiger Gegenstände beinhaltete und keinen sofortigen Vollzug vorsah. Das Darlehen sah demgegenüber die Hin- und Rückgabe artgleicher Gegenstände vor. Bei einem Lieferungskauf wurde hingegen Geld gezahlt und dafür Naturalien wie beispielsweise Wein geliefert[145].

Nach einem anfänglichen Rückgriff auf das Darlehensformular in den frühen Urkunden entwickelte sich ein eigenständiges Formular für Lieferungskäufe, das eindeutig weder Kauf noch Darlehen zugeordnet werden kann. Diese Form der Rechtsfortbildung stellte eine enorme Leistung der involvierten Notare dar, denen es auf diese Weise gelang, die Interessen ihrer Klienten im Vertrag auszudrücken[146].

Unabhängig von der konkreten Einordnung als Kauf oder Darlehen macht dies den Pränumerationskauf zu einem besonderen Vertragsmodell.

Was die vertragliche Ausgestaltung betraf, kann für den griechischen Rechtsraum festgestellt werden, dass der Wein häufig, nachdem er verkostet wurde, noch so lange in Fässern des Verkäufers lagerte, bis der Fermentierungsprozess abgeschlossen war. Dies entspricht der Praxis im römischen Rechtsraum[147].

---

145 Vgl. Rupprecht, Beiträge zur Juristischen Papyrologie p. 87.

146 Vgl. Pringsheim, GLS p. 504. Auch wenn Idem an anderer Stelle (p. 270) darauf hinweist, dass in den frühen Urkunden die Kombination von Kauf- und Darlehensformular in naiver Weise vorgenommen wurde, macht er hier deutlich, dass diese Vorgehensweise Ausdruck enormer Kreativität und Vorstellungskraft war. Thür, AFP 2 Bh. 3 p. 93 missversteht Pringsheim, wenn er dessen Äußerungen als »[Tadel] der Ungeschicklichkeit der Urkundenschreiber« wertet.

147 Vgl. Kruit, ZPE 90 pp. 293ff., bes. 295. Vgl. hierzu auch unsere Ausführungen zu Cato agr. 148.

II. Griechische Quellen aus römischer Zeit

Das ptolemäische Lieferungskaufformular hielt sich bis in römische Zeit[148]. Allerdings scheint bisweilen die Verbindung von Lieferungskauf und Darlehen stärker als bisher in den Vordergrund zu treten.

Ein Beispiel hierfür ist BGU IV 1055 (= Chrest. Mitt. 104, Alexandria/Ägypten) aus dem Jahr 13 v. Chr. Es handelt sich um einen Vertrag über die Lieferung von Milch. Der Vertrag war zunächst als herkömmliches Darlehen von Geld gefasst. Dementsprechend wurde in der Urkunde die Zahlung von 64 Drachmen als Darlehen mit einer Laufzeit von drei Monaten festgehalten. Später wurde eine neue Bestimmung über die Rückzahlung in den Vertrag aufgenommen, der zufolge das Darlehen nun in Form von Milch zurückerstattet werden sollte. Laut Urkunde wurde der Schuldner verpflichtet, täglichen einen Krug von 18 Gemäßen respektive 5 Litern oder 4 Obolen Milch an den Gläubiger zu liefern. Auf diese Weise wurde das Darlehen in einen Pränumerationskauf umgewandelt; aus heutiger Sicht liegt in der überarbeiteten Vertragsfassung überhaupt kein Darlehen mehr vor. Die Parteien bezeichnen den Vertrag dennoch weiterhin als δάνειον[149].

Auch andere Urkunden legen nahe, dass der Lieferungskauf in dieser Zeit stärker in die Nähe des Darlehens gerückt wurde. Frühe Verträge aus byzantinischer Zeit konstruieren den Lieferungskauf über ein fingiertes Darlehen, sodass für die erst in Zukunft erfolgende Lieferung dasselbe Formular verwendet wurde wie für Kreditkaufverträge[150]. Ein Beispiel hierfür ist P.Lond. V 1656, eine Urkunde aus dem 4. Jahrhundert über einen Weinpränumerationskauf[151]. Im ersten Teil der Urkunde bestätigt ein Mundschenk einem Landbesitzer, die vereinbarte Menge Fässer[152] bekommen zu haben

148 Vgl. Pringsheim, GLS p. 278 m.w.N.

149 Vgl. Berger, Adolf: Die Strafklauseln in den Papyrusurkunden. Ein Beitrag zum gräko-ägyptischen Obligationenrecht. Leipzig et al. 1911 pp. 120f.

150 Vgl. Pringsheim, GLS p. 281.

151 Eine Übersetzung findet sich in Mees, Allard Wijnand: Organisationsformen römischer Töpfer-Manufakturen am Beispiel von Arezzo und Rheinzabern. Unter Berücksichtigung von Papyri, Inschriften und Rechtsquellen. Vol. 2. Mainz 2002 p. 370.

152 Da die Urkunde nicht vollständig erhalten ist, können wir nicht mit Sicherheit sagen, ob es sich beim Kaufobjekt nur um leere, transportable Weingefäße (κοῦφα) oder um Wein handelt. Urkundlich belegt sind jedenfalls auch Lieferungskäufe über κοῦφα, z.B. in P.Flor. III 314; hier ist

und Fässer zu schulden. Im zweiten Teil wird sodann beurkundet, dass dem Mundschenk der vereinbarte Preis gezahlt wurde. Da der Erhalt des Kaufpreises beurkundet wurde, muss es sich bei dem Vertragswerk um einen Lieferungskauf handeln, bei dem die Warenlieferung noch aussteht. Ein Vergleich mit P.Oxy. VIII 1131, einer Urkunde des 6. Jahrhunderts über ein Weingeschäft als Kreditkauf, zeigt deutlich, dass der Urkundenschreiber bei P.Lond. V 1656 versucht hat, das Vertragsformular für den Kreditkauf auf den Lieferungskauf zu übertragen[153]. Beide Urkunden sind weitestgehend parallel aufgebaut. Beide enthalten ein Schuldanerkenntnis, also eine Bestätigung, dass der Käufer ein Darlehen in Form von Geld respektive Wein erhalten hat und dies zurückzahlen wird. Bei P.Lond. V 1656 finden wir im Appendix, wie oben beschrieben, den Verweis, dass der Verkäufer den Kaufpreis erhalten hat[154].

Dass diese sich am Kreditkauf orientierende Vertragsgestaltung des Lieferungskaufs weiterentwickelt und verbessert wurde, zeigt P.Strasb. I 1 aus dem 5. Jahrhundert. Hier verkauft eine Weinhändlerin zukünftigen Wein. In diesem Formular wurde die Reihenfolge zwischen Versprechen und Bestätigung des Kaufpreiserhaltes geändert. Dies hat den Vorteil, dass der Kaufpreis nicht erst – wie noch in P.Lond. V 1656 – im Annex erwähnt wird. Ferner wird die noch nicht erfolgte Lieferung stärker in den Vordergrund gerückt[155].

Der Lieferungskauf wies also enge Verbindungen zum Darlehen auf. Während die griechisch-hellenistische Rechtstradition einen eigenen Vertragstypus ausbildete und die Anlehnung an das Darlehensrecht fast völlig aufgegeben wurde, orientierten sich entsprechende Urkunden aus römischer Zeit wieder stärker am

---

Verkäufer allerdings ein Töpfer und kein Mundschenk (πιγκέρνης). In der hier vorliegenden Konstellation ist sowohl ein Abverkauf von Wein aus dem Lager des Mundschenks als auch eine Veräußerung überzähliger leerer Weingefäße vorstellbar.

153 Vgl. Pringsheim, GLS pp. 281f.

154 Die meisten Urkunden dieses Typus stammen aus dem 6. und 7. Jh. Wir finden aber in P.Osl. inv. 1440 auch eine Urkunde dieser Art aus dem 1. Jh. Im ersten Teil der Urkunde ist von einer Rückzahlung (ἀποδῶμεν) die Rede und im zweiten Teil bestätigt der Käufer, den Kaufpreis (τιμή) erhalten zu haben, vgl. Amundsen, Leif/Eitrem, Samson: Sale of Wine on Delivery (P.Osl. inv. no. 1440). In: Krókowski, Georgius/Steffen, Victor/Strzelecki, Ladislaus (edd.): Symbolae Raphaeli Taubenschlad dedicatae. 2. Bratislava et al. 1957 pp. 77–81, bes. 79.

155 Vgl. Pringsheim, GLS p. 282.

Darlehen, während die Bezüge zum Kauf weniger wurden[156]. Dieser Befund zeigt nochmals deutlich, dass der Lieferungskauf und damit auch das Weingeschäft im griechischen Recht an der Grenze zwischen Kauf und Darlehen stand[157].

156 Vgl. PRINGSHEIM, GLS pp. 283ff.
157 Vgl. RUPPRECHT, Einführung in die Papyruskunde p. 119.

§ 2 Römisches Kaufrecht

Wie das griechische Kaufrecht war auch das römische Kaufrecht nicht auf den rechtlich komplexen Lieferungs- oder Pränumerationskauf ausgelegt. Insbesondere war die *emptio venditio* nicht stets auf Lieferungskäufe anwendbar, denn nach ganz herrschender Meinung erfasste die *emptio venditio* nicht den reinen Gattungskauf, sondern nur den Erwerb einzelner Stücke aus einem bestimmten Vorrat[158]. Damit erlaubte das römische Kaufrecht keinen Verkauf von Gütern wie Wein, Weizen oder Öl, wenn eine abstrakt bestimmte Menge des zukünftigen Produktes verkauft werden sollte.

Dass Weintransaktionen bisweilen als Lieferungskäufe abgeschlossen wurden, ist in den Quellen belegt. So bilden C. 4,10,2 und C. 4,49,12 sowie D. 18,6,1,3 mit großer Wahrscheinlichkeit Weinlieferungskäufe ab. Bei D. 18,6,1,3 spricht Vieles dafür, dass nicht fertig gegorener, sondern junger Wein oder Most verkauft wurde. Insbesondere die Tatsache, dass eine Ausgießung erfolgt, sobald der Käufer am Termin der Zumessung säumig ist, spricht dafür, dass die Zumessung zu einem Zeitpunkt erfolgt, an dem der Weinverkäufer auf alle seine Fässer angewiesen ist – also unmittelbar nach der Weinlese. Dies wiederum macht einen Vertragsschluss noch vor der Weinlese wahrscheinlich[159].

In den zusammengehörenden Texten C. 4,2,10 und C. 4,49,12[160] wollen sich zwei Weinverkäufer durch Kaufpreisrückzahlung von ihrer Lieferungspflicht befreien und berufen sich auf den Wortlaut des nach griechischem Recht beurkundeten Vertrages[161]. An dieser

158 Vgl. KASER, Max: Das römische Privatrecht. Erster Abschnitt: Das Altrömische, das vorklassische und klassische Recht. 2. neubearb. Aufl., München 1971 p. 548 not. 31.

159 Vgl. hierzu die ausführliche Exegese in dieser Untersuchung bei § 2, III., 2., b), so auch JAKAB, Risikomanagement pp. 176ff.

160 Vgl. ERNST, ZRG RA 114 p. 287; HONSELL, Heinrich: Quod interest im bonae-fidei-iudicium. Studien zum römischen Schadensersatzrecht. Vol. 55. München 1969 p. 6.

161 Vgl. die ausführliche Exegese in dieser Untersuchung bei § 3, III.

Stelle wollen wir uns nur auf die Frage konzentrieren, welche Rückschlüsse dieser Sachverhalt in zeitlicher Hinsicht erlaubt. Es liegt nahe, dass die Weinverkäufer annähernd zum Zeitpunkt der vereinbarten Lieferung auf die Idee kamen, sich durch Kaufpreisrückzahlung von ihrer Lieferungspflicht zu befreien, weswegen dann Klage erhoben wurde. Zwischen Abschluss des Vertrages und dem Klage- respektive vereinbarten Lieferzeitpunkt hatte sich offenbar der Weinpreis so signifikant erhöht, dass die Verkäufer ihren Vertrag bereuten und den Wein lieber anderweitig, wesentlich lukrativer, verkaufen wollten. Angesichts eines so signifikanten Preisanstieges liegt nahe, dass zwischen Vertragsschluss und vereinbarter Lieferung ein erheblicher Zeitraum liegt[162]. Hinzu kommt, dass der Wein von den Vertragsparteien in der dem Fragment zugrunde liegenden Vertragsurkunde nur abstrakt bestimmt wurde. Wie schon bei D. 18,6,1,3 erscheint es auch in C. 4,2,10 und C. 4,49,12 gut möglich, dass der Wein bereits vor der Ernte verkauft wurde[163]. Dieser Befund passt zu den für den griechischen Rechtsraum typischen Weinlieferungskäufen. Mit einiger Sicherheit können wir somit sagen, dass im römischen Recht Weingeschäfte auch schon vor der Weinernte abgeschlossen wurden[164].

Von einer unerwarteten Preisentwicklung bei einem Weingeschäft berichtet auch Plinius der Jüngere in seinen *epistulae*[165]. Plinius

162 Vgl. Jakab, Éva: Instrumentum emptionis: vendita di vino con anticipazione del prezzo. In: Merola, Giovanna / Santini, Paola (edd.): In: Lawine. Commercio e consumo del vino nel mondo antico. Apetti giuridici. Atti del simposio internazionale Napoli, 17.–18. Gennaio 2019. Neapel 2020 pp. 147–167, bes. 151, 161.

163 Vgl. Jakab, Risikomanagement pp. 166f.; Ernst, ZRG RA 114 pp. 288f.

164 Jakab will auch D. 18,6,16 als Weinlieferungskauf verstehen, vgl. Eadem, Risikomanagement pp. 161f. Hiergegen aber mit überzeugenden Argumenten Platschek, Rg 18 p. 232.

165 Plin. epist. 8,2: *C. Plinius Calusio suo: Alii in praedia sua proficiscuntur ut locupletiores revertantur, ego ut pauperior. Vendideram vindemias certatim negotiatoribus ementibus. Invitabat pretium, et quod tunc et quod fore videbatur. Spes fefellit. Erat expeditum omnibus remittere aequaliter, sed non satis aequum. Mihi autem egregium in primis videtur ut foris ita domi, ut in magnis ita in parvis, ut in alienis ita in suis agitare iustitiam. Nam si paria peccata, pares etiam laudes. Itaque omnibus quidem, ne quis ›mihi non donatus abiret‹, partem octavam pretii quo quis emerat concessi; deinde iis, qui amplissimas summas emptionibus occupaverant, separatim consului. Nam et me magis iuverant, et maius ipsi fecerant damnum. Igitur iis qui pluris quam decem milibus emerant, ad illam communem et quasi publicam octavam addidi decimam eius summae, qua decem milia excesserant. Vereor ne parum expresserim: apertius calculo ostendam. Si qui forte quindecim*

berichtet in seinem Brief an Calusius davon, dass er, angestachelt von guten Preisen, seine Weinernte an Großhändler verkauft hatte. Die Hoffnung, auf dem *forum* einen guten Preis zu erzielen, bewahrheitete sich nicht, sodass Plinius – wohl eher aus Pflichtgefühl, *mihi autem egregium in primis videtur [...] agitare iustitiam* – den Käufern einen unterschiedlich hohen Anteil des Kaufpreises zurückerstattete. Die Wendung *spes fefellit* zeigt deutlich, dass hier mit Wein spekuliert wurde. Wie schon im Konstitutionenfall wurde auch hier der Vertrag deutlich vor der Ernte, vielleicht sogar vor Existenz der Trauben, geschlossen[166].

In solchen Konstellationen existierte das Produkt noch nicht, vielleicht gab es auch den Vorrat noch nicht, sodass die Kaufsache für den Abschluss einer *emptio venditio* nicht hinreichend bestimmt war. Somit darf die *emptio venditio* keinesfalls mit unserem heutigen Kaufverständnis gleichgesetzt werden. Da die römische Kaufklage auf einen beim Verkäufer befindlichen, konkreten und individualisierten Gegenstand ausgerichtet war, widersprach der Genuskauf dem Modell der *emptio venditio*[167].

Die Analyse einiger Urkunden aus dem griechischen Kulturraum hat gezeigt, dass der Weinkauf ebenso wie andere Lieferungskäufe über eine bestimmte Menge eines Ernteproduktes angesichts ihrer rechtlichen Komplexität nach griechischen Recht nicht als Kauf dargestellt werden konnten. Diese Problematik wurde von griechischen Kautelarjuristen bewältigt, indem sie auf Elemente außerhalb des Kaufrechts zurückgriffen. Hiervon ausgehend soll überprüft werden, wie im klassischen römischen Recht solche komplexen Lieferungskäufe rechtlich abgebildet wurden.

---

milibus emerant, hi et quindecim milium octavam et quinque milium decimam tulerunt. Praeterea, cum reputarem quosdam ex debito aliquantum, quosdam aliquid, quosdam nihil reposuisse, nequaquam verum arbitrabar, quos non aequasset fides solutionis, hos benignitate remissionis aequari. Rursus ergo iis qui solverant eius quod solverant decimam remisi. Per hoc enim aptissime et in praeteritum singulis pro cuiusque merito gratia referri, et in futurum omnes cum ad emendum tum etiam ad solvendum allici videbantur. Magno mihi seu ratio haec seu facilitas stetit, sed fuit tanti. Nam regione tota et novitas remissionis et forma laudatur. Ex ipsis etiam quos non una, ut dicitur, pertica sed distincte gradatimque tractavi, quanto quis melior et probior, tanto mihi obligatior abiit expertus non esse apud me ἐν δὲ ἰῇ τιμῇ ἠμὲν κακὸς ἠδὲ καὶ ἐσθλός. *Vale.*

166 So auch Jakab, Risikomanagement p. 162.

167 Vgl. Seckel, Emil / Levy, Ernst: Die Gefahrtragung beim Kauf im klassischen römischen Recht. In: ZRG RA 47 (1927) pp. 117–263, bes. 137f.

I. Kein Gattungskauf

Nach ganz herrschender Meinung konnte durch die *emptio venditio* keine Verpflichtung generischer Natur begründet werden[168]. Im folgenden Abschnitt werden wir die einzelnen Ansichten insbesondere im Hinblick auf den reinen Beschaffungskauf ohne jeden Vorratsbezug darstellen. Durch diesen Arbeitsschritt soll der Speziesbezug der *emptio venditio* herausgearbeitet werden. Hierdurch soll das Problem der großen Abstraktheit von Weingeschäften und der potenziellen Unvereinbarkeit mit der *emptio venditio* verdeutlicht werden.

1. *Perfektion ohne Zumessung?*

Trotz einer Vielzahl von anderslautenden Literaturstimmen[169] ist Haymann der Ansicht, ein Kauf könne auch ohne Gewissheit über die verkaufte Quantität zur Perfektion gelangen[170]. So handele es sich beim Ausspruch von Gaius in D. 18,1,35,5, dass ein Zumessungskauf *quasi sub [...] conditione* stehe, »um eine mit Händen zu greifende Vermengung von objektiver Unbestimmtheit und nur zwischen den Parteien bestehender Ungewißheit über objektiv feststehende Quantitäten, wie sie niemand einem Klassiker zutrauen sollte«.[171] Nach der Ansicht von Haymann war eine *emptio venditio* also auch dann wirksam, wenn die Schuld nur gattungsmäßig bestimmt war[172].

---

168 Vgl. Ernst, ZRG RA 114 p. 302 not. 140, Zimmermann, Obligations p. 236; Kaser, RP I p. 548 not. 31.

169 Hier seien stellvertretend nur erwähnt Ernst, ZRG RA 114 p. 302 not. 140; Kaser, RP I p. 548 not. 31.

170 Vgl. Haymann, Franz: Textkritische Studien zum römischen Obligationenrecht II. Periculum est emptoris. In: ZRG RA 41 (1920) pp. 44–185, bes. 103ff. Idem bemüht sich, die in D. 18,1,35,5 von Gaius verwendete Formulierung *quasi sub [...] conditione* zu widerlegen und verweist auf D. 18,6,1,4, D. 45,1,120 und D. 18,1,7,1, um zu zeigen, dass ein Geschäft auch dann perfekt sein kann, wenn bestimmte Umstände zwischen den Parteien ungewiss sind, vgl. loc. cit. Dass eine noch nicht erfolgte Zumessung die Perfektion hindere, sei nicht Ansicht der Klassiker gewesen, sondern die der von der griechischen Barkaufdoktrin geprägten Juristen in römischer Zeit, vgl. ibidem p. 105. Die Unbestimmtheit der Kaufsache hindere weder die Perfektion bei gemischt-generischen Käufen noch bei einer rein generischen Stipulation, vgl. ibidem pp. 107f.

171 Ibidem p. 104. Die Stelle sei laut Idem »ihrem ganzen Umfang nach heillos interpoliert«, ibidem p. 100.

172 In einem späteren Aufsatz, mit dem Idem insbes. auf den Aufsatz von Seckel/Levy, ZRG RA 47 reagiert, schreibt Haymann nun ausdrücklich,

Als Beleg für dieses dem modernen Kauf ähnelnde Verständnis der *emptio venditio* als Gattungskauf zitiert Haymann unter anderem Frg. Vat. 16[173]. Dieses Fragment behandelt die Gefahr des Umschlagens von Wein. Papinian stellt diesbezüglich fest, dass solche Veränderungen grundsätzlich zulasten des Käufers gehen[174]. Wenn aber der Weinkauf *corpore non demonstrato* erfolge, trage der Käufer überhaupt keine Gefahr. Haymann versteht dieses Fragment in der Weise, dass im ersten Teil ein Stückkauf und im zweiten Teil ein reiner, nicht vorratsbezogener Gattungskauf beschrieben wird[175]. Die wohl herrschende Meinung interpretiert diesen Passus hingegen als Kauf aus einem Vorrat und den ersten Teil des Fragments als Umschreibung eines Spezieskaufs[176].

Ernst stellt hingegen zutreffend fest, dass nach dem Wortlaut der zweite Teil des Fragments sowohl als reiner Genuskauf wie auch als Vorratskauf verstanden werden könne. Entscheidend sei, dass der Text überhaupt keine Aussage über die Zulässigkeit bestimmter Kaufvereinbarungen treffe. Vielmehr gehe es um die Auswirkungen einer *demonstratio* auf den Gefahrübergang, wobei die *demonstratio* nicht mit Konkretisierung gleichgesetzt werden dürfe, sondern untechnisch als genaue Bezeichnung der Sache zu verstehen sei. Hierzu stellt Papinian fest, dass ohne eine solche genaue Bezeichnung der Kaufsache die Gefahr nicht auf den Käufer übergehe. Ein Kauf *corpore non demonstrato* wäre, wie Ernst zutreffend ausführt, nicht nur bei einem reinen Gattungskauf, sondern auch bei einem

---

»daß wir mindestens in lin. 26 D. 19,1 und in Fragm. Vat. 16 sichere echte Belege für den klassischen Gattungskauf besitzen [...]«, Haymann, Franz: Zur Klassizität des periculum emptoris. In: ZRG RA 48 (1928) pp. 314–418, bes. 317.

173 Frg. Vat. 16 (Pap. 3 resp.): *Vino mutato periculum emptorem spectat, quamvis ante diem pretii solvendi vel condicionem emptionis inpletam id evenerit. Quod si mille amphoras certo pretio corpore non demonstrato vini vendidit, nullum emptoris interea periculum erit.*

174 Im ersten Satz dieses Fragments wird darauf hingewiesen, dass der Käufer auch dann die Gefahr trägt, wenn der Wein vor dem Termin für die Kaufpreiszahlung umschlägt. Dies stellt eine Ausnahme zur grundsätzlich üblichen Vorauszahlung des Kaufpreises dar. Anzunehmen ist deshalb, dass vorliegend ein Zahlungsaufschub vereinbart wurde. So auch Ernst, ZRG RA 114 p. 323.

175 Vgl. Haymann, ZRG RA 41 p. 108.

176 Vgl. Seckel/Levy, ZRG RA 47 pp. 195ff.; Pennitz, Martin: Das Periculum rei venditae: Ein Beitrag zum »aktionenrechtlichen Denken« im römischen Privatrecht. Zugl. Graz, Univ., Habil.-Schr., 1998/99. Vol. 44. Köln et al. 2000 pp. 328f.

Vorratskauf denkbar[177]. Mithin taugt Frg. Vat. 16 nicht als Beleg für einen reinen Genuskauf im römischen Recht. Andere Belege für ein derartiges abstraktes Verständnis des Kaufs sind nicht ersichtlich[178].

2. *Speziesbezogenheit der emptio venditio*

a) Existenz der Kaufsache

Dass die *emptio venditio* eine konkrete, spezifische Kaufsache verlangte, zeigt exemplarisch D. 18,1,8[179]. Demnach ist ein Kauf oder Verkauf nicht ohne Kaufsache denkbar. Somit setzte die *emptio venditio* eine konkrete Kaufsache voraus. Bereits dies ist mit dem Konzept einer rein genusmäßigen *emptio venditio* nicht vereinbar, denn beim Genuskauf kommt es auf eine spezifische Sache überhaupt nicht an, die an den Käufer geleistete Ware ist nur Mittel zur Erfüllung. Geschuldet ist gewissermaßen ein Erfolg, nämlich die Überlassung einer Sache mit den vereinbarten Merkmalen oder, ›modern‹ gesprochen, die Eigentumsverschaffung[180]. Dass ohne konkrete Kaufsache keine *emptio venditio* möglich ist, wird zusätzlich durch die Konstruktion von Vorratskäufen im römischen Recht belegt. Musste bei einem Kauf die Kaufsache noch aus einem Vorrat ausgesondert werden, lag, zumindest in Bezug auf den Gefahrübergang, bis zur Vornahme der Aussonderung keine Perfektion vor. Dies lag daran, dass das Kaufobjekt als Vertragsgegenstand zweifelsfrei feststehen musste, erst dann konnte der Vertrag wirksam werden[181]. Hierbei handelte es sich allerdings um eine rechtliche Fiktion, die erst dann bemüht wurde, wenn durch Aussonderung die konkrete Kaufsache feststand. Damit belegt auch dieser Rückgriff auf das Instrument der Fiktion die grundsätzliche Ausrichtung der *emptio venditio* auf den Spezieskauf.

---

177 Vgl. Ernst, ZRG RA 114 p. 325.

178 Vgl. nur Kaser, RP I p. 548 not. 31.

179 D. 18,1,8 pr. (Pomp. 9 ad sab.): *Nec emptio nec venditio sine re quae veneat potest intellegi. Et tamen fructus et partus futuri recte ementur, ut, cum editus esset partus, iam tunc, cum contractum esset negotium, venditio facta intellegatur: sed si id egerit venditor, ne nascatur aut fiant, ex empto agi posse.*

180 Vgl. Dernburg, Heinrich/Sokolowski, Paul: System des Römischen Rechts. Zweiter Teil. 8. Aufl., Berlin 1912 p. 595; Bechmann, Kauf II p. 332; Windscheid, Bernhard/Kipp, Theodor: Lehrbuch des Pandektenrechts. Vol. 2. 9. Aufl., Frankfurt a.M. 1906 p. 631 not. 5.

181 Vgl. Brinz, Alois von: Lehrbuch der Pandekten. Vol. 2, 2. Abteil. 2. Aufl., Erlangen 1882 p. 696.

b) Eviktionshaftung

Auch die für den römischen Kauf typische Eviktionshaftung spricht für die Speziesbezogenheit der *emptio venditio*, mithin den Bezug auf eine konkrete *res*. Ausgangspunkt dieser Argumentation ist, dass eine Haftung des Verkäufers von einer tatsächlichen Abstreitung der Kaufsache und damit vom Besitzverlust des spezifischen Gegenstandes abhing[182]. Genau dies ist in der Literatur aber umstritten[183]. Nur wenn wir belegen können, dass die ›Rechtsmängelhaftung‹ nach klassischem römischem Recht durch den Besitzverlust des spezifischen verkauften Gegenstands ausgelöst wurde, spricht dies dafür, dass die *emptio venditio* auf Spezieskäufe zugeschnitten war.

Deswegen soll im folgenden Abschnitt überprüft werden, inwieweit die Verkäuferhaftung für Rechtsmängel von der tatsächlichen Eviktion abhängig war. In D. 19,1,11,8–9 finden wir eine überblicksartige Darstellung der römischen Rechtsmängelhaftung[184]. Im Fragment D. 19,1,11 behandelt Ulpian die *actio empti* und diskutiert, was *ex fide bona* als vom Verkäufer zugesichert gilt. In den einzelnen Paragrafen werden hieran anknüpfend die Inhalte einzelner Verkäufergarantien thematisiert. In der für unsere Untersuchung relevanten Textstelle D. 19,1,11,8–9 beschreibt Ulpian die Haftung des Verkäufers im Fall einer Eviktion ausgehend vom Fall eines Verkäufers, der einen ihm nicht gehörenden Sklaven veräußert. Zur Lösung dieses Falles verweist Ulpian auf Neratius und stellt klar, dass der Verkäufer garantieren müsse, dass in Bezug auf die Kaufsache keine Verpflichtungen aufgrund von Diebstahl oder *noxa* bestehen. Deshalb könne der Käufer mit der *actio empti* darauf

---

182 Vgl. BECHMANN, Kauf II pp. 332f.; SECKEL/LEVY, ZRG RA 47 pp. 129f.

183 Für eine Haftung für unterbliebene Eigentumsverschaffung vgl. ECK, Ernst: Die Verpflichtung des Verkäufers zur Gewährung des Eigenthums nach Römischem und gemeinem Deutschen Recht. In: Festschrift im Auftrage der Juristen-Fakultät Halle-Wittenberg (Herrn Karl Witte ... zu seinem sechszigjährigen Jubiläum als Doctor der Philosophie). Halle 1874 pp. 24ff. Ähnlich RABEL, Ernst: Geschichtliche Studien über den Haftungserfolg. Vol. 1. Leipzig 1902 pp. 95ff. Dagegen ERNST, Wolfgang: Rechtsmängelhaftung. Tübingen 1995 pp. 8ff., bes. 22f.; ebenso auch KNÜTEL, Rolf: Zum Nutzungszins. In: ZRG RA 105 (1988) pp. 514–540, bes. 526.

184 D. 19,1,11,8–9 (Ulp. 32 ad ed.): *Idem neratius, etiamsi alienum servum vendideris, furtis noxisque solutum praestare te debere ab omnibus receptum ait et ex empto actionem esse, ut habere licere emptori caveatur, sed et ut tradatur ei possessio. Idem ait non tradentem quanti intersit condemnari: satis autem non dantem, quanti plurimum auctorem periclitari oportet.*

klagen, dass ihm der Verkäufer dafür Sicherheit leiste, dass sein Besitz an der Kaufsache nicht gestört werde[185]. In D. 19,1,11,9 wird sodann klargestellt, dass der Verkäufer, der dem Käufer nicht als Bürge im Prozess gegen den Dritten zur Seite steht, auf das maximale Interesse hafte. Ulpian begründet die Verkäuferhaftung also damit, dass ein Dritter mit seiner Klage auf Herausgabe des Sklaven vor Gericht obsiegt und der Käufer den erworbenen Sklaven infolgedessen verliert. Dies spricht dafür, dass nicht der Rechtsmangel als solcher haftungsbegründend ist, sondern vielmehr der Verlust des Besitzes am gekauften Gegenstand.

Dass die Eviktion ausschlaggebend für Rechtsmängel im römischen Recht war, wird jedoch von einer Literaturströmung in Zweifel gezogen. Nach einer maßgeblich von Eck begründeten Auffassung wurde das in den Quellen bisweilen hervorgehobene Eviktionserfordernis lediglich als Überbleibsel von den römischen Juristen beibehalten[186]. Die römischen Juristen seien allerdings spätestens in der Klassik zu der Vorstellung gelangt, dass der Verkäufer eine Pflicht zur Eigentumsverschaffung habe und diese Pflicht beim Verkauf einer fremden Sache nicht erfüllt sei[187]. Eine ähnliche Auffassung wurde auch von Rabel vertreten. Nach seiner Ansicht sei eine Eviktion nicht der einzige Auslöser für eine Rechtsmängelhaftung des Verkäufers nach römischem Recht[188].

Beide Autoren, sowohl Eck als auch Rabel, führen als Beleg insbesondere D. 19,1,30,1 an[189], einen Text, in dem die Haftung eines

185 Gemeint ist hiermit nach allgemeiner Ansicht, dass mit der *actio empti* eine Garantiestipulation erzwungen werden konnte, mit der der Verkäufer den ungestörten Besitz zusicherte. Aus dieser Stipulation begründete sich gegebenenfalls die Haftung des Verkäufers für Rechtsmängel, vgl. Rabel, Haftung wegen Mangels im Rechte 1 p. 75.

186 Vgl. E. Eck, FS Witte pp. 24ff.

187 Vgl. loc. cit.

188 Vgl. Rabel, Haftung wegen Mangels im Rechte 1 pp. 95ff.

189 D. 19,1,30 pr. (African. 8 quaest.): *Servus, quem de me cum peculio emisti, priusquam tibi traderetur, furtum mihi fecit. Quamvis ea res quam subripuit interierit, nihilo minus retentionem eo nomine ex peculio me habiturum ait, id est ipso iure ob id factum minutum esse peculium, eo scilicet, quod debitor meus ex causa condictionis sit factus. Nam licet, si iam traditus furtum mihi fecisset, aut omnino condictionem eo nomine de peculio non haberem aut eatenus haberem, quatenus ex re furtiva auctum peculium fuisset, tamen in proposito et retentionem me habiturum et, si omne peculium penes te sit, vel quasi plus debito solverim posse me condicere. Secundum quae dicendum: si nummos, quos servus iste mihi subripuerat, tu ignorans furtivos esse quasi peculiares ademeris et consumpseris, condictio eo nomine mihi adversus te competet, quasi res mea ad te sine causa pervenerit.*

Verkäufers thematisiert wird, der wissentlich eine fremde Sache verkauft. In diesem Text stellt Africanus diesbezüglich fest, dass der Käufer, auch wenn ihm die Sache noch nicht eviziert worden ist, im Wege der *actio empti* auf das Interesse klagen kann, das der Käufer daran hat, dass ihm die Sache noch nicht gehört[190]. Tatsächlich haftet hier der Verkäufer, ohne dass es auf eine Eviktion ankommt. Allerdings veräußert der Verkäufer in diesem Fragment wissentlich einen fremden Sklaven, er handelt hier also mit Vorsatz. Deswegen bestehen von vornherein Zweifel an der Übertragbarkeit dieser Entscheidung auf andere Fälle, in denen keine Arglist des Verkäufers nachweisbar ist. Auch Ernst betont deshalb, dass es sich hierbei um eine echte Haftung für Arglist und somit entgegen Rabel nicht um eine angedeutete Haftung für fehlende Rechtsverschaffung handelt[191]. Diese in D. 19,1,30,1 beschriebene Haftung wird allein dadurch ausgelöst, dass im besagten Fall der Verkäufer durch das vorsätzliche Veräußern eines fremden Sklaven gegen das verstößt, was *ex fide bona dare facere oportet*[192]. Die Haftung wegen Arglist ist deswegen von einer Rechtsmangel- respektive Eviktionshaftung gänzlich verschieden und erlaubt entgegen Rabel keinerlei Rückschlüsse auf die Haftung eines unwissenden Verkäufers[193]. Diese Haftung für *dolus* wird auch in D. 19,1,4 pr. beschrieben[194]: *venditori sufficit ob evictionem se obligare possessionem tradere et purgari dolo malo.*

---

190 Vgl. E. Eck, FS Witte pp. 26f.; Rabel, Haftung wegen Mangels im Rechte 1 pp. 111f.

191 Vgl. Ernst, Rechtsmängelhaftung pp. 12ff.

192 Hier handelt der Verkäufer ohne Berechtigung, den Sklaven zu veräußern. Nach Treu und Glauben geboten wäre es, sich die Berechtigung zu verschaffen oder die mangelnde Eigentümerstellung zumindest offenzulegen.

193 Vgl. loc. cit. Ferner ist Idem der Ansicht, ob nicht in D. 19,1,30,1 die *actio empti* nur deshalb vor Eviktion gewährt wird, wenn der Sklave freigelassen oder verpfändet werden soll. Andererseits heißt es im letzten Satz der Quelle, dies gelte insbesondere – und nicht ausnahmslos – dann, wenn eine Freilassung oder Verpfändung erwogen wird.

194 D. 19,4,1 pr. (Paul. 32 ad ed.): *Sicut aliud est vendere, aliud emere, alius emptor, alius venditor, ita pretium aliud, aliud merx. At in permutatione discerni non potest, uter emptor vel uter venditor sit, multumque differunt praestationes. Emptor enim, nisi nummos accipientis fecerit, tenetur ex vendito, venditori sufficit ob evictionem se obligare possessionem tradere et purgari dolo malo, itaque, si evicta res non sit, nihil debet: in permutatione vero si utrumque pretium est, utriusque rem fieri oportet, si merx, neutrius. Sed cum debeat et res et pretium esse, non potest permutatio emptio venditio esse, quoniam non potest inveniri, quid eorum merx et quid pretium sit, nec ratio patitur, ut una eademque res et veneat et pretium sit emptionis.*

Damit stellt D. 19,1,30,1 den Sonderfall einer Verkäuferhaftung für Arglist dar, sodass das Fragment auf Fälle, in denen unwissentlich eine fremde Sache veräußert wird, nicht übertragbar ist. Diese Textstelle taugt also nicht als Beleg für eine moderne, von der Eviktion unabhängige Rechtsmängelhaftung im römischen Recht.

Rabel belegt seine Auffassung einer von einer Eviktion unabhängigen Rechtsmängelhaftung im römischen Recht ferner mit D. 30,84,5[195]. In dem dort geschilderten Fall wurde jemandem ein Sklave vermacht. In Unkenntnis des Vermächtnisses kauft der im Vermächtnis Begünstigte jedoch diesen Sklaven vom Erben. Als der Käufer/Begünstigte vom Vermächtnis erfährt, verweigert er in der ersten Alternative des Falles die Kaufpreiszahlung. In der zweiten, hier relevanten Alternative wurde der Kaufpreis schon gezahlt. Hierzu stellt Julian fest, dass der Käufer/Begünstigte aus dem Testament auf Herausgabe des Sklaven klagen und aus der *actio empti* den Kaufpreis erstattet verlangen kann, als wäre ihm dieser abgestritten worden. Aus diesem letzteren Passus schließt Rabel, dass nicht zwingend eine Eviktion für eine Rechtsmängelhaftung des Verkäufers nötig war, sondern dass eine solche Haftung auch durch andere Ereignisse ausgelöst werden konnte. So gelangt Rabel zu der Auffassung, dass neben diesen weiteren alternativen Haftungsgründen die Eviktion als haftungsbegründendes Element weitestgehend zurücktrat[196]. Auch dieses von Rabel angeführte Fragment taugt nicht als Beleg für eine Rechtsmängelhaftung des Verkäufers nach modernem Verständnis. Julian beschreibt einen höchst speziellen erbrechtlichen Fall, in dem der Käufer zugleich auch Evizierender ist, sodass untypischerweise kein Dreipersonenverhältnis, sondern nur eine Zweierbeziehung vorliegt. Schon allein deshalb sind Zweifel an einer Generalisierbarkeit dieses Falles angebracht. Ernst weist ferner darauf hin, dass der Fall entscheidend durch den Zusammenhang zwischen Kauf und Legat bestimmt wird. Entgegen Rabel ist die durch die *actio empti* beanspruchbare Kaufpreisrückerstattung nicht

195 D. 30,84,5 (Iul. 33 Dig.): *Qui servum testamento sibi legatum, ignorans eum sibi legatum, ab herede emit, si cognito legato ex testamento egerit et servum acceperit, actione ex vendito absolvi debet, quia hoc iudicium fidei bonae est et continet in se doli mali exceptionem. Quod si pretio soluto ex testamento agere instituerit, hominem consequi debebit, actione ex empto pretium reciperabit, quemadmodum reciperaret, si homo evictus fuisset. Quod si iudicio ex empto actum fuerit et tunc actor compererit legatum sibi hominem esse et agat ex testamento, non aliter absolvi heredem oportebit, quam si pretium restituerit et hominem actoris fecerit.*

196 Vgl. Rabel, Haftung wegen Mangels im Rechte 1 pp. 75ff.

als Schadensersatz zu interpretieren. Vielmehr werde dadurch, dass der Verkäufer den Kaufpreis an den klagenden Käufer / Begünstigten zurückzahlt, erst das Legat verwirklicht. Mithin findet auch hier der Rechtsmangel als solcher bei der Entscheidung keine Beachtung[197].

Für die Beachtlichkeit eines Rechtsmangels nach modernem Verständnis liefern die Quellen somit keinen Beleg[198]. Während Eck noch seine Untersuchung ausdrücklich auch im Hinblick auf das deutsche Recht vornahm[199], belegen die Digesten eine Eviktionshaftung und damit eine vom heutigen Verständnis stark abweichende Handhabe. Insbesondere Ernst hat überzeugend dargelegt, dass der Rechtsmangel nach modernem Verständnis vollkommen unerheblich im römischen Recht war. Auf den Rechtsmangel, also die unterbliebene Verschaffung lastenfreien Eigentums, kam es nicht an. Allein maßgeblich war die Eviktion, also die Abstreitung der verkauften Sache für die Haftung des Verkäufers. Es kam also auf den Besitzverlust an der verkauften Sache an, da der Verkäufer nur das rein tatsächliche *habere licere* schuldete[200].

Diese Form der Eviktionshaftung zeigt, dass die *emptio venditio* auf den Spezieskauf ausgerichtet war. Verkauft wurde eine spezifische Sache; der Verkäufer haftete für den ungestörten Besitz an genau diesem Gegenstand. Ein solches auf der Eviktion beruhendes Haftungskonzept wäre auf einen Gattungskauf überhaupt nicht übertragbar, denn nur beim Spezieskauf versprach der Käufer eine konkrete Sache in dem Zustand, wie sie sich bei ihm befindet. Wurde diese spezifische Kaufsache evinziert, standen dem Käufer aufgrund seines Besitzverlusts Garantie- oder Entschädigungsansprüche gegen den Verkäufer zur Verfügung.

---

197 Vgl. Ernst, Rechtsmängelhaftung pp. 36ff.

198 Auch bei einer unterbliebenen Offenlegung einer Belastung mit *noxa* im Falle einer Veräußerung eines Sklaven wie in D. 21,1,1,1 handelt es sich nicht um eine Rechtsmängelhaftung. Ulpian führt in derselben Stelle aus, dass Wandlungs- oder Minderungsklage gewährt werden, weil der Käufer über den Zustand des Sklaven getäuscht werde. Damit knüpft die Klage entweder an eine arglistige Täuschung durch den Verkäufer an oder, bei Unwissenheit des Verkäufers, an eine Verletzung seiner Aufsichtspflicht. Haftungsgrund ist somit auch in dieser Konstellation nicht, dass kein lastenfreies Eigentum verschafft wurde. Dies entspricht auch den Haftungsgründen für die Noxalhaftung des Eigentümers, vgl. hierzu Sirks, Boudewijn: Noxa caput sequitur. In: TR 81 (2013) pp. 81–108, bes. 101ff.

199 Vgl. E. Eck, FS Witte p. 1.

200 Vgl. Ernst, Rechtsmängelhaftung pp. 8ff., bes. 22f.; ebenso auch Knütel, ZRG RA 105 p. 526.

Bei einem Gattungskauf hingegen ist die spezifische gelieferte Sache gar nicht entscheidend, sondern nur Mittel zur Erfüllung. Auf den konkreten Gegenstand kommt es somit überhaupt nicht an. Liefert der Verkäufer im Fall einer Gattungsschuld eine fremde Sache, hat er somit überhaupt nicht erfüllt, denn die fremde geleistete Sache ist schlicht kein geeignetes Mittel zur Erfüllung. Für eine Eviktionshaftung besteht somit kein Raum[201].

Aus unserer Untersuchung ergibt sich somit, dass eine auf der Eviktion beruhende Rechtsmängelhaftung nur vor dem Hintergrund eines Spezieskaufs denkbar ist, wenn also die konkrete, an den Käufer geleistete Kaufsache Vertragsgegenstand ist. Auch der Zuschnitt der römisch-rechtlichen Rechtsmängelhaftung zeigt deutlich die Ausrichtung der *emptio venditio* auf Spezieskäufe.

c) *Zwischenergebnis*

Ausgangspunkt unserer Untersuchung der *emptio venditio* war die Fragestellung, ob der römisch-rechtliche Kauf auch Gattungskäufe erfassen konnte. Im Hintergrund stand die Überlegung, dass der rechtstatsächlich regelmäßig generische Weinkauf unter Umständen nicht im Wege der *emptio venditio* klagbar gemacht werden konnte. Es konnte gezeigt werden, dass die *emptio venditio* auf Spezieskäufe ausgerichtet war. So war die Existenz einer spezifischen Kaufsache Voraussetzung eines wirksamen Kaufs. Der Bezug der *emptio venditio* auf eine spezifische Kaufsache konnte auch mit Blick auf die Eviktionshaftung weiter verdeutlicht werden.

Wir können somit festhalten, dass der Kauf im römischen Recht ein Abgabegeschäft war und kein Lieferungsgeschäft wie regelmäßig das Weingeschäft. Schon aufgrund dieser gegensätzlichen Natur von *emptio venditio* als Abgabegeschäft und Gattungskauf als Lieferungsgeschäft ist eine Anwendung der *emptio venditio* auf reine Gattungskäufe ausgeschlossen[202]. Insoweit besteht ein deutlicher Widerspruch der *emptio venditio* zu den bei Weingeschäften gängigen Vertragsgestaltungen, bei denen eine abstrakte Menge Weines veräußert wurde. Dieses Ergebnis wirft die Frage auf, inwiefern man den Weinkauf überhaupt als Kauf im dogmatischen Sinne ansprechen darf.

---

201 Vgl. Bechmann, Kauf II pp. 332f. Hiervon ausgehend nimmt Idem daher für den Gattungskauf ein eigenes Geschäft, den »Lieferungskauf«, an.

202 Vgl. Seckel/Levy, ZRG RA 47 pp. 137f.

II. Vergrößerte Reichweite der *emptio venditio* aufgrund von Umdeutungen in Spezieskäufe

Wie gezeigt werden konnte, ist der Weinkauf nicht in jeder Konstellation von der *emptio venditio* erfasst. Dies galt auch für andere Geschäfte, bei denen der Vertragsgegenstand häufig generisch bestimmt wurde wie bei Weizen oder Öl. In erster Linie waren vom römischen Kauf nur Spezieskäufe erfasst, sodass der für unsere Untersuchung relevante Weinkauf möglicherweise nicht ohne Weiteres im Wege der *actio empti* klagbar gemacht werden konnte. Allerdings hat insbesondere Ernst zutreffend festgestellt, dass im römischen Recht Tendenzen bestanden haben, die von Natur aus sehr eng gefasste *emptio venditio* auf Konstellationen auszudehnen, die aus heutiger Sicht eher Gattungskäufen entsprächen[203]. Diese im Folgenden detailliert dargestellten Strategien könnten dazu geführt haben, dass Weinkäufe trotz ihrer besonderen Abstraktheit im Wege der *emptio venditio* klagbar gemacht werden konnten.

Eine solche Umdeutung von heutigen Gattungs- in Spezieskäufe betraf beispielsweise die *emptio rei speratae*. Werden noch nicht existierende Früchte verkauft, so wird der Kauf erst in dem Moment wirksam, in dem die Früchte zur Entstehung gelangen. Insoweit steht der Vertrag also unter der Bedingung der späteren Entstehung der Kaufsache. Tritt diese Bedingung ein, so gilt der Vertrag als von Anfang an wirksam[204].

Beim Kauf einer bestimmten Menge zukünftigen Weines kam jedoch noch der Aspekt der späteren Aussonderung aus einem Vorrat hinzu, denn regelmäßig wurde nicht der gesamte Weinvorrat der kommenden Ernte gekauft, sondern nur eine bestimmte Anzahl an Fässern oder Amphoren. Aus diesem Grund bietet die *emptio rei speratae* für sich genommen keine befriedigende Lösung der Problematik des Weinkaufs.

Der Kauf mit noch vorzunehmender Aussonderung ist Gegenstand der *emptio pondere numero mensura*. Bei einer *emptio pondere numero mensura* wird die Kaufsache in der Kaufvereinbarung nur generisch bestimmt und muss deshalb zu einem späteren Zeitpunkt aus einem Vorrat noch durch Abwiegen, Abzählen oder Abmessen ausgesondert werden. Bei diesem Kauftypus finden wir einen ganz ähnlichen Mechanismus vor wie bereits bei der *emptio rei speratae*.

203 Vgl. Ernst, ZRG RA 114 pp. 272ff.

204 Vgl. ibidem p. 302, siehe auch D. 18,1,8 pr.

D. 18,1,35,5 zeigt, dass auch die *emptio pondere numero mensura* – entgegen dem heutigen Verständnis – als Spezieskauf verstanden wurde und damit dem Regime der *emptio venditio* unterfiel[205]. Wie dieser Kauftypus als Spezieskauf erfasst werden konnte, wird in diesem Fragment näher beschrieben. Gaius gibt hier die Ansicht von Sabinus und Cassius wieder, dass der Kauf einer bestimmten Menge erst nach dem Zumessungsakt perfekt sei, da der Kauf quasi unter der Bedingung der Aussonderung stehe. So wie die *emptio rei speratae* durch die Entstehung der Kaufsache bedingt sei, stehe mithin auch die *emptio pondere numero mensura* unter der Bedingung der späteren Konkretisierung[206]. Nachdem also die zunächst nur generisch bestimmte Kaufsache abgewogen, abgezählt oder abgemessen wurde, ist nur noch diese ausgesonderte Menge Gegenstand des Vertrages. Mit Vornahme dieser Konkretisierungshandlung ist mithin die ›Bedingung‹ eingetreten und der Vertrag von Anfang an wirksam. Diese Vorgehensweise beschreibt Ernst als »Spezieskauf über die zukünftig ausgeschiedene Quantität«[207]. Durch den Zumessungsakt wird bei der *emptio pondere numero mensura* die zunächst

205 Vgl. D. 18,1,35,5 (Gai. 10 ad ed. provinc.): *In his quae pondere numero mensurave constant, veluti frumento vino oleo argento, modo ea servantur quae in ceteris, ut simul atque de pretio convenerit, videatur perfecta venditio, modo ut, etiamsi de pretio convenerit, non tamen aliter videatur perfecta venditio, quam si admensa adpensa adnumeratave sint. Nam si omne vinum vel oleum vel frumentum vel argentum quantumcumque esset uno pretio venierit, idem iuris est quod in ceteris rebus. Quod si vinum ita venierit, ut in singulas amphoras, item oleum, ut in singulos metretas, item frumentum, ut in singulos modios, item argentum, ut in singulas libras certum pretium diceretur, quaeritur, quando videatur emptio perfici. Quod similiter scilicet quaeritur et de his quae numero constant, si pro numero corporum pretium fuerit statutum. Sabinus et Cassius tunc perfici emptionem existimant, cum adnumerata admensa adpensave sint, quia venditio quasi sub hac condicione videtur fieri, ut in singulos metretas aut in singulos modios quos quasve admensus eris, aut in singulas libras quas adpenderis, aut in singula corpora quae adnumeraveris.*

206 Der Vollständigkeit halber sei hier noch auf die Sonderkonstellation des Kaufs des gesamten Vorrats hingewiesen. Gaius differenziert zwischen dem Kauf eines Teils eines Vorrats und des gesamten Vorrats in Bausch und Bogen. Im letzteren Fall ist der Verkauf von Anfang an wirksam, ohne dass es noch einer Konkretisierung bedarf. Solche Verträge stehen damit nicht unter einer Bedingung.

207 Ernst, ZRG RA 114 p. 317, vgl. zur *emptio pondere numero mensura* auch ibidem pp. 303, 315ff. Deswegen stellt Idem im selben Aufsatz auch fest, dass die *emptio pondere numero mensura* weder Vorstufe eines abstrakten Gattungskaufs sein kann noch an den Abstraktionsgrad einer Stipulation heranreicht, vgl. ibidem p. 318.

nur der Gattung nach bestimmte Kaufsache in eine Speziesschuld umgewandelt. Auf diese Weise konnte ein solcher Kauf über Teile eines Vorrats mit der *emptio venditio* abgebildet werden.

III. Anwendbarkeit dieser Modelle auf das Weingeschäft

1. *Die Quantität zukünftigen Weines*

Die Beispiele der *emptio rei speratae* und der *emptio pondere numero mensura* belegen eine Ausdehnung der *emptio venditio* über idealtypische Spezieskäufe hinaus. Beim Weinkauf wird allerdings regelmäßig eine bestimmte Menge Weines aus einem noch nicht entstandenen Vorrat verkauft. Dies bedeutet, dass der Vorrat entstehen und sodann eine Quantität aus diesem Vorrat ausgesondert werden muss. Gewissermaßen entspräche dies auf rechtlicher Ebene einer Kombination aus *emptio rei speratae* und *emptio pondere numero mensura*. Daher soll im Folgenden untersucht werden, ob auch eine solche Vertragsgestaltung mit der *emptio venditio* abgebildet werden konnte. Hierbei wird die Auktion, bei der regelmäßig bereits existierender Wein verkauft wurde[208], vorerst außer Acht gelassen. Ferner wurde im Rahmen einer Auktion ein *argentarius* in die Transaktion eingeschaltet[209], sodass es sich hierbei um Drei-Personen-Verhältnisse und damit um Sonderkonstellationen handelte.

2. *Anwendbarkeit der emptio pondere numero mensura auf vertragsrechtlich komplizierte Weingeschäfte*

Ernst plädiert dafür, dass die *emptio pondere numero mensura* nicht nur Käufe aus einem bereits existierenden Vorrat erfasste, sondern auch solche aus einem gerade entstehenden Vorrat, beispielsweise, wenn Wein der kommenden Ernte verkauft wurde. Laut Ernst handele es sich bei Verkäufen aus einem noch nicht bestehenden Vorrat sogar um den Hauptanwendungsfall der *emptio pondere numero mensura*,

208 Vgl. Jakab, Risikomanagement p. 266.

209 Der *argentarius* hatte dabei die Funktion einer »Zahl- und Depotstelle«, Bürge, ZRG RA 104 p. 483, über dessen Vermögen im Wege einer *delegatio* verfügt werden konnte. So wurde ein einzelner Zahlvorgang vereinfacht, vgl. Idem: Geld- und Naturalwirtschaft im vorklassischen und klassischen römischen Recht. In: ZRG RA 99 (1982) pp. 128–157, bes. 143f.

denn wenn der Vorrat schon existierte, wäre die Konkretisierung unschwer sofort mit Vertragsschluss vorgenommen worden, sodass es einer besonderen Kaufkonstellation überhaupt nicht bedürfe. Ferner behält nach Ernst die *emptio pondere numero mensura* auch dann den erforderlichen konkreten Vorratsbezug, wenn der Vorrat erst im Entstehen begriffen ist, da bereits klar sei, aus welchem Ertrag welcher Ernte dieser Vorrat zukünftig hergestellt werde[210].

a) Argumentation von Ernst

Die Argumente von Ernst sind keineswegs zwingend. So geht Ernst davon aus, dass bei einem bereits existierenden Vorrat eine Aussonderung unschwer mit Vertragsschluss erfolgen könne. Die *emptio pondere numero mensura* könnte genauso gut dafür geschaffen worden sein, bei Verkäufen aus einem bestehenden Vorrat logistisch aufwendige Aussonderungsakte[211] bei Vertragsschluss zu vermeiden[212].

Ferner verweist Ernst darauf, dass die *emptio pondere numero mensura* auf der rechtlichen Gleichwertigkeit der verschiedenen

---

210 Vgl. Ernst, ZRG RA 114 pp. 320f.

211 Zum einen hat der Weinhändler in seinen *rationes* über seine Lieferverpflichtungen genau Buch geführt, vgl. Thilo, Ralf Michael: Der Codex accepti et expensi im Römischen Recht. Ein Beitrag zur Lehre der Litteralobligation. Vol. 13. Göttingen 1980 p. 112. Vgl. auch Cato agr. 2,7, in dem unter anderem die *ratio vinaria* erwähnt wird. Bürge hält die Möglichkeiten der römischen Buchführung von vornherein für begrenzt, vgl. Idem, ZRG RA 99 pp. 134f. Eine Aussonderung bei Vertragsschluss hätte entweder eine Markierung der Fässer erfordert, was laut D. 18,6,1,2 nicht die Regel darstellte, oder sogar ein tatsächliches Umfüllen des Weines aus den Gärfässern mit anschließender Separierung des Weines. Dies wäre nicht nur – angesichts der Buchführung – nicht notwendig, sondern logistisch sehr aufwendig. Dies wird umso klarer, wenn man sich die Dimensionen eines großen Weinguts vor Augen führt. Vgl. hierzu Cato, der die Anschaffung von 800 *cullea* empfiehlt, vgl. Cato agr. 11,1: *Quo modo vineae iugera C instruere oporteat. Vilicum, vilicam, operarios X, bubulcum I, asinarium I, salictarium I, subulcum I, summa homines XVI; boves II, asinos plostrarios II, asinum molarium I; vasa torcula instructa III, dolia ubi quinque vindemiae esse possint culleum DCCC, dolia ubi vinaceos condat XX.* Dies entspricht einem Volumen von etwa 4200 hl, vgl. zur Berechnung Flach, Dieter: Römische Agrargeschichte. Dritte Abteilung: Alter Orient, Griechische Geschichte, Römische Geschichte. Teil 9. München 1990 pp. 189f.

212 Zum durch Aussonderungsakte verursachten Mehraufwand auch schon Krückmann, Paul: Zur Reform des Kaufrechtes: Ein Beitrag zur Revision des Handelsgesetzbuches. Berlin 1896 p. 92.

Stücke in einem Vorrat beruhe[213]. Dies ist zwar zutreffend, allerdings bestehen zwischen einem bereits bestehenden und einem zukünftigen Vorrat deutliche Unterschiede im Hinblick auf die nötige Bedingungskonstruktion, denn im Fall von zukünftigem Wein ist ungewiss, ob überhaupt ein Vorrat entsteht. So wird ein Zumessungskauf aus einem bestehenden Vorrat mit Aussonderung gültig. Existiert, wie beim Kauf von Wein am Stock, ein solcher Vorrat noch nicht, ist der Kauf erst wirksam, wenn der Weinvorrat entstanden ist und wenn aus diesem Vorrat die gekaufte Ware ausgesondert wurde.

Ob hierin tatsächlich ein hinreichender Vorratsbezug besteht, kann allein mit rechtspolitischen Argumenten letztlich nicht zweifelsfrei geklärt werden. Mit Blick auf die hinter einem Zumessungskauf stehende Bedingungskonstruktion wäre es nach hiesiger Auffassung eher zu erwarten, dass die *emptio pondere numero mensura* auf Lieferungskäufe, bei denen der Vorrat gerade in der Entstehung befindlich ist, nicht anwendbar ist. Letztlich braucht es jedoch einen Quellenbeleg, um die Frage des hinreichenden Vorratsbezugs der *emptio venditio* eindeutig zu beantworten.

b) Mostkäufe als Beleg für Flexibilität der emptio venditio

Einen Beleg dafür, dass die *emptio venditio* auf Weingeschäfte anwendbar war, bei denen sich die Ernte noch am Stock befand, könnte D. 18,6,1,3 liefern.

> D. 18,6,1,3 (Ulp. 28 ad Sab.): *Licet autem venditori vel effundere vinum, si diem ad metiendum praestituit nec intra diem admensum est. Effundere autem non statim poterit, priusquam testando denuntiet emptori, ut aut tollat vinum aut sciat futurum, ut vinum effunderetur. Si tamen, cum posset effundere, non effudit, laudandus est potius: eapropter mercedem quoque doliorum potest exigere, sed ita demum, si interfuit eius inania esse vasa in quibus vinum fuit (veluti si locaturus ea fuisset) vel si necesse habuit alia conducere dolia. Commodius est autem conduci vasa nec reddi vinum, nisi quanti conduxerit ab emptore reddatur, aut vendere vinum bona fide: id est quantum sine ipsius incommodo fieri potest operam dare, ut quam minime detrimento sit ea res emptori.*

---

213 Vgl. Ernst, ZRG RA 114 p. 316.

In diesem Text behandelt Ulpian die Befugnis des Verkäufers, den verkauften Wein bei Gläubigerverzug auszugießen. Zu Beginn des Fragments wird festgestellt, dass es dem Verkäufer erlaubt sei, den Wein auszugießen, wenn ein Termin für die Zumessung bestimmt wurde. Allerdings dürfe der Verkäufer den nicht abgeholten Wein nicht sofort ausgießen, sondern erst nachdem er dem Käufer vor Zeugen angekündigt hat, dass der Wein in Kürze ausgegossen werde. Gieße der Verkäufer den Wein nicht aus, obwohl er könnte, verdiene er Lob. Anschließend zeigt Ulpian dem Ausgießen vorzugswürdige Alternativen auf: So könne der Verkäufer eine Miete für die belegten Fässer verlangen, soweit dieser ein Interesse daran habe, dass die Fässer geleert werden. Ansonsten, urteilt Ulpian, sei es am bequemsten, andere Fässer anzumieten und den Wein zurückzuhalten, bis der Käufer die Kosten der Fassmiete ersetzt habe. Andernfalls könne der Verkäufer den Wein *bona fide* verkaufen, also so, dass dem Käufer ein möglichst geringer Schaden entstehe.

Die Textstelle wird im Kapitel über die *effusio vini* noch erschöpfend besprochen. An dieser Stelle soll das Fragment nur auf die Frage hin untersucht werden, von welchen Kaufmodalitäten der Text ausgeht und zu welchem Zeitpunkt das Weingeschäft vermutlich abgeschlossen wurde.

Bereits Jakab hat vermutet, dass D. 18,6,1,3 einen Kauf von jungem Wein oder Most abbildet und weist auf die deutlichen Unterschiede der Stelle zu CATO agr. 148 hin.

In D. 18,6,1,3 kann eine Weinausgießung – anders als noch im Cato-Text – unmittelbar nach dem Verstreichen des Zumessungstermins erfolgen, sofern der Weinverkäufer dies angedroht hat. Im Unterschied zu Cato ist in D. 18,6,1,3 ferner nicht vorgesehen, dass der Verkäufer die Zumessung alleine vornimmt und den Wein anschließend bei sich lagert[214]. Hieraus schließt Jakab, dass der Käufer in D. 18,6,1,3 bei der Zumessung unentbehrlich war und den Wein direkt im Anschluss an die Zumessung fortschaffen musste[215]. Dies und die in der Stelle zutage tretende offensichtliche Knappheit an Fässern spreche für einen Zumessungstermin zum Zeitpunkt der Weinlese. Diese bedeute wiederum, dass nicht fertiger Wein, sondern frischer Most verkauft worden sei[216].

214 Möglicherweise musste die *effusio* deshalb bei Ulpian vor Zeugen angedroht und so besonders abgesichert werden, vgl. JAKAB, Risikomanagement p. 179.

215 Vgl. EADEM, ZRG RA 116 pp. 80f.

216 Vgl. IBIDEM pp. 80ff.; EADEM, Risikomanagement pp. 176ff.

Dafür, dass in D. 18,6,1,3 Most verkauft wurde, spricht außerdem ein Vergleich von Weinkäufen in den graecoägyptischen Papyri aus der Region um Oxyrhynchus. Für diese Weinkäufe war typisch, dass der Verkäufer die gute Qualität des Weines für mehrere Monate ab dem Zeitpunkt der Weinlese garantierte. Während dieser Garantiezeit verblieb der Wein beim Verkäufer, danach wurde er vom Käufer abgeholt[217]. In D. 18,6,1,3 sollte der Wein hingegen sofort im Anschluss an die Zumessung fortgeschafft werden, ohne dass eine Lagerung beim Verkäufer vorgesehen war. War eine Lagerung des Weines nicht von den Parteien gewollt, liegt nahe, dass der Wein bereits zur Zeit der Weinlese abtransportiert werden sollte. Dies entspräche einem Verkauf mit Zumessungstermin und ohne Garantie[218].

Dafür, dass in D. 18,6,1,3 Most das Kaufobjekt ist, spricht auch, dass die von Ulpian im Fragment angebotenen Alternativen zu einer Weinausgießung deutlich mehr Sinn ergeben, wenn man von einem Mostkauf ausgeht – und nicht von einem Verkauf fertigen Weins. Bezieht man den zweiten Teil des Fragments, in dem Ulpian von einer *effusio* abrät, auf fertigen Wein, werfen die von Ulpian angebotenen alternativen Handlungsmöglichkeiten Fragen auf. So erscheint Ulpians Ratschlag, den Wein länger in gemieteten Fässern für den Käufer vorzuhalten und den Verkäufer insoweit auf sein Retentionsrecht zu verweisen, im Fall von relativ schnell verderblichem Fasswein wenig sinnvoll. Geht man mit Jakab aber von einem Mostkauf und damit von einer längeren Haltbarkeit des Kaufobjekts aus, behielte der Wein auch mit länger andauerndem Gläubigerverzug seinen Wert. So wird auch ersichtlich, warum die Lösung, Fässer anzumieten und von seinem Zurückbehaltungsrecht Gebrauch zu machen, für den Verkäufer laut Ulpian am bequemsten ist: Der Verkäufer kann den Most weiterverarbeiten und notfalls später verkaufen.

Damit erscheint es sehr gut möglich, dass ein Mostkauf den wirtschaftlichen Hintergrund des in D. 18,6,1,3 geschilderten Falles gebildet hat. Dass solche Kaufverträge über Most, *mustum*, nur in einigen griechischen Quellen belegt sind[219] und nirgends ausdrücklich in den Digesten, rechtfertigt keine andere Bewertung des Fragments. Dass sich Weintransaktionen im römischen und griechischen Rechtsraum im Hinblick auf *realia* und Abläufe mitunter

217 Vgl. Kruit, ZPE 90 p. 274.
218 Vgl. Jakab, ZRG RA 116 p. 96.
219 Vgl. ibidem pp. 123ff.

stark ähnelten, haben die Untersuchungen von Jakab[220] und Kruit[221] überzeugend dargelegt. Es liegt daher fern anzunehmen, dass der Verkauf von Most nur im griechischen Rechtsraum praktiziert wurde und in Rom hingegen völlig unbekannt war.

Geht man mit Jakab von einem Mostkauf aus, lässt der Text auch Rückschlüsse auf den Zeitpunkt des Vertragsschlusses zu. In D. 18,6,1,3 sollte der junge Wein sofort nach der Weinlese vom Käufer abgeholt werden. Somit liegt nahe, dass der Vertrag vor der Weinlese geschlossen wurde und damit zu einem Zeitpunkt, als sich die Trauben noch am Stock befanden. Trotz dieses frühen Vertragsabschlusses verwendet Ulpian, indem er von *emptor* und *venditor* spricht, eindeutig Kaufterminologie. Damit liefert D. 18,6,1,3 ein überzeugendes Indiz dafür, dass die *emptio venditio* auch in Konstellationen eines gerade entstehenden Weinvorrats anwendbar war.

c) Weite Ausdehnung der emptio venditio

Es konnte gezeigt werden, dass die *emptio venditio* auch Kaufkonstellationen erfassen konnte, bei denen das Erfordernis einer genau bestimmten Kaufsache allenfalls noch in Rudimenten erkennbar ist. Pomponius schrieb über die Notwendigkeit einer Kaufsache in D. 18,1,8 pr.: *Nec emptio nec venditio sine re quae veneat potest intellegi.* Vor diesem Hintergrund ist die soeben nachgewiesene rechtliche Weite und Flexibilität der *emptio venditio* bei Weinkäufen bemerkenswert. Jedenfalls liegt nicht nahe, beim Kauf einer Quantität Wein, bei dem die Trauben noch nicht gelesen sind, von einer bestimmten Kaufsache auszugehen. Gerade die eben erwähnte Textstelle D. 18,1,8 pr. und ein Vergleich mit dem dort von Pomponius beschriebene Schulfall eines noch nicht geborenen Jungtiers[222] verdeutlicht, dass die *emptio venditio* bei Weinkäufen mit einem beträchtlichen Maß an Unsicherheit vereinbar ist.

Pomponius schildert in D. 18,1,8 pr., dass der Kauf eines noch nicht geworfenen Jungtiers nach den Grundsätzen der *emptio rei speratae* erst mit der Geburt des Jungen wirksam wird. Hier genügt

---

220 Vgl. Jakab, Risikomanagement; Eadem, ZRG RA 116.

221 Vgl. Kruit, ZPE 90.

222 D. 18,1,8 pr. (Pomp. 9 ad Sab.): *Nec emptio nec venditio sine re quae veneat potest intellegi. Et tamen fructus et partus futuri recte ementur, ut, cum editus esset partus, iam tunc, cum contractum esset negotium, venditio facta intellegatur: sed si id egerit venditor, ne nascatur aut fiant, ex empto agi posse.*

also die bloße Bestimmbarkeit der Sache nicht, um den Kauf wirksam werden zu lassen, da sich die Kaufsache noch nicht vollständig materialisiert hat[223]. Wie beim noch nicht gelesenen Wein steht auch im Fall eines noch nicht geborenen Kalbs oder Fohlens bereits genau fest, aus welcher Ernte der Vorrat entsteht, respektive von welchem Muttertier das Junge abstammt. Dennoch bedarf es beim noch nicht geborenen Jungtier der Konstruktion der *emptio rei speratae*, also einer besonderen Bedingungskonstruktion, um einen Kaufvertrag über einen *partus futurus* abzuschließen. Diese rechtliche Lösung legt nahe, dass das Unsicherheitsmoment der Entstehung der Kaufsache immer über eine eigene Bedingungskonstruktion überwunden werden muss. Beim Kauf einer Quantität Wein am Stock im Wege *emptio pondere numero mensura* wird jedoch lediglich an die noch nicht vorgenommene Zumessung des verkauften Weines angeknüpft. Damit machte es beim Kauf einer bestimmten Menge Weines rechtlich keinen Unterschied, ob der Vorrat bereits existierte oder sich die Ernte noch am Stock befand. Der Kauf wurde jeweils wirksam, wenn der Wein zugemessen wurde, was im Fall des Verkaufs der Ernte am Stock voraussetzte, dass der Weinvorrat zur Entstehung gelangt war.

Auch wenn also die beim Verkauf einer bestimmten Menge zukünftigen Weines enthaltenen Unsicherheitsmomente in einer einzigen Bedingung zusammengefasst werden konnten, ist diese Lösung durchaus überraschend, denn beim Verkauf einer bestimmten Menge aus einem zukünftigen Vorrat müssen zwei – in der Lebenswirklichkeit voneinander unabhängige – Unsicherheitsmomente rechtlich bewältigt werden. So sind Produktion einerseits und die Aussonderung andererseits zwei völlig wesensverschiedene »präparatorische Tätigkeit[en]« des Verkäufers[224].

Besonders die Konstellation von römisch-rechtlichen Käufen über eine bestimmte Menge Weines aus einem im Entstehen

223 Knütel, Rolf: Hoffnungskauf und Eviktionshaftung. In: ZRG RA 117 (2000) pp. 445–453, bes. 450f. Idem weist zurecht darauf hin, dass im Beispielsfall des noch nicht geborenen Fohlens die Grenzen zwischen *emptio rei speratae* und *emptio spei* verschwimmen. Entscheidend kommt es darauf an, ob noch nicht feststand, ob das Muttertier trächtig war. War die Schwangerschaft als solche fraglich, hatte der Käufer das Risiko der Entstehung der Kaufsache übernommen und es lag eine *emptio spei* vor. In unserer Untersuchung wird hingegen vorausgesetzt, dass das Muttertier bereits trächtig ist, sodass eine *emptio rei speratae* vorliegt.

224 Bechmann, Kauf II pp. 330f.

befindlichen Vorrat belegt eine maximale Ausdehnung der *emptio venditio*, bei der das Erfordernis einer bestimmten Kaufsache stark in den Hintergrund tritt. Der Vergleich mit dem Schulfall eines noch nicht geborenen Jungtiers hat gezeigt, dass die Römer hierbei sehr pragmatisch vorgingen und bereit waren, die dogmatischen Grenzen der *emptio venditio* voll auszureizen.

Damit war das klassische römische Kaufrecht im Wege der Umdeutung von aus heutiger Sicht Gattungskäufen in Spezieskäufe in der Lage, rechtlich komplexe und enorm abstrakte Konstellationen des Weinkaufs zu erfassen.

IV. Anwendbarkeit der *emptio venditio* auf den Beschaffungskauf

Jedenfalls stieß das römische Kaufrecht bei Beschaffungskäufen mit einem noch höheren Abstraktionsgrad an seine Grenzen, also wenn der Verkäufer die Ware nicht selbst produzierte, sondern sich beispielsweise als Zwischenhändler erst am Markt eindecken musste[225]. In solchen Konstellationen ist das Weingeschäft kein Abgabegeschäft mehr und weist somit zur *emptio venditio* entscheidende strukturelle Unterschiede auf[226]. So finden wir in den römisch-rechtlichen Quellen keine Hinweise auf reine Genus- oder Beschaffungskäufe. Den Schritt zum von jedem Vorrat unabhängigen und völlig abstrakten Genuskauf hat das römische Kaufrecht aller Wahrscheinlichkeit nach nie getan.

V. Lehre von der doppelten Stipulation

1. *Nebeneinander von Kauf und Stipulation*

Obwohl durch die Umdeutung von Gattungskäufen in Spezieskäufe Weinkäufe überraschend gut von der *emptio venditio* erfasst werden konnten, sind in den Quellen auch Stipulationen über Wein, Weizen und Öl belegt. So geht es in D. 45,1,94 um die Stipulation von Weizen. Marcellus stellt hierzu klar, dass eine abstrakte Weizenstipulation dann rechtmäßig ist, wenn Art (*genus*) des Getreides

---

225 So auch SECKEL/LEVY, ZRG RA 47 pp. 137f.; ERNST, ZRG RA 114 p. 326.
226 Vgl. loc. cit.

und die Menge (*quantitas*) feststehen[227]. In D. 17,1,52 verpflichtet sich ein Bürge stipulationsweise zur Lieferung von Weizen[228]. Auch in D. 45,1,74 und 75 ist von der Stipulation größerer Mengen von Wein, Weizen und Öl die Rede. In D. 45,1,74 behandelt Gaius die *stipulatio certa*, als Beispiele werden das Versprechen einer bestimmten Menge besten afrikanischen Weizens oder besten Weines aus der Campania versprochen. Dem wird in D. 45,1,75 die *stipulatio incerta* gegenübergestellt. In den für diese Untersuchung besonders relevanten §§ 1 und 2 wird als Beispiel die Stipulation von gutem Wein oder Weizen genannt. In § 5 wird erneut auf die Möglichkeit der Stipulation von Wein, Öl oder Weizen hingewiesen. Bei allen in den Quellen genannten Beispielen liegt nahe, dass wirtschaftlich betrachtet eine Kaufkonstellation vorliegt, also ein Austausch von Ware gegen Geld erfolgt. Insbesondere die Gaiustexte D. 45,1,74[229] und 75[230], in denen hundert Maß Getreide respektive hundert Krüge Wein stipuliert werden, deuten auf eine für den Großhandel typische Vertragsgestaltung hin.

Dass Wein nicht ausschließlich im Wege der *emptio venditio* vertrieben wurde, legen auch die von Lenel in seiner Palingenesie rekonstruierten Ediktskommentare nahe. Eine Betrachtung der Abschnitte zur *emptio venditio* in den Ediktskommentaren ergibt, dass diese Abschnitte nur sehr vereinzelt Texte enthalten, die sich inhaltlich mit dem Kauf von Wein beschäftigen. Im Ediktskommentar von Paulus finden wir in lib. XXXIII mit D. 18,1,34,5–7 (Fragment 506) nur eine einzige Stelle[231], die ausdrücklich auf einen Weinkauf

---

227 Vgl. auch Kaser, Max/Knütel, Rolf/Lohsse, Sebastian: Römisches Privatrecht. Ein Studienbuch. 21. Aufl., München 2017 p. 253.

228 D. 17,1,52 (Iavolen. 1 epist.): *Fideiussorem, si sine adiectione bonitatis tritici pro altero triticum spopondit, quodlibet triticum dando reum liberare posse existimo […].*

229 D. 45,1,74 (Gai. 8 ad ed. provinc.): *Stipulationum quaedam certae sunt, quaedam incertae. Certum est, quod ex ipsa pronuntiatione apparet quid quale quantumque sit, ut ecce aurei decem, fundus tusculanus, homo stichus, tritici africi optimi modii centum, vini campani optimi amphorae centum.*

230 D. 45,1,75,1 (Ulp. 22 ad ed.): *Ergo si qui fundum sine propria appellatione vel hominem generaliter sine proprio nomine aut vinum frumentumve sine qualitate dari sibi stipulatur, incertum deducit in obligationem.*

231 D. 18,1,34,5–7 (Paul. 33 ad ed.): *Alia causa est degustandi, alia metiendi: gustus enim ad hoc proficit, ut improbare liceat, mensura vero non eo proficit, ut aut plus aut minus veneat, sed ut appareat, quantum ematur.*
Si emptio ita facta fuerit: »est mihi emptus Stichus aut Pamphilus«, in potestate est venditoris, quem velit dare, sicut in stipulationibus, sed uno mortuo qui superest

Bezug nimmt[232]. Im Ediktskommentar von Pomponius ist mit Fragment 133 überhaupt nur ein einziges Kauffragment erhalten. Dieses behandelt weder ein Geschäft über Wein noch über andere fungible Konsumgüter[233]. In Ulpians Ediktskommentar finden wir mit D. 19,1,11,6 einen Text über einen Arralkauf von Wein, bei dem eine Geldsumme als *arra* gegeben wird[234].

Dieser Befund spricht gegen eine Stellung des Weinkaufs als idealtypischer Kauf. Wäre Wein immer im Wege einer *emptio venditio* veräußert worden, wären angesichts der wirtschaftlichen Bedeutung von Weintransaktionen häufigere Rekurse auf den Weinkauf in den Ediktskommentaren zu erwarten.

Damit konnten Weinkäufe sowohl als echte Käufe als auch abstrakt als Stipulation ausgestaltet sein. Die Quellen zeigen insoweit ein Nebeneinander von *emptio venditio* und Stipulation.

2. *Stipulation im Großhandel*

Dieser Befund wirft die Frage auf, wann Weingeschäfte als Kauf und wann als Stipulation abgeschlossen wurden. Hier bietet insbesondere D. 45,1,74[235] eine Orientierung. Gaius liefert als Beispiel für eine Stipulation, die ein *certum* zum Gegenstand hat, unter anderem hundert *modii* besten afrikanischen Weizens oder hundert Amphoren Wein aus der Campania. Dieses Fragment zeigt, dass eine Stipulation im Gegensatz zu einem Kauf keinen Bezug auf eine konkrete Ernte oder einen Vorrat beinhalten musste. Dies ermöglicht auch den Abschluss von Transaktionen, die weit in die Zukunft reichen[236]. Mittels einer *emptio venditio* konnten allenfalls

---

dandus est: et ideo prioris periculum ad venditorem, posterioris ad emptorem respicit. Sed et si pariter decesserunt, pretium debebitur: unus enim utique periculo emptoris vixit. Idem dicendum est etiam, si emptoris fuit arbitrium quem vellet habere, si modo hoc solum arbitrio eius commissum sit, ut quem voluisset emptum haberet, non et illud, an emptum haberet.
Tutor rem pupilli emere non potest: idemque porrigendum est ad similia, id est ad curatores procuratores et qui negotia aliena gerunt.

232 Vgl. LENEL, Palingenesia I col. 1035.

233 Vgl. IDEM, Palingenesia II col. 35.

234 Vgl. IBIDEM col. 630 frg. 931.

235 S.o. not. 230.

236 Dass zukünftiger Wein stipulationsweise versprochen wurde, belegt z.B. D. 45,1,73 (Paul. 24 ad ed.): *Interdum pura stipulatio ex re ipsa dilationem capit, veluti si id quod in utero sit aut fructus futuros aut domum aedificari stipulatus sit [...].*

Weingeschäfte über die am Stock befindliche Ernte abgeschlossen werden, eine weitere Vorverlagerung des Transaktionsabschlusses war nicht möglich.

Ferner zeigen allein die in D. 45,1,74 stipulierten Mengen von hundert *modii* Weizen[237] respektive hundert Amphoren Wein, dass hier eine Großhandelstransaktion vorliegt. Insbesondere im Großhandel wurde die *dare*-Stipulation den wechselseitigen Interessen besser gerecht, da die Bestimmung der Kaufsache allein anhand von abstrakten Merkmalen[238] mit dem Rechtsinstitut der Stipulation ohne Weiteres vereinbar war[239]. Beim Großhandel bestand ein Bedürfnis nach höherer Abstraktion, das mit zunehmender Komplexität des wirtschaftlichen Lebens umso stärker in den Vordergrund trat. Geht man beispielsweise von Zwischenhändlern aus[240], erscheinen Leerkäufe aus ökonomischer und unternehmerischer Sicht durchaus sinnvoll, denn bei einem solchen Kaufgeschäft war es dem Weinhändler freigestellt, wie er die bereits verkaufte Ware beschaffte. Bei solchen Leerkäufen konnte die *emptio venditio* den Bedürfnissen des Handels nicht mehr gerecht werden[241]. Im Großhandel mit Wein, aber auch mit Weizen und Öl, war deshalb der Rückgriff auf die Stipulation zwingend. Ebenso erforderte der Verkauf von zukünftigem Wein, wenn kein Erntebezug bestand, die Klagbarmachung im Wege der Stipulation[242].

---

237 100 *modii* entsprechen einem Volumen von ca. 873 Litern, Berechnung nach BECHER, Wilhelm: Modius. Reihe 1, Vol. 15,2: Met–Molaris lapis. Stuttgart 1932 col. 2328.

238 Vgl. ERNST, ZRG RA 114 p. 275.

239 Vgl. SECKEL / LEVY, ZRG RA 47 p. 128.

240 Bspw. PLIN. epist. 8,2,3–7: *Itaque omnibus quidem, ne quis ›mihi non donatus abiret‹, partem octavam pretii quo quis emerat concessi; deinde iis, qui amplissimas summas emptionibus occupaverant, separatim consului. Nam et me magis iuverant, et maius ipsi fecerant damnum. Igitur iis qui pluris quam decem milibus emerant, ad illam communem et quasi publicam octavam addidi decimam eius summae, qua decem milia excesserant. Vereor ne parum expresserim: apertius calculo ostendam. Si qui forte quindecim milibus emerant, hi et quindecim milium octavam et quinque milium decimam tulerunt. Praeterea, cum reputarem quosdam ex debito aliquantum, quosdam aliquid, quosdam nihil reposuisse, nequaquam verum arbitrabar, quos non aequasset fides solutionis, hos benignitate remissionis aequari.*

241 Anders aber ERNST, der ausgehend von Frg. Vat. 16 eine *emptio venditio* vertretbarer Sachen mit Vollzugsaufschub auch ohne konkreten Vorratsbezug für möglich hält, vgl. IDEM, ZRG RA 114 pp. 320ff.

242 Vgl. IBIDEM p. 302, der jedoch nicht auf den nötigen Rückgriff auf die Stipulation abstellt, sondern schreibt, dass derlei Vereinbarungen eine Verpflichtung generischer Art begründen.

Daneben ist der Abschluss einer Stipulation auch in anderen, eigentlich noch vom Kauf erfassten Weintransaktionen denkbar. Auch wenn das Weingeschäft eigentlich als *emptio venditio* hätte abgeschlossen werden können, konnten die Parteien das Geschäft auch abstrakt als Stipulation abschließen[243].

3. *Wechselseitige Stipulationen als Gattungskauf?*

Im nächsten Abschnitt soll untersucht werden, wie eine Stipulation von Wein oder anderen Konsumgütern ohne Erntebezug ablief.

Wie bereits erläutert, eignete sich die *dare*-Stipulation gut als Versprechensform zur Abbildung von Kaufvereinbarungen mit nur abstrakter Bezeichnung der Kaufsache. Hieraus entwickelten Seckel / Levy die Hypothese der wechselseitigen Stipulation als Vorläufer des modernen Gattungskaufs. Geschäfte, die nach heutigem Verständnis ›reinen‹ Gattungskäufen ohne Vorratsbezug entsprechen, wurden nach der Auffassung von Seckel / Levy durch zwei abstrakte Schuldversprechen der Stipulation abgesichert. Demnach versprach eine Partei stipulationsweise, zum Beispiel eine Menge bestimmten Weines zu liefern, während die andere sich durch Stipulation zur Zahlung des Kaufpreises verpflichtete[244]. Dem hat sich die Lehre in weiten Teilen angeschlossen[245].

Von der Gegenansicht wird jedoch zutreffend eingewandt, dass die Rechtsfigur der wechselseitigen Stipulation an keiner Stelle in den Quellen belegt ist. Nirgends ist von einer Stipulation von Ware einerseits und der Stipulation von Geld andererseits die Rede[246]. In den Quellen nachweisbar sind allerdings Stipulationen von Weizen,

243 Vgl. etwa C. 4,2,10 und C. 4,49,12. Es konnte gezeigt werden, dass gerade im griechischen Rechtsraum auch in römischer Zeit noch auf Beurkundungen nach griechisch-rechtlichem Vorbild zurückgegriffen wurde und dies über eine Stipulation abgesichert wurde, auch wenn der Abschluss einer *emptio venditio* möglicherweise näher gelegen hätte.

244 Vgl. Seckel / Levy, ZRG RA 47 pp. 128ff.

245 Vgl. Kaser, RP I p. 548 not. 31; Zimmermann, Obligations p. 238; Siber, Heinrich: Römisches Recht in Grundzügen für die Vorlesung. Vol. 2. Darmstadt 1928 p. 195; Schulz, Fritz: Classical Roman Law. Oxford 1969 p. 527.

246 Vgl. Ernst, ZRG RA 114 p. 277; Bechmann, Kauf II p. 335 not. 2; Haymann, Franz: Haben die Römer den Gattungskauf gekannt? In: JhJB 79 (1928 / 1929) pp. 95–127, bes. 98. Auch bei Cato und Varro ist bei Großhandelskäufen kein Hinweis auf eine wechselseitige Stipulation erkennbar, vgl. Lübtow, Catos leges p. 369. Das Schweigen der Quellen als solches kann allerdings nicht als Beleg für die Gegenmeinung fruchtbar gemacht werden.

Wein und Öl, bei denen naheliegt, dass wirtschaftlich betrachtet eine Kaufkonstellation vorlag, also ein Austausch von Ware gegen Geld erfolgte[247]. Damit wurden durch Stipulation Kaufversprechen über Wein, Weizen und Öl begründet. Ob diese Stipulationsversprechen tatsächlich wechselseitig waren, lässt sich nicht belegen.

4. *›Einseitige‹ Stipulation*

Ob überhaupt eine Notwendigkeit bestand, eine Kaufvereinbarung durch zwei wechselseitige Stipulationen zu begründen, ist zweifelhaft. Dies zeigt bereits ein Blick auf die üblichen Abwicklungsformen eines Weinkaufs: Auktionen, Lieferungs- oder Arralkäufe[248]. Alle diese Transaktionstypen haben als Merkmal gemeinsam, dass der Käufer den Kaufpreis bereits bei Vertragsabschluss vorleistete. Beim Lieferungskauf erwies sich diese Vorleistungspflicht als charakteristisches Merkmal. Mithin wurde die bei einem Weinlieferungskauf entstehende Geldschuld typischerweise sofort erfüllt. Damit bestand keine Notwendigkeit, die Geldschuld durch Stipulation rechtlich abzusichern. Stipulationsweise versprochen werden musste nur die noch ausstehende Lieferung des Verkäufers. Diese auf Lieferung gerichtete Stipulation ist, wie gezeigt werden konnte, vielfach in den Quellen belegt. Es bedurfte daher im Fall des Lieferungskaufs keiner wechselseitigen Stipulation, da der bereits erfüllte Teil der Absprache keiner Absicherung bedurfte. Eine einzige Stipulation gerichtet auf die für die Zukunft vereinbarte Weinlieferung reichte aus[249]. Durch die Annahme nur einer einzigen Stipulation stellt sich auch nicht die für die Lehre von der wechselseitigen Stipulation viel diskutierte Frage der Verbindung der begründeten wechselseitigen Pflichten[250]. Eine solche Verbindung ist genauso wenig in den

247 Bspw. in D. 17,1,52 über das stipulationsweise Versprechen der Lieferung von Weizen; in D. 45,1,74 wird als Beispiel für eine Stipulation auf ein *certum* das Versprechen von 100 *modii* besten afrikanischen Weizens respektive 100 Amphoren Wein aus der Campania genannt; D. 45,1,75, §§ 1 und 2 über die *stipulatio incerta* von Weizen und Wein, § 5 über die Stipulation auch von Öl.

248 Vgl. Jakab, Risikomanagement p. 4.

249 Eine solche Stipulation gegen Geld wird für Weizen von Ernst, ZRG RA 114 p. 299 zumindest andeutungsweise vertreten. Noch deutlicher Idem: Kurze Rechtsgeschichte des Gattungskaufs. In: ZEuP 7 (1999) pp. 584–641, bes. 602.

250 Teilweise wird die wechselseitige Stipulation als Vorläufer des Konsensualkaufs verstanden, vgl. Arangio-Ruiz, Compravendita pp. 45ff.; ED 46

Quellen belegt wie die Konstruktion eines Gattungskaufs über zwei wechselseitige Stipulationen[251].

Dieses Vorgehen, nur die noch ausstehende Leistung zu stipulieren, fügt sich insgesamt in das römische Schuldrecht gut ein. Die Stipulation der kreditierten Leistung, also der Weinlieferung, war notwendig, weil die formlose Vereinbarung eines Gattungskaufs nach klassischem römischen Recht allenfalls ein *pactum* darstellte und nicht im Wege einer *actio* gerichtlich durchgesetzt werden konnte[252]. Zur Klagbarmachung einer solchen formlosen Vereinbarung bedurfte es deshalb der Stipulation. Die Stipulation konnte zum einen als abstraktes Schuldversprechen Genuskäufe abbilden, zum anderen stand eine *condictio certi* zur Verfügung, wenn die Lieferung von bereits gezahltem Wein ausblieb[253]. Bereits Haymann und Bechmann, beides Gegner der Hypothese der wechselseitigen Stipulation, betonten die Natur der Stipulation als ein dem Vollzug dienendes Element[254]. Demgegenüber nimmt die herrschende Lehre an, durch zwei wechselseitige Stipulationen werde eine Vorstufe einer Vertragsbeziehung mit zwei synallagmatischen Leistungspflichten geschaffen[255]. Haymann und Bechmann weisen an dieser Stelle zutreffend darauf hin, dass die Stipulation gerade keinen Konsens erzeugen soll, sondern ausschließlich zur Vollziehbarkeit eines Leistungsversprechens dient[256]. Auch diese Argumente sind gut vereinbar mit der Annahme einer nur einseitigen Stipulation bei Genuskäufen. Während die Hypothese der wechselseitigen Stipulation davon ausgehen muss, dass durch die Stipulationen eine Art Konsensualvertrag entsteht, kommt unsere Ansicht mit einer Stipulation nur zum Zwecke der einfacheren Vollziehbarkeit

---

s.v. ›*Vendita in generale (Diritto romano)*‹ pp. 306f. Demgegenüber vertreten Seckel/Levy, ZRG RA 47 pp. 138f. eine lose Verbindung der wechselseitigen Stipulationen über die *exceptio doli*.

251 So auch Ernst, ZEuP 7 p. 602.

252 Vgl. zum *pactum* Siber, Römisches Recht II pp. 169ff.; Berger, Adolf: Encyclopedic dictionary of Roman law. Vol. 43,2 (N.S.). Philadelphia 1953 s.v. ›*pactum*‹ p. 614. Zur Einordnung des prätorischen Edikts vgl. Schulz, Classical Roman Law pp. 470f. und Münzer, Friedrich: Pactum. Reihe 1, Vol. 18,2: Orphische Dichtung–Palatini. Stuttgart 1942 coll. 2127–2154, bes. 2132ff.

253 Vgl. Schulz, Classical Roman Law pp. 476f.

254 Vgl. Bechmann, Kauf II p. 335 not. 2; Haymann, JhJB 79 pp. 98f.

255 Vgl. Seckel/Levy, ZRG RA 47 pp. 128f., der die Stipulation mit dem Inhalt der Verpflichtung, beispielsweise mit Eviktionshaftung, in Beziehung setzt.

256 Vgl. Bechmann, Kauf II p. 335 not. 2; Haymann, JhJB 79 pp. 98f., der insoweit zwischen vertretender und verstärkender Stipulation unterscheidet.

aus und lässt sich damit besser in das übrige klassische römische Schuldrecht integrieren.

Damit unterschied sich die bei Massenware wie Wein, Öl und Weizen übliche Rechtspraxis deutlich von dem, was die *emptio venditio* vorsah. Die *emptio venditio* begründete zwei Verbindlichkeiten, durch die sowohl Kaufpreiszahlung als auch Sachüberlassung auf einen späteren Zeitpunkt verschoben wurden[257]. Beim Weinkauf wurde hingegen in aller Regel vorausgezahlt, sodass nur eine der Hauptleistungspflichten suspendiert wurde. Der Käufer beglich den Kaufpreis sofort, sodass gewissermaßen ein ›halber Barkauf‹ vorlag.

5. *Kein Vorläufer des modernen Gattungskaufs*

Es konnte gezeigt werden, dass die Stipulation von den Römern auch dazu verwendet wurde, Gattungsschulden klagbar zu machen. Dies wurde jedoch nicht durch zwei wechselseitige Stipulationen durch Käufer und Verkäufer bewerkstelligt. Aufgrund der regelmäßigen Vorleistungspflicht des Käufers war der Kaufpreis bereits gezahlt, sodass kein Bedarf bestand, diese noch mittels Stipulation abzusichern. Nach diesem Prinzip wurde insbesondere bei Lieferungskäufen und Auktionen verfahren. Mit Bechmann lässt sich also sagen, dass »die noch immer umgehenden gegenseitigen Stipulationen auch in dieser Anwendung noch niemand aus den Quellen nachzuweisen vermocht [hat]«[258]. Bereits eine einfache Stipulation in Kombination mit der für Weingeschäfte charakteristischen Vorleistungspflicht reichte aus, um Genuskäufe abzubilden.

Bedeutende Vertreter der Lehre von der gegenseitigen Stipulation sehen die Stipulation als Vorläufer des Konsensualkaufs[259]. Nach der hier vertretenen Ansicht, dass regelmäßig nur die noch ausstehende Leistung durch Stipulation abgesichert wurde, rückt das Gegenseitigkeitsverhältnis jedoch viel stärker in den Hintergrund. Wie gezeigt werden konnte, handelte es sich bei der praktizierten

257 Dies betrifft die Betrachtung der *emptio venditio* von einem »academic point of view«. In der Praxis üblicher war die sofortige Erfüllung wenigstens einer Leistungspflicht, vgl. Schulz, Classical Roman Law p. 526. Gerade in Fällen einer kreditierten Leistungspflicht werden die Parteien diese häufig zusätzlich im Wege einer Stipulation abgesichert haben.

258 Bechmann, Kauf II p. 335 not. 2.

259 Vgl. Arangio-Ruiz, Compravendita pp. 45ff.; ED 46 s.v. ›*Vendita in generale (Diritto romano)*‹ pp. 306f.

Konstruktion der ›einseitigen‹ Stipulation um einen Mechanismus, um die noch ausstehende abstrakt gefasste Lieferungspflicht klagbar zu machen und nicht, um Konsens zu erzeugen. Leistung und Gegenleistung waren hierbei jedoch in keinerlei Hinsicht organisch miteinander verknüpft. Den Schritt hin zu einem reinen, modernen Konsensualkauf hat das römische Recht nicht getan[260]. Eine solche Inklusion von Gattungskäufen in das Kaufrecht begegnet uns wohl erst im gelehrten Recht des 11.–12. Jahrhunderts: Ab diesem Zeitpunkt werden reine Gattungskäufe als von der *emptio venditio* erfasst angesehen. Dieses veränderte Verständnis ging wohl von einer neuen Auffassung der *emptio pondere numero mensura* einher: Diese wurde nun als Gattungsgeschäft und nicht mehr als Specieskauf begriffen[261].

Anknüpfend an dieses Ergebnis stellt sich unter anderem die Frage, ob die Methode der einfachen Stipulation nicht nur für die Konstellation des Lieferungskaufs von Weizen, Wein und Öl angewandt wurde, sondern auf alle möglichen Großhandelsverträge übertragen werden konnte[262]. Handelt es sich bei der Abbildung von Käufen durch die Stipulation also um ein Spezifikum insbesondere bei Weinkäufen oder um ein das gesamte Kaufrecht betreffendes Phänomen? D. 45,1,117 zeigt exemplarisch, dass eine gattungsmäßige Stipulation von Sklaven möglich war[263]. Allerdings konnten Geschäfte im Wein- oder Weizengroßhandel einfacher als abstrakte Stipulation gefasst werden als der in D. 45,1,117 beschriebene

---

260 So auch SECKEL/LEVY, ZRG RA 47 p. 138, die allerdings wechselseitige Stipulationen annehmen; ZIMMERMANN, Obligations p. 238.

261 Vgl. ERNST, ZEuP 7 p. 612. IDEM verweist hier als frühesten Beleg auf die *Summa Trecensis*, in der von *C corbes vini* die Rede ist, IBIDEM p. 612 not. 112. Im 13. Jh. fassen auch Azo und Accursius bestimmte Geschäfte in den Digesten als *emptio venditio*, bei der die Leistungspflicht des Verkäufers generisch bestimmt wird, IBIDEM p. 612 nott. 113f. Die uns geläufige begriffliche Unterscheidung in reine und beschränkte Gattungskäufe geht auf Petrus de Bellapertica zurück, vgl. *In quattuor libris Institutionum Commentarii*, ad I 4,6 not. 14 zit. nach IBIDEM p. 613 not. 122 (unserer Fernleihe nicht zugänglich, Standort: Royal Danish Library).

262 Vgl. KRÜCKMANN, Zur Reform des Kaufrechtes p. 90. Er führt beispielsweise D. 45,1,117 als Beleg für den durch Stipulation zustande gekommenen Lieferungskauf eines Sklaven an. In diesem Fall werden hundert Sklaven stipuliert, die zu einem späteren Zeitpunkt bestimmt werden sollen.

263 D. 45,1,117 (Pap. 12 quaest.): *Si centum homines, quos ego heresve meus eligerem, stipulatus, antequam eligerem, duos heredes reliquero, numero dividitur stipulatio: diversum erit, si iam electis hominibus successerint.*

Sklavenkauf. Denn die im Fragment gattungsmäßig verkauften Sklaven mussten später noch ausgesucht werden; gerade die unterbliebene Bestimmung des im Fall verstorbenen Verkäufers wird im Digestenfragment zum rechtlichen Problem. Bei Speziesschulden eignete sich von Natur aus die *emptio venditio* besser. Im Großhandel und insbesondere beim wirtschaftlich bedeutenden Weinkauf war der Rückgriff auf die Stipulation von zwingender Notwendigkeit. Ohne das abstrakte Versprechen bestimmter Mengen Weines wären die meisten Geschäfte im Weingroßhandel nicht darstellbar gewesen.

§ 3 Konfrontation von römischem und griechischem Recht

Das griechische[264] und das römische Recht waren im Hinblick auf den Lieferungs- respektive Weinkauf mit demselben Problem konfrontiert. Auch das römische Kaufrecht konnte den Verkauf von zukünftigem Wein, Weizen oder Öl ohne Erntebezug nicht abbilden[265] und musste daher andere rechtliche Lösungen für die Darstellung solcher wirtschaftlich notwendigen Kaufverträge entwickeln.

Nach herrschender Lehre ermöglichte im römischen Recht die Stipulation die rechtliche Abbildung von Lieferungskaufverträgen ohne Vorratsbezug: Durch ihre Natur als abstraktes Schuldversprechen konnte auch die Lieferung noch nicht existierender Produkte Gegenstand einer Stipulation sein. In unserer Untersuchung konnte gezeigt werden, dass es eine, wie von weiten Teilen der Lehre angenommene, wechselseitige Stipulation[266] aller Wahrscheinlichkeit nach nicht gegeben hat. Nach der hier vertretenen Ansicht wurde der Kaufpreis sofort beglichen, sodass für diesen Vertragsteil keine rechtliche Absicherung mehr notwendig war[267].

Das griechische Kaufrecht war, wie gezeigt werden konnte, in weit stärkerem Maße als das römische Kaufrecht vom Barkauf geprägt[268]. Weil der Weinkauf jedoch in den Urkunden regelmäßig kein Barkauf war, bot das griechische Kaufrecht für die wirtschaftlichen Besonderheiten des Weinkaufs keine unmittelbare Lösung. Griechische Juristen behalfen sich deshalb bei der Beurkundung

264 Zu Lieferungskäufen nach griechischer Praxis siehe § 1 im ersten Hauptteil dieser Untersuchung.

265 Vgl. KASER, RP I p. 548 not. 31; JAKAB, Risikomanagement p. 157.

266 Vgl. KASER/KNÜTEL/LOHSSE, Röm. Privatrecht pp. 253f.; SECKEL/LEVY, ZRG RA 47 p. 138.

267 So auch ERNST, ZEuP 7 p. 602.

268 Vgl. PRINGSHEIM, GLS pp. 90f.; WOLFF, ZRG RA 74 p. 32; RUPPRECHT, Einführung in die Papyruskunde pp. 116, 119.

beispielsweise von Lieferungskäufen mit einem Rückgriff auf das Darlehensrecht, bevor ein eigenständiges Vertragsformular entwickelt wurde[269].

So unterschiedliche Lösungsstrategien das römische respektive das griechische Kaufrecht entwickelten, um den wirtschaftlich anspruchsvollen Weinkauf klagbar und damit durchsetzbar zu machen, sind die Lösungsansätze in gewisser Hinsicht strukturell verwandt. Auffällig ist insoweit besonders, dass beide Rechtssysteme gewissermaßen eine logische Teilung der vertraglichen Abrede vornehmen: Sowohl im griechischen wie im römischen Recht wird der Kaufpreis regelmäßig sofort beglichen, sodass eine Seite des Vertrages damit bereits erfüllt ist und deshalb keine weitere rechtliche Aufmerksamkeit erfordert. Nur die kreditierte Pflicht, also die zukünftige Lieferung des bezahlten Weines, wird – je nach Rechtssystem auf anderem Wege – klagbar gemacht. Beide Rechtssysteme kommen somit nur auf Umwegen zur Klagbarkeit des Weinkaufs und anderer Lieferungsverträge.

Noch ungeklärt ist allerdings die Frage, ob diese indirekten rechtlichen Lösungswege zur Erfassung von Lieferungskäufen noch rechtlich weiterentwickelt wurden. Was geschah beispielsweise, als infolge der Ausdehnung des Römischen Reiches das römische und das griechische Modell in der Spätantike aufeinandertrafen? Konnte durch die Kollision beider Lieferungskaufmodelle eine andere Lösung oder sogar ein abstrakteres Kaufverständnis entwickelt werden? Diesen Fragen wollen wir im folgenden Abschnitt nachgehen. Dazu werden wir mehrere Textstellen aus dem *Codex Iustinianus* untersuchen. Zunächst soll C. 4,2,6 Aufschluss darüber geben, wie die römischen Juristen verfuhren, wenn Lieferungskäufe nach griechischer Praxis beurkundet wurden und welche Anpassungen im ehemals griechischen Rechtsraum vorgenommen wurden. Danach wenden wir uns den für unsere Untersuchung bedeutenden C. 4,2,10 und C. 4,49,12 zu, in denen für einen zeitlich gestreckten Lieferungskauf eine *actio empti* gewährt wurde. Dies

---

269 Vgl. hierzu Pringsheim, GLS p. 276, gemäß dessen Ansicht nach griechischer Tradition beurkundete Lieferungskäufe nie ihre Anlehnung an das Darlehensrecht verloren haben. Überzeugender ist es, ein eigenständiges Vertragsformular für Lieferungskäufe – jedenfalls ab dem 2. Jh. v. Chr. anzunehmen, das Elemente aus Kauf und Darlehen in sich vereinte; i.d.S. bspw. Rupprecht, Darlehen p. 128; Idem, Beiträge zur Juristischen Papyrologie p. 87; Thür, AFP 2 Bh. 3 pp. 973ff.

könnte dafür sprechen, dass sich in der Spätantike ein abstrakteres Kaufverständnis herausgebildet hat.

I. C. 4,2,6 – *vinculum stipulationis*

C. 4,2,6 gibt darüber Aufschluss, wie römische Juristen nach griechischer Rechtstradition beurkundete Lieferungskäufe behandelten. Die Untersuchung dieses Fragments wird insbesondere zeigen, dass mit der *Constitutio Antoniniana* die griechische Praxis zur Beurkundung von Lieferungskäufen nicht obsolet wurde. Stattdessen blieben die bewährten Vertragsformulare weiter in Gebrauch[270].

> C. 4,2,6 (Diocl. et Maxim. a. 293): *Si ex pretio debitae quantitatis facta novatione per stipulationem usuras licitas contra quem supplicas stipulatus es, falsa mutuae datae quantitatis demonstratio praemissa, cum obligationis non defecerat substantia, quominus usque ad modum placitum usurae possint exigi, nihil nocet.*
>
> *Si vero citra vinculum stipulationis tantum mutuam pecuniam datam conscriptum est et eius praestari fenus convenit, simulatis pro infectis habitis huiusmodi placitum nihil de praecedenti mutavit obligatione.* [271]

1. *Inhalt*

In C. 4,2,6 pr. hat der Bittsteller[272] sich durch Stipulation Zinsen von dem Preis einer ›Quantität‹ versprechen lassen. Der Fragesteller möchte wissen, ob er die Zinsen auch dann fordern kann, wenn in der Urkunde fälschlicherweise angegeben wurde, die Quantität

270 Vgl. Pringsheim im Kontext von C. 4,2,6, der sogleich besprochen wird, Pringsheim, Fritz: Diocletian in C. 4,2,6. In: Tul. L. Rev. 33 (1958/1959) pp. 551–554, bes. 551.

271 Wenn dir durch Novation, von demjenigen, gegen den du klagst, erlaubte Zinsen vom Preis einer geschuldeten Quantität stipulationsweise versprochen wurden, steht die vorausgegangene falsche Bezeichnung der Quantität als Darlehen der Forderung von auf diese Weise vereinbarten Zinsen nicht entgegen, weil es nicht am Wesen einer Verbindlichkeit fehlt.
Wenn aber ohne die Fessel der Stipulation (lediglich) niedergeschrieben wurde, dass Geld als Darlehen gegeben werde, und vereinbart wurde, hiervon Zinsen zu zahlen, ändert dies nichts an der vorausgegangenen Verpflichtung, weil das Vorgetäuschte als nichtig behandelt wird.

272 Zum Vorgang vgl. Heumann/Seckel, Handlexikon s.v. ›*supplicare*‹.

sei darlehensweise überlassen worden. Die Fallentscheidung lautet, dass eine Falschbezeichnung des Schuldverhältnisses nicht schade, weil eine Novation des Schuldverhältnisses durch Stipulation erfolgt sei. Daher könnten die vereinbarten Zinsen beansprucht werden. Fehlt es hingegen an einer wirksamen Stipulation, so sei die Klage unbegründet, da das nur zum Schein Beurkundete keine Rechtswirkungen entfalten könne.

2. *Kredit- oder Lieferungskauf?*

Laut der in C. 4,2,6 überlieferten Entscheidung handelt es sich bei der in der Urkunde gewählten Bezeichnung der Vereinbarung als Darlehen um eine *falsa demonstratio*, sodass die in der Quelle erwähnte *quantitas* in Wahrheit nicht darlehensweise geleistet worden sein kann. Nahe liegt deshalb, dass durch die Beurkundung als Darlehen eine Geldleistung dissimuliert wurde und hier ein wirtschaftlicher Kauf vorlag, der nach griechischer Praxis als Darlehen beurkundet wurde.

Allerdings besteht Uneinigkeit in der Literatur, was vorliegend mit *quantitas* bezeichnet wird, der Preis oder eine bestimmte Menge eines Produktes. Das Verständnis des Wortes *quantitas* ist jedoch entscheidend für das weitere Verständnis des Falles: sollte durch das vom Urkundenschreiber beurkundete Darlehen ein Kredit- oder ein Pränumerationskauf abgebildet werden? Für das Vorliegen eines Kreditkaufs spricht, dass der Fall aus C. 4,2,6 in den Basiliken in wirtschaftlicher Hinsicht als Kreditkauf verstanden wird[273]. Legen wir einmal dieses Textverständnis zugrunde, würde es sich beim Bittsteller um einen Verkäufer handeln, der den Kaufpreis kreditiert und sich hierfür Zinsen hat versprechen lassen. Unter anderem Mitteis[274] und Pringsheim[275] verstehen den Text in diesem Sinne und sind deshalb der Auffassung, *pretium debitae quantitatis* beschreibe den gestundeten Kaufpreis. Ernst vertritt hingegen die Auffassung, dass ein Lieferungskauf vorliegt[276]. Wie bereits erörtert, kommt

273 Vgl. HEIMBACH, Gustav Ernst/HEIMBACH, Karl Wilhelm Ernst/FABROT, Charles Annibal (edd.): Basilicorum libri LX. Vol. 5. Leipzig 1850 B. 23,1,50 pp. 647f.

274 Vgl. MITTEIS, Ludwig: Zu Pseudo-Asconius in Verrem, II,1,36. In: GrünhutsZ 17 (1890) pp. 559–586 p. 585.

275 Vgl. PRINGSHEIM, Tul. L. Rev. 33 p. 552.

276 Vgl. ERNST, ZRG RA 114 pp. 284f.

es für die Einordnung als Kredit- respektive Pränumerationskauf entscheidend darauf an, ob Warenlieferung oder Geldzahlung mit dem Ausdruck *mutua data quantitas* umschrieben wird. Zutreffend weist Ernst darauf hin, dass ›darlehensweise überlassene Quantität‹ als Umschreibung für eine kreditierte Geldsumme nicht recht passt, insbesondere weil an anderer Stelle im Fragment von *pretium* die Rede ist[277]. Warum sollte also der Kaufpreis einmal mit *pretium* und wenig später mit *quantitas* beschrieben werden? Es liegt daher nahe, dass *quantitas* und *pretium* nicht dasselbe meinen[278]. Sogar Mitteis, der von einem Kreditkauf ausgeht, wundert sich über die am Anfang des Fragments gewählte Formulierung *pretium debitae quantitatis*, ›der Preis der geschuldeten Quantität‹, die eindeutig auf einen Lieferungskauf hindeutet[279].

Ferner wäre im Fall eines Kreditkaufs möglicherweise sogar die *actio venditi* anwendbar, sodass es auf die Stipulation deshalb überhaupt nicht ankäme. Insbesondere schadet, wie im Fragment ausdrücklich klargestellt wird, die Falschbezeichnung des Schuldverhältnisses als Darlehen nicht[280]. Aus diesem Grund erscheinen Pringsheims Erläuterungen von C. 4,2,6 viel schlüssiger, wenn man sie – anders als Pringsheim selbst – auf einen Pränumerationskauf bezieht[281]. Unter anderem lenkt Pringsheim die Aufmerksamkeit des Lesers auf das tiefgehende Verständnis von Diokletian für den griechischen Kunstgriff, ein Darlehen zu beurkunden, um einen Lieferungskauf rechtlich abzubilden. Dies begründet Pringsheim damit, dass sowohl die Stipulation im römischen Recht als auch die Beurkundung nach griechischem Recht das Schuldverhältnis noviert haben. Aufgrund dieser Ähnlichkeit zwischen beiden Rechtssystemen sei Diokletian deshalb die Identifikation mit der

277 Vgl. ERNST, ZRG RA 114 p. 284.

278 Vgl. IBIDEM pp. 284f. Nach diesem Verständnis offenbar auch schon OTTO, Karl Eduard / SCHILLING, Bruno / SINTENIS, Carl Friedrich Ferdinand (edd.): Das Corpus Juris. In's Deutsche übersetzt von einem Vereine Rechtsgelehrter und herausgegeben von Dr. Carl Ed. Otto, Dr. Bruno Schilling, Professoren der Rechte an der Universität Leipzig, und Dr. Carl Friedrich Ferdinand Sintenis, als Redactoren. Vol. 5. Leipzig 1832 unter C. 4,2,6.

279 Im Fall eines Kreditkaufs wäre *pretii debita quantitas* zu erwarten gewesen, vgl. MITTEIS, GrünhutsZ 17 p. 585; ERNST, ZRG RA 114 p. 284.

280 PRINGSHEIM hält eine *actio venditi* hingegen für nicht einschlägig, da die Vertragsurkunde Fiktionen bezüglich der Kaufpreiszahlung und Einkleidung als Darlehen enthielt, vgl. IDEM, Tul. L. Rev. 33 pp. 552f.

281 IBIDEM p. 552.

griechischen Urkundspraxis nicht besonders schwergefallen[282]. Pringsheims Argument der Novation des Schuldverhältnisses kann seine ganze Überzeugungskraft erst entfalten, wenn man es auf einen Pränumerationskauf bezieht. Nur bei einer solchen Kaufkonstellation bedarf es einer Novation. Bei einem Kreditkauf hingegen steht dem Verkäufer, wie Pringsheim selbst sagt, die *actio venditi* zu, sodass ein Kreditkauf ohne Weiteres klagbar wäre.

Damit beschreibt *quantitas* in C. 4,2,6 also die Menge einer gattungsmäßig bestimmten Kaufsache, nicht ihren Preis. Der Lieferungskauf bildet den wirtschaftlichen Hintergrund des geschilderten Falles, der Bittsteller ist Käufer der Quantität. Dieser hatte dem Verkäufer einen Aufschub der Warenlieferung gewährt und sich hierfür Zinsen versprechen[283] lassen. Da die Vorauszahlung des Kaufpreises Darlehenscharakter hat, ist eine Zinsvereinbarung mit der Annahme eines Lieferungskaufs in C. 4,2,6 ohne weiteres vereinbar. Anschließend sorgte er sich scheinbar um die Wirksamkeit dieser Zinsvereinbarung[284].

3. *Klagbarmachung durch Stipulation*

Dass Diokletian in C. 4,2,6 ein wirkliches Darlehen überhaupt nicht in Betracht zieht[285], belegt, dass den Römern griechische Konstruktionen von Pränumerationskäufen bekannt gewesen sein müssen. Ihm scheint absolut klar zu sein, dass hier in Wirklichkeit eine Geldzahlung dissimuliert wurde. Daraus folgt, dass nach griechischer

282 Pringsheim, Tul. L. Rev. 33 pp. 552.

283 In C. 4,2,6 hängt die Wirksamkeit der Zinsvereinbarung davon ab, ob die Parteien die ›Rückzahlungspflicht‹ stipuliert haben. Dann sei die falsche Bezeichnung der Vereinbarung als Darlehen unschädlich, da *obligationis non defecerat substantia*: Denn bei der abstrakt geschlossenen Stipulation kommt es nicht auf einen Rechtsgrund an. Ferner ist eine Geldzahlung in Höhe des Preises der *quantitas* tatsächlich erfolgt. Im zweiten Teil der Entscheidung wurde die Rückzahlungspflicht nicht stipuliert. Hier bleibt es dabei, dass aus der Vertragsurkunde, in der fälschlicherweise der Empfang einer Warenquantität schriftlich fixiert wurde, nichts gefordert werden kann. Da der Empfang einer Warenquantität in Wirklichkeit nicht erfolgt ist, können dementsprechend auch keine Zinsen aus einem nur fingierten Darlehen verlangt werden, vgl. Ernst, ZRG RA 114 p. 285f.

284 Vgl. ibidem pp. 284f.

285 Vgl. Rabel, Ernst: Nachgeformte Rechtsgeschäfte. Mit Beiträgen zu den Lehren von der Injurezession und vom Pfandrecht. In: ZRG RA 28 (1907) pp. 311–379, bes. 342.

Tradition beurkundete Kaufformulare weiterhin in der Praxis verwendet wurden[286].

C. 4,2,6 zeigt, dass griechische Darlehensurkunden als solche nach römischem Recht nicht durchsetzbar waren. Sie konnten aber durch Stipulation wirksam werden. Damit entfaltet die aus griechischer Tradition stammende Fiktion eines Darlehens nach römischem Recht keine direkte Wirkung. Etwas anderes gilt nur dann, wenn eine Stipulation auf Rückzahlung abgeschlossen wurde[287].

Ferner gibt die Fallentscheidung darüber Aufschluss, wie das römische Recht der griechischen Urkundspraxis begegnete[288]. Aus römisch-rechtlicher Sicht ist insbesondere problematisch, dass das griechische Recht sich mit einer Fiktion eines Darlehens, mithin mit einer Falschbeurkundung behilft. Im griechischen Recht waren solche Urkunden regelmäßig[289] als συγγραφή abgefasst, an deren Erstellung beide Vertragsparteien mitwirkten. Dies führte dazu, dass die Parteien den Inhalt der gemeinsam aufgesetzten Urkunde redlicher Weise nicht mehr bestreiten konnten. Dieser Umstand ließ die Möglichkeit zu, auch ›schriftliche Lügen‹[290] zu beurkunden und damit eine eigene rechtliche Realität zu schaffen[291]. Aus römischer Sicht hingegen gehörte die Geschäftsurkunde weder zum Tatbestand eines Rechtsgeschäftes noch war sie dessen maßgebliche Darstellung. Nach römischem Recht war deshalb auch der Gegenbeweis gegen die Darstellung in der Urkunde immer zulässig[292].

---

286 So auch PRINGSHEIM, Tul. L. Rev. 33 p. 551.

287 So auch ERNST, ZRG RA 114 p. 282.

288 Auch IBIDEM p. 279 ist der Ansicht, das Fragment thematisiere eine »Konfrontation« von römischer und griechischer Rechtspraxis. Selbst wenn man die Interpretation von OTTO/SCHILLING/SINTENIS, Vol. 5 unter C. 4,2,6 für richtiger hält, so muss das im Fragment beschriebene Öldarlehen daher als nur fiktives Darlehen angesehen und der Text in einen Zusammenhang mit griechischen Lieferungskaufformularen gebracht werden.

289 Aus den Urkunden aus ptolemäischer Zeit sind, bis auf eine Ausnahme nur *syngraphae* erhalten, vgl. PLATSCHEK, Johannes: ›Contra fidem veritatis‹. Documenti greci nella prospettiva romana con un excursus sui ›nomina arcaria‹ negli archivi campani. In: Masi, Carla/Cascione, Cosimo (ed.): Quid est veritas? Un seminario su verità e forme giuridiche. Napoli 2013 pp. 251–275, bes. 257f.

290 Vgl. IBIDEM pp. 254f.: »una ›menzogna scritta‹«.

291 Vgl. loc. cit.

292 Siehe C. 4,31,6 (Alex. Sev. a. 229): *Neque scriptura, qua cautum est accepta quae negas tradita, obligare te contra fidem veritatis potuit et compensationis aequitatem iure postulas. non enim prius exsolvi, quod debere te constiterit, aequum est, quam petitioni mutuae responsum fuerit, eo magis, quod ea te persequi dicis, quae a*

Aus diesem Grund erzeugte die bloße schriftliche Fixierung nach hellenistischer Tradition, ohne novierende Stipulation, keine direkten Rechtswirkungen.

Diese Handhabe der Absicherung einer griechischen Vertragsurkunde durch Stipulation war möglich, weil sowohl das römische als auch das griechische Modell eines Wein-, Öl- oder Getreidekaufs durchaus miteinander vereinbar waren. Beide Modelle gehen von einer sofortigen Zahlung des Kaufpreises bei einem Aufschub der Lieferung aus. Aufgrund dieses Sofortvollzuges der Geldleistungspflicht musste nur die noch ausstehende Lieferungspflicht abgesichert werden. Dies geschah im griechischen Recht mittels einer Beurkundung in Homologieform als *syngrapha*[293]. Das römische Recht gelangte über eine Stipulation zur Klagbarkeit der noch ausstehenden Lieferungspflicht[294]. Beide Rechtsinstrumente waren somit gewissermaßen ›abstrakt‹: Die *syngrapha* konnte, ganz ähnlich wie das abstrakte Schuldversprechen der Stipulation, losgelöst von einem wie auch immer gearteten Rechtsgrund eine eigene prozessuale Realität schaffen[295].

Gleichwohl weisen beide Modelle insbesondere im Hinblick auf Homologie und Stipulation auf rechtlicher Ebene aber entscheidende Unterschiede auf. Das griechische Kaufrecht war kaum zur Abstraktion in der Lage, sondern blieb stets im Deliktsrecht verhaftet. Es konnte deshalb auch kein der Stipulation entsprechendes Institut des abstrakten Schuldversprechens ausbilden[296]. Für den griechischen Kauf fasst dies Pringsheim wie folgt zusammen: »No liability (Haftung) arose; it was merely a duty (Schuld). No ›obligatio‹, only a ›debitum‹ was created«[297].

Dennoch war die in C. 4,2,6 vorgefundene Implementierung der Stipulation in einen ansonsten griechischen Sachverhalt nur

---

muliere divortii causa amota quereris. Vgl. Betti, Emilio: Bewußte Abweichung der Parteiabsicht von der typischen Zweckbestimmung (causa) des Rechtsgeschäfts. In: Festschrift Paul Koschaker. Vol. 1. Weimar 1939 pp. 296–333, bes. 321 sowie Platschek, ›Contra fidem veritatis‹ pp. 264ff.

293 Vgl. ibidem pp. 254f.

294 Diese Gemeinsamkeit von der Beurkundung eines Darlehens und Stipulation hebt auch Pringsheim, allerdings für den Kreditkauf, hervor. Ihm zufolge habe beides einen novierenden Effekt, vgl. Idem, Tul. L. Rev. 33 p. 552.

295 Vgl. Platschek, ›Contra fidem veritatis‹ pp. 263, 265f.

296 Vgl. Wolff, ZRG RA 74 pp. 67f.

297 Vgl. Pringsheim, GLS p. 91.

möglich[298], weil das griechische und das römische Modell des Weinkaufs entscheidende Ähnlichkeiten aufwiesen. Diokletian beharrt somit zwar auf dem Erfordernis der Stipulation, respektiert aber weitgehend die griechische Geschäftspraxis. Die griechischen Notare konnten auf diese Weise ihre bewährten Vertragsformulare beibehalten, sofern sie diese um eine Stipulationsklausel[299] ergänzten[300].

4. *Rezeption griechischer Vertragsurkunden im römischen Rechtsraum*

Bemerkenswert ist bei der Einführung und Etablierung der Stipulationsklausel besonders die Tatsache, dass ein römisches Rechtsinstitut in einen nach griechischem Verständnis aufgesetzten Vertrag eingefügt wurde. Sowohl römische als auch griechische Juristen scheinen also damit einverstanden gewesen zu sein, dass ein dem griechischen Recht fremdes, gänzlich römisches Rechtsinstitut in einen ansonsten einem anderen Rechtsregime unterliegenden Vertrag implementiert wurde.

Hintergrund der Einführung der Stipulationsklausel war sicherlich die *Constitutio Antoniniana*, der Ausstattung der Peregrinen mit römischen Bürgerrechten. Hierdurch unterfielen in der griechischen Provinz geschlossene Verträge römischem Reichsrecht[301]. Das besprochene Fragmente C. 4,2,6 handelt von der daraus resultierenden Konfrontation der griechischen Praxis mit römischem Reichsrecht. Zu diesem in den Texten beschriebenen Aufeinandertreffen beider Rechtstraditionen kam es nicht nur bei zwischen einem Römer und einem ›Neurömer‹ geschlossenen Verträgen. Denn auch bei einem Vertrag nur zwischen Peregrinen konnte es beispielsweise für einen Schuldner, wenn er entgegen

298 Vgl. Platschek, De pecunia constituta p. 175.

299 Der Textbaustein lautete üblicherweise *rogavit/stipulatus est [...] spopondit*, griech. ἐπερωτηθείς [...] ὡμολόγησεν, auf Befragen hat er zugestimmt, vgl. loc. cit.

300 Auf die Stipulationsklausel wird im folgenden Abschnitt (1. Hauptteil, § 3, II.) der vorliegenden Untersuchung noch detailliert eingegangen. Vgl. zur Einführung der Stipulationsklausel Wolff, Hans Julius: Zur Romanisierung des Vertragsrechts der Papyri. In: ZRG RA 73 (1956) pp. 1–28, bes. 12ff.

301 Zur *Constitutio Antoniniana* vgl. Mastino, Attilo: Constitutio Antoniniana: La politica della cittadinanza di un imperatore africano. In: BIDR 107 (2013) pp. 37–56.

seiner Zusage nicht liefern konnte, günstiger sein, sich auf die Unwirksamkeit des Vertrages nach römischem Recht zu berufen[302]. In diesen Kontext ist auch das Fragment C. 4,2,6 einzuordnen.

Die in C. 4,2,6 überlieferte Entscheidung zeigt, dass Diokletian mit der griechischen Praxis gut vertraut war und über ein genaues Verständnis der Konstruktion eines Pränumerationskaufs mithilfe des Darlehensrechts verfügte. So scheint ihm vollkommen klar gewesen zu sein, dass das Darlehen nur zum Schein beurkundet wurde und tatsächlich aus römischer und wirtschaftlicher Sicht ein Kauf vereinbart wurde. Dies ist umso erstaunlicher angesichts der Tatsache, wie weit diese schriftliche Fingierung eines Darlehens vom römischen Reichsrecht in logischer Hinsicht entfernt war[303]. Deswegen überrascht es nicht, dass Diokletian im Sinne römischen Reichsrechts und entgegen der provinzialen griechischen Praxis entschied, indem er auf dem Erfordernis einer Stipulation beharrte und die Beurkundung eines *daneion* nicht ausreichen ließ[304]. Allerdings bemühte sich Diokletian offenbar, bei seiner Entscheidung die Intention der Parteien so gut es geht zu berücksichtigen und den Willen der Parteien mit Mitteln römischen Rechts abzubilden. Dies könnte, wie Pringsheim[305] vermutet, daran liegen, dass sowohl die griechische Urkunde als auch die Stipulation den Effekt einer Novation[306] hatten. Nach griechischem Recht wurde die Vereinbarung, zu einem späteren Zeitpunkt zu liefern, erst durch die Beurkundung eines fingierten Darlehens durchsetzbar. Nach römischem Recht war die formlose Vereinbarung eines Lieferungskaufs als bloßes *pactum nudum*[307] ebenso unwirksam. Erst durch den Abschluss einer Stipulation konnte die Vereinbarung eines Lieferungskaufs auch durchgesetzt werden. Deswegen wird in C. 4,2,6 das Stipulationserfordernis auch derart prominent hervorgehoben[308].

Sowohl nach griechischer als auch nach römischer Rechtstradition war also der Lieferungskauf als solcher nicht durchsetzbar und bedurfte einer novierenden Maßnahme, um dessen Klagbarkeit herbeizuführen[309]. Diese Ähnlichkeit zwischen

302 Vgl. hierzu auch Jakab, Risikomanagement p. 175.
303 Vgl. Pringsheim, Tul. L. Rev. 33 pp. 551f.
304 Vgl. Ernst, ZRG RA 114 p. 286.
305 Vgl. Pringsheim, Tul. L. Rev. 33 p. 552.
306 Für die Stipulation vgl. auch Platschek, De pecunia constituta p. 182.
307 Zum *pactum* vgl. Kaser/Knütel/Lohsse, Röm. Privatrecht pp. 237f.
308 Vgl. Ernst, ZRG RA 114 p. 292.
309 Vgl. Pringsheim, Tul. L. Rev. 33 p. 552, jedoch versteht Idem C. 4,2,6 als Kreditkauf.

beiden Rechtstraditionen, also die grundsätzliche Nichtklagbarkeit des Pränumerationskaufs, ist von zentraler Bedeutung für das Verständnis der Stipulationsklausel.

5. *Stipulationsklausel in griechischen Papyri*

Unsere Annäherung an die Stipulationsklausel konnte allerdings noch nicht erklären, wieso Römer und Griechen ihre doch auf den ersten Blick so unterschiedlichen Rechtstraditionen mittels der Stipulationsklausel aus ihrer Sicht zufriedenstellend in Einklang bringen konnten.

Trotz der eben dargestellten Gemeinsamkeiten zwischen griechischem und römischem Recht erscheint insbesondere bemerkenswert, dass die Römer die bloß schriftliche Aufnahme einer Stipulationsklausel in eine Urkunde duldeten. Auch Pringsheim bemerkt diesbezüglich, dass ein solches Vorgehen angesichts der Natur der Stipulation als Verbalkontrakt »zutiefst unrömisch« gewesen sei[310], denn es liegt nahe, dass die Stipulation im griechischen Raum gar nicht nach römischem Vorbild in der typischen Frage- und Antwortform durchgeführt, sondern nur schriftlich in den Vertrag eingefügt wurde[311]. Damit galt die griechische Vorstellung nach wie vor, dass die rechtliche Durchsetzbarkeit eines Vertrages durch die Beurkundung erreicht würde, ohne Rücksicht auf Wahrheit oder Unwahrheit des Urkundeninhalts[312]. Die Stipulationsklausel in der Geschäftsurkunde wurde vielmehr zum Ausdruck des Rechtsgeschäfts[313]. Es erscheint somit keineswegs selbstverständlich, dass eine in die Vertragsurkunde aufgenommene Stipulationsklausel

---

310 PRINGSHEIM, Fritz: Stipulations-Klausel. In: Gesammelte Abhandlungen. Vol. 2. Heidelberg 1961 pp. 194–256, bes. 249.

311 Dass römische Verbalakte verschriftlicht und in eine der griechischen Rechtstradition entspringenden Urkunde aufgenommen wurden, begegnet uns auch in anderen Konstellationen wie der Verschriftlichung eines Mancipationstestaments, vgl. SCHÖNBAUER, Ernst: Neue Rechtsquellen zum C. Antoniniana-Problem. In: Krókowski, Georgius/Steffen, Victor/Strzelecki, Ladislaus (edd.): Symbolae Raphaeli Taubenschlag dedicatae. Vol. 1. Bratislava et al. 1956 pp. 473–498, bes. 476f.

312 Vgl. PRINGSHEIM, Gesammelte Abhandlungen 2 pp. 230, 251. Diesem Vorbild folgten auch die römischen *chirographa*, vgl. TPSulp. 79. Bei dieser lateinischen Form einer hellenistischen Urkunde kommt es allein auf den Urkundeninhalt an, von einer Stipulation ist keine Rede, vgl. PLATSCHEK, De pecunia constituta pp. 260, 263.

313 Vgl. BETTI, FS Koschaker p. 321; PLATSCHEK, ›Contra fidem veritatis‹ pp. 264ff.

von den Römern geduldet wurde. Gleichzeitig lag es auch für griechische Juristen sicher nicht auf der Hand, mit der Stipulation ein fremdes Rechtsinstitut in ihre, griechischen Rechtsvorstellungen unterliegenden, Vertragsformulare einzufügen[314]. Aber sie sahen offenbar im Erfordernis der Stipulation keinen Widerspruch zu ihrer bisherigen Rechtstradition, sondern erachteten das Instrument der Stipulation als mit ihren Urkunden vereinbar[315].

Seit Anfang des 3. Jahrhunderts fügten die Rechtsanwender in den östlichen Provinzen ihren gewohnten Formularen eine Stipulationsklausel an, um sicherzustellen, dass ihre Verträge auch nach römischem Recht klagbar wurden[316]. Bemerkenswert ist allerdings, dass diese neue Vertragsgestaltung mit einer Stipulationsklausel vor 220 n. Chr. überhaupt nicht in Urkunden auftaucht, danach jedoch fast in jedem Dokument[317]. Beispielsweise sei hier auf P.Oxy. VII 1040[318] und P.Fay. 90 verwiesen, griechischer Tradition entsprechende Urkunden über ein Darlehen von Weizen respektive Saatgut. Laut Urkundentext wird der Erhalt eines Darlehens über Weizen beziehungsweise Samen bestätigt und versprochen, dieses zurückzuzahlen[319]. Hierbei handelt es sich wahrscheinlich analog zu dem in C. 4,2,6 beschriebenen Fall um einen als Darlehen beurkundete Lieferungskauf. Entsprechend griechischer Tradition wurde die Auszahlung des beurkundeten Sachdarlehens fingiert und die spätere Lieferung einer bestimmten Quantität des Gutes versprochen.

Es wurden allerdings nicht nur wirtschaftliche Pränumerationskäufe mit einer Stipulationsklausel versehen, sondern auch andere vertragliche Konstellationen, bei denen es hinsichtlich der gerichtlichen Durchsetzbarkeit nicht entscheidend auf die Stipulation ankam. Sowohl im römischen wie auch im griechischen Raum wurden auf diese Weise auch bereits anderweitig klagbare Verträge durch Stipulationen gewissermaßen doppelt abgesichert[320]. Bei

---

314 Hierin liegt eine »Romanisierung der hellenistischen Praxis«, vgl. PLATSCHEK, De pecunia constituta p. 243.

315 Vgl. ARANGIO-RUIZ, Vincenzo: L'application du droit romain en Égypte après la constitution Antonienne. In: BIE 29 (1946/1947) pp. 83–130; PRINGSHEIM, Gesammelte Abhandlungen 2 p. 220.

316 Vgl. ARANGIO-RUIZ, BIE 29; PRINGSHEIM, Gesammelte Abhandlungen 2 p. 220.

317 Vgl. IDEM, BIE 29 pp. 121f.

318 Eine Übersetzung ins Englische findet sich bei JOHNSON, Allan Chester: Roman Egypt to the reign of Diocletian. Vol. 2. Baltimore 1936 p. 465.

319 Vgl. ARANGIO-RUIZ, BIE 29 p. 122.

320 Vgl. PRINGSHEIM, Gesammelte Abhandlungen 2 p. 245.

als Darlehen beurkundeten Pränumerationskäufen kam es hingegen entscheidend auf die Stipulationsklausel an, da ansonsten die Nichtdurchsetzbarkeit drohte.

Was die Urkundenschreiber in den Provinzen so plötzlich dazu veranlasste, ihren Formularen eine Stipulationsklausel anzufügen, ist umstritten. Allerdings liegt nahe, dass die Veränderung der Vertragsgestaltung auf einen Einfluss aus dem westlichen Teil des Reiches zurückzuführen ist[321]. Auffällig ist die zeitliche Nähe der Einführung der Stipulationsklausel in griechischen Urkunden zur Verabschiedung der *Constitutio Antoniniana*, also der Ausstattung aller Peregrinen mit römischen Bürgerrechten[322]. Aufgrund dieser zeitlichen Koinzidenz liegt nahe, dass aufgrund der *Constitutio Antoniniana* eine Anpassung griechischer Vertragsformulare an römisches Reichsrecht stattgefunden hat. Die ersten Stipulationsklauseln finden wir allerdings erst ab 220 n. Chr., also ganze acht Jahre nach dem Inkrafttreten der *Constitutio Antoniniana*[323].

Dieses plötzliche und flächendeckende Aufkommen von Stipulationsklauseln in griechischen Urkunden erklärt Arangio-Ruiz damit, dass diese Änderungen der Vertragsgestaltung durch einen Erlass eines römischen Kaisers oder Präfekten oktroyiert wurden[324]. Dagegen spricht allerdings die Natur der Stipulation als Verbalakt. So hält auch Pringsheim die im griechischen Raum praktizierte bloß schriftliche Aufnahme einer Stipulationsklausel in eine Urkunde für zutiefst ›unrömisch‹[325]. Schon aus diesem Grunde sei zweifelhaft, dass eine römische Autorität ein solches Vorgehen jemals empfohlen habe. Stattdessen habe die *Constitutio Antoniniana* eine Anpassung der alten Formulare an das römische Recht bewirkt. Dabei haben die Urkundenschreiber versucht, ihre Vertragsformulare mit möglichst geringen Änderungen mit dem neuen Recht in Einklang zu bringen. Die zeitliche Verzögerung zwischen Inkrafttreten der *Constitutio Antoniniana* und Verbreitung der Stipulationsklausel erklärt Pringsheim damit, dass die Griechen zunächst versuchten, »mit den alten Formularen durchzukommen«[326], bis sich möglicherweise durch eine Entscheidung eines Präfekten herausstellte, dass diese

321 Vgl. PRINGSHEIM, Gesammelte Abhandlungen 2 p. 230.
322 Zur *Constitutio Antoniniana* vgl. MASTINO, BIDR 107 pp. 37ff.
323 Vgl. ARANGIO-RUIZ, BIE 29 pp. 126f.
324 Vgl. loc. cit.
325 PRINGSHEIM, Gesammelte Abhandlungen 2 p. 250.
326 Vgl. IBIDEM p. 251.

alten Formulare mitunter für unwirksam erachtet wurden. Umgekehrt dürfte sich herausgestellt haben, dass Verträgen mit einer Stipulationsklausel die Wirksamkeit nicht versagt wurde. Dies habe sich nach einer Phase erster Unsicherheit[327] »blitzschnell« in der gesamten Provinz verbreitet[328].

Damit ließe sich die von griechischen Juristen betriebene Öffnung ihrer Vertragsformulare für das rechtlich fremde Institut der Stipulation mit Pragmatismus gut erklären. Die Vertragsformulare ohne Stipulationsklausel waren nicht durchsetzbar und damit wertlos. Die Stipulationsklausel ermöglichte, dass die bewährten Formulare mit einer geringen Anpassung weiterverwendet werden konnten.

Das Laisser-faire der Römer gegenüber der griechischen Vertragsgestaltung mit Stipulationsklausel, wie sie in C. 4,2,6 zutage tritt, lässt sich am ehesten mit den oben festgestellten Schwierigkeiten begründen, die beide Rechtssysteme mit der rechtlichen Abbildung des Pränumerationskaufs hatten. Nach beiden Rechtssystemen war die formlose Vereinbarung eines Lieferungskaufs nicht durchsetzbar und bedurfte deshalb der Novation. Da den Römern also die rechtlichen Schwierigkeiten beim Abschluss von Pränumerationskäufen bekannt waren, konnten sie – auch wenn ihnen die Fiktion eines Darlehens in der Urkunde als gekünstelt und kompliziert[329] vorgekommen sein wird – bei der Verwendung einer Stipulationsklausel Zugeständnisse machen[330]. Diese Toleranz der Römer wird noch verständlicher, wenn wir beim römischen Recht

327 Diese Unsicherheit kam insbesondere zustande, weil das Caracalla-Edikt, mit dem römische Bürgerrechte auch an Peregrinen verliehen wurden, wahrscheinlich nicht mit Ausführungsbestimmungen versehen war. Die praktische Umsetzung der *Constitutio Antoniniana* unterlag damit insbesondere den Provinzialrechten der Neubürger-Gebiete, vgl. SCHÖNBAUER, C. Antoniniana-Problem p. 477.

328 Vgl. PRINGSHEIM, Gesammelte Abhandlungen 2 pp. 249ff., bes. 251. Ähnlich auch WOLFF, ZRG RA 73 pp. 13f., der annimmt, eine solche im Konvent ergangene Entscheidung, durch die alte griechische Urkunden als *pactum nudum* beurteilt wurden, habe den griechischen Urkundenschreibern einen »heilsamen Schreck eingejagt«.

329 Vgl. IDEM, Tul. L. Rev. 33 p. 552: »a Roman jurist [...] would laugh at the artificiality and complication of the whole transaction«.

330 Das hier tatsächlich aus römischer Sicht ein größeres Entgegenkommen gezeigt wurde, zeigt IBIDEM p. 551 auf. An anderer Stelle reagiert Diokletian mit größerer Strenge auf wiederholte fehlerhafte Anwendungen des römischen Rechts in den Provinzen.

nicht von einer wechselseitigen Stipulation ausgehen, sondern nur von der stipulationsweisen Absicherung der noch nicht vollzogenen Vertragsseite. Diese grundsätzliche Ähnlichkeit und Vereinbarkeit beider Rechtstraditionen rechtfertigten die oben beschriebenen Zugeständnisse auf griechischer und römischer Seite.

6. *Zusammenfassung*

Die Betrachtung der Stipulationsklausel konnte zeigen, dass die Darstellung eines Pränumerationskaufs im römischen und im griechischen Recht trotz offensichtlicher Unterschiede erstaunliche Gemeinsamkeiten im Hinblick auf ihre Konstruktion aufwies. Diese Gemeinsamkeiten ermöglichten es, dass ein aus griechischer Sicht rechtlich fremdes Institut in die eigenen Vertragsurkunden überführt werden konnte. Dass eine Stipulationsklausel mitunter auch bei anderen Verträgen als Lieferungskäufen verwendet wurde, steht unserer Zuspitzung auf Lieferungskäufe nicht entgegen, denn – anders als beispielsweise bei Kreditkäufen – kam es nur in dieser Konstellation entscheidend auf die Wirksamkeit der Stipulationsklausel an. Bei anderen Verträgen wurde die Stipulation nur als eine weitere, gewissermaßen doppelte Absicherung in das Vertragswerk mit aufgenommen[331].

II. C. 4,2,5 – römische Juristen und griechische Urkundspraxis

Manche Literaturstimmen sehen auch in C. 4,2,5 einen Beleg für einen – nach griechischer Tradition – über ein fingiertes Darlehen beurkundeten Lieferungskauf.

> C. 4,2,5 (Dioclet. et Maxim. a. 293): *Si non singuli in solidum accepta mutua quantitate vel stipulanti creditori sponte vos obligastis, licet uni numerata sit pecunia, vel intercessionis nomine hanc pro rea suscepistis obligationem, frustra veremini, ne eius pecuniae nomine vos convenire possit, quam alii mutuo dedit, si intra praestitutum tempus rei gestae quaestionem detulistis.*
>
> *Ac multo magis inanem timorem geritis, si pecunia numerata oleum susceptum instrumento sit collatum, cum, si reddendi stipulatio*

331 Vgl. Pringsheim, Gesammelte Abhandlungen 2 p. 245.

nulla subiecta est et huius rei est habita sollemnis contestatio, in suo statu remanente eo, quod vere factum intercessit, ex olei accepti scriptura nihil deberi manifestum est.[332]

1. Sachverhalt

In der Quelle wird folgender Sachverhalt geschildert: Aristodemos und Proculus werden auf Rückzahlung einer Geldleistung in Anspruch genommen. Im vorliegenden Fall wurde die fragliche Summe an eine dritte Person, offenbar eine Frau (*rea*), gezahlt. Im ersten Teil des Falles geht es um die für unsere Arbeit nicht relevante Frage der Mithaftung, also ob auch Aristodemos und Prokulus auf Rückzahlung der an *rea* gezahlten Geldsumme in Anspruch genommen werden können[333].

Im zweiten, für diese Arbeit bedeutenderen Teil, C. 4,2,5,1, wurde eine Urkunde über den Empfang von Öl ausgestellt, eine sogenannte *scriptura olei accepti.* Nun werden Aristodemos und Prokulus auf Rückzahlung dieses laut Vertragsurkunde von ihnen entgegengenommenen Öles in Anspruch genommen. Bei der Beurteilung, so lautet das Fazit des Falles, müsse das zugrunde gelegt werden, was sich tatsächlich (*vere*) ereignet habe. Insoweit entspricht der Text vollkommen C. 4,2,6. Aus dem Inhalt der *scriptura olei accepti* allein ergeben sich hingegen keine Ansprüche, es sei denn, es trete eine wirksame Stipulation hinzu.

Aus der Fallentscheidung, laut der maßgeblich sei, was sich in Wirklichkeit ereignet habe – und nicht der Urkundeninhalt –, lässt sich entnehmen, dass der beurkundete Erhalt von Öl nicht den

332 Wenn ihr euch nicht einzeln durch gemeinsame Annahme einer dargeliehenen Summe verpflichtet habt, entweder selbstständig durch Stipulation gegenüber dem Gläubiger oder ihr durch Eintritt die Schuld der Hauptschuldenerin auf euch genommen habt, so gilt, dass wenn (nur) einem das Geld ausgezahlt wird, ihr umsonst fürchtet, wegen der einem anderen dargeliehenen Summe in Anspruch genommen zu werden, wenn ihr innerhalb der vorgeschriebenen Zeit ein Verfahren veranlasst habt.
Noch viel unbegründeter ist eure Furcht, wenn die Auszahlung der Summe (oder) der Erhalt des Öles in einer Urkunde ausgedrückt ist: Denn, wenn keine Stipulation über die Rückzahlung erfolgt ist und dies förmlich festgelegt wurde, bleibt es bei dem, was wirklich geschehen ist, aus der *olei accepti scriptura* wird nichts geschuldet.

333 Zu dieser Frage, vgl. Steiner, Anja: Die römischen Solidarobligationen. Eine Neubesichtigung unter aktionenrechtlichen Aspekten. Vol. 100. München 2009 pp. 175f.

Tatsachen entspricht. Es wurde also wahrheitswidrig der Empfang von Öl quittiert, wahrscheinlich um eine Geldzahlung zu verdekken[334]. Der Text trifft zwar keine ausdrückliche Aussage darüber, an wen laut Urkunde das Öl geliefert wurde. Da aber Aristodemos und Prokulus Klage- beziehungsweise Anspruchsgegner sind, liegt es nahe, dass die beiden im vorliegenden Fall auf ›Rückerstattung‹ respektive Leistung des Öles in Anspruch genommen werden.

2. *Lieferungskauf oder Darlehen?*

Ausgehend von der wahrheitswidrigen Beurkundung eines Öldarlehens erwägen Ernst und Mitteis, dass tatsächlich ein Lieferungskauf über Öl den wirtschaftlichen Hintergrund des in C. 4,2,5 entschiedenen Falles bildet[335]. Ernst ergänzt hierfür den Quellentext zu *<pro> pecunia numerata oleum susceptum instrumento sit collatum*, sodass demnach eine Leistung von Geld gegen Öl Gegenstand des Fragments wäre[336]. Auch Mitteis gelangt – ohne eine solche Ergänzung – zu einer ganz ähnlichen Übersetzung wie Ernst[337].

Nach diesem Verständnis von C. 4,2,5,1 als einem nach griechischer Praxis[338] beurkundeten Lieferungskauf, müsste das Fragment wie folgt gelesen werden: Der Kaufpreis wäre bei Vertragsschluss gezahlt und der Erhalt der Zahlung in der Urkunde bestätigt worden. Dies wäre im Fragment die in C. 4,2,5 pr. erwähnte Zahlung an *rea*. Um die zukünftige Lieferungspflicht von Aristodemos und Proculus auszudrücken, wäre nach hellenistischer Tradition ein Darlehen einer bestimmten Ölmenge an die Ölverkäufer fingiert worden. Im Rahmen dieses Darlehensvertrages wurden diese sodann verpflichtet, das ihnen ›darlehensweise‹ überlassene Öl zu einem bestimmten Zeitpunkt ›zurückzuerstatten‹[339].

Zuzugeben ist Ernst und Mitteis, dass sich die Entscheidung bei diesem Verständnis sehr gut in die nähere Textumgebung einzufügen scheint.

---

334 Vgl. A. Steiner, Solidarobligationenationen p. 175; mit ähnlichem Textverständnis offenbar auch Otto/Schilling/Sintenis, Vol. 5. s.v. ›C. 4.2.5‹.

335 Vgl. Ernst, ZRG RA 114 pp. 280f.; Mitteis, GrünhutsZ 17 pp. 585f. not. 75.

336 Vgl. ibidem p. 280 not. 39.

337 Vgl. Mitteis, GrünhutsZ 17 pp. 585f. not. 75.

338 Vgl. Pringsheim, GLS p. 284.

339 Das griechische Kaufrecht basierte auf dem Barkauf. Nur durch den beiderseitigen Leistungsaustausch war der Kauf wirksam. Aus einer Kaufvereinbarung erwuchsen hingegen keinerlei Verpflichtungen, vgl. ibidem pp. 90ff.

Geht man davon aus, dass Öl gegen Geld geliefert werden soll, so stellt C. 4,2,5,1 eine Ergänzung zu C. 4,2,5 pr. dar: Eine Geldleistung, nämlich die Kaufpreiszahlung, ist an einen Dritten geflossen und eine Urkunde über den Erhalt von Öl ausgestellt worden[340]. Auch die räumliche Nähe des Fragments zu C. 4,2,6 spricht prima facie für ein Verständnis als Lieferungskauf. Auch hier geht es um ein Kaufgeschäft, bei dem eine Schuld fälschlicherweise als Darlehen beurkundet wird[341].

Gegen ein Verständnis der Stelle als Lieferungskauf spricht jedoch, dass die im ersten Teil der Entscheidung angesprochene Geldzahlung, *pecunia numerata,* sehr deutlich auf die Auszahlung eines Darlehens hinweist. Bereits diese Formulierung ist mit der Annahme einer hier umschriebenen Kaufpreiszahlung nicht ohne Weiteres vereinbar. Zudem ist am Anfang der Stelle von *accepta mutua quantitate* die Rede, so dass auch an dieser Stelle sehr eindeutig auf den Erhalt eines Darlehens Bezug genommen wird. Nach dieser Lesart wäre im Schuldschein also der darlehensweise Erhalt von Öl und die Pflicht zur Rückzahlung von Öl beurkundet worden. Allerdings entspricht der Inhalt dieser Urkunde, wie aus der Entscheidung hervorgeht, nicht dem, was sich *vere* ereignet hat – offensichtlich wurde tatsächlich Geld gezahlt. Eine plausible Erklärung für den wirtschaftlichen Hintergrund des Falles liefert Seckel. Er vermutet, es sei ein Öldarlehen anstelle eines eigentlich von den Parteien gewollten Gelddarlehens beurkundet worden, um den Gläubiger gegen inflationsbedingte Verluste abzusichern[342].

Nach hier vertretener Auffassung kann deshalb nicht mit Sicherheit davon ausgegangen werden, dass in C. 4,2,5 ein nach hellenistischer Tradition beurkundeter Lieferungskauf über Öl behandelt wird.

III. C. 4,2,10 und C. 4,49,12 – Wandel des ›Kaufbegriffs‹?

Zu Anfang dieses Abschnitts haben wir uns die Frage gestellt, ob sich infolge der Konfrontation von griechischem und römischem Recht ein breiteres Kaufverständnis entwickeln konnte. Die bisher

340 So auch Ernst, ZRG RA 114 pp. 280f.

341 Vgl. Mitteis, GrünhutsZ 17 pp. 585f.; Ernst, ZRG RA 114 pp. 283f.

342 Vgl. Levy, Ernst: Die querela non numeratae pecuniae. Ihr Aufkommen und Ausbau. In: ZRG RA 70 (1953) pp. 214–246, bes. 239.

besprochenen Fragmente C. 4,2,5–6 deuteten nicht in diese Richtung. Vielmehr stand für griechische Juristen im Vordergrund, dass ihre bewährten Vertragsformulare auch nach römischem Recht einer gerichtlichen Überprüfung standhielten. Dies gelang durch das Einfügen einer Stipulationsklausel in die Vertragsurkunde. Diese – eigentlich der Rechtsnatur der Stipulation als Verbalkontrakt zuwiderlaufende – Vorgehensweise wurde von den Römern toleriert. Anhaltspunkte für eine Weiterentwicklung des Kaufbegriffes fanden wir bislang nicht. Diese Einschätzung könnte sich mit C. 4,2,10 und C. 4,49,12 ändern.

> C. 4,2,10 (Diocl. et. Maxim. a. 294): *Eo, quod a multis proprii debiti singulorum obligationis uno tantum instrumento probatio continetur, exactio non interpelletur. Nam si pro pecunia quam mutuo dedisti tibi vinum stipulanti qui debuerant spoponderunt, negotii gesti paenitentia contractum habitum recte non constituit irritum.*

> C. 4,49,12 (Diocl. et Maxim. a. 294): *Sicut periculum vini mutati, quod certum fuerat comparatum, ad emptorem, ita commodum aucti pretii pertinet. Utque hoc verum est, sic certae qualitatis ac mensurae distracto vino fidem placitis servandam convenit: quo non restituto non pretii quantitatis, sed quanti interest empti competit actio.*

1. Inhalt

Wie die Inskriptionen zeigen, handelte es sich bei C. 4,2,10 und C. 4,49,12 um die Anfrage von Egis Crispin an Diokletian, die von den Redaktoren des *Codex Iustinianus* in zwei Teile getrennt wurde[343]. Die Trennung kam wohl dadurch zustande, dass der erste Teil der Urkunde von den Kompilatoren als Kauf, der zweite Teil als Darlehen eingeordnet wurde[344].

In C. 4,2,10 wurde in ein und derselben Urkunde die Schuld mehrerer Einzelpersonen schriftlich fixiert. Dieser Umstand, so lautet die Auskunft von Diokletian, stehe einer Klage nicht entgegen. Der Fragesteller hat mehreren Schuldnern laut Urkunde ein Gelddarlehen gewährt, das in Form von Wein zurückgezahlt werden soll. Die Entscheidung Diokletians entspricht in Bezug auf die Wirksamkeit einer solchen Vereinbarung völlig der in C. 4,2,6: Wurde eine

343 Vgl. Ernst, ZRG RA 114 p. 287; Honsell, Quod interest p. 6.
344 Vgl. Jakab, Lawine. Commercio e Consumo, bes. p. 148.

Stipulation abgeschlossen, so ist der Vertrag gültig und es besteht kein Reurecht. Diese im Fall beschriebene Konstellation eines Gelddarlehens, das in Form von Wein zurückgezahlt werden soll, passt zur typischen Ausgestaltung des Lieferungskaufs in den Papyri der Ptolemäerzeit[345]. Inhaltlich handelt es sich somit um einen Fall des Pränumerationskaufs über Wein. Der Bittsteller hat von mehreren Weinproduzenten Wein gekauft und den Kaufpreis vorausgezahlt. Diese Abmachungen zwischen Weinkäufer und den verschiedenen Verkäufern wurden in einer einzigen Urkunde festgehalten.

In C. 4,2,10 wurde bereits klargestellt, dass ein Reurecht nicht bestand, wenn eine Stipulation in die Vertragsurkunde aufgenommen wurde. C. 4,49,12 liefert sodann den Grund, warum einer oder mehrere der Weinverkäufer den Vertragsschluss bereuten und scheinbar die Unwirksamkeit des Vertrages geltend machen wollten: In Bezug auf den verkauften Wein war ein Preisanstieg zu verzeichnen. Der Weinverkäufer wollte daher das ›Darlehen‹ anstelle von Wein in Geld zurückzahlen. Diokletian entscheidet hier jedoch zugunsten des Käufers und gestattet dem Verkäufer nicht, das ›Darlehen‹ in Geld zurückzuzahlen. In der Entscheidung wird ausgeführt, dass so wie der Käufer die Gefahr dafür trage, dass der Wein umschlägt, ihm auch die sich aus einem Preisanstieg ergebenden Vorteile zustünden[346].

Der letzte Teil der Erläuterungen wirft jedoch Fragen auf: Es wird in der Konstitution darauf hingewiesen, dass bei einer ausbleibenden Lieferung der Käufer mit der *actio empti* auf das Interesse klagen könne[347]. Aber warum ist in diesem Fall die *actio empti* überhaupt anwendbar? In C. 4,2,10 war, wie auch in C. 4,2,6, eine abstrakt bestimmte Menge Weines geschuldet. Steht dies nicht der Anwendbarkeit der *actio empti* von vornherein entgegen? Ferner wurde der Vertrag, auch das lesen wir in C. 4,2,10, mit einer Stipulation abgesichert. Wäre deshalb nicht vielmehr eine *condictio,* gerichtet auf *certam rem dari,* einschlägig[348]?

Im folgenden Abschnitt soll ausgehend von diesen Fragen geklärt werden, warum im vorliegenden Fall dem Käufer die *actio empti* gewährt wird. Möglicherweise finden wir an dieser Stelle erste

345 Vgl. Rupprecht, Einführung in die Papyruskunde p. 119.
346 Mit diesem Textverständnis auch Honsell, Quod interest p. 6.
347 Vgl. hierzu auch Jakab, Risikomanagement pp. 167ff.; Ernst, ZRG RA 114 pp. 287f.
348 Vgl. Kaser, RP I p. 542.

Ansätze für eine Entwicklung zu einem weniger dogmatischen, sondern eher wirtschaftlich geprägten Kaufverständnis. Um diese These zu überprüfen, werden wir zunächst in der Lehre vertretene Erklärungsansätze kritisch beleuchten. Sodann soll eine eigene Interpretation des Fragments versucht werden.

2. *Beschränkter Gattungskauf?*

Ein Teil der Literatur versteht die Textstelle in der Weise, dass Wein aus einem bestimmten Vorrat verkauft wurde. Somit läge hier ein Fall eines beschränkten Gattungskaufs vor[349], auf den die *actio empti* ohne Weiteres anwendbar wäre.

Seckel/Levy begründen ihre Ansicht, im Fragment sei von einem beschränkten Gattungskauf die Rede, im Wesentlichen mit den verschiedenen Fallalternativen in C. 4,49,12. Zur Begründung der Entscheidung Diokletians wird zunächst mit einem Fall argumentiert, in dem ein bestimmter Wein verkauft wurde. Für diesen Fall wird festgestellt, dass dem Käufer, weil er die Gefahr des Umschlagens des Weines trage, auch der Nutzen eines gestiegenen Preises zustehe: *sicut periculum vini mutati, quod certum fuerat comparatum, ad emptorem, ita commodum aucti pretii pertinet*[350]. Auf diese Konstellation, also den Verkauf bestimmten Weines, ist die *actio empti* selbstverständlich anwendbar. Anschließend weitet Diokletian seine Entscheidung jedoch auch auf Fälle aus, in denen eine Menge Weines von bestimmter Qualität verkauft wurde, und stellt diesbezüglich fest, dass der Käufer mit der *actio empti* auf das Interesse klagen könne. Hier ist die Kaufsache offensichtlich nur in Bezug auf ihre Eigenschaften bestimmt, ohne dass eine vollständige Konkretisierung auf bestimmte Weineinheiten bereits stattgefunden hat[351]. Dieses von Seckel/Levy angeführte Argument liefert jedoch keine Begründung dafür, warum hier ein beschränkter und kein reiner Genuskauf vorliegen soll, zumal nicht von einer Vorratsschuld die Rede ist. Aller Wahrscheinlichkeit nach war die Annahme eines beschränkten Gattungskaufs für die Autoren die einzige Möglichkeit, den auf eine abstrakte Bestimmung der Kaufsache

349 Vgl. Seckel/Levy, ZRG RA 47 p. 255. Auch Jakab, Risikomanagement p. 170 not. 68 vermutet einen beschränkten Gattungskauf.

350 Vgl. Seckel/Levy, ZRG RA 47 p. 255.

351 Vgl. loc. cit. Auch Jakab, Risikomanagement p. 170 not. 68 vermutet einen beschränkten Gattungskauf.

hindeutenden Wortlaut der Konstitution mit der Anwendbarkeit der *actio empti* in Einklang zu bringen.

Ein weiteres Argument für das Vorliegen eines beschränkten Gattungskaufs liefert Jakab in einem früheren Beitrag, indem sie auf die solchen Transaktionen typischerweise zugrunde liegenden sozialen Strukturen verweist. Es spreche vieles dafür, dass die Schuldner Weinproduzenten und keine (Zwischen-)Händler waren, sodass von einem konkreten Weinvorrat ausgegangen werden könne[352]. Auch dieses Argument stellt keinen zwingenden Beleg für einen beschränkten Gattungskauf dar. Wie die Autorin in einem neueren Beitrag feststellt, könnte auch ein Vertrag über zukünftigen Wein abgeschlossen worden sein. Hierfür spreche insbesondere der Preisanstieg. Bei einem solchen – signifikanten – Preisanstieg müsse davon ausgegangen werden, dass zwischen Vertragsschluss und Lieferung eine beträchtliche Zeit liegt[353].

Bislang konnten somit keine überzeugenden Argumente gefunden werden, die eindeutig das Vorliegen eines beschränkten Gattungskaufs belegen. Im Fragment ist nur davon die Rede, dass der verkaufte Wein nach Qualität und Menge bestimmt ist, von einem konkreten Vorrat ist nicht die Rede[354]. Insbesondere stellt es einen Zirkelschluss dar, darauf abzustellen, dass in der Konstitution die *actio empti* für anwendbar erklärt wird, denn Ziel unserer Überlegungen in diesem Abschnitt ist es gerade herauszufinden, warum dies der Fall ist. Insbesondere, weil auf die urkundlich festgehaltene Stipulation überhaupt nicht weiter eingegangen wird, besteht die Möglichkeit, dass hier nur ausnahmsweise, gewissermaßen regelwidrig, die Anwendbarkeit der *actio empti* auf wirtschaftliche Kaufkonstellationen ausgeweitet wird. Deswegen kann aus dieser Entscheidung Diokletians nicht geschlossen werden, dass das zugrunde liegende Geschäft eine *emptio venditio* darstellt.

---

352 Vgl. Jakab, Risikomanagement p. 170.

353 Vgl. Eadem, Lawine. Commercio e Consumo p. 151. Damit hat die Autorin wohl ihre Ansicht geändert und tendiert nunmehr zu einem reinen Genuskauf, vgl. auch ibidem p. 161.

354 Für einen reinen Gattungskauf auch Honsell, Quod interest p. 6.

Ein vielversprechender Ansatz, um mehr über die Einzelheiten der Transaktion herauszufinden, ist zu versuchen, die Argumentation der klagenden Schuldner nachzuvollziehen[355].

Folgen wir probehalber der Literaturströmung, die den zwischen Egis Crispin und den Schuldnern abgeschlossenen Weinkauf als Vorratskauf versteht. In diesem Fall hätte der in der Konstitution thematisierte Preisanstieg dazu geführt, dass der Schuldner den in seinem Vorrat befindlichen, fertigen Wein aus seiner Sicht zu günstig veräußern müsste. Dies wäre zum Beispiel der Fall, wenn in Fässern gärender Wein verkauft worden ist und sich später herausstellt, dass der Wein gut gelungen ist. Daraufhin wollte der Verkäufer den Wein möglicherweise nicht mehr zum vereinbarten Preis liefern[356]. Festzuhalten ist jedoch, dass diese mutmaßliche Argumentation des Schuldners kaum überzeugen kann. In diesem Fall wäre die Bittschrift ein offensichtlicher Versuch des Schuldners, sein wirtschaftliches Risiko auf den Gläubiger abzuwälzen.

Versteht man die in der Konstitution geschilderte Weintransaktion hingegen als reinen Gattungskauf, erscheint die Haltung der Weinverkäufer nachvollziehbarer. Geht man wie Ernst davon aus, dass sich die Weinverkäufer – als Zwischenhändler – den infolge eines Preisanstieges teurer gewordenen Wein am Markt erst beschaffen müssen, droht ihnen ein Verlustgeschäft[357].

Gegen diese Argumentation lässt sich jedoch einwenden, dass im Fragment von Zwischenhändlern nicht ausdrücklich die Rede ist und auch in den Quellen Transaktionen dieser Art nicht belegt sind[358]. Doch auch wenn wir von Weinproduzenten ausgehen, wird deren Bittschrift verständlicher vor dem Hintergrund eines reinen Genusgeschäfts. So könnte der Preisanstieg auf Missernten oder einen schlechten Jahrgang zurückzuführen sein, sodass der Weinproduzent weniger Wein als erwartet herstellen konnte und ihm nun beträchtliche Verluste drohen. Auch hier versucht letztlich der Weinproduzent sein wirtschaftliches Risiko auf den Käufer abzuwälzen, weswegen die Bittschrift auch abschlägig beschieden wird. Allerdings erscheint die Argumentation der Händler mit diesem

355 Auch Jakab nähert sich auf diese Weise der Konstitution an, vgl. Eadem, Risikomanagement pp. 170ff.; Eadem, Lawine. Commercio e Consumo pp. 160ff.

356 So Haymann, ZRG RA 48 p. 372.

357 Vgl. Ernst, ZRG RA 114 p. 288.

358 Vgl. Jakab, Risikomanagement p. 170 not. 68.

Textverständnis gut nachvollziehbar. Nach dem bisher Gesagten gehen wir deshalb davon aus, dass die in der Konstitution beschriebene Transaktion einem reinen Genuskauf entspricht.

Damit stellt sich aber umso dringlicher die Frage, weshalb Diokletian eine *actio empti* auf Leistung des Kaufgegenstandes respektive das Interesse für möglich hält. Beurkundet wurde kein Kauf, sondern ein Darlehen. Der Weingläubiger hat den Kaufpreis darlehensweise vorausgezahlt, der Schuldner hat versprochen, dieses Darlehen in Wein zurückzuzahlen. In der Konstitution wird auf das Darlehensrecht überhaupt nicht eingegangen. Stattdessen wird, da ein Austausch von Ware gegen Geld stattgefunden hatte, der zugrunde liegende Sachverhalt dem Kauf zugeordnet. Wie schon bei C. 4,2,5–6 wird deutlich, dass Diokletian die griechische Praxis genau bekannt war[359]. Ferner wird auch das in C. 4,2,5 Gesagte bekräftigt: Maßgeblich ist nicht der Urkundeninhalt, sondern das, was sich tatsächlich ereignet hat.

Dennoch erscheint unklar, wieso hier eine *actio empti* gewährt wird. Geht man – mit guten Gründen – von einem reinen Gattungskauf aus, besteht eigentlich für eine *actio empti* kein Raum, da eine solche Transaktion nicht als *emptio venditio* dargestellt werden konnte. Zudem wurde die Vereinbarung, worauf in C. 4,2,10 ausdrücklich hingewiesen wird, durch Stipulation abgesichert. Zwar wurden einige Urkunden, bei denen eine Stipulation nicht zwingend für die Wirksamkeit des Vertrages war, dennoch mit einer Stipulationsklausel versehen[360]. In C. 4,2,10 heißt es allerdings, dass, im Fall des Abschlusses einer Stipulation das spätere Bereuen des Geschäfts den Vertrag nicht ungültig mache[361]. Dieser Satz kann nur in der Weise verstanden werden, dass es für die Klagbarkeit des in C. 4,2,10 und C. 4,49,12 geschilderten Falles entscheidend auf die Stipulation ankam. Wenn aber die Durchsetzbarkeit der Abmachung von einer Stipulation abhing, kann es sich bei der Transaktion nicht um eine *emptio venditio* gehandelt haben. Trotzdem haften die Verkäufer nicht aus der Stipulation, sondern aus Kauf[362]. Im Folgenden wollen wir uns einer Erklärung für diese Besonderheit annähern.

---

359 Vgl. Pringsheim, Tul. L. Rev. 33 pp. 551f.

360 Vgl. Idem, Gesammelte Abhandlungen 2 p. 245.

361 C. 4,2,10: [...] *negotii gesti paenitentia contractum habitum recte non constituit irritum.*

362 Vgl. Ernst, ZRG RA 114 p. 289.

a) Novationswille?

Steiner und – diesem folgend – Ernst sind der Auffassung, im Fall werde die *actio empti* deshalb gewährt, weil die Parteien die Stipulation nicht *animo novandi* abgeschlossen hätten[363]. Demnach habe die Stipulation das ursprünglich zwischen den Vertragsparteien bestehende Schuldverhältnis, also das beurkundete Darlehen, nicht abgelöst, sondern sei lediglich neben dieses getreten.

Daraus folgt, dass der Schuldner, also der Weinverkäufer, nun nach dem Urkundeninhalt sowohl aus dem Darlehen als auch aus der Stipulation haftet. Deswegen stehe den Schuldnern, um sich gegen eine doppelte Inanspruchnahme zu verteidigen, eine *exceptio* zur Verfügung[364]. Laut Steiner und Ernst könnten die Weinverkäufer in unserem Fall diese Regelung für ihre Zwecke ausnutzen, indem sie das beurkundete Darlehen in Geld an den ›Käufer‹ zurückzahlten und die Schuld aus dem Darlehen also erfüllten. Sodann könnten sie dem auf Lieferung klagenden Käufer ihre Geldrückzahlung einredeweise entgegenhalten. Diokletian gewähre demnach die *actio empti*, um den Verkäufern diese Einrede abzuschneiden[365].

Diese Interpretation verstößt jedoch gegen den Wortlaut der Konstitution, da die Formulierung *negotii gesti poenitentia … non constituit irritum* deutlich darauf hinweist, dass die Weinverkäufer auf Lieferung in Anspruch genommen werden und sie sich gerade nicht durch Geldzahlung befreien können. Sie werden also an ihrem Stipulationsversprechen festgehalten. Deswegen kommt Steiner an dieser Stelle nicht ohne Interpolationsvermutung aus[366]. Tatsache ist, dass – wie die Trennung der Konstitution in zwei Fragmente zeigt – ein Eingriff in den Text durch die Redaktoren stattgefunden haben muss. Wie stark hierbei der Ausgangstext verändert wurde, lässt sich jedoch kaum feststellen[367].

Als Beleg für seine Ansicht zieht Steiner ferner B. 23,1,54[368] als Parallelstelle heran. Diese Argumentation vermag jedoch schon

363 Vgl. H. Steiner, Datio in solutum. München 1914 p. 86; Ernst, ZRG RA 114 p. 290.
364 Zu diesem Mechanismus auch Platschek, De pecunia constituta p. 182.
365 Vgl. H. Steiner, Datio in solutum p. 86, Ernst, ZRG RA 114 p. 290.
366 Vgl. H. Steiner, Datio in solutum p. 86, der auch selbst auf diese Unstimmigkeit hinweist; dieser Interpretation folgend Ernst, ZRG RA 114 p. 290.
367 So auch loc. cit.
368 Vgl. H. Steiner, Datio in solutum p. 86 not. 2. Für eine lateinische Übersetzung von B. 23,1,54 vgl. Heimbach/Heimbach/Fabrot, Basilic. libri LX (5) pp. 133ff.

deshalb nicht zu überzeugen, weil diese Textstelle schon ihrem Inhalt nach wahrscheinlich nicht auf unseren Fall übertragbar ist. In B. 23,1,54 wird jemand von einem Sklaven beauftragt, diesen zu kaufen. Ein solcher Auftrag ist laut Fragment unwirksam, es sei denn, der Auftrag erfolge zum Zweck einer *manumissio*. Anschließend wird diskutiert, welche Rechtsbehelfe dem Sklaven zur Verfügung stehen, wenn der Käufer den Sklaven erwirbt, ihn dann aber abredewidrig nicht freilässt. Sodann werden Klagemöglichkeiten, insbesondere die *actio venditi*, diskutiert. Danach wird der Fall so abgewandelt, dass ein Haussohn oder Bruder den Sklaven kauft und nicht mit Mitteln aus seinem *peculium*, sondern mit eigenem Geld begleicht. Für diesen Fall wird festgestellt, dass der Haussohn aus seiner Kaufverpflichtung frei wird. Eine *actio de peculio* gegen den Herrn steht nicht zur Verfügung. Auch wenn Steiner den Verweis auf B. 23,1,54 als Parallelstelle nicht weiter begründet, ist anzunehmen, dass er auf das Verhältnis von *actio venditi* und *actio de peculio* im Sklavenfall abstellt. Die *actio de peculio* ist hier nämlich durch die *actio venditi* gesperrt. Nach alldem ist festzustellen, dass sich B. 23,1,54 als Parallelstelle keineswegs aufdrängt und auch eine Analogie nur mit einigem Begründungsaufwand hergestellt werden kann. Ferner lässt sich die Tatsache, dass die *actio de peculio* gesperrt ist, auch damit begründen, dass andernfalls die Fallentscheidung, dass der Haussohn frei wird, wieder umgekehrt würde.

Steiners Interpretation können auch noch weitere Einwände entgegengehalten werden. Bereits die Annahme, in C. 4,2,10 habe kein Novationswille der Vertragsparteien vorgelegen, erscheint fast beliebig. An keiner Stelle im Sachverhalt finden wir irgendwelche Anhaltspunkte für oder gegen das Vorliegen eines solchen *animus novandi*. Deshalb bleibt auch unbeantwortet, aus welchen Umständen Diokletian schließen konnte, dass bei den Parteien keine Novationsabsicht bestand. Dies gilt umso mehr, als dass bei einer Konstruktion eines Lieferungskaufs als Darlehen mit Objektwechsel[369] eigentlich eine Parteivereinbarung dahingehend zu erwarten wäre, dass anstelle von Geld eine Rückzahlung in Wein und somit eine Novation erfolgt. Auch die Vorstellung Steiners, dass bei einer *animo novandi* abgeschlossenen Stipulation für eine logische Sekunde ein Darlehen vorläge, das anschließend noviert wurde, erscheint gekünstelt und ist möglicherweise vom modernen Zivilrecht geprägt.

---

369 Vgl. RUPPRECHT, Einführung in die Papyruskunde p. 119.

Ferner handelt es sich beim vereinbarten *mutuum*, wie in den Ausführungen zu C. 4,2,6, lediglich um eine Hilfskonstruktion, die den alleinigen Zweck hatte, den von den Parteien gewollten Lieferungskauf rechtlich abzubilden. Nach römischem Recht war gerade nicht der Urkundeninhalt maßgeblich oder wie die Parteien das Schuldverhältnis bezeichneten, sondern das, was sich tatsächlich ereignet hat[370]. Tatsächlich wollten die Parteien kein herkömmliches Darlehen über Geld abschließen, sondern dass anstelle einer Rückzahlung eine Weinlieferung erfolgte.

C. 4,2,5 zeigt eindrucksvoll, dass Diokletian sich über die Natur des Geschäfts als Lieferungskauf vollkommen im Klaren war. Nicht zuletzt deswegen wird in C. 4,49,12 die *actio empti* gewährt, obwohl dogmatisch betrachtet überhaupt kein Kauf vorliegt. Geht man nun mit Steiner und Ernst davon aus, dass der als Darlehen vorgeschossene Kaufpreis auch in Form von Geld hätte zurückgezahlt werden können, ist dies gleichzusetzen mit einem strengen Festhalten der Parteien an einem nur als Hilfskonstruktion gemeinten Darlehen. Diese strenge Betrachtung des Vorgangs als Darlehen steht somit nicht mit Diokletians eher pragmatisch gehaltener Entscheidung im Einklang. Damit kann dem Erklärungsversuch von Steiner und Ernst nicht gefolgt werden. Die Gewährung der *actio empti* kann also nicht mit dem fehlenden Novationswillen der Parteien erklärt werden.

b) Unwirksame Stipulation?

Jakab führt die Anwendung der *actio empti* in der Konstitution darauf zurück, dass die von den Vertragsparteien aufgesetzte Vertragsurkunde im Ganzen unwirksam gewesen sei. In der Fallentscheidung habe man deswegen darauf abgestellt, was die Parteien tatsächlich vereinbaren wollten[371].

Im in der Konstitution geschilderten Fall seien nach Jakab sowohl das beurkundete *mutuum* als auch die Stipulation unwirksam. Das Darlehen sei bereits deswegen nichtig, weil ein Objektwechsel beim Darlehen nicht vorgesehen sei. Ein *mutuum* erfordere stattdessen, dass nach Art und Menge die gleiche Sache zurückgezahlt werde. Da hiervon abgewichen werde, könne nicht aus dem Darlehen auf

370 Vgl. C. 4,2,5: *quod vere factum intercessit*.

371 Vgl. Jakab, Risikomanagement pp. 170ff.; Eadem, Lawine. Commercio e Consumo pp. 160ff.

Weinlieferung geklagt werden. Die als zusätzliche Absicherung des Vertrages abgeschlossene[372] Stipulation ist nach Jakab gleichermaßen unwirksam. Die Stipulation sei nämlich in der Vertragsurkunde kausal abgefasst worden, indem in der Konstitution eine textliche Verknüpfung zwischen Geldzahlung einerseits und stipulierter Weinlieferung andererseits hergestellt werde. Dies leitet Jakab aus dem Passus *pro pecunia quam mutuo dedisti tibi vinum spoponderunt* her. Allerdings sei das der Stipulation als *causa* zugrunde liegende *pactum* nichtig, weil auf diese Weise versucht würde, die Hauptleistungspflicht eines Darlehens zu modifizieren. Hierdurch werde die Stipulation gewissermaßen mitgerissen und ebenfalls unwirksam[373].

Nach Jakab war damit die von den Parteien aufgesetzte Vertragsurkunde offenkundig fehlerhaft. Aus diesem Grund sei die Urkunde bei der Entscheidung des Falles nicht weiter berücksichtigt worden und man habe stattdessen versucht zu rekonstruieren, was die Parteien eigentlich vereinbaren wollten. Insbesondere weil keiner der Beteiligten bestritten habe, dass ursprünglich Konsens dahingehend zwischen den Parteien bestanden habe, einen Lieferungskauf über Wein abzuschließen, seien die Parteien an ihrem ursprünglichen Willen festgehalten worden. Hieraus ergebe sich die Gewährung der *actio empti*[374].

Dieser Ansicht lassen sich einige Argumente entgegenhalten. Zunächst ergibt sich unseres Erachtens keineswegs zwingend aus dem Wortlaut der Konstitution, dass die Stipulation vorliegend kausal und nicht abstrakt abgeschlossen wurde. Hierzu wurde bereits in der Auseinandersetzung mit Ernst und Steiner ausgeführt, dass ein angeblich fehlender Novationswille unseres Erachtens die Gewährung der *actio empti* nicht überzeugend erklären kann. An dieser Stelle sei deshalb lediglich ergänzend darauf hingewiesen, dass dem Wortlaut von C. 4,2,10 nicht zwingend eine kausale Verknüpfung zwischen gewolltem Darlehen mit Objektwechsel und Stipulation zu entnehmen ist. Fest steht allein, dass ein Lieferungskauf nach griechischer Tradition als Darlehen mit Objektwechsel beurkundet und – wie nach der *Constitutio Antoniniana* üblich – eine Stipulationsklausel in die Vertragsurkunde eingefügt wurde. Unseres Erachtens ist der Passus *pro pecunia quam mutuo dedisti tibi vinum spoponderunt* kein

372 Vgl. Jakab, Lawine. Commercio e Consumo pp. 160, 162.
373 Vgl. ibidem pp. 162f.; Eadem, Risikomanagement pp. 171f.
374 Vgl. ibidem p. 173; Eadem, Lawine. Commercio e Consumo p. 164.

Hinweis auf einen etwaigen ›Rechtsgrund‹ für die Stipulation. Ferner spricht gegen die Unterscheidung zwischen kausal und abstrakt abgefasster Stipulation, dass bei Verwendung einer Stipulationsklausel das römische Rechtsinstitut der Stipulation entgegen seiner Natur als Verbalakt schriftlich in einer Urkunde fixiert wird. Wie gezeigt werden konnte, zeigten die Römer durchaus Entgegenkommen, indem sie diesen undogmatischen Umgang mit der Stipulation hinnahmen. Dieser Umstand führte dazu, dass sich die Stipulationsklausel schnell verbreitete und schließlich im griechischen Raum durchsetzte[375].

Vor diesem Hintergrund erschiene es zumindest erklärungsbedürftig, warum einerseits über dogmatische Mängel großzügig hinweggesehen, andererseits aber einer Unterscheidung zwischen kausaler und abstrakter Stipulation entscheidende Bedeutung zugemessen wird. Zudem konnte sich die Stipulationsklausel nur durchsetzen, weil sie in aller Regel einer gerichtlichen Überprüfung standhielt[376]. Eine Entscheidung, wie von Jakab insinuiert, ist mit dieser Entwicklung nur schwer vereinbar.

Zudem vermag Jakab auch nicht widerspruchsfrei zu erklären, warum der Gläubiger trotzdem die Lieferung verlangen kann, wenn die zugrunde liegende Vertragsurkunde tatsächlich unwirksam ist. Jakab verweist hier auf den unstreitig zwischen den Parteien vorliegenden Konsens. Doch reicht der bloße Konsens gerade nicht aus, um eine vertragliche Bindung herzustellen. Der bloße Konsens konnte nur in wenigen Fällen klagbare Verpflichtungen auslösen. Hierzu gehörte zwar der Kauf[377]. Wie gezeigt werden konnte, wurde ein Lieferungskauf nicht von der *emptio venditio* erfasst, wenn er in der Form eines reinen Gattungskaufs abgeschlossen wurde. Die Kaufkonstellation, so wie hier vereinbart, wäre bei einer unwirksamen Stipulation ein bloßes *pactum* und damit gerade nicht durchsetzbar.

Damit räumt auch Jakabs Erklärungsansatz nicht die Frage aus, warum in der Konstitution die *actio empti* gewährt wird. Allerdings geht auch Jakab offenbar von einem veränderten, näher am Konsensualkauf liegenden Kaufverständnis aus.

375 Vgl. PRINGSHEIM, Gesammelte Abhandlungen 2 pp. 249ff.
376 Vgl. IBIDEM p. 251.
377 Vgl. LEONHARD, Rudolf: Contractus. Reihe 1, Vol. 4,1: Claudius mons–Cornificius. Stuttgart 1900 coll. 1161–1163.

c) *Klageinhalt von actio empti und condictio*

Um sich einer Klärung der Frage anzunähern, warum Diokletian in der Konstitution die *actio empti* gewährt, führen wir uns noch einmal die Besonderheiten der Entscheidung vor Augen: Wir konnten feststellen, dass es in C. 4,2,10 für die Klagbarkeit der in der Urkunde festgeschriebenen Vereinbarung auf den Abschluss einer Stipulation ankam. Daraus folgt, dass die Vereinbarung nicht bereits anderweitig klagbar war. In C. 4,49,12 wird aber zur naheliegenden Klage aus der Stipulation, einer *condictio*, geschwiegen und stattdessen die normalerweise nicht zu erwartende *actio empti* gewährt. Die Begründung der Fallentscheidung in C. 4,49,12 deutet bereits auf Billigkeitserwägungen hin. Durch den mit *utque hoc verum est, sic* eingeleiteten Passus wird betont, dass es keinen Unterschied machen könne, ob genau konkretisierter oder nur nach allgemeinen Merkmalen bestimmter Wein verkauft werde. Als mögliche Billigkeitserwägungen kommen entweder Rechtsfolgenerwägungen in Betracht oder ein zwar pragmatisches, aber untechnisches Kaufverständnis.

Im Weiteren werden wir deshalb Klageinhalt und die rechtlichen Folgen beider Klagen genauer betrachten, denn der Käuferklage wäre gegebenenfalls dann der Vorzug vor der *condictio* zu geben, wenn jene über die Klage aus Stipulation hinausgehende Rechtsfolgen hätte. Anderenfalls, also wenn zwischen *actio empti* und *condictio* keine erheblichen Unterschiede auf Rechtsfolgenebene auszumachen wären, spricht Vieles für ein im Vergleich zum klassischen römischen Recht verändertes Kaufverständnis.

Betrachten wir zunächst, welchen Inhalt eine Klage aus der Stipulation bezogen auf den in C. 4,2,10 und C. 4,49,12 geschilderten Fall hätte. Würde der Weinkäufer aus der Stipulation klagen, müsste dieser, da die Lieferung einer bestimmten Menge Weines von bestimmter Qualität stipulationsweise versprochen wurde, eine auf *certam rem dari* gerichtete Klage erheben. Hierfür stünde ihm die *condictio* zur Verfügung[378]. In diesem Wege konnte der Käufer Ersatz des Wertes der Sache (*quanti ea res est*) verlangen[379].

Die *actio empti* beinhaltete hingegen in erster Linie die Leistung des Kaufgegenstandes. Dies beschreibt Ulpian eindrücklich in

378 Vgl. Kaser, RP I p. 542.

379 Für die Formel vgl. Lenel, Otto: Das Edictum perpetuum. Ein Versuch zu dessen Wiederherstellung. 3. Aufl., Leipzig 1927 p. 240; Kaser/Knütel/Lohsse, Röm. Privatrecht p. 297.

D. 19,1,11,1, wonach nur eine Leistung des Vereinbarten Treu und Glauben entspricht[380]. Ein wesentlicher Unterschied zwischen beiden Klagen ist also, dass bei der *actio empti* viel stärker als bei der *actio certam rem dari* die Leistung dessen, was vereinbart wurde, ins Zentrum gestellt wird[381]. Als *bonae fidei iudicium* wurde dem Richter ferner durch die Erweiterung der Klageformel um *ex fide bona* ein weites Ermessen bei der Litisästimation eingeräumt[382]. Dies konnte für den Käufer prozessuale Vorteile bedeuten[383]. Diese stärkere Ausrichtung der Klage auf Leistung des Vereinbarten und Vertragstreue passt zum in C. 4,2,10 und C. 4,49,12 dargestellten Fall. Die reuigen Verkäufer sollten sich gerade nicht durch Geldzahlung von der Schuld befreien können. Der Vollständigkeit halber sei an dieser Stelle noch auf einen weiteren Unterschied zwischen beiden Klagen hingewiesen, der sich aber nur im Kontext von Rechtsmängeln auswirkt: Während die *actio empti* auf ein *facere* gerichtet war, zielte die *actio certam rem dari* auf ein *rem dare*[384].

Möglicherweise war aber die stärkere Ausrichtung der *actio empti* auf die Leistung *ex fide bona* Grund für die Entscheidung in C. 4,49,12. So konnte der Richters im Rahmen der *actio empti* durch seinen weiten Ermessensspielraum bei der Festlegung des Streitwertes einen Preisanstieg bei Wein leicht berücksichtigen.

Allerdings konnte eine Preissteigerung auch bei einer *actio certam rem dari* in vergleichbarer Weise in die Streitwertberechnung einbezogen werden. Mit der *condictio* konnte der Weinkäufer zunächst den Ersatz des objektiven Sachwertes der in der *intentio* genannten Sache verlangen[385]. Bei Wein und anderen Handelswaren

380 D. 19,1,11,1 (Ulp. 32 ad ed.): *Et in primis sciendum est in hoc iudicio id demum deduci, quod praestari convenit: cum enim sit bonae fidei iudicium, nihil magis bonae fidei congruit quam id praestari, quod inter contrahentes actum est. Quod si nihil convenit, tunc ea praestabuntur, quae naturaliter insunt huius iudicii potestate.*

381 Nach D. 13,3,1 pr. existierte ferner eine *condictio triticaria*, die möglicherweise im vorliegenden Fall einschlägig sein könnte. Diese wird von Lenel, Edictum p. 239 und Kaser, RP I p. 492 not. 42 für unecht gehalten. Andere Ansicht hingegen Honsell, Quod interest p. 2. Da auch die *condictio triticaria* auf *quanti ea res est* ginge, kann diese Frage für unsere Untersuchung allerdings offenbleiben.

382 Vgl. Lenel, Edictum p. 299; Kaser, RP I p. 485.

383 Vgl. Lübtow, Catos leges p. 372.

384 Vgl. Kaser, RP I p. 551.

385 Vgl. Idem: Quanti ea res est. Studien zur Litisästimation im klassischen römischen Recht. München 1935 p. 90.

entspricht dies gewöhnlich dem Marktwert oder auch *pretium*[386]. Der hier im Wege eines Darlehens mit Objektwechsel verkaufte Wein war in der Vertragsurkunde bereits mit einem konkreten Wert beziffert, nämlich dem vorgeschossenen Kaufpreis. Ob der im Fall vorliegende signifikante Anstieg der Weinpreise nach Vertragsschluss bei einer *condictio* überhaupt berücksichtigt werden kann, hängt ab vom entscheidungserheblichen Zeitpunkt der *condictio*. Der für die Wertberechnung des geschuldeten Weines maßgebliche Zeitpunkt entsprach entweder der *litis contestatio*[387] oder, bei Waren mit variierendem Marktpreis, möglicherweise dem vereinbarten Lieferungstermin[388]. Im vorliegenden Fall ist der Preisanstieg zeitlich sowohl vor der *litis contestatio* als auch vor dem vereinbarten Lieferungstermin eingetreten. Damit kommt es für unsere Betrachtung nicht auf die präzise Bestimmung des entscheidungserheblichen Zeitpunktes an. Fest steht jedenfalls, dass eine *actio certam rem dari* bei einer unterbliebenen Weinlieferung eine Erhöhung des Marktwertes nach Vertragsschluss berücksichtigen konnte. Zwar hatten die *actio empti* und die *condictio* einen unterschiedlichen Klageinhalt. Durch die Gewährung der *actio empti* trat ein *quod interest* an die Stelle der Schadensberechnung anhand des variablen *pretium*[389]. Der unterschiedliche Klageinhalt[390] konnte jedoch – mangels praktischer Auswirkungen – den Rückgriff auf die *actio empti* eigentlich nicht rechtfertigen[391].

Hiervon ausgehend erklärt sich Honsell die Gewährung der *actio empti* damit, dass die Juristen der Spätantike die abstrakte Berechnung unter Berücksichtigung des Marktpreises nicht mehr verstanden hätten und deswegen gezwungen gewesen wären, auf das Interesse zu verurteilen[392]. Honsell gelangt also zum selben

---

386 Vgl. HONSELL, Quod interest pp. 2, 7; KASER, Quanti ea res est p. 88. Im Fragment C. 4,49,12 ist mit *pretium* aber wohl der vereinbarte Kaufpreis gemeint.

387 Vgl. KASER, RP I p. 500.

388 Vgl. HONSELL, Quod interest pp. 4f. IDEM nennt immer dann den Lieferungstermin als maßgeblichen Zeitpunkt, wenn die verkaufte Ware einen variierenden Marktpreis hatte.

389 Vgl. IBIDEM p. 7.

390 Der Vollständigkeit halber sei an dieser Stelle noch darauf hingewiesen, dass die *actio empti* auf ein *facere* gerichtet war und die *actio certam rem dari* auf ein *rem dare*. Dieser Unterschied wirkt sich jedoch nur im Fall von Rechtsmängeln aus und ist für unseren Fall daher unerheblich.

391 Vgl. HONSELL, Quod interest pp. 6f.

392 Vgl. loc. cit.

Ergebnis in Bezug auf die Unterschiede der beiden Klagearten. Seine Begründung, wieso doch die *actio empti* gewährt wird, bleibt letztlich Spekulation.

d) Verändertes Kaufverständnis

Ausgangspunkt unserer Überlegungen zur Gewährung der *actio empti* war, dass für die in C. 4,49,12 getroffene Entscheidung wohl Billigkeitserwägungen ausschlaggebend waren. Gleichzeitig erscheint uns die *condictio*, zumindest im Hinblick auf die Berücksichtigung des Anstieges der Weinpreise, nicht weniger geeignet als die *actio empti*. Damit können reine Rechtsfolgenerwägungen nicht erklären, warum die *actio empti* im Fall für anwendbar erklärt wird. Oft wird im Zusammenhang mit dieser Konstitution darauf hingewiesen, dass Diokletian darum bemüht war, den Intentionen beider Parteien gerecht zu werden[393]. Angesichts der Tatsache, dass offenkundig Billigkeitserwägungen angestellt werden, ist diese Aussage keineswegs unzutreffend. Allerdings hat unser Vergleich mit der *actio certam rem dari* verdeutlicht, dass auch ein Vorgehen aus der Stipulation den Parteiinteressen gerecht geworden wäre. Im Interessenausgleich kann also nicht der alleinige Grund für die Gewährung der *actio empti* liegen.

Dieser Umstand könnte jedoch auf ein verändertes Kaufverständnis zurückzuführen sein. Hierfür spricht einiges: Wir wissen aus unserer Analyse von C. 4,2,6, dass sich die Juristen unter Diokletian absolut darüber im Klaren waren, dass ein beurkundetes Darlehen mit Objektwechsel einen Lieferungskauf abbilden sollte. Die offenkundige Nähe dieser Konstellation zum Kaufrecht wird in C. 4,49,12 besonders in den Vordergrund gestellt. Der im Fall vereinbarte Lieferungskauf wird nicht nur mit einem Kauf von konkret bestimmtem Wein verglichen. Es wird vielmehr darauf hingewiesen, es könne – zumindest in der vorliegenden Konstellation eines Preisanstieges – keinen Unterschied machen, ob der verkaufte Wein konkret oder nur nach abstrakten Merkmalen bestimmt wurde. Das kann nichts anderes bedeuten, als dass in beiden Fällen ein Austausch von Ware gegen Geld vorliegt. Damit wird die in der Konstitution beschriebene Konstellation eines reinen Genuskaufs vorliegend dem Kaufrecht zugeordnet und wie eine ›echte‹ *emptio venditio* behandelt.

393 Vgl. PRINGSHEIM, Tul. L. Rev. 33 pp. 551f.

In der Begründung der Entscheidung wird vor allem damit argumentiert, dass in beiden Konstellationen, dem konkreten und dem abstrakten Kaufgeschäft, ein Austausch von Ware gegen Geld vorliegt. Demgegenüber treten andere *essentialia* des Kaufs, insbesondere das Erfordernis des Vorliegens der Kaufsache[394], in den Hintergrund. Es wird also maßgeblich darauf abgestellt, ob nach wirtschaftlichem Verständnis ein Kauf vorgelegen hat, während rein juristisch-dogmatische Kriterien zurücktreten.

Am Anfang dieses Abschnitts haben wir uns gefragt, ob die Ausweitung des römischen Rechts zu einem moderneren und abstrakteren Kaufbegriff geführt hat. Zwar liegt durchaus nahe, dass der in C. 4,49,12 getroffenen Entscheidung ein verändertes Kaufverständnis zugrunde lag, aber sehen wir in dieser Konstitution tatsächlich eine echte Weiterentwicklung der *emptio venditio*? Gegen eine systematische Ausweitung der *actio empti* spricht bereits, dass sich keine weitere Stelle findet, in der in vergleichbarer Weise verfahren und für einen reinen Genuskauf die *actio empti* für anwendbar erklärt wird. Dennoch zeigt die Argumentation in C. 4,49,12 deutlich, dass die wirtschaftliche Betrachtung des Falles, also der Austausch von Ware gegen Geld, den Ausschlag gegenüber anderen juristisch-dogmatischen Kriterien gegeben hat. Jedoch bedeutet diese Annäherung an die Praxis und das Ins-Zentrum-Stellen des wirtschaftlichen Vorganges juristisch eine Vereinfachung. Dies wird nicht zuletzt auch dadurch deutlich, dass in der Fallentscheidung mit Billigkeitserwägungen und eben nicht rein dogmatisch argumentiert wird. Die *emptio venditio* wird also durch eine Annäherung an die Praxis gewissermaßen ›geerdet‹.

Diese Veränderung ist jedoch nicht als Paradigmenwechsel zu verstehen, sondern eher als vereinfachende Abkehr von strenger Dogmatik. Ob diese Entwicklung, wie Honsell andeutet, tatsächlich auf Verständnisprobleme zurückzuführen ist[395], lässt sich weder beweisen noch widerlegen. Jedenfalls aber scheint dieses wirtschaftliche Kaufverständnis nicht über Billigkeitserwägungen hinauszugehen, denn im Fragment fehlt eine dogmatische Herleitung der Fallentscheidung. Im Hinblick auf unsere Ausgangsfrage können wir also konstatieren, dass sich der Kaufrechtsbegriff in der Spätklassik wohl verändert hat. Allerdings finden wir keine

---

394 Vgl. D. 18,1,8 pr. (Pomp. 9 ad sab.): *Nec emptio nec venditio sine re quae veneat potest intellegi.*

395 Vgl. Honsell, Quod interest pp. 6f.

Hinweise darauf, dass es sich hierbei um eine die Rechtsdogmatik betreffende Entwicklung handelt.

IV. Zusammenfassung

In diesem Teil der Arbeit sollte geklärt werden, ob der Kauf von Wein einem bestimmten Vertragstypus zugeordnet werden konnte. Ausgangspunkt unserer Überlegungen war, dass der in praktischer Hinsicht übliche Erwerb einer bestimmten Menge noch nicht entstandenen Weines (Lieferungskauf) eine rechtlich komplexe und ein hohes Maß an Abstraktion voraussetzende Vertragsgestaltung darstellte. Eine Betrachtung sowohl des griechischen als auch des römischen Kaufrechts zeigte, dass keines der beiden Rechtssysteme einen solchen Lieferungskauf ohne konkreten Vorratsbezug als Kauf erfassen konnte. Stattdessen wurde in beiden Rechtsräumen der Lieferungskauf nur indirekt und unter Rückgriff auf andere Rechtsinstitute durchgesetzt.

Im Hinblick auf das griechische Kaufrecht ergab sich, dass dieses bereits aufgrund seiner starken Ausrichtung auf den Barkauf keine Kaufkonstellationen abbilden konnte, in denen ein Aufschub einer Leistungspflicht vorgesehen war. Ein Lieferungskauf war deshalb mit dem griechischen Kaufrecht unvereinbar. Um dennoch wirksame Geschäfte mit dem Inhalt eines Lieferungskaufs zu ermöglichen, behalfen sich griechische Notare damit, dass sie Teile eines Kauf- und eines Darlehensformulares in einer Urkunde zusammenfügten. Laut Vertragsurkunde wurde hierbei der Kaufpreis wie bei einem Darlehen vorgeschossen und eine spätere Rückzahlung der geschuldeten Geldsumme in Wein vereinbart. Durch diesen rechtlichen ›Kunstgriff‹ konnte die zukünftige Leistung über das Darlehensrecht durchsetzbar gemacht werden. Unsere Untersuchung hat gezeigt, dass sich die verwendeten Formulare für Lieferungskaufverträge in griechisch-hellenistischer respektive in römischer Zeit durchaus veränderten. Allerdings konnte eine Anlehnung an das Darlehensrecht in allen betrachteten Urkunden nachgewiesen werden. Mithin konnte gezeigt werden, dass der Weinkauf im griechischen Recht aufgrund seiner Natur als Lieferungskauf gewissermaßen an der Schwelle zwischen Kauf und Darlehen stand.

Wie auch das griechische Kaufrecht bei der Abbildung des Lieferungskaufs an seine Grenzen stieß, so konnten wir auch für das römische Kaufrecht zeigen, dass die beim Weinkauf nötige Ausgestaltung als Lieferungskauf nicht stets mit der *emptio venditio* zu bewerkstelligen war. Exemplarisch konnten wir anhand der Eviktionshaftung im römischen Kaufrecht zeigen, dass die *emptio venditio* auf Spezieskäufe ausgerichtet war. Aufgrund dieser allgemeinen Ausrichtung waren solche Weinkäufe nicht vorgesehen, bei denen die Kaufsache noch nicht existierte und deshalb rein generisch bestimmt werden musste.

Sodann untersuchten wir, ob eine Erfassung solcher Weingeschäfte als *emptio rei speratae* oder *emptio pondere numero mensura* in Betracht kam. Eine Anwendung der *emptio rei speratae* kam für die meisten Fälle eines Weinkaufs nicht in Betracht, da regelmäßig lediglich eine bestimmte Anzahl von Fässern aus einem noch nicht angelegten Vorrat verkauft wurde. Mit der *emptio rei speratae* konnte die erforderliche Aussonderung einzelner Fässer aus dem Vorrat nicht vorweggenommen werden. Die *emptio pondere numero mensura* eignete sich hingegen nur für Weinkäufe mit Vorratsbezug. Mit ihr konnte die zukünftige Ausscheidung einer Quantität aus einem Vorrat vorweggenommen werden. Existierte der Vorrat hingegen noch nicht, war die *emptio pondere numero mensura* unanwendbar. Damit konnte festgestellt werden, dass der für den Weinhandel notwendige Kauf und Verkauf einer Menge zukünftigen Weines ohne Vorratsbezug einen für die *emptio venditio* zu hohen Grad an Abstraktion aufwies und so aus ihrem Anwendungsbereich herausfiel.

Statt eines Kaufs bediente man sich deshalb der Stipulation, um Gattungsschulden wirksam versprechen zu können. In unserer Untersuchung wurde deutlich, dass solche im Großhandel üblichen Gattungsschulden aller Wahrscheinlichkeit nach nicht mittels zweier wechselseitiger Stipulationen durchsetzbar gemacht wurden. Es konnte gezeigt werden, dass vielmehr eine einzige Stipulation ausreichte, um den im Weingroßhandel typischen Lieferungskauf rechtlich abzusichern. Infolge der beim (Wein-) Lieferungskauf charakteristischen Vorleistungspflicht des Käufers wurde der Kaufpreis sofort beglichen, sodass eine Stipulation dieser Leistungspflicht obsolet war. Es bedurfte mithin nur der Stipulation der erst später fälligen Weinlieferung, um den in Vorleistung gegangenen Käufer abzusichern. Damit wurde die herrschende Lehre von der wechselseitigen Stipulation als Vorläufer des Konsensualkaufs in erheblichem Maße in Zweifel gezogen.

Abschließend haben wir die Frage aufgeworfen, ob in spätklassischer Zeit die beschriebenen indirekten Lösungen zur rechtlichen

Abbildung von (Wein-)Lieferungskäufen weiterentwickelt wurden. Ausgangspunkt unserer Überlegungen war, dass es durch die Ausweitung des Römischen Reiches zu einer Kollision von griechischem und römischem Recht kam, wodurch neue rechtliche Impulse entstanden sein könnten.

Zunächst wurde in einer Untersuchung der Konstitution C. 4,2,6 näher beleuchtet, wie die kaiserlichen Juristen mit Beurkundungen von Lieferungskaufverträgen nach griechischer Tradition umgingen. Insoweit konnte gezeigt werden, dass die unter Diokletian agierenden römischen Juristen mit der griechischen Praxis zur Beurkundung von Lieferungskaufverträgen sehr gut vertraut waren. Ferner wurde deutlich, dass die Beurkundung eines Lieferungskaufs als Darlehen aus römischer Sicht eine Falschbeurkundung darstellte, aus der keine Rechtsansprüche abgeleitet werden konnten. Ein nach griechischer Tradition beurkundeter Lieferungskauf war nur dann gerichtlich durchsetzbar, wenn die vertraglich vereinbarte ›Rückzahlung‹ des ›Darlehens‹ in Wein mittels Stipulation abgesichert wurde.

Aus dieser Rechtsprechung entstand kurz nach der *Constitutio Antoniniana* im gesamten griechischen Rechtsraum unter anderem bei Lieferungskaufverträgen die Übung, eine Stipulationsklausel in die Vertragsurkunde aufzunehmen. Unsere Untersuchung der Stipulationsklausel hat ergeben, dass es sich bei diesem Vertragsbestandteil um eine rechtliche Kuriosität handelte. Pragmatismus bewog die griechischen Juristen dazu, ihre bewährten Vertragsformulare für das rechtlich fremde Institut der Stipulation zu öffnen. Die Stipulationsklausel ermöglichte, dass die griechischen Urkundenschreiber ihre bewährten Formulare mit einer geringen Anpassung weiterverwenden konnten. Die römischen Juristen duldeten diese systemwidrige – ihrer Natur als Verbalakt widersprechende – Verwendung der Stipulation. Dieser Umstand konnte erklärt werden durch die bemerkenswerten Gemeinsamkeiten bei der Konstruktion eines Lieferungskaufs nach römischer respektive griechischer Tradition. In beiden Rechtssystemen war die formlose Vereinbarung eines Lieferungskaufs nicht durchsetzbar und bedurfte deshalb der Novation. Dies geschah im griechischen Recht mittels Beurkundung und im römischen Recht durch Stipulation. Dieser Umstand machte eine Überführung der römischen Stipulation in griechische Vertragsurkunden möglich.

Demgegenüber wurde in einer Betrachtung von C. 4,2,10 und C. 4,49,12 deutlich, dass das Kaufverständnis in spätklassischer

Zeit untechnischer geworden sein könnte. Ausgangspunkt unserer Überlegungen war, dass in dieser kaiserlichen Entscheidung für einen mit Stipulation abgesicherten und nach griechischer Tradition als Darlehen beurkundeten Weinlieferungskauf die *actio empti* für anwendbar erklärt wird. In unserer Argumentation haben wir bisher in der Literatur getätigte Erklärungsversuche dieses Umstands verworfen und durch einen Vergleich von *actio certam rem dari* und *actio empti* Rechtsfolgenerwägungen als Motiv für Diokletians Entscheidung ausgeschlossen. Auf diese Weise konnte gezeigt werden, dass die in C. 4,49,12 gefällte Entscheidung auf einer vorwiegend wirtschaftlichen Betrachtung des zugrunde liegenden Sachverhalts beruhte. Hierbei wurde der Austausch von Ware gegen Geld gegenüber anderen juristisch-dogmatischen Kriterien hervorgehoben und ins Zentrum gestellt. Dies ermöglichte eine Einordnung der Transaktion als *emptio venditio* und bedeutete nicht nur eine Annäherung an die Praxis, sondern auch eine vereinfachende Abkehr von strenger Dogmatik. Damit konnte gezeigt werden, dass sich der Kaufrechtsbegriff in der Spätklassik mit einiger Wahrscheinlichkeit gewandelt hat. Diese Veränderung sollte jedoch nicht als dogmatische Weiterentwicklung der *emptio venditio* verstanden werden, sondern als eine Hinwendung zu einem intuitiveren Kaufverständnis.

Für den Weinkauf ergibt sich hieraus, dass dieser regelmäßig aufgrund seiner enormen rechtlichen Abstraktheit und Komplexität aus dem Geltungsbereich des Kaufrechts herausfiel und somit eine Sonderstellung im Vertragsrecht einnahm. Erst in der Spätklassik wurde diese Entwicklung durch Billigkeitserwägungen in Einzelfällen durchbrochen.

§ 4 Volatilität

I. Preisschwankungen

Wie bereits aus C. 4,2,10 und C. 4,49,12 ersichtlich wurde, könnten sich in vertraglicher Hinsicht bei Weinkäufen hinsichtlich der Berechnung ihres Wertes Besonderheiten ergeben. Bei Wein – ebenso wie Öl oder Weizen – handelt es sich um ein abmessbares Konsumgut, dessen Preis regelmäßig pro (Gewichts-)Einheit ermittelt wurde. Dieser Aspekt könnte bei Klagen wegen Nichtlieferung auch in rechtlicher Hinsicht zu einer Sonderbehandlung von Käufen über Wein, Weizen und Öl geführt haben.

Auf solche Unterschiede in Bezug auf die Wertberechnung bestimmter Güter wird beispielsweise in D. 35,2,63 hingewiesen, einer Stelle, in der die Ermittlung des *pretium* unterschiedlicher Gegenstände thematisiert wird. Am Anfang dieser Paulusstelle wird erläutert, dass bei der Schätzung[396] des Preises eines Sohnes nicht das Affektionsinteresse des Vaters an seinem Sohn maßgeblich ist. Bei der Schätzung wird der leibliche Sohn[397] vielmehr wie ein Sklave betrachtet und auf seinen reinen ›wirtschaftlichen Wert‹ beschränkt. Interessant für diese Untersuchung ist jedoch insbesondere § 2 des Fragments[398], weil hier die Schätzung des Wertes von Öl thematisiert und der Wertermittlung bei einem Sklaven gegenübergestellt wird. Laut Paulus gab es bei Wein und Öl hinsichtlich

---

396 Bei Großhandelsgeschäften beispielsweise über Vieh diente die *aestimatio* dazu, den zwar jeweils unterschiedlichen Tieren einen durchschnittlichen Gegenwert in Geld zuzusprechen. Man ging also nicht von einem festen Wert der Sache an sich aus, sondern sprach der Naturalleistung im Wege der *aestimatio* einen Geldwert zu, vgl. Bürge, ZRG RA 99 p. 131.

397 Im Text ist von *filius naturalis* die Rede.

398 D. 35,2,63,2 (Paul. 2 ad leg. Iul. et Pap.): *Nonnullam tamen pretio varietatem loca temporaque adferunt: nec enim tantidem Romae et in Hispania oleum aestimabitur nec continuis sterilitatibus tantidem, quanti secundis fructibus, dum hic quoque non ex momentis temporum nec ex ea quae raro accidat caritate pretia constituantur.*

ihres Wertes regionale Abweichungen, sodass ein Wein aus einer bestimmten Gegend mehr oder weniger wert sein konnte als der aus einem anderen Gebiet. Auf diese regionalen Unterschiede bei Wein-, Öl- und Getreidepreisen weist in ähnlicher Weise auch Gaius in D. 13,4,3 hin[399]. Ferner erklärt Paulus in D. 35,2,63,2 wenig überraschend, dass sich auch eine gute beziehungsweise eine schlechte Ernte auf die jeweiligen Preise auswirke.

1. *Fester Weinkurs?*

Ausgehend von diesen beiden Fragmenten und der regionalen Unterschiedlichkeit von Weinpreisen vermutet Honsell, bei fungiblen Konsumgütern wie Wein, Öl und Weizen habe es einen volatilen Marktpreis vergleichbar mit heutigen Börsenkursen gegeben[400]. Dieser Vergleich mit heutigen an der Börse gehandelten Waren bedarf näherer Betrachtung. Auch wenn ein immer in Bewegung befindlicher fester Kurs für Weizen und Öl aus heutiger Sicht nicht unplausibel erscheinen mag, wäre dies für Wein durchaus bemerkenswert. Ebenso wenig wie Wein heute ein homogenes Produkt ist, so gab es auch im Römischen Reich eine Vielzahl von Weinprodukten unterschiedlicher Qualitäten. Diese Diversität war bei Wein deutlich größer als bei anderen Agrarprodukten[401]

---

399 Vgl. D. 13,4,3 (Gai. 9 ad ed. provinc.): *Ideo in arbitrium iudicis refertur haec actio, quia scimus, quam varia sint pretia rerum per singulas civitates regionisque, maxime vini olei frumenti: pecuniarum quoque licet videatur una et eadem potestas ubique esse, tamem aliis locis facilius et levibus usuris inveniuntur, aliis difficilius et gravibus usuris.*

400 Vgl. Honsell, Quod interest p. 2.

401 Vgl. Tchernia, André: Le vin de l'Italie romaine. Essai d'histoire économique d'après les amphores. Vol. 261. Rom et al. 1986 pp. 28f. Columella unterscheidet beispielsweise lediglich zwischen drei Qualitätsstufen von Öl, vgl. Colvm. 12,52,11: *Sin<t> autem in cella olearia tres labrorum ordines, ut unus primae notae, id est primae pressurae, oleum recipiat, alter secundae, tertius tertiae; nam plurimum refert non miscere iterationem, multoque minus tertiationem, cum prima pressura, quoniam longe melioris saporis est, quod minore vi preli, quasi lixivum, defluxerit*; Ramsey, William: Olea. Boston 1859 pp. 823–826, s.v. ›*olea*‹ bes. 825f. Auch Weizen erlaubt als Produkt keine feine Ausdifferenzierung. Heute wird bei Weizen eine Einteilung in lediglich vier Qualitätsstufen vorgenommen, vgl. Beschreibende Sortenliste, Getreide, Mais, Öl- und Faserpflanzen, Leguminosen, Rüben, Zwischenfrüchte, 2019; online aufgerufen am 20. Juli 2024 <https://www.bundessortenamt.de/bsa/media/Files/BSL/bsl_getreide_2018.pdf>. In der Antike erscheint insgesamt fraglich, ob es überhaupt eine Differenzierung gab, da für Weizen

wie Öl oder Weizen. Dennoch werden in D. 13,4,3 in Bezug auf die Preisbildung die Güter Weizen, Wein und Öl in einem Atemzug genannt und ihre regionale Unterschiedlichkeit hervorgehoben.

Solche regionalen preislichen Unterschiede ergäben sich zweifellos bei regionalen Weinkursen aber auch dann, wenn sich nur das allgemeine Preisniveau regional unterscheidet, ohne dass ein echter Weinkurs existierte. Zweifel an dem von Honsell gewählten Vergleich zu heutigen Börsenkursen sind insbesondere deshalb angebracht, weil bei einer Börsennotierung nach heutigem Verständnis der Preis nicht mehr konkret ausgehandelt wird, sondern durch den Börsenkurs verbindlich festgelegt wird. Hierfür geben die Quellen nicht nur keinerlei Anhaltspunkte, sondern eine solche Situation wäre in der Antike auch kaum vorstellbar, da beim Kauf von Wein der Preis der Privatautonomie überlassen war. Im Gegensatz zu Gütern wie Weizen oder – jedenfalls ab dem 2. Jahrhundert – für Öl gab es bis zur Zeit Aurelians keine festen Weinpreise[402]. Ferner entsteht eine einer Börsennotierung entsprechende Situation nur dann, wenn in Bezug auf den Preis bei verschiedenen Anbietern weitgehende Transparenz besteht. Auch hiervon kann nicht ohne Weiteres ausgegangen werden.

2. *Preiskorridor*

Wahrscheinlicher ist, dass sich Weine einer bestimmten Qualität aus einer Region preislich in einem engeren Korridor bewegten und zumindest in diesem Sinne ein volatiler Marktpreis im Sinne Honsells existierte. So ist in dem bereits besprochenen Fragment C. 4,49,12 von einem Preisanstieg bei Wein die Rede. Wie gezeigt werden konnte, ist diese Stelle nicht in der Weise zu verstehen, dass ein einzelner Weinverkäufer einen höheren Preis für seinen gut gelungenen Wein verlangt, sondern im Sinne einer allgemeinen Verteuerung des Gutes Wein[403]. Ein solcher allgemeiner Preisanstieg ist nur denkbar, wenn man von einem Marktpreis im Sinne eines allgemeinen Preisniveaus sprechen kann. Hierfür spricht

---

in einzelnen Städten nur ein einziger Marktpreis überliefert ist, vgl. Bökh, August: Metrologische Untersuchungen über Gewichte, Münzfüße und Maße des Alterthums in ihrem Zusammenhange. Berlin 1838 pp. 418ff.

402 Vgl. Jakab, Risikomanagement p. 154. Vgl. hierzu auch Tchernia, Le vin de l'Italie romaine pp. 27f.

403 Vgl. Ernst, ZRG RA 114 p. 288.

insbesondere, dass Umstände wie etwa eine gute oder eine Missernte regelmäßig nicht nur einzelne Weinproduzenten betrafen, sondern in ganzen Regionen die Weinpreise beeinflussen konnten. Ferner betrafen wohl andere die Weinqualität und damit den Preis beeinflussende Faktoren wie Produktionsbedingungen oder das Klima alle Weingüter derselben Region. In anderen Weinbauregionen herrschten hingegen andere Verhältnisse, was sich wiederum auf Qualität und Preis dieser Weine auswirkte. Deshalb liegt nahe, dass in einer Weinbauregion die Weine regelmäßig ein ähnliches Preisniveau hatten.

Von Veränderungen dieses Preisniveaus innerhalb einer Region handelt auch Pomponius D. 19,1,3,3[404]. In diesem Fragment befindet sich der Weinverkäufer mit seiner Lieferung in Verzug. Im Zentrum der Stelle steht hierbei die Frage, in welcher Höhe der Weinverkäufer zu verurteilen ist und welcher von verschiedenen in Betracht kommenden Marktpreisen maßgeblich ist. Im Fragment als möglicher maßgeblicher Marktpreis genannt werden alternativ der Preis am Verkaufs- oder am Gerichtsort zum Verkaufszeitpunkt oder zum Zeitpunkt der Verurteilung. Pomponius entscheidet, dass der jeweils höchste Preis für die Berechnung des Schadens zugrunde zu legen sei und dementsprechend vom Käufer verlangt werden könne[405]. D. 19,1,3,3 weist somit nicht nur auf die bereits angesprochenen regionalen Preisunterschiede hin, sondern auch darauf, dass das allgemeine Preisniveau innerhalb einer Region regelmäßigen Schwankungen ausgesetzt war, denn Pomponius unterscheidet Marktpreise nicht nur in regionaler, sondern auch in zeitlicher Hinsicht. Dies setzt voraus, dass der Weinpreis nicht stabil, sondern volatil war.

Ferner spielt im Fragment keine Rolle, welchen konkreten Preis der einzelne Weinverkäufer für den verkauften Wein ausgehandelt hat. Nach Honsell ist deshalb für die Wertermittlung allein der ›Marktpreis‹ maßgeblich[406]. Hierbei muss Marktpreis allerdings – abweichend vom heutigen Begriffsverständnis – als das gewissen

404 D. 19,1,3,3 (Pomp. 9 ad Sab.): *Si per venditorem vini mora fuerit, quo minus traderet, condemnari eum oportet, utro tempore pluris vinum fuit, vel quo venit vel quo lis in condemnationem deducitur, item quo loco pluris fuit, vel quo venit vel ubi agatur.*

405 Vgl. Medicus, Dieter: Id quod interest. Studien zum römischen Recht des Schadenersatzes. Vol. 14. Köln et al. 1962 p. 32.

406 So auch Honsell, Quod interest p. 3.

Schwankungen unterliegende allgemeine Preisniveau innerhalb einer bestimmten Region zu einem bestimmten Zeitpunkt verstanden werden[407]. Im Folgenden wird die Bezeichnung Marktpreis unter diesen Voraussetzungen und mit diesem Verständnis beibehalten.

II. Abstrakte Schadensberechnung

1. *Condictio*

Die Quellen legen mithin nahe, dass bei einer Klage wegen Nichtlieferung von Konsumgütern wie Wein, Weizen oder Öl eine abstrakte Schadensberechnung anhand des Marktpreises erfolgte. Dies überrascht zunächst nicht im Fall einer Stipulation über die Lieferung einer bestimmten Menge eines fungiblen Konsumgutes. Hier stünde – entgegen C. 4,2,10 – dem Kläger regelmäßig nicht die *actio empti* zur Verfügung, sondern die *condictio*. Bei einer *condictio* erfolgte – anders als bei der *actio empti* – keine Verurteilung auf das Interesse, sondern im Fall der Nichtlieferung von Wein, Öl oder Weizen auf den objektiven Sachwert der in der *intentio* genannten Sache[408]. Dieser objektive Sachwert entsprach dem Marktwert des Weines[409]. Bei einem durch Stipulation abgeschlossenen Vertrag ist die Orientierung am Marktpreis bei der Schadensbemessung also wenig überraschend.

2. *Bonae fidei iudicia*

Dass diese abstrakte Schadensermittlung ausgerichtet am Marktpreis aber auch dann erfolgte, wenn auf das Interesse geklagt wurde, zeigt exemplarisch D. 19,1,21,3. Dies ist vor allem deshalb bemerkenswert, weil dem Richter bei *bonae fidei iudicia* aufgrund des Zusatzes *ex fide bona* in der Klageformel eigentlich ein weites Ermessen bei der Litisästimation eingeräumt wurde[410].

---

407 Ähnlich Rabel, Ernst: Das Recht des Warenkaufs. Vol. 1. Berlin 1964 (Nachdruck) p. 455 für die Berechnung des Marktpreises für das englische und amerikanische Recht.

408 Vgl. Kaser, Quanti ea res est p. 90.

409 Vgl. Honsell, Quod interest pp. 2, 7; Kaser, Quanti ea res est p. 88. Im Fragment C. 4,49,12 ist mit *pretium* aber wohl der vereinbarte Kaufpreis gemeint.

410 Vgl. Lenel, Edictum p. 299; Kaser, RP I p. 406.

a) D. 19,1,21,3 – utilitas circa ipsam rem

Im Folgenden soll daher D. 19,1,21,3 genauer betrachtet werden. Wie schon in D. 19,1,3,3 wird auch in D. 19,1,21,3 diskutiert, in welcher Höhe der Käufer Schadensersatz verlangen kann, wenn sich ein Verkäufer in Verzug mit der Leistung befindet.

> D. 19,1,21,3 (Paul. 33 ad ed.): *Cum per venditorem steterit, quo minus rem tradat, omnis utilitas emptoris in aestimationem venit, quae modo circa ipsam rem consistit: neque enim si potuit ex vino puta negotiari et lucrum facere, id aestimandum est, non magis quam si triticum emerit et ob eam rem, quod non sit traditum, familia eius fame laboraverit: nam pretium tritici, non servorum fame necatorum consequitur. Nec maior fit obligatio, quod tardius agitur, quamvis crescat, si vinum hodie pluris sit, merito, quia sive datum esset, haberem emptor, sive non, quoniam saltem hodie dandum est quod iam olim dari oportuit.*

Bezüglich der Höhe des Schadensersatzes führt Paulus aus, dass nur solche Vorteile in die Berechnung des Interesses mit aufgenommen würden, die *circa ipsam rem* zu qualifizieren seien, sich also aus der Sache selbst ergäben. So sei, wenn infolge des Verzuges mit einer Weinlieferung dem Käufer ein Geschäft entginge, nicht der entgangene Gewinn ersatzfähig, sondern nur der Wert des Weines[411]. Den Gegensatz zu Vorteilen *circa ipsam rem* bildet wohl die Formulierung *extra rem*[412] für außerhalb der Sache liegende Vorteile.

Dass im Fragment eine auf das Interesse lautende Klage gemeint sein muss, wird unter anderem durch die Formulierung *in aestimationem venit* verdeutlicht. Trotz der Tatsache, dass hier bei der Schadensermittlung im Rahmen einer Interessenklage dem Richter ein größeres Ermessen eingeräumt wird, macht Paulus deutlich, dass lediglich eine Entschädigung in Höhe des *pretium* des verkauften Weines oder Weizens gewährt wird, ohne dass das konkrete Interesse thematisiert wird.

---

411 Dass nur der Wert des Weines ersetzt wird, stellt Paulus im Fragment nicht ausdrücklich fest. Dies lässt sich aber aus der zweiten Fallalternative schließen, in der einem Weizenkäufer nur der Wert des Weizens erstattet wird und nicht der Wert eines infolge der ausbleibenden Weizenlieferung verhungerten Sklaven.

412 Vgl. D. 11,3,14,5 (Paul. 19 ad ed.).

Bezüglich der im Fragment vorgenommenen Unterteilung in Vorteile *circa rem* und *extra rem* stellt Medicus[413] klar, dass es sich hierbei nicht um eine allgemeine von den Klassikern verwendete Formel handeln kann, da die entsprechenden Formulierungen lediglich in zwei Paulus-Stellen auftauchen. Möglicherweise hat Paulus – im Unterschied zu Pomponius in D. 19,1,3,3 – bereits ein weiteres Verständnis von *utilitas* gehabt, sodass er eine Beschränkung auf bestimmte ersatzfähige Positionen als notwendig empfand[414]. Das Fragment entspricht nach Medicus hingegen keiner allgemeinen Tendenz der Klassiker, das Interesse auf bestimmte Schäden zu beschränken. Im Paulus-Fragment werde ferner das Ergebnis einer Ermittlung des Interesses beschrieben, nicht aber eine Methode zur Abgrenzung von ersatzfähigen und nicht ersatzfähigen Schäden[415].

Für unsere Untersuchung zeigt D. 19,1,21,3, dass bei Gütern wie Weizen, Öl oder Wein, die einen Marktpreis hatten, unabhängig von der konkreten Klage bei Nichtlieferung eine Verurteilung in Höhe des zum Zeitpunkt der Klage geltenden Marktpreises erfolgte[416]. Individuelle Umstände blieben nicht nur bei der *condictio* außer Betracht, sondern ebenfalls bei der *actio empti*, obwohl hier eine Berücksichtigung individueller Umstände ohne Weiteres möglich gewesen wäre. Stattdessen wurde auch bei der *actio empti* das Interesse mit dem Marktpreis gleichgesetzt, ohne Rücksicht darauf, ob ein Weiterverkauf der nicht gelieferten Ware überhaupt vom Käufer beabsichtigt war. So wird bei Handelswaren auch nie auf das Interesse verurteilt, sondern auf das *pretium*[417].

b) Relevanz für das klassische römische Recht

Allerdings werfen in D. 19,1,21,3 bestimmte Aspekte Fragen auf, sodass das Fragment vielfach für unecht gehalten wird[418]. So wird im Fragment festgestellt, dass im Fall des Schuldnerverzuges nicht

413 Vgl. MEDICUS, Id quod interest p. 40.

414 Vgl. loc. cit.

415 Vgl. IBIDEM pp. 321f.

416 Vgl. BECHMANN, August von: System des Kaufs nach gemeinem Recht. Vol. 3,1: Zweite Abtheilung. Erste Hälfte. Erlangen et al. 1905 pp. 122ff., bes. 125.

417 Die einzige Ausnahme bildet C. 4,49,12, vgl. HONSELL, Quod interest p. 2.

418 Vgl. IBIDEM p. 8; HAYMANN, Franz: Haftung für unmittelbaren und mittelbaren Schaden beim Kauf. In: Studi in onore di Pietro Bonfante nel XL anno d'insegnamento. Vol. 2. Mailand 1930 pp. 441–462, bes. 458f.

der entgangene Gewinn eines infolge der Nichtlieferung nicht stattgefundenen Geschäfts verlangt werden kann, sondern lediglich der Marktpreis (*pretium*). Diese enge Auslegung des Interessebegriffes geht auf die nichtklassische Unterteilung in Schäden *circam rem* und *extra rem* zurück. Im folgenden Abschnitt soll daher geklärt werden, inwiefern D. 19,1,21,3 als nachklassisches Fragment überhaupt einen Aussagewert für das klassische römische Recht entfaltet. Dies gilt umso mehr, als dass die Paulusstelle angesichts der starken Begrenzung der ersatzfähigen Schäden auch inhaltliche Fragen aufwirft.

Insbesondere, dass Paulus den entgangenen Gewinn bei einer unterbliebenen Weinlieferung für nicht ersatzfähig hält, sondern lediglich das *pretium*, ist mit dem noch in D. 19,1,3,3 zu Tage tretenden Grundsatz der abstrakten Ermittlung des Interesses anhand des Marktpreises nicht ohne Weiteres vereinbar, denn wenn man von einer geplanten, aber verzugsbedingt nicht zustande gekommenen Weiterveräußerung des Weines zum Marktpreis ausgeht, dann entspräche der dem Käufer entgangene Gewinn dem Marktpreis[419]. Der dem Käufer so entgangene Weiterverkaufspreis (in Höhe des Marktwertes) müsste deshalb eigentlich nach den in D. 19,1,3,3 erläuterten Grundsätzen ersatzfähig sein. Stattdessen schließt Paulus jedoch den entgangenen Gewinn ausdrücklich aus und beschränkt den Schadensersatz auf das *pretium*. Diese Beschränkung steht zudem auch im Widerspruch zu seinem eigenen Grundsatz der Ersatzfähigkeit *omnis utilitas modo circa ipsam rem*. Von der Ausgangsannahme, dass alle Schäden ›im Umkreis der Sache‹ ersetzt werden sollen, bleibt in dem von Paulus gelieferten Beispielsfall nicht viel übrig[420]. Aufgrund dieser scheinbaren Widersprüche wird die Paulusstelle vielfach für unecht gehalten und entgegen ihrem Wortlaut interpretiert[421]. Auch für Mommsen steht außer Zweifel, dass der entgangene Gewinn aus einem aufgrund einer unterbliebenen Weinlieferung nicht zustande gekommenen Weiterverkauf dem Grunde nach ersatzfähig sein muss. Deswegen versteht Mommsen die Paulusstelle als Hinweis darauf, dass nur die theoretische Möglichkeit eines Weiterverkaufs nicht ausreiche. Vielmehr müsse die Gewinnerzielungsmöglichkeit hinreichend konkret sein[422]. Medicus

---

419 Vgl. Haymann, St. Bonfante II p. 459.

420 Vgl. loc.cit.

421 Vgl. Honsell, Quod interest p. 8; Haymann, St. Bonfante II pp. 458f.

422 Vgl. Mommsen, Friedrich: Zur Lehre von dem Interesse. Vol. 2. Braunschweig 1855 p. 292.

verteidigt das Fragment hingegen im Wesentlichen als echt und versteht *pretium* nicht wie beispielsweise Haymann im Sinne des Kaufpreises, sondern im Sinne von Marktpreis[423]. Hier ist Medicus zuzustimmen. Andernfalls stünde D. 19,1,21,3 nicht nur im krassen Gegensatz zu D. 19,1,3,3, sondern wäre in Hinblick auf die von Paulus angebotene Falllösung in keiner Weise interessengerecht. Der Käufer erleidet infolge des Verzuges einen Schaden, der durch die bloße Kaufpreisrückzahlung bei gestiegenen Weinpreisen offensichtlich nicht kompensiert würde. Nur der Ersatz des Marktpreises stellt eine echte Kompensation dar.

Doch auch wenn man *pretium* als Marktwert versteht, so bleibt zunächst der Widerspruch, dass ein gestiegener Marktpreis letztlich einen entgangenen Gewinn darstellt und somit auch in D. 19,1,21,3 eigentlich ersetzt werden müsste. Es leuchtet somit immer noch nicht recht ein, warum Paulus gerade diesen Fall des nicht zustande gekommenen Weiterverkaufs von Wein als Beispiel für nicht ersatzfähige Schäden wählt.

Der Text ist wohl als weitere Betonung einer abstrakten Schadensberechnung zu sehen. Eine Erstattung des Wertes erfolgt dann nach Paulus nur in Höhe des Marktwertes ohne Berücksichtigung des zwischen Parteien individuell ausgehandelten Kaufpreises. Dies gilt selbst dann, wenn der Käufer einen über dem Marktpreis liegenden Verkaufspreis mit dem Drittkäufer individuell vereinbart hätte[424]. Nach Paulus stellt nur der entgangene Marktpreis einen im Umkreis der Sache liegenden Verlust dar. Der zwischen Weinkäufer und Drittkäufer vereinbarte Kaufpreis wird als außerhalb der Sache liegender Umstand nicht bei der Ermittlung des Interesses berücksichtigt.

Mit dieser Interpretation von D. 19,1,21,3 kann das Fragment trotz seines nachklassischen Ursprungs für unsere Untersuchung herangezogen werden. Dem steht auch die nur von Paulus vorgenommene Unterteilung in Schäden *circa rem* und *extra rem* nicht entgegen. Auch wenn diese Differenzierung nachklassisch ist, entspricht aber die im Text hervortretende Betonung eines abstrakten Schadensbegriffes den aus D. 13,4,3, D. 19,1,3,3 und D. 35,2,63 gewonnenen Erkenntnissen. Damit wird das Bild einer streng am

---

423 Vgl. Medicus, Id quod interest p. 37.

424 Darauf, dass der Marktpreis nicht mit dem tatsächlich vereinbarten Kaufpreis identisch sein muss, hat auch Medicus hingewiesen, vgl. loc. cit.

Marktpreis orientierten Ermittlung des ersatzfähigen Schadens auch bei Interessenklagen bestätigt.

III. Einordnung des Ergebnisses

1. *Vor- und Nachteile abstrakter Schadensberechnung*

Es konnte gezeigt werden, dass es für Wein, Weizen und Öl Besonderheiten bei der Ermittlung des *pretium* gab. Wurde im Fall einer Nichtleistung vor Gericht der dem Käufer entstandene Schaden berechnet, erfolgte die Schadensermittlung bei Wein und anderen auf einem Markt gehandelten Gütern abstrakt unter Zugrundelegung des Marktpreises. Dies galt sowohl in Bezug auf im Wege der *condictio* geltend gemachte Forderungen als auch für die Ermittlung des Interesses bei *bonae fidei iudicia* wie der *actio empti*. Dieses Ergebnis ist durchaus überraschend, da Interessenklagen eigentlich eine Berücksichtigung individueller Umstände erlauben würden. Die durch die offene Klageformel bei *bonae fidei iudicia* bestehende Möglichkeit, individuelle Umstände bei der Wertberechnung zu berücksichtigen, wurde aber bei Klagen im Zusammenhang mit Wein-, Weizen- oder Ölkäufen nicht genutzt. Stattdessen wurde immer auf eine pauschale Schadensberechnung zurückgegriffen.

Dass diese abstrakte Art der Wertermittlung nicht für jedes Weingeschäft gegenüber einer individuellen Bemessung des Schadens überlegen war, zeigen folgende Überlegungen. Die Ausrichtung der Wertberechnung des Weines am Marktpreis hat insbesondere den Vorteil, dass ein sich nach Vertragsschluss ereignender Preisanstieg zugunsten des Käufers berücksichtigt werden konnte. Damit bot sich eine abstrakte Schadensberechnung vor allem in Fällen an, in denen der Käufer einen Weiterverkauf der Ware zum Marktpreis beabsichtigt, der nun infolge des Verzuges des Weinverkäufers nicht zustande gekommen ist. Im Fall sinkender Weinpreise erfährt das Marktpreisprinzip hingegen eine Durchbrechung, denn wenn der Käufer nicht liefert, wird nach Pomponius D. 19,1,3,3 dennoch der höchste der verschiedenen Marktwerte erstattet, sodass eine Verringerung des Marktpreises bei der Ermittlung des Sachwertes nicht dem Verkäufer zugutekommt. Hier nimmt Pomponius vermutlich eine Wertung dahingehend vor, dass dem Verkäufer, weil dieser säumig und damit vertragsbrüchig geworden ist, sämtliche aus dem Geschäft resultierenden Vorteile abgeschnitten werden sollten. Allerdings war diese Fallgruppe des Lieferungsverzuges bei fallenden Preisen vermutlich ohnehin weniger relevant, denn im Fall sinkender Preise entwickelte sich das Preisniveau zugunsten des Verkäufers, sodass dieser schon aus Eigeninteresse den Lieferungszeitpunkt eingehalten haben wird. Dies gilt auch für den Fall, dass der Verkäufer über die Ware nicht verfügte. Denn in dieser Situation hätte sich der Verkäufer über einen Deckungsverkauf günstigeren Wein verschaffen und diesen liefern lassen können.

Weniger passgenaue Lösungen liefert die Ermittlung des Sachwertes anhand des Marktwertes insbesondere in Konstellationen, in denen ein geplanter Weiterverkauf nicht zum Marktpreis erfolgen soll. Eine solche im Vertrag vereinbarte Abweichung vom Marktpreis konnte im Wege einer abstrakten Sachwertermittlung nicht berücksichtigt werden, obwohl die Klageformel bei *bonae fidei iudicia* an sich eine Miteinbeziehung dieses Aspekts erlaubt hätte. In derart gelagerten Fällen würde durch die pauschale Schadensberechnung eine passgenaue Lösung abgeschnitten. Weniger problematisch erscheint hingegen eine pauschale Wertermittlung anhand des Marktpreises, wenn der Käufer zugleich Endverbraucher ist und dieser nicht vorhat, den Wein weiterzuverkaufen. Hier würde die Wertberechnung unter Berücksichtigung des Marktpreises dafür sorgen, dass der Käufer sich mit vergleichbarem Wein am Markt neu eindecken kann.

Insbesondere im Hinblick auf *bonae fidei iudicia* kann also festgestellt werden, dass die abstrakte Wertermittlung anhand des Marktpreises in aller Regel zu billigen und nachvollziehbaren Ergebnissen führt, im Einzelfall aber auch eine passgenaue Lösung abschneiden kann.

2. *Gründe für abstrakte Schadensberechnung*

a) *Preisschwankungen*

Die Volatilität bei Weinpreisen machte eine Wertberechnung anhand des Marktpreises notwendig. Gerade stark ausgeprägte Preisschwankungen stellten den Rechtsanwender vor Probleme, wenn beispielsweise eine Weinlieferung ausblieb und der Wein seit Abschluss des Kaufvertrages in seinem Marktwert gestiegen war. In diesem Fall hätte der Käufer, wenn er nur den ursprünglichen Marktwert des Weines zur Zeit des Vertragsschlusses vom säumigen Verkäufer hätte verlangen können, Verluste hinnehmen müssen, denn infolge der unterbliebenen Lieferung hätte der Käufer sich nun zu einem höheren Preis am Markt mit Wein eindecken müssen. Solche typischen Preisveränderungen bildete der Marktpreis bei Weizen, Öl und Wein präzise ab. Deshalb war er – unabhängig von der Klage – für die Schadensberechnung maßgeblich. Somit wurde nicht nur bei einer *condictio*, sondern auch bei *bonae fidei iudicia* der Sachwert abstrakt bestimmt.

b) Vereinfachung?

Als alternativer Erklärungsansatz für die abstrakte Schadensberechnung käme ferner in Betracht, dass auf diese Weise die Schadensermittlung vor Gericht vereinfacht werden sollte. Gerade im Großhandel war möglicherweise – ähnlich wie im modernen Handelsrecht[425] – auch das Bedürfnis nach schnellerer Abwicklung des Vertragsverhältnisses Grund für die Ausrichtung von Weizen-, Öl- und Weinkäufen am Marktpreis. Die abstrakte Berechnung des *pretium* und die hiermit einhergehende Pauschalierung könnte hier eine Vereinfachung bewirkt haben, indem die Kompensation des Käufers im Fall einer Nichtleistung ohne aufwendige Beweisaufnahme ermittelt werden konnte.

Bei Öl und Weizen bedeutete die Wertermittlung anhand des jeweiligen Marktpreises eine Vereinfachung gegenüber einer einzelfallbezogenen Schätzung der Sache. Angesichts der enormen Produktvielfalt bei Wein[426] erscheint hingegen zweifelhaft, ob die Ermittlung des *pretium* für das jeweilige Produkt eine erhebliche Vereinfachung darstellte.

Wein ist – damals wie heute – kein wirtschaftlich homogenes Gut, sondern wird mit unterschiedlichen Merkmalen in variierenden Qualitäten verkauft[427]. So musste der dem Produkt entsprechende regionale Marktpreis aus einer Fülle verschiedener Marktpreise ermittelt werden. Somit setzte bereits die Identifizierung des richtigen Marktpreises eine gute Produktkenntnis voraus. Qualitätsunterschiede bestanden auch bei Öl und Weizen. Diese reichten jedoch bei Weitem nicht an die Produktvielfalt und

425 Vgl. Staub, Hermann/Pinner, Albert/Bondi, Felix: Staub's Kommentar zum Handelsgesetzbuch. Vol. 1: §§ 1–177. 14. Aufl., Berlin et al. 1932 Einleitung Rz. 16.

426 Vgl. Tchernia, Le vin de l'Italie romaine pp. 28ff.

427 Vgl. ibidem p. 29.

Komplexität von Wein heran. Columella unterscheidet beispielsweise lediglich zwischen drei Qualitätsstufen von Öl[428], und auch Weizen erlaubt als Produkt keine feine Ausdifferenzierung[429]. Das Prinzip der Vereinfachung spielte bei der Berechnung des *pretium* von Wein deshalb wohl keine entscheidende Rolle.

Mithin lag der entscheidende Grund für die Ermittlung des *pretium* anhand des Marktpreises in erster Linie in der für Wein-, Öl- und Weizenpreise charakteristischen Volatilität.

3. *Übertragbarkeit der abstrakten Wertermittlung auf andere Güter*

a) Massenware versus Spezieskauf

Ausgehend von diesen Ergebnissen stellt sich naturgemäß die Frage nach der Verallgemeinerungsfähigkeit dieser abstrakten Wertermittlung und Anwendbarkeit auf andere Güter neben Weizen, Wein oder Öl.

Da die bei Wein, Weizen und Öl übliche pauschale Schadensermittlung durch das Vorliegen eines Marktpreises erst ermöglicht wird, sind einer Übertragbarkeit dieser Methode auf andere Güter von vornherein Grenzen gesetzt. Dass eine abstrakte Schadensberechnung für die meisten Güter schon konzeptionell überhaupt nicht infrage kommt, verdeutlicht bereits die in D. 35,2,63 vorgenommene Gegenüberstellung der Schadensberechnung bei Wein und bei einem Sklaven. Der Wert eines Sklaven wurde maßgeblich von seinen individuellen Fähigkeiten bestimmt und konnte sich wesentlich vom Preis anderer Sklaven unterscheiden. Aufgrund dieser Tatsache kann nicht von einem allgemeinen Marktpreis für Sklaven oder einem auch nur annähernd einheitlichen Preisniveau ausgegangen werden. Dies galt auch bei Sklaven, die für dieselben Arbeiten und Dienste ausgebildet waren: Aufgrund besonderer individueller Merkmale wie Alter und körperliche Leistungsfähigkeit konnte ihr Wert mitunter erheblich voneinander abweichen[430]. Deshalb musste in D. 35,2,63 vergleichbaren Fällen der wirtschaftliche Wert immer anhand des Einzelfalles ermittelt werden. Dies

428 Vgl. Colvm. 12,52,11; DGRA s.v. ›*olea*‹ pp. 825f.

429 S.o. wie not. 402.

430 Vgl. Long, George: Servus. Boston 1859 pp. 1034–1042, bes. 1034f.: »The price of slaves naturally differed according to their age, strength and acquirements.«

galt wohl auch für andere, individualisierbare Güter wie Pferde, Vieh und Möbel. Der Preis war auch hier im Vergleich zur Massenware Weizen, Öl oder Wein viel stärker von individuellen Kriterien abhängig.

Zudem wird deutlich, dass in aller Regel ein Kauf von Massenware vorlag, wenn eine pauschale Wertermittlung anhand des Marktpreises möglich war[431]. Wird hingegen der Wert maßgeblich von individuellen Eigenschaften bestimmt, handelt es sich aus heutiger Sicht um einen Spezieskauf, also den Kauf eines bestimmten Gegenstandes. So kaufte man beispielsweise nicht irgendeinen, sondern einen bestimmten Sklaven, der für die vorgesehene Arbeit am geeignetsten erschien[432].

Bei Weizen, Wein und Öl handelte es sich um Großhandelsware, die nach allgemeinen Merkmalen wie Herkunft oder Qualität bestimmt wurde. Innerhalb einer Menge an Weinfässern desselben Produktes kam es dem Käufer nicht auf ein bestimmtes Fass an, sondern nur darauf, dass der Wein bestimmte allgemeine Merkmale erfüllte. Diese Gattungsbezogenheit findet ebenfalls praktischen Ausdruck beispielsweise bei Weingeschäften auf dem *forum vinarium*. Im Vorfeld einer Auktion schrieb der Produzent den im Rahmen der Auktion angebotenen Wein und die Verkaufsbedingungen öffentlich aus, darauf folgte die Versteigerung[433]. Weingeschäfte waren auch in ihrem äußeren Erscheinungsbild und praktischen Ablauf viel abstrakter als beispielsweise ein Sklavenverkauf[434]. Die Tatsache, ob ein ›abstrakter‹ oder ›konkreter‹ Kauf vorlag, wirkte sich konsequenterweise auf die Art der Wertberechnung aus. Für unsere Frage der Verallgemeinerungsfähigkeit der Wertermittlung der Kaufsache anhand des Marktwertes bedeutet dies, dass die bei Wein, Weizen und Öl verwendete abstrakte Methode nicht auf konkrete Spezieskäufe angewendet werden kann. Die besondere Art der Ermittlung des *pretium* nur anhand ihres Marktwertes ist mithin auf Wein-, Öl- und Weizenkäufe beschränkt.

431 Vgl. DGRA s.v. ›*olea*‹ p. 826.

432 Diese dem Sklavenkauf immanente Auswahl eines bestimmten unter vielen Sklaven wird auch widergespiegelt durch den praktischen Ablauf von Sklavenmärkten, bei denen die einzelnen Sklaven in einem Kreis angeordnet oder bei Auktionen auf einem Stein platziert wurden, vgl. DGRA s.v. ›*servus*‹ p. 1034.

433 Vgl. THIELMANN, Römische Privatauktion p. 46.

434 Hier wurden die Sklaven gewissermaßen in Szene gesetzt, vgl. DGRA s.v. ›*olea*‹; IBIDEM s.v. ›*servus*‹ p. 1034.

b) Marktpreise von Massenware in Rom

Im vorherigen Abschnitt konnte nachgewiesen werden, dass die Wertberechnung anhand des Marktwertes verknüpft war mit der Abstraktheit des zugrunde liegenden Kaufgeschäftes. Somit kommt eine analoge Anwendung der Grundsätze der Wertermittlung der Kaufsache anhand des Marktpreises außer bei Öl, Wein und Weizen nicht in Betracht. Innerhalb dieser drei Güter könnten sich jedoch Unterschiede daraus ergeben, dass es sich bei Öl und Weizen in anderer Weise als bei Wein um Grundnahrungsmittel handelte. Aus diesem Grund muss überprüft werden, inwieweit diese Güter staatlichen Reglementierungen unterworfen waren und hierdurch der Marktpreis beeinflusst wurde. Zu diesem Zweck werden im folgenden Abschnitt Weizen, Öl und Wein zunächst isoliert betrachtet. Hierbei werden sich in Bezug auf die einzelnen Güter erhebliche Unterschiede ergeben.

aa) Weizen

Die Weizenproduktion erfolgte fast ausschließlich in den Kornprovinzen des Römischen Reiches, sodass die Weizenversorgung Roms und anderer großer Städte weitestgehend durch Importe erfolgte. Deshalb bestand – insbesondere bei einer schlechten Ernte – die Gefahr einer Weizenknappheit in Rom sowie eines durch Spekulationen erhöhten Weizenpreises[435]. In diesen historischen Kontext fällt die auf eine Gesetzesinitiative von Gaius Sempronius Gracchus zurückgehende *lex frumentaria*. Durch dieses Gesetz wurde die Versorgung aller Bürger Roms mit einer monatlich festgelegten Menge Weizens zu einem Festpreis sichergestellt. Auch wenn dieses Gesetz später stark eingeschränkt wurde, tat dies der Tendenz zur staatlichen Steuerung der Weizenpreise keinen Abbruch[436]. So wurden zur Zeit der Republik der *canon frumentarius*[437] und unter Augustus die

435 Vgl. Benítez López, Venta di vino p. 21.; Stern, Ernst von: Zur Beurteilung der Politischen Wirksamkeit des Tiberius und Gaius Gracchus. In: Hermes 56 (1921) pp. 229–301, bes. 278.

436 Vgl. Berger, EDRL 43,2 (N.S.) s.v. ›*lex Sempronia frumentaria*‹ pp. 559f.

437 *Canon (frumentarius) urbis (Romae)* war die Bezeichnung der entrichteten Abgabe, mit der zusätzlicher Weizen gekauft und dann unter Marktpreis oder kostenlos verteilt wurde, vgl. Sirks, Boudewijn: Food for Rome. The Legal Structure of the Transportation and Processing of Supplies for the Imperial Distributions in Rome and Constantinople. Amsterdam 1991 pp. 19f.

sogenannte *annona*[438] geschaffen. Diese Instrumente sahen eine jährliche von den Kornprovinzen an die Hauptstadt geleistete Abgabe vor, um eine ausreichende Versorgung von Rom und später auch Konstantinopel mit Weizen[439] sicherzustellen. Der in den Provinzen abgegebene Weizen wurde nach Rom importiert und entweder unter der römischen Bevölkerung verteilt oder zu geringen Preisen an sie verkauft[440]. Um im Fall einer Weizenknappheit vorbereitet zu sein, beinhaltete der *canon frumentarius* außerdem genaue Vorgaben für das Anlegen und den Unterhalt von Weizenvorräten[441]. Diese von staatlicher Seite vorgeschriebene günstige Abgabe von Weizen wirkte sich naturgemäß auf den Marktpreis für Weizen in Rom aus. Zwar wurde durch den *canon frumentarius* oder die *annona* kein allgemeiner Festpreis für Weizengeschäfte in Rom festgelegt; einem rapiden durch Spekulationen angeheizten Preisanstieg waren aber durch die Versorgung der Bevölkerung mit günstigem Weizen Grenzen gesetzt[442]. Ferner konnte durch die im *canon frumentarius* vorgeschriebene Anlegung von Weizenvorräten bei Bedarf der Weizenmarkt in Rom mit günstigem Weizen geflutet[443] und die Preise auf diese Weise auf einem niedrigen Niveau gehalten werden[444].

---

438 *Annona* bedeutet wörtlich Jahresertrag, wurde später aber verwendet für unter den Bürgern kostenlos verteiltes Brot, vgl. Sirks, Food for Rome p. 10.

439 Der für Rom gesammelte Weizen stammte wahrscheinlich aus der Campania, die Weizenabgabe für Konstantinopel bestand aus Weizen aus Ägypten, vgl. Lo Cascio, Elio: Canon frumentarius, suarius, vinarius. Stato e privati nell'approvvigionamento dell'urbs. In: Harris, William Vernon (ed.): The transformations of vrbs Roma in late antiquity. Portsmouth 1999 pp. 163–182, bes. 168.

440 Vgl. Humbert, Gustave Amédée: Annona. Vol. 1,1: A–B. Graz 1877 pp. 273–278; Kubitschek, Wilhelm: Canon Frumentarius. Reihe 1, Vol. 3,2: Campanus ager–Claudius. Stuttgart 1899 coll. 1487–1488.

441 Vgl. Lo Cascio, Canon frumentarius, suarius, vinarius p. 166.

442 Im Fall einer Weizenknappheit kaufte der mit der *cura annonae* betraute Beamte Weizen von seinem eigenen Geld und verkaufte es zu einem geringeren Preis oder gab es sogar kostenlos ab, um Preisspitzen abzufedern, vgl. Sirks, Food for Rome p. 10.

443 Der Weizen des *canon* war für Fälle von Weizenknappheit bestimmt, insbesondere wenn über den Seeweg angelieferter Weizen aus den afrikanischen Kornprovinzen ausblieb, vgl. Lo Cascio, Canon frumentarius, suarius, vinarius p. 168.

444 Zwar bemerkt Bökh, Metrologische Untersuchungen p. 418, dass aus den Preisen, zu denen Weizen verteilt wurde, nicht der Marktpreis erschlossen werden könne. Dies widerspricht aber nicht unserer Annahme, dass sich die Abgabe günstigen Weizens auf die Marktpreise ausgewirkt haben muss.

Dies bedeutet, dass durch die oben beschriebenen staatlichen Eingriffe der Weizenpreis in Rom und anderen Städten im römischen Reich[445] gegebenenfalls künstlich niedrig gehalten werden konnte und somit nicht mehr ausschließlich der Privatautonomie unterlag. Dieser Marktpreis entstand somit nicht auf ›natürlichem‹ Wege durch Marktgesetze, sondern ganz wesentlich durch staatliche Beeinflussung.

bb) Öl

Eine *annona* für Öl finden wir erst im 2. Jahrhundert n. Chr., als Antoninus Pius eine jährliche Abgabe der Provinzen von Öl für die Hauptstadt anordnete[446]. Die *annona olearia* wirkte sich in selber Weise wie die *annona* für Getreide auf die Marktpreise innerhalb Roms und Konstantinopels[447] aus: Durch die Schaffung eines Angebots an günstigem Öl oder dessen kostenlose Abgabe[448] war die römische Bevölkerung nicht auf infolge von Spekulationen überteuerte Grundnahrungsmittel angewiesen. Mit Einführung der *annona olearia* unterlag also auch der Marktpreis für Olivenöl staatlichen Eingriffen[449]. Dies führte dazu, dass die Vertragsparteien beim Kauf von Öl ab dem 2. Jahrhundert den Kaufpreis zwar theoretisch noch frei bestimmen konnten, aber aufgrund von günstigem Öl auf dem Markt wesentlich teureres Öl nicht mehr abgenommen wurde[450].

cc) Wein

Bei Wein finden wir – zumindest bis zum *canon vinarius* unter Aurelian[451] – keine vergleichbare Entwicklung. Eine Annone für Wein hat

445 *Frumentationes* gab es in Rom und Konstantinopel, aber später auch in Karthago, Antiochia und Alexandria, vgl. Sirks, Food for Rome pp. 20, 23. Grundregeln zur *annona* finden wir auch in Provinzstädten, vgl. ibidem p. 13.

446 Vgl. Tchernia, Le vin de l'Italie romaine pp. 27f.

447 Vgl. Sirks, Food for Rome p. 388.

448 Vgl. ibidem p. 389.

449 Einen *canon olei*, also eine Abgabe für Öl, hat es wahrscheinlich nur in Rom, nicht aber im Osten des Reichs gegeben, vgl. ibidem p. 391. Allerdings gibt es über den *canon olei* verhältnismäßig wenige Informationen, vgl. Lo Cascio, Canon frumentarius, suarius, vinarius p. 165.

450 Vgl. Tchernia, Le vin de l'Italie romaine pp. 27f.

451 Cod. Theod. 11,2,2 (Impp. Valentinianus et Valens aa. ad Symmachum praefectum Urbi.): *Commoda cogitantes urbis aeternae vini speciem ita provinciales statuimus comportare, ut apochandi praesumptione damnata vina Romam*

es bis in die Spätantike[452] hinein aller Wahrscheinlichkeit nach nie gegeben. Auch wurde Wein im Gegensatz zu Weizen und anderen Nahrungsmitteln nie gratis verteilt, sondern allenfalls unter Marktpreis verkauft[453]. Bei Zeugnissen über Weinimporte wird ferner an keiner Stelle ein Bezug zur *annona* hergestellt[454]. In seiner Augustusbiografie liefert Sueton einen weiteren Beleg dafür, wie kritisch zumindest Augustus staatlichen Eingriffen in den Weinhandel gegenüberstand. So habe dieser einen Festpreis für Wein ausdrücklich abgelehnt und angesichts von Klagen aus dem Volk über durch eine Weinknappheit verursachte hohe Weinpreise erwidert, dass dank der römischen Aquädukte eine ausreichende Versorgung mit Wasser sichergestellt sei und daher niemand verdursten müsse[455].

dd) Vergleich von Weizen, Öl und Wein

Bei den drei Gütern Weizen, Öl und Wein finden wir mithin unterschiedlich stark ausgeprägte Bestrebungen zur staatlichen Kontrolle

portentur. In tantumque populi usibus profutura provisionis nostrae emolumenta porreximus, ut etiam pretio laxamenta tribuantur. Sanximus quippe, ut per vini singulas qualitates detracta quarta pretiorum, quae habentur in foro rerum venalium, eadem species a mercantibus comparetur. Zum canon vinarius zählender Wein wurde zu einem geringerem als dem Marktpreis verkauft, vgl. Lo Cascio, Canon frumentarius, suarius, vinarius p. 170. Andere Kaiser vor Aurelian könnten auch gelegentlich Wein verteilt haben, dies ist aber nicht belegt, vgl. Sirks, Food for Rome p. 391.

452 Erstes Zeugnis eines *canon vinarius* ist das Edikt von Turcius Apronianus, von 362–363 Präfekt von Rom. Dieser bestimmt, dass 25.000 Amphoren Wein im Verhältnis ⅓ und ⅔ zwischen der Kurie und den *suarii* aufgeteilt werden sollen. Wenige Jahre später wird in der *constitutio* von Valentian I. der Wein zwischen den *ordines* und den *suarii* aufgeteilt, wobei erneut ungefähr 17.000 Amphoren, also etwa ⅔, auf die *suarii* entfallen. Eine Amphore Wein wurde zu einem Preis von 70 *libra* abgegeben, vgl. Lo Cascio, Canon frumentarius, suarius, vinarius p. 175. Aller Wahrscheinlichkeit nach war der *canon vinarius* eine Antwort auf die durch die unter Aurelian Ende des 4. Jh. durchgesetzte Währungsreform verursachte Inflation, vgl. ibidem p. 179.

453 Vgl. ibidem p. 180. Allerdings hat Aurelian eine solche kostenlose Abgabe von Wein zumindest erwogen, vgl. Sirks, Food for Rome p. 391.

454 Vgl. Tchernia, Le vin de l'Italie romaine pp. 27f.

455 Svet. Aug. 42,1: *Sed ut salubrem magis quam ambitiosum principem scires, querentem de inopia et caritate vini populum severissima coercuit voce: satis provisum a genero suo Agrippa perductis pluribus aquis, ne homines sitirent. Eidem populo promissum quidem congiarium reposcenti bonae se fidei esse respondit; non promissum autem flagitanti turpitudinem et impudentiam edicto exprobravit affirmavitque non daturum se quamvis dare destinaret.*

der Marktpreise. Beim Weizenhandel finden wir eine starke Tendenz zu staatlichen Eingriffen. Ein Gegensatz hierzu bildet der Handel mit Wein, der bis in die Spätantike nur den Marktgesetzen unterworfen war. Unter Augustus wurde jedwede staatliche Regulierung des Weinhandels sogar explizit abgelehnt. Auch Jakab stellt fest, dass der Weinkauf als solcher »Spekulationscharakter« gehabt habe[456]. Solche Spekulationen sollten bei Weizen gerade vermieden werden. Olivenöl nimmt hingegen im Vergleich zu Weizen und Wein eine Zwischenstellung ein. Bis zum 2. Jahrhundert kamen die Marktpreise von Öl allein durch den freien Markt zustande, danach wurde eine Tendenz zur staatlichen Kontrolle der Ölpreise vergleichbar mit Weizen erkennbar.

Diese unterschiedlich strenge staatliche Kontrolle der Preise korreliert mit der Wichtigkeit des Lebensmittels und damit der zusammenhängenden sozialen Sprengkraft einer Nahrungsmittelknappheit. Dass die Versorgung aller Bevölkerungsschichten in Rom mit ausreichend Getreide zu einer sozialen Frage[457] wurde, geht auch bereits aus einer Rede Ciceros hervor[458], in der die

456 Jakab, Risikomanagement p. 266.

457 Vgl. Smith, William: Frumentariae leges. Boston 1859 pp. 548–551 s.v. ›*frumentariae leges*‹ p. 548.

458 Vgl. Cic. dom. 11f.: *[11] Frumentum provinciae frumentariae partim non habebant, partim in alias terras, credo, propter avaritiam venditorum miserant, partim, quo gratius esset tum cum in ipsa fame subvenissent, custodiis suis clausum continebant, ut subito novum mitterent. Res erat non in opinione dubia, sed in praesenti atque ante oculos proposito periculo, neque id coniectura prospiciebamus, sed iam experti videbamus. Nam cum ingravesceret annona, ut iam plane inopia ac fames non caritas timeretur, concursus est ad templum Concordiae factus, senatum illuc vocante Metello consule. Qui si verus fuit ex dolore hominum et fame, certe consules causam suscipere, certe senatus aliquid consili capere potuit; sin causa fuit annona, seditionis quidem instimulator et concitator tu fuisti, nonne id agendum nobis omnibus fuit ut materiem subtraheremus furori tuo? [12] Quid? si utrumque fuit, ut et fames stimularet homines et tu in hoc ulcere tamquam inguen exsisteres, nonne fuit eo maior adhibenda medicina quae et illud nativum et hoc inlatum malum sanare posset? Erat igitur et praesens caritas et futura fames; non est satis; facta lapidatio est. Si ex dolore plebei nullo incitante, magnum malum; si P. Clodi impulsu, usitatum hominis facinerosi scelus; si utrumque, ut et res esset ea quae sua sponte multitudinis animos incitaret, et parati atque armati seditionis duces, videturne ipsa res publica et consulis auxilium implorasse et senatus fidem? Atquin utrumque fuisse perspicuum est; difficultatem annonae summamque inopiam rei frumentariae, ut homines non iam diuturnam caritatem, sed ut famem plane timerent, nemo negat: hanc istum oti et pacis hostem causam arrepturum fuisse ad incendia caedis rapinas nolo, pontifices, suspicemini, nisi videritis.* Hier wird die *lex Clodia frumentaria* thematisiert, siehe hierzu not. 686.

Reglementierung des Weizenhandels durch die *lex Clodia frumentaria* thematisiert wird. Die Diskussion, dass der gesamten Bevölkerung eine Versorgung mit elementaren Grundnahrungsmitteln wie Weizen durch den Staat gewährleistet werden müsse, findet sich auch in der griechischen Philosophie und Staatstheorie wieder[459]. So lief beispielsweise der durch Spekulation überhöhte Weizenpreis in Rom Aristoteles' Idee eines funktionierenden Staatswesens zuwider, denn die Spekulation mit Waren zum alleinigen Zweck der Geldvermehrung stellte nach Aristoteles eine Zweckentfremdung dar und war somit widernatürlich[460]. Diesbezüglich wird unter anderem auch das sich aus einer ungleichen Besitzverteilung ergebende Potenzial für soziale Konflikte thematisiert[461].

Die insbesondere bei einer Weizenknappheit stärkere Gefahr sozialer Spannungen erforderte eine Differenzierung zwischen Getreide, insbesondere Weizen als essenziellem Grundnahrungsmittel, und Wein als verbreitetem und kulturell fest verankertem Genussmittel[462] in Bezug auf die staatliche Regulierung. So wurde ein durch Spekulationen mit Wein verursachter temporärer Preisanstieg wohl als noch hinnehmbar erachtet, während zu hohe Weizenpreise in Rom bereits zur Zeit der Republik durch die *lex Sempronia frumentaria* korrigiert wurden.

4. Sonderstellung von Wein?

Die volatilen Preise bei Massenware, insbesondere Wein, Weizen und Öl, haben für den Rechtsanwender das Problem nachträglicher

459 Vgl. STERN, Hermes 56 p. 278, der hier eine Einordnung lediglich der *lex Clodia frumentaria* vornimmt. Diese Einordnung gilt jedoch in gleicher Weise für die Tendenz der staatlichen Regulierung des Weizenhandels im Allgemeinen.

460 Nach Aristoteles hat Geld nur die Funktion, einen Tausch von Waren und Dienstleistungen zu ermöglichen. Die übermäßige Anhäufung von Geld als Selbstzweck erachtet er hingegen als widernatürlich. Vgl. SCHÜTRUMPF, Eckart (ed.): Aristoteles: Politik. Übersetzt und mit einer Einleitung sowie Anmerkungen herausgegeben von Eckart Schütrumpf. Hamburg 2012, zitiert nach *Bk*; ARISTOT. pol. I 9, 1256 b 40ff.

461 Vgl. ARISTOT. pol. II 7, 1266 a 31ff.

462 Vgl. TCHERNIA, Le vin de l'Italie romaine p.10; JAKAB, Risikomanagement p. 21, die darauf hinweist, dass auch an Sklaven und Lohnarbeiter ein aus dem Trester gewonnenes Weinprodukt, sog. *vinum deuterium* ausgeschenkt wurde. Siehe auch HOR. sat. 1,1,73–75, der unter anderem Wein zu den wichtigsten Lebensmitteln zählt: *Nescis, quo valeat nummus, quem praebeat usum? Panis ematur, holus, vini sextarius, adde quis humana sibi doleat natura negates.*

Preisveränderungen hervorgerufen. Diese Rechtsfrage wurde für Wein, Weizen und Öl gleich beantwortet: Musste bei Gericht der Sachwert geschätzt werden, so erfolgte diese Schätzung pauschal anhand des Marktwertes. Der vorherige Abschnitt hat allerdings gezeigt, dass auf der Ebene der *realia* zwischen den einzelnen Gütern, insbesondere der Preisbildung bei Weizen und Wein, erhebliche Unterschiede bestanden. Diese sich besonders für Wein ergebenden Besonderheiten sollen im folgenden Abschnitt in die bisherigen Untersuchungsergebnisse eingeordnet werden.

Wie gezeigt werden konnte, wurden im Unterschied zum Weizenhandel Weinpreise nicht staatlich kontrolliert oder beeinflusst, sondern entstanden bis in die Spätklassik durch Angebot und Nachfrage. Deshalb liegt nahe, dass dieses Fehlen jeglicher staatlichen Kontrolle auch in den Weinkursen sichtbar wurde. Insbesondere ist davon auszugehen, dass nicht zuletzt durch den Spekulationscharakter von Weingeschäften der Marktpreis teilweise mitunter deutlichen Schwankungen unterworfen war. Solche Schwankungen sollten demgegenüber durch die bei Weizenpreisen zutage tretende staatliche Kontrolle gerade verhindert und korrigiert werden. Zwar ist auch bei Weizen ein volatiler Marktpreis nachweisbar, allerdings wurde durch die Versorgung der römischen Bevölkerung mit günstigem Weizen ein zu starker Preisanstieg korrigiert und kompensiert, sodass eventuelle Preisschwankungen jedenfalls schwächer als bei Wein ausfallen mussten.

Dadurch, dass bei Weingeschäften starke Preisveränderungen absolut typisch waren, liegt nahe, dass sich auch die sich hieraus ergebenden Rechtsfragen bei Wein umso dringlicher stellten. Musste im Fall eines Preisanstieges vor Gericht der Sachwert von nicht geliefertem Wein geschätzt werden, war es angesichts der Volatilität der Weinkurse entscheidend, auf welchen Weinkurs zurückgegriffen wurde. Welcher Marktpreis erstattet wurde, konnte in einem Rechtsstreit mithin eine ganz wesentliche Rolle spielen.

Demgegenüber wurden durch die zunächst bei Weizen durch *canon triticarius* und *annona* und später auch bei Öl etablierte Kontrolle solcher Preisschwankungen auch die daraus resultierenden rechtlichen Fragestellungen bei diesen Gütern weniger virulent. War ein Preisanstieg seit Vertragsschluss durch korrigierend eingreifende staatliche Maßnahmen unter Umständen kaum spürbar, hätte auch die Erstattung nur des ursprünglichen Marktwertes bei Weizen aus Parteiensicht möglicherweise weniger starke Auswirkungen gehabt.

Bei Weingeschäften war es deswegen von überragender Bedeutung, bei Klagen wegen Nichtleistung Veränderungen des Preisniveaus angemessen berücksichtigen zu können. Dies war nur durch eine Wertberechnung anhand des Marktpreises möglich.

IV. Zusammenfassung

Es konnte gezeigt werden, dass bei fungiblen Konsumgütern wie Wein, Weizen und Öl Besonderheiten bei der Ermittlung des Sachwertes (*pretium*) bestanden. Für Wein, Weizen und Öl existierten regional unterschiedliche, volatile Preise. Deshalb wurde im Fall einer Verurteilung wegen Nichtleistung der Sachwert dieser Güter anhand des Marktpreises geschätzt. Diese rein abstrakte Methode der Wertermittlung wurde sowohl bei Klagen im Wege der *condictio* als auch bei *bonae fidei iudicia* angewandt. Also wurde auch bei einer Verurteilung aus einer Interessenklage das, was der Beklagte *ex fide bona* leisten musste, allein anhand des Marktwertes geschätzt, ohne dass individuelle Umstände wie etwa der konkret entgangene Gewinn Berücksichtigung fanden. Dies ist deshalb bemerkenswert, da die weite Klageformel bei *bonae fidei iudicia* eigentlich eine alle Umstände des Einzelfalles berücksichtigende Sachwertschätzung ermöglicht hätte. Die bei Weizen, Öl und Wein übliche abstrakte Bestimmung des *pretium* hatte ihren Grund darin, dass insbesondere die volatilen Marktpreise rechtliche Probleme aufwarfen, beispielsweise wenn der Käufer sich im Fall einer Nichtlieferung aufgrund eines Preisanstiegs zu höheren Kosten am Markt mit anderer Ware eindecken musste. Solche rechtlichen Probleme konnten nur durch eine enge Bindung des Sachwertes an den Marktpreis bewältigt werden. Auf diese Weise konnten Preisanstiege genau abgebildet und bei der Schadensberechnung berücksichtigt werden. Diese für Öl, Wein und Weizen gewählte pauschale Art der Wertberechnung war bedingt durch die große Abstraktheit von Kaufgeschäften über Öl, Wein und Weizen. Hier wurden regelmäßig bestimmte Mengen des Produktes verkauft, sodass die Kaufsache aus heutiger Sicht nur rein gattungsmäßig bestimmt war, ohne dass es auf spezifische Einzelgegenstände ankam. Aus diesen Gründen kam eine Anwendung dieser abstrakten Methode der Sachwertberechnung auf andere Gegenstände außer Öl, Wein und Weizen nicht in Betracht.

Unsere Untersuchung hat ergeben, dass bei Öl, Wein und Weizen gleichermaßen der Sachwert vor Gericht abstrakt bestimmt wurde. Insbesondere zwischen Weizen und Wein bestanden auf tatsächlicher Ebene allerdings gravierende Unterschiede. Aufgrund des bei Weingeschäften offener zutage tretenden Spekulationscharakters waren die Preisschwankungen bei Wein typischerweise stärker ausgeprägt, besonders im Vergleich zum staatlich regulierten Weizenhandel. Insbesondere bei Wein war daher eine Bindung des Sachwerts an den Marktpreis zwingend geboten, um solche teilweise starken Preisveränderungen bei einer Klage wegen Nichtleistung abbilden zu können. Aus diesem Grund wurden auch mit dieser Lösung verbundene Nachteile in Kauf genommen. Bei Wein war bereits die Benennung eines Marktpreises mit erheblichen Schwierigkeiten verbunden, da es sich hierbei – im Gegensatz zu Öl oder Weizen – in keiner Weise um ein wirtschaftlich homogenes Produkt handelte. Daher erforderte bereits die Zuordnung von einem Weinprodukt zum jeweiligen Marktpreis gute Produktkenntnisse. Deswegen bedeutete bei Wein die abstrakte Ermittlung des Sachwertes anhand des Marktwertes keine Vereinfachung, sondern eine zusätzliche Komplikation.

Zweiter Hauptteil: Die *effusio vini* als echte Sonderregelung

In Cato agr. 148[463] und D. 18,6,1,3[464] wird dem Verkäufer von Fasswein unter bestimmen Voraussetzungen gestattet, diesen auszugießen, wenn der Käufer den Wein nicht wie vereinbart beim Verkäufer abholt. Betrachtet man die *effusio vini* isoliert, fällt auf, dass kaum eine härtere Verzugsfolge für den Käufer vorstellbar ist. Um sich zu befreien, darf der Verkäufer eine den Untergang der Sache herbeiführende Handlung vornehmen, während der Käufer die Sach- und Preisgefahr trägt[465]. Wie verwunderlich die Rechtsfolge der *effusio vini* für einen Nichtrömer ist, zeigt exemplarisch Gothofredus' Einordnung dieses Rechtsbehelfs. Er hielt die Formulierung Ulpians in D. 18,6,1,4 schlicht für einen Scherz[466]. Und auch der jüngere Autor

463 Cato agr. 148: *Vinum in doliis hoc modo venire oportet. Vini in culleos singulos quadragenae et singulae urnae dabuntur. Quod neque aceat neque muceat, id dabitur. In triduo proxumo viri boni arbitratu degustato. Si non ita fecerit, vinum pro degustato erit. Quot dies per dominum mora fuerit, quo minus vinum degustet, totidem dies emptori procedent. Vinum accipito ante K. Ian. primas. Si non ante acceperit, dominus vinum admetietur. Quod admensus erit, pro eo resolvito. Si emptor postularit, dominus ius iurandum dabit verum fecisse. Locus vinis ad K. Octobres primas dabitur. Si ante non deportaverit, dominus vino quid volet faciet. Cetera lex, quae oleae pendenti.*

464 D. 18,6,1,3 (Ulp. 28 ad Sab.): *Licet autem venditori vel effundere vinum, si diem ad metiendum praestituit nec intra diem admensum est: effundere autem non statim poterit, priusquam testando denuntiet emptori, ut aut tollat vinum aut sciat futurum, ut vinum effunderetur. Si tamen, cum posset effundere, non effudit, laudandus est potius: ea propter mercedem quoque doliorum potest exigere, sed ita demum, si interfuit eius inania esse vasa in quibus vinum fuit (veluti si locaturus ea fuisset) vel si necesse habuit alia conducere dolia. Commodius est autem conduci vasa nec reddi vinum, nisi quanti conduxerit ab emptore reddatur, aut vendere vinum bona fide: id est quantum sine ipsius incommodo fieri potest operam dare, ut quam minime detrimento sit ea res emptori.*

465 Kaser, RP I pp. 431f.

466 Vgl. Gothofredus, Denis: Corpus Iuris Civilis I. Coloniae Munatianae 1756 D. 18,6,1 n. 39: »*Facetias & jocus, mea sententia, molestissimo lectori reponit Ulpianus.*« Gothofredus bezieht sich darauf, dass Ulpian zunächst in D. 18,6,1,3

P. Friedrich, *Die Eigentümlichkeit des Weinkaufs*,
https://doi.org/10.1007/978-3-658-50367-3_3

Thielscher schreibt zur *effusio vini*: »Das Ausschütten traue ich Cato nicht zu.«[467] Auch wenn diese Einschätzung mittlerweile widerlegt ist[468], weist eine so sonderbar anmutende Rechtsfolge wie die *effusio vini* möglicherweise auf die Eigentümlichkeit des Weinkaufs hin.

Um diesem Hinweis nachzugehen, wird die *effusio vini* zunächst zum besseren Verständnis dieses Rechtsinstituts in ihren archäologischen Kontext der Weinherstellung eingeordnet. Ein besonderes Augenmerk soll hierbei auf die Bedeutung der *dolia* für die Herstellung von neuem Wein gelegt werden. Im Anschluss daran soll die Weinausgießung in rechtlicher Hinsicht untersucht und eine Annäherung an die Rechtsnatur der *effusio vini* als besondere Verzugsfolge unternommen werden. Hierzu sollen insbesondere Cato agr. 148 und D. 18,6,1,3–4 herangezogen werden.

Sodann stellen wir uns die Frage einer möglichen Übertragbarkeit der *effusio vini* auf andere Güter und werden andere in den Quellen geschilderte Fälle des Annahmeverzuges auf ihre Einschlägigkeit als Parallelstelle untersuchen. Im Anschluss daran soll geklärt werden, ob eine analoge Anwendung der Weinausgießung auf andere fungible Konsumgüter wie Weizen oder Öl möglich war.

---

schreibt, dass der Verkäufer lobenswert sei, der nicht ausgießt. In D. 18,6,1,4 heißt es sodann aber, der Verkäufer ›müsse‹ (*faciendum*) bei nicht erfolgter Entnahme des Weines aus den Fässern nach Meinung der *veteres* den Wein abmessen und ausgießen. In seinen Kommentierungen zu D. 18,6,1,3 schreibt Gothofredus: *praedurum quidem, sed ita scriptum est* und verweist sodann auf Cato agr. 148 als Parallelstelle, vgl. Gothofredus, CIC I D. 18,6,1 n. 30.

467 Cato, Marcus Porcius / Thielscher, Paul: Des Marcus Cato Belehrung über die Landwirtschaft. Berlin 1963 p. 355.

468 Vgl. Kaser, RP I p. 432; Riccobono, Salvatore jr.: Profilo storico della dottrina della mora nel diritto romano. In: AUPA 29 (1964) pp. 105–472, bes. 128f.

§ 1 Die *effusio vini* in der Rechtspraxis

I. Archäologische Fragestellungen in Bezug auf die Weinausgießung

Die Weinausgießung als Rechtsinstitut ist angesichts ihrer Härte für den Käufer aus heutiger Sicht fremdartig. Um die *effusio vini* besser zu verstehen, wird sie deshalb im folgenden Abschnitt zunächst in ihren archäologischen Kontext der Weinherstellung eingeordnet. Die Situation im Vorfeld der *effusio vini* stellte sich regelmäßig wie folgt dar: der Wein lagerte in großen Fässern des Verkäufers, sogenannten *dolia*. Als Reaktion auf den Annahmeverzug des Käufers wurde es dem Verkäufer unter bestimmten Voraussetzungen gestattet, diese *dolia* auszuleeren[469]. Um sich an die *effusio vini* archäologisch anzunähern, ist daher insbesondere zu klären, welche Funktion die *dolia* bei der Weinproduktion und -lagerung hatten und wie viele solcher Fässer einem Weinproduzenten annähernd zur Verfügung standen. Hierbei wird es auch auf die Frage ankommen, ob und inwiefern der Weinverkäufer sich zusätzliche Fässer beschaffen konnte, wenn seine verfügbaren Fässer belegt waren. Ferner wird überprüft werden, inwieweit sich Unterschiede römischer Weingüter in Bezug auf Größe und Wirtschaftlichkeit auf das Interessengefüge zwischen Käufer und Verkäufer auswirkten. Die aus dieser archäologischen Annäherung an die *effusio vini* gewonnenen Erkenntnisse bilden das Fundament für eine juristische Analyse der Weinausgießung.

II. Interessengefüge bei der Weinausgießung

1. *Bedeutung der dolia*

Bei den *dolia* (auch πίθοι, *seriae* oder *cupae*) handelte es sich um längliche, glockenförmige Tonfässer, in denen die Gärung des zuvor

469 Vgl. CATO agr. 148: *dominus vino quid volet faciet*; D. 18,6,1,4: *Licet autem venditori vel effundere vinum.*

gekelterten Traubenmostes stattfand. Sie waren damit für die Weinherstellung unerlässlich. Diese Tonfässer waren in den Boden der *cella vinaria* eingelassen und dort üblicherweise in der Erde eingegraben[470]. Die Herstellung solcher *dolia* war in vielerlei Hinsicht aufwendig. Sie wurden aus dem besten verfügbaren Ton gefertigt und anschließend innen mit Pech ausgestrichen[471]. Auch ihre Größe[472] und ihr Fassungsvermögen[473] stellten in der Herstellung eine nicht unerhebliche Komplikation dar. Aufgrund der enormen Ausmaße der *dolia* konnte für ihre Herstellung keine Drehscheibe verwendet werden. Stattdessen mussten die Tonfässer vom Boden her aufgebaut werden. Da der Transport solcher großer Tonfässer schadensanfällig und risikoreich war, wurden die *dolia* meist auf dem Weingut an Ort und Stelle angefertigt[474]. Nach der Gärung des Weines konnte Trinkwein von mittlerer Qualität im *dolium* verbleiben, bis dieser vom Käufer entgegengenommen wurde (*vinum doliare*). Dort war er bis zu einem Jahr haltbar[475]. Wein von höherer Qualität wurde hingegen in Amphoren abgefüllt, luftdicht verschlossen und außerhalb des Weinkellers aufbewahrt[476].

---

470 Die Fässer werden eingegraben, um zu verhindern, dass der Wein mit Sauerstoff in Berührung kommt, vgl. Macr. Sat. 7,12,15: *Unde agricolae dolia, non contenti sub tecto reposuisse, defodiunt et operimentis extrinsecus inlitis muniunt removentes in quantum fieri potest a vino aeris contagionem, a quo tam manifeste laeditur ut vix se tueatur in vase pleno et ideo aeri minus pervio*; vgl. Hilgers, Werner: Lateinische Gefäßnamen. Bezeichnungen, Funktion und Form römischer Gefäße nach den antiken Schriftquellen. Beih. 31. Düsseldorf 1969 p. 58 not. 326. Vgl. auch fig. 2491 von in Troja ausgegrabenen *dolia*, Pottier, Edmond: Dolium. Vol. 2,1: D–E. Graz 1892 pp. 332f. s.v. ›*dolium*‹.

471 Vgl. Ramsey, William: Vinum. Boston 1859 pp. 1201–1209, bes. 1201f.

472 Ein *dolium* war gewöhnlich so groß, dass ein Mensch in ihm Platz gehabt hätte. So wird Diogenes in zeitgenössischen Darstellungen nicht in einem hölzernen Fass, sondern einem *dolium* dargestellt, vgl. DAGR 2,1 s.v. ›*dolium*‹ p. 332 fig. 2492, vgl. auch Wolf, Joseph Georg: Error im römischen Vertragsrecht. Köln et al. 1961 p. 129 not. 63.

473 Eine Zusammenstellung unterschiedlicher in der lateinischen Literatur genannten Fassungsvermögen von *dolia* liefert Hilgers, Lateinische Gefäßnamen p. 175: Colvm. 12,18,17 (*sesquicullearibus dolis*) spricht beispielsweise von einem Fassungsvermögen eines *dolium* von 1,5 *culleus*. Ein *culleus* war das größte Maß für Flüssigkeiten und entsprach 20 Amphoren, vgl. Cato, Marcus Porcius / Bréhaut, Ernest: Cato the Censor on farming. Vol. 17. New York 1933 p. 25 not. 2. Dies entspricht aus heutiger Sicht 524 Litern, vgl. Flach, HAW III,9 pp. 189f.

474 Vgl. Jakab, Risikomanagement p. 10. So auch die Praxis in Ägypten, vgl. Kruit, ZPE 90 p. 273.

475 Vgl. Jakab, Risikomanagement p. 49.

476 Vgl. DGRA s.v. ›*vinum*‹ p. 1202; Jakab, Risikomanagement p. 23.

Diese Informationen sind für die richtige Einordnung der *effusio vini* hilfreich: Auf diese Weise finden wir Anhaltspunkte, wieso bei Annahmeverzug des Käufers ein Bedürfnis des Verkäufers bestand, seine *dolia* auszuleeren. Da im *dolium* die Gärung des Weines stattfand, stellten diese die eigentliche Produktionsstätte des Weinherstellers dar. Ohne solche Fässer war die Herstellung neuen Weines unmöglich. Aufgrund ihrer Größe sowie ihrer aufwendigen und langwierigen Herstellung erscheint es ausgeschlossen für einen Weinverkäufer, im Bedarfsfall kurzfristig neue *dolia* in größerer Zahl fertigen zu lassen. Aus diesem Umstand ergibt sich, dass durch die Anzahl der *dolia* das für die Weinherstellung wichtigste Produktionsmittel limitiert war[477]. Dieser Umstand wirkt sich entscheidend auf das Interessengefüge der Vertragsparteien aus: Aus Sicht des Verkäufers war infolge der Nichtabnahme des Weines seine Produktionsstätte mit altem Wein blockiert. Dies führte dazu, dass keine Fässer für neuen, frisch gekelterten Wein verfügbar waren und ein Teil der Ernte nicht für die Weinherstellung genutzt werden konnte. Da die Anfertigung neuer *dolia* für den Verkäufer nicht in Betracht kam, war der Verkäufer durch die Nichtabnahme des alten Weines also gehindert, neuen Wein herzustellen. Wenn der neue Wein hingegen schon in andere, kleinere Gefäße umgefüllt wurde, nahm der Wein die begrenzten Lagerkapazitäten in Anspruch. Auch in dieser Konstellation würde die Nichtabnahme für den Verkäufer eine Störung seines Betriebsablaufs bedeuten[478], die potentiell auch die *dolia* betreffen würde. So wäre der Weinproduzent infolge der Nichtabholung von verkauftem Wein aus dem Lager unter Umständen nicht mehr in der Lage, anderen für die Lagerung vorgesehenen Wein aus den *dolia* zu entnehmen.

Für den Verkäufer war die Weinausgießung somit eine praktikable Lösung, um solche Störungen abzuwenden. Da die Ernte nicht warten konnte und die Betriebsabläufe kaum aufgehalten wurden, bekam der Verkäufer mit der *effusio* ein Instrument, um die Blokkade seiner Produktionsstätten schnell und sicher abzuwenden[479]. Die *effusio* stellt somit den Zustand her, der bei ordnungsgemäßer Abholung des Weines bestanden hätte. Im Definitionsteil der Arbeit haben wir gezeigt, dass eine vollständige oder teilweise Vorauszahlung des Preises für Weingeschäfte charakteristisch war. Aus

477 Vgl. Riccobono, AUPA 29 pp. 128f.
478 Vgl. Jakab, Risikomanagement pp. 179ff; Eadem, ZRG RA 116 p. 81.
479 Vgl. Wolf, Error pp. 130f.

diesem Grund hatte der Verkäufer regelmäßig wenigstens schon einen Teil seines Geldes erhalten, wenn er den Wein ausgoss. In den Quellen zur *effusio* spielt deshalb die Pflicht zur Kaufpreiszahlung häufig keine Rolle[480]. Da infolge des Gläubigerverzugs die Sach- und Preisgefahr auf den Käufer übergegangen war[481], würde im Fall einer Kaufpreisstundung auch der Anspruch auf einen noch nicht gezahlten Kaufpreis bestehen bleiben. Damit barg die *effusio vini* für den Verkäufer ein allenfalls geringes finanzielles Risiko. Betrachtet man die *effusio* aus der Perspektive des Verkäufers, wird somit deutlich, dass er ein nachvollziehbares und damit auch schützenswertes Interesse daran hatte, dass seine *dolia* rechtzeitig geleert wurden.

Demgegenüber erscheint die Weinausgießung aus Sicht des säumigen Käufers auf den ersten Blick als extrem harte Sanktion. Betrachtet man hingegen das verkaufte Produkt genauer, muss auch diese Einschätzung relativiert werden. Bei einer *effusio vini* wurde *vinum doliare*, also Wein von mittlerer Qualität und geringerer Haltbarkeit eben kein teurer Spitzenwein ausgegossen. Hierdurch erscheint die Weinausgießung als dem Käufer gerade noch zumutbar.

2. *Verschuldeter Verzug?*

Cato agr. 148 wird häufig für Untersuchungen zur Frage herangezogen, ob der römisch-rechtliche Gläubigerverzug an ein Verschuldenselement gekoppelt war[482]. Ein verschuldeter Verzug könnte das Interessengefüge weiter zugunsten des Verkäufers verschieben und die Weinausgießung rechtfertigen[483].

> Cato agr. 148: *Vinum in doliis hoc modo venire oportet. Vini in culleos singulos quadragenae et singulae urnae dabuntur. Quod neque aceat neque muceat, id dabitur. In triduo proxumo viri boni arbitratu degustato. Si non ita fecerit, vinum pro degustato erit. Quot*

480 Vgl. Jakab, ZRG RA 116 p. 101, die argumentiert, in D. 18,6,1,3 würde dem Verkäufer nicht so »unbekümmert« zur Ausgießung geraten, wenn dieser um seine Bezahlung fürchten müsste.

481 Vgl. Kaser, RP I pp. 431f.

482 Vgl. noch Reetz, Pia: Mora creditoris im römischen Recht. In: TR 83 (2015) pp. 392–420, bes. 404f.; Apathy, Peter: Mora accipiendi und Schadenersatz. In: ZRG RA 101 (1984) pp. 190–205, bes. 200.

483 Auch in D. 18,6,1,3 könnte der Umstand, dass dem säumigen Weinkäufer vor Zeugen die Ausgießung angedroht wurde, auf einen verschuldeten Verzug schließen lassen, vgl. noch Reetz, TR 83 pp. 405f.

dies per dominum mora fuerit, quo minus vinum degustet, totidem dies emptori procedent. Vinum accipito ante K. Ian. primas. Si non ante acceperit, dominus vinum admetietur. Quod admensus erit, pro eo resolvito. Si emptor postularit, dominus ius iurandum dabit verum fecisse. Locus vinis ad K. Octobres primas dabitur. Si ante non deportaverit, dominus vino quid volet faciet. Cetera lex, quae oleae pendenti.[484]

a) Inhalt des Fragments

In seinem Werk *de agri cultura* gibt Cato Ratschläge im Hinblick auf die Bewirtschaftung eines Landgutes. Für uns von besonderem Interesse ist Cato agr. 148, ein Text aus Catos *leges venditionis*. Hierbei handelt es sich um Formulare, die als Vertragsvorlage bei der Vermarktung verschiedener landwirtschaftlicher Produkte gedient haben dürften[485]. So wird in den Fragmenten 144–150 nicht nur der Verkauf von Wein behandelt, sondern es finden sich auch Formulare über den Verkauf von Oliven, den Ankauf von Futter oder Schafnutzung[486].

Cato beschreibt in Fragment 148 detailliert, wie *vinum in doliis* (Fasswein) verkauft wird. Zunächst hält Cato fest, dass für jeden *culleus* 41 *urnae* gegeben werden[487]. Ferner solle nur solcher Wein

484 Cato agr. 148: »Fasswein wird folgendermaßen verkauft. Auf einen *culleus* werden 41 *urnae* gegeben. Solcher Wein wird geliefert, der weder sauer noch kahmig ist. Binnen drei Tagen soll der Wein nach dem Urteil eines *vir bonus* verkostet werden. Wenn [der Käufer] dies nicht tut, gilt der Wein als gekostet. So viele Tage wie durch den Gutsherrn eine Verzögerung eintritt, so viele Tage werden dem Käufer zugerechnet. Der Wein wird vor den ersten Kalenden des Januars abgenommen. Wenn [der Käufer] den Wein nicht vorher abnimmt, so misst der Gutsherr den Wein zu. Was zugemessen wird, soll [der Käufer] zahlen. Wenn der Käufer es verlangt, so leistet der Gutsherr einen Eid, dass er ehrlich gehandelt hat. Lagerplatz für den Wein wird bis zu den ersten Kalenden des Oktobers gewährt. Wenn [der Käufer den Wein] nicht vorher abtransportiert, kann der Gutsherr mit dem Wein tun, was er will. Die übrigen Bedingungen wie bei Oliven am Baum.«

485 Jakab versteht diesen Text mit guten Argumenten als ein Vertragsformular, nicht um einen konkreten Vertrag, vgl. Eadem, Risikomanagement pp. 49, 53. Andere Ansicht aber Cato / Thielscher, Belehrung über die Landwirtschaft p. 355 sowie Pennitz, TR 62 pp. 256f.

486 Vgl. hierzu Jakab, Risikomanagement pp. 47f.; Pennitz, TR 62 p. 256.

487 Dies entspricht gängiger Geschäftspraxis. Ein *culleus* (ca. 525 Liter) entspricht 40 *urnae* (ca. 13 Liter). Aufgrund des bei der Zumessung unvermeidbaren Schüttverlustes gewährt der Weinproduzent 41 *urnae* und trägt

geliefert werden, der weder umgeschlagen noch kahmig ist. Dann wendet sich Cato der Verkostung des Weines zu. So solle der Wein in einem Zeitraum von drei Tagen verkostet werden. Findet eine *degustatio* nicht statt, so gilt der Wein als vom Käufer für gut befunden. Liegt es hingegen am Weinproduzenten, dass eine Verkostung innerhalb dieser drei Tage unterbleibt, so erhält der Käufer um so viel Tage mehr Zeit für die Verkostung, wie die Vereitelung der Weinprobe durch den Weinproduzenten angehalten hat.

Im nächsten Abschnitt des Fragments wird die für uns besonders relevante Abnahme des Weines behandelt. Der Wein müsse, so Cato, vor den ersten Kalenden des Januars angenommen werden. Wird der Wein bis zu diesem Tag nicht angenommen, so misst der Produzent den Wein in Abwesenheit des Verkäufers zu. Hierbei muss der Käufer das zahlen, was zugemessen wurde – den für jede Einheit vereinbarten Festpreis[488]. Deswegen kann der Käufer in einem solchen Fall verlangen, dass der Verkäufer einen Eid darüber ablegt, dass er ehrlich zugemessen hat. Im letzten Teil des Textes behandelt Cato schließlich die *effusio vini*. Lagerplatz im Weinkeller des Produzenten gewährt dieser bis zu den ersten Kalenden des Oktobers des Folgejahrs. Hat der Käufer den Wein bis dahin nicht aus den *dolia* des Produzenten entfernt, kann, so Cato, der Herr mit dem Wein tun, was er will. Im letzten Satz verweist Cato hinsichtlich der übrigen Vertragsbedingungen auf den Verkauf von Oliven am Baum[489].

b) Vorleistungspflicht?

In unserer Arbeitsdefinition des Weinkaufs waren wir davon ausgegangen, dass für das Weingeschäft ein Auseinanderfallen von Leistung und Gegenleistung typisch war. Für eine Auktion gilt grundsätzlich, dass der Weinverkäufer noch auf dem *forum vinarium* vom *argentarius* ausbezahlt wird, er aber erst zu einem späteren Zeitpunkt den Wein leisten muss[490].

---

damit diesen Schüttverlust, vgl. Jakab, Risikomanagement p. 55; Harder, FS Bärmann p. 23.

488 Vgl. ibidem p. 56; Pennitz, TR 62 p. 257; Cato/Thielscher, Belehrung über die Landwirtschaft p. 356.

489 Verweis auf Cato agr. 146, in dem Cato detailliert u.a. Preisbildung und Zahlungsmodalitäten bespricht.

490 Vgl. Bürge, ZRG RA 104 p. 481.

In diesem Fragment wurde der Kaufpreis im Rahmen der Auktion jedoch pro *culleus* bestimmt[491]. Die verkaufte Menge Weines musste durch Zumessung erst noch ermittelt werden, sodass erst zu diesem Zeitpunkt der genaue Kaufpreis feststand[492]. Aus diesem Grund kann der Weinverkäufer nicht bereits auf dem *forum vinarium* vom *argentarius* ausbezahlt worden sein[493]. Stattdessen wurde der Kaufpreis durch Zumessung festgestellt und anschließend[494] wahrscheinlich von einem *coactor* beim Käufer eingetrieben[495].

Damit können wir bei Cato agr. 148 zwar kein für andere Weintransaktionen typisches Auseinanderfallen von Leistung und Gegenleistung nachweisen. Stattdessen wird mit der Zumessung des Weines auch der Kaufpreis fällig. Allerdings ist der Vertragsschluss im Rahmen der Auktion dem Leistungsaustausch zeitlich vorgelagert, sodass der Weinverkäufer, genau wie bei den anderen typischen Verkaufsmodellen, seine Produktion zu einem früheren Zeitpunkt abgesichert hat[496].

Der Zeitpunkt der Fälligkeit des Kaufpreises wirkt sich auch auf das Interessengefüge bei der *effusio vini* aus. Ein Weinverkäufer, der den Wein weggießt, hat den Kaufpreis bereits erhalten. Für ihn

---

491 Vgl. Jakab, Risikomanagement p. 66.

492 Cato agr. 148: *Quod admensus erit, pro eo resolvito.* Mit dieser Lesart auch Platschek, Rg 18 p. 230.

493 Anders aber Jakab, Risikomanagement p. 54.

494 Dass der Käufer mit einer größeren Silbermenge auf das Weingut des Verkäufers gereist ist, um den Kaufpreis bei der Zumessung selbst zu begleichen, erscheint wenig praktikabel.

495 Vgl. Thielmann, Römische Privatauktion p. 107, nach dessen Ansicht die *centesima* auf die Beteiligung eines Bankiers schließen lasse. Anders aber Talamanca, der nur bei Cato agr. 150 von der Beteiligung eines *coactors* ausgeht: *Ex quo die lunam et agnos vendat menses X ab coactore releget.* Für Cato agr. 146 und den hierauf verweisenden cap. 148 geht Talamanca davon aus, dass die dem Kaufpreis zugezahlte *centesima* die infolge der Auktion entstandenen Mehraufwendungen des *dominus* decken sollte. Hierauf aufbauend kommt Talamanca zum Ergebnis, der Kaufpreis sei kreditiert und vom Käufer stipuliert worden, vgl. Idem, vendite all'asta pp. 111f. Hiergegen wendet Thielmann zurecht ein, dass die *centesima* als Kompensation für die Unkosten der Auktion zu schematisch erscheine, für den *argentarius* hingegen, der einen Gewinn erzielen möchte, mehr Sinn ergebe, vgl. Idem, Römische Privatauktion p. 46.

496 Insbesondere werden die Modalitäten des Vertragsschlusses in das Geschäftsbuch des *argentarius* eingetragen und waren so dem Beweis zugänglich, vgl. Jakab, Risikomanagement p. 54; Bürge, ZRG RA 104 pp. 510ff.

ist die Preisgabe des Weines also mit keinerlei Risiken verbunden. Wäre der Kaufpreis noch nicht beglichen, würde eine Ausgießung mit aller Wahrscheinlichkeit unterbleiben, da der Verkäufer zumindest noch das Insolvenzrisiko des Käufers trägt. Mit einer übereilten *effusio* könnte sich der Verkäufer also selbst schaden[497].

c) Zumessung und Lagerung in Cato *agr.* 148

Der Wein befindet sich zum Zeitpunkt der Weinausgießung bereits seit neun Monaten zugemessen und bereit für den Abtransport im Keller des Verkäufers. Dieser lange Zeitablauf wird in der Literatur bisweilen als schuldhafter Verzug des Weinkäufers angesehen[498].

In Cato agr. 148 ist allerdings davon die Rede, dass der Gutsherr Lagerraum für den Wein bis zum nächsten 1. Oktober gewährt[499]. Somit verhält sich der Käufer, auch wenn er den Wein bis zu diesem Zeitpunkt nicht beim Produzenten abholt, vertragskonform. Deshalb scheint der Begriff des Annahmeverzugs für die Zeit von Januar bis Oktober nicht recht zu passen. Erscheint der Käufer im Cato-Text nicht wie vereinbart zur Zumessung, stellt dies zweifellos eine Obliegenheitsverletzung dar, die von Cato sogar als unterbliebene Annahme – *non acceperit* – qualifiziert wird[500]. Das Nichterscheinen des Käufers zur Zumessung führt allerdings nicht zur Gestattung der *effusio vini*, sondern nur dazu, dass der Weinverkäufer die Zumessung alleine vornehmen darf.

Um die von Cato für zulässig befundene *effusio vini* besser nachvollziehen zu können, bedarf insbesondere der letzte Teil des Fragments weiterer Klärung. Verkauft wird *vinum in doliis*, also solcher Wein, der, zumindest ägyptischen Papyri zufolge, bis zur Abholung in den Gärfässern verblieb[501]. Andererseits beschreibt Cato, wie der Wein im Januar in Abwesenheit des Käufers zugemessen und bis Oktober im Weinkeller des Produzenten gelagert wird. Wurde der Wein in diesem Fall im Rahmen der Zumessung

497 So auch Jakab, ZRG RA 116 p. 101 in Bezug auf D. 18,6,1,3.

498 Insbesondere belege die Tatsache, dass der Käufer neun Monate lang keinen Gebrauch von seiner Abholmöglichkeit mache, eindeutig, dass ein schuldhafter Verzug vorliege, vgl. Reetz, TR 83 pp. 404f.; Apathy, ZRG RA 101 p. 200.

499 Cato agr. 148,2: *Locus vinis ad K. Octobres primas dabitur.*

500 Cato agr. 148,2: *Vinum accipito ante K. Ian. primas. Si non ante acceperit, dominus vinum admetietur.*

501 Vgl. Kruit, ZPE 90 p. 273.

aus den *dolia* entnommen und in andere Gemäße gefüllt? Oder gab der Weinproduzent den Wein wieder zurück in das *dolium*[502]? Aufschluss hierüber gibt uns Cato selbst mit CATO agr. 154, einem Fragment, in dem die Zumessung genau beschrieben wird.

> CATO agr. 154: *Vinum emptoribus sine molestia quo modo admetiaris. Labrum culleare illae rei facito. Id habeat ad summum ansas IIII, uti transferri possitur. Id imum pertundito; ea fistulam subdito, uti opturarier recte possit; et ad summum, qua fini culleum capiet, pertundito. Id in suggestu inter dolia positum habeto, uti in culleum de dolio vinum salire possit. Id inpleto, postea obturato.*

Sofort im ersten Satz erkennen wir, dass das Zumessen des Weines mit einigem körperlichen Aufwand verbunden war. So beginnt Cato das Fragment mit dem Hinweis, dass Wein folgendermaßen unbeschwerlich, *sine molestia*, zugemessen werde. Man benötigt ein sogenanntes *labrum culleare*, eine Wanne oder Becken, das genau einen *culleus* fasst[503]. Cato schlägt vor, diese Wanne bei der Zumessung zwischen die *dolia* zu stellen. Anschließend wird der Wein aus dem *dolium* geschöpft und entweder auf die Gefäße des Käufers verteilt oder gegebenenfalls durch das unten am *labrum culleare* befindliche Auslaufrohr zurück in das *dolium* gegossen[504]. Sinn dieses Verfahrens war es, genau festzustellen, wie viel Wein sich im jeweiligen Fass befand, da sich das Fassungsvermögen der handgefertigten *dolia* erheblich voneinander unterscheiden konnte[505]. Wenn, wie bei CATO agr. 148, nach der Zumessung eine Aufbewahrung des Weines in den Lagerräumen des Produzenten vertraglich eingeräumt wurde, füllte dieser den Wein nach der Zumessung wohl in eigene kleinere Gefäße (*urnae*) um und lagerte den Wein in seinem Weinkeller. Wahrscheinlich haben

502 Nach ägyptischer Praxis verblieb Wein beispielsweise bis zu seinem Konsum in Gärfässern, vgl. KRUIT, ZPE 90 p. 273.

503 Das *labrum culleare* wird in CATO agr. 155 genau beschrieben: Oben soll es vier Griffe haben, sodass es transportiert werden kann. Unten hat das *labrum culleare* ein Loch, hierunter wird ein verschließbares Rohr angebracht. Ferner hat die Wanne eine Art Überlauf, sodass nur genau ein *culleus* Wein aus dem *dolium* herausgeschöpft werden kann.

504 Vgl. auch JAKAB, Risikomanagement p. 64. Dies setzt voraus, dass der Gutsherr entweder über weitere *dolia* verfügte oder sich weniger als ein *culleus* Wein im Fass befand.

505 Vgl. MAU, August: Dolium. Reihe 1, Vol. 5,1: Demogenes–Donatianus. Stuttgart 1903 coll. 1284–1286, bes. 1285.

die jeweiligen Käufer nur in den wenigsten Fällen den gesamten Wein sofort abtransportiert. Da ihre Lagermöglichkeiten regelmäßig nicht an die des Weinproduzenten heranreichten, liegt nahe, dass nur der Wein sofort abtransportiert wurde, der für den sofortigen Konsum bestimmt war[506]. Hieraus folgt, dass die Weinausgießung nicht die gesamte verkaufte Menge betreffen musste, sondern regelmäßig lediglich eine nicht beim Verkäufer abgeholte Teilmenge.

d) Verschulden bei Cato

Vor diesem Hintergrund erscheint ein in der Literatur teilweise vertretener, etwa neun Monate andauernder Annahmeverzug[507] fernliegend. Aus der Betrachtung der *realia* ergeben sich allerdings Anhaltspunkte für die Relevanz eines Verschuldens im Cato-Text.

Vergegenwärtigt man sich die konkrete Situation aller Beteiligten zum Zeitpunkt der *effusio vini*, erscheinen andere Motive weitaus bedeutender als ein, wie auch immer geartetes, Verschuldenselement. Wie bereits erörtert, musste es dem Weinproduzenten in erster Linie darum gehen, eine drohende Blockade seiner Produktionsstätte abzuwenden. Hierfür spricht auch der Zeitpunkt, ab dem der Verkäufer den Wein gemäß Cato nicht mehr vorhalten muss. Anfang Oktober waren die Trauben der nächsten Ernte gelesen und mussten in den *dolia* weiterverarbeitet werden[508]. Erst zu diesem Zeitpunkt stellt Cato fest, dass der Gutsherr mit dem Wein tun kann, was er möchte[509].

Zudem handelte es sich bei Fasswein um Wein von mittlerer Qualität und geringerer Haltbarkeit. Solcher Wein wurde üblicherweise im Jahr nach seiner Reife getrunken[510]. Seine volle Reife

---

506 Vgl. Jakab, Risikomanagement pp. 64ff.

507 Vgl. Reetz, TR 83 pp. 404f.; Apathy, ZRG RA 101 p. 200.

508 Die Weinlese fand in Italien überwiegend im September statt, vgl. Jakab, Risikomanagement pp. 15, 71.

509 Eine parallele Entscheidung findet sich auch in Cato agr. 147, in der es um den Verkauf von Wein am Rebstock geht. Hier keltert der Käufer den Wein also selbst. Der Gutsherr gewährt, wie schon in Cato agr. 148, Lagerraum für den Wein bis zu den Kalenden des Oktobers; danach kann der Gutsherr mit dem Wein tun, was er möchte. Auch hier muss der Käufer die Fässer also spätestens bis zur nächsten Ernte leeren.

510 Vgl. Jakab, Risikomanagement p. 49.

erreichte neu gekelterter Wein etwa im Januar[511], für diesen Zeitpunkt sieht Cato auch die Zumessung vor. Wird der Wein im Oktober, also neun Monate später, ausgegossen, so ist dieser Wein ohnehin nicht mehr lange haltbar. Er war dazu bestimmt, in den Monaten nach der Zumessung verzehrt zu werden, dies ist jedoch bis Oktober nicht geschehen. Wenn der Weinproduzent also zur *effusio vini* schreitet, geht hierbei nur Wein verloren, der ohnehin demnächst verdürbe. Aus diesem Grund liegt es aus Sicht des Weinproduzenten nahe, dass an dem weggegossenen Wein kein erhebliches Interesse mehr besteht. Dieser Umstand ist viel entscheidender für eine die *effusio vini* rechtfertigende Interessenlage als die Frage, ob sich der Weinkäufer schuldhaft in Verzug befindet. Vermutlich auch aus diesem Grund findet sich bei Cato nicht die sonst typische Umschreibung des Verschuldens bei Verzug mit *per … stare quo minus*[512]. Daher ist zweifelhaft, ob ein Ins-Zentrum-Stellen des Verschuldenselementes dem Inhalt des Fragments gerecht wird[513].

III. Zuschnitt und Ausrichtung des Weingutes ohne Auswirkung auf das Interessengefüge

Möglicherweise haben Größe, Ausrichtung und wirtschaftlicher Erfolg des Weingutes das oben skizzierte Interessengefüge zwischen Weinproduzenten und -käufern bei der *effusio vini* beeinflusst oder verändert. Hinsichtlich ihrer Größe und Produktivität bestanden bei römischen Weingütern mitunter erhebliche Unterschiede. Diese Unterschiede reflektierten den wirtschaftlichen Erfolg und Profit des Landgutes[514]. Wie gezeigt werden konnte, ergab sich das Interesse des Verkäufers, bei Gläubigerverzug den Wein wegzugießen,

511 Vgl. Jakab, Risikomanagement pp. 63, 126, 144. Griechischen Quellen zufolge erreichte der Wein erst ab dem Monat *Tybi* (Dezember–Januar) seine volle Reife und galt erst zu diesem Zeitpunkt als fertiges Produkt.

512 D. 45,1,91,3, wo diese Wendung von den *veteres* mit *culpa* gleichgesetzt wird. Vgl. zur Wendung *per … stare quo minus* ferner Apathy, ZRG RA 101 p. 194; Kaser, Max: Mora. Reihe 1, Vol. 16,1: Molatzes–Myssi. Stuttgart 1933 coll. 254ff.; Lohsse, Sebastian: §§ 286–292 Verzug des Schuldners. In: Rückert, Joachim/Schmöckel, Mathias/Zimmermann, Reinhard (edd.): In: Historisch-kritischer Kommentar zum BGB. Vol. 2,1. Tübingen 2007 pp. 1312ff.

513 Anders noch Reetz, TR 83 pp. 404f.

514 Vgl. Rossiter, J. J.: Roman farm buildings in Italy. Vol. 52. Oxford 1978 p. 5.

daraus, dass er aufgrund der Limitierung seiner Produktionsmittel zum Zeitpunkt der Ernte auf alle seine *dolia* angewiesen war. Bei Landgütern sehr großen Zuschnittes erscheint dieser Aspekt allerdings nicht von vornherein selbstverständlich. War ein Großgrundbesitzer, der über Hunderte Fässer verfügte, tatsächlich auf jedes einzelne Fass angewiesen, oder konnte er auf einige wenige verzichten? Im folgenden Abschnitt soll daher überprüft werden, ob die für die rechtliche Einordnung der *effusio vini* entscheidende Limitierung der Produktionsmittel unabhängig von Größe, Zuschnitt und Ausrichtung des Weingutes festgestellt werden kann.

1. Betriebliche Unterschiede am Beispiel Pompeji

Die noch erhaltenen Weingüter in und um Pompeji belegen, dass verschiedene Typen der *villa rustica* nebeneinander existierten[515]. Aufgrund der vulkanischen Erde war die Gegend um Pompeji besonders fruchtbar und bot sich insbesondere für profitorientierte landwirtschaftliche Bodennutzung wie intensiven Weinbau an. Pompeji war somit Schauplatz intensiver industrieller Tätigkeit[516]. Wie unterschiedlich diese *villae rusticae* waren, zeigt exemplarisch die Anzahl der *dolia*. So verfügte die größte Villa im Raum Pompeji über 84 *dolia*, die kleinste nur über 18 solcher Gefäße[517]. Ein Vergleich der in und um Pompeji gelegenen *villae rusticae* zeigt außerdem, dass es sich bei den größten Villen auch gleichzeitig um die spezialisiertesten Landgüter handelte. Nur bei den großen Villen finden wir eine ausschließliche Konzentration auf Wein- oder Ölproduktion. Untersuchungen der Räumlichkeiten innerhalb der *villae rusticae* zeigten auch, dass bei auf Wein oder Öl spezialisierten Unternehmen der Inhaber nicht oder jedenfalls nicht ständig auf dem Weingut lebte, sondern die Produktion auf Sklaven übertragen war. Kleinere Unternehmen, bei denen ein sich selbst versorgender Landwirt das Landgut führte, mussten deshalb neben Wein oder Oliven auch der Selbstversorgung dienende Produkte wie Bohnen

---

515 Vgl. Rossiter, Roman farm buildings p. 14.

516 Vgl. Carrington, Roger Clifford: Studies in the Campanian ›Villae Rusticae‹. In: Villae Rusticae (1931) pp. 110–130, bes. 130.

517 Vgl. De Simone, Girolamo Ferdinando: The Agricultural Economy of Pompeii. Surplus and Dependence. In: Flohr, Miko / Wilson, Andrew (edd.): In: The Economy of Pompeii. Oxford 2017 pp. 23–52, bes. 26 tab. 1.5.

und Getreide anbauen[518]. In den lateinischen Quellen spiegeln sich diese im Raum Pompeji vorgefundenen Unterschiede der einzelnen Weingüter in Größe und Zuschnitt wider[519]. Cato empfiehlt beispielsweise Weinfässer mit einem gesamten Fassungsvermögen von 800 *cullei*[520] anzuschaffen, in denen der Wein von fünf aufeinanderfolgenden Ernten gelagert werden konnte[521] und zeichnet so das Bild eines profitorientierten, auf Wein oder Öl spezialisierten Großunternehmens[522]. Auch Varro teilt – insoweit auf Cato verweisend – diese Einschätzung und empfiehlt die Anschaffung von *dolia* mit einem Fassungsvermögen von insgesamt 800 *cullei*. Ein Weingut ähnlicher Größenordnung schwebte auch Columella vor, der in seinen *rei rusticae* das Fassungsvermögen aller auf dem Landgut befindlichen Fässer mit 600 *cullei* beziffert.[523] Demgegenüber ist in D. 18,1,60, D. 19,1,26 und D. 19,1,54,1 von Weingütern mit sechzig bis hundert Fässern die Rede, sodass wir hier im Vergleich zu Cato[524] deutlich kleinere Weingüter vorfinden.

2. *Auswirkungen betrieblicher Unterschiede*

Angesichts dieser gravierenden Unterschiede bei den einzelnen Weingütern stellt sich die Frage, ob die Interessen des Weinverkäufers bei der *effusio vini* sich je nach Größe des Weingutes unterschieden. Trotz der bisweilen ganz unterschiedlichen

518 Vgl. CARRINGTON, Villae Rusticae pp. 110f., 123f.

519 Vgl. insoweit HILGERS, Lateinische Gefäßnamen p. 175 mit einer Liste aller Quellen, die Aufschluss über die Größe eines *dolium* geben.

520 *DCCC cullei* entsprechen einem Volumen von 4200 hl, vgl. FLACH, HAW III,9 pp. 189f.

521 Vgl. CATO agr. 11,1.

522 Vgl. UNWIN, Tim: Wine and the vine: an historical geography of viticulture and the wine trade. London et al. 1991 p. 102. Laut UNWIN ist dies ein Beleg dafür, dass sich die Landwirtschaft von einer anfänglichen, auf Weizen konzentrierten Subsistenzwirtschaft zu einer auf Gewinnerzielung gerichteten Wirtschaft gewandelt hat, in der Wein und Oliven an Bedeutung gewannen.

523 Vgl. COLVM. 12,18,7.

524 Das Fassungsvermögen eines einzelnen *dolium* konnte je nach Weingut stark unterschiedlich ausfallen. Bisweilen liefern Inschriften auf den *dolia* Aufschluss über ihr Fassungsvermögen. MAU liefert Beispiele von *dolia* mit einem Fassungsvermögen von etwa 1–2 *cullei*, bisweilen wurde ein Fassungsvermögen von umgerechnet zwei *cullei* angestrebt (28 Artaben bzw. 43,5 Amphoren), vgl. IDEM, RE I.5,1 s.v. ›*dolium*‹, 1285f. Bei Fässern mit einem Gesamtinhalt von 800 *cullei* (vgl. CATO agr. 11,1) käme man bei einem Fassungsvermögen eines einzelnen *doliums* von 1,5 *cullei* auf über 500 Fässer.

Ausrichtung eines Weingutes blieb die oben schon festgestellte Begrenztheit der Produktionsmittel charakteristisch für jede *villa rustica*. Egal wie groß oder profitorientiert ein Weingut war, blieb die Anzahl der *dolia* begrenzt, neue Fässer konnten im Bedarfsfall nur schwer beschafft werden. Deswegen kalkulierte jeder Weinproduzent mit seinen verfügbaren Fässern. Ein kleines Landgut produzierte weniger Wein, verfügte aber auch über weniger Fässer, sodass im Fall einer Nichtabholung des Weines nicht auf andere Fässer ausgewichen werden konnte und eine Blockade der Produktionsstätte drohte. Ein profitorientiertes Großunternehmen hatte zwar mehr Fässer zur Verfügung, produzierte aber auch mehr Wein, sodass auch hier kein Überschuss an Fässern bestanden haben wird. Gerade für ein profitorientiertes Agrarunternehmen wäre ein solches Vorhalten von Fässern wirtschaftlich schädlich und damit untragbar.

Damit können wir feststellen, dass sich die betrieblichen Unterschiede einzelner Weingüter nicht auf das Interessengefüge zwischen Weinproduzent und Weinkäufer auswirkten. Die *dolia* waren als Produktionsstätte des Weinherstellers ungeachtet der Ausrichtung des Weingutes unerlässlich und so wertvoll, dass ein Vorhalten zusätzlicher *dolia* regelmäßig nicht in Betracht kam.

IV. Zusammenfassung

Die Einordnung der *effusio vini* in ihren lebenstatsächlichen Kontext ermöglicht uns ein umfassenderes Verständnis dieses Rechtsinstituts. Wir konnten zeigen, dass die *dolia* als Gärfässer für die Herstellung neuen Weines unabdingbar waren. Hieraus resultierte ein übergeordnetes Interesse des Verkäufers an einer rechtzeitigen Abnahme des Weines, damit es nicht zu einer Blockade seiner Produktionsstätte kam. Die Betrachtung von Herstellung, Größe und Transportfähigkeit der *dolia* konnte zudem zeigen, dass eine kurzfristige Beschaffung anderer Gärfässer und damit Ausweitung der Kapazitäten für den Verkäufer nicht praktikabel war. Gerade vor dem Hintergrund großer und effizienter Agrarunternehmen, wie beispielsweise von Cato beschrieben, war zu erwarten, dass hier erst recht kein Spielraum im Hinblick auf die Belegung der *dolia* bestand. Der Produzent kalkulierte vielmehr damit, dass seine *dolia* zu einem genau definierten Zeitpunkt geleert sein würden. Unsere Betrachtungen konnten damit zeigen, dass die Weinausgießung für den Verkäufer ein praktikables und sicheres Mittel war, um eine drohende Blockade seiner Produktionsstätten abzuwenden, ohne dass er in Bezug auf den Kaufpreis gravierende finanzielle Risiken auf sich nehmen musste. Ferner konnte gezeigt werden, dass die *effusio vini* für den Weinkäufer keine extrem harte und unzumutbare Sanktion des Annahmeverzuges darstellte. Vielmehr bezog sich die Weinausgießung regelmäßig auf Fasswein von geringerer Haltbarkeit und mittlerer Qualität. Damit hielt sich auch der Schaden für den Käufer in Grenzen.

Im Ergebnis erschien die *effusio vini* somit als eine dem wechselseitigen Interessengefüge gerecht werdende Rechtsfolge, die keine Partei einseitig benachteiligte oder übervorteilte.

§ 2 *Effusio vini:* Leisten oder Löschen?

Die Beleuchtung der lebenstatsächlichen Umstände der *effusio vini* veranschaulichte das bei Annahmeverzug bestehende Interessengefüge von Weinkäufer und -produzent. Dies soll den Ausgangspunkt für eine juristische Beleuchtung der Weinausgießung bilden. Wie schon eingangs angedeutet, erscheint die *effusio vini* zwar als eine den wechselseitigen Interessen gerechte, aber doch untypische Verzugsfolge. Der Verkäufer darf letztlich eine auf den Untergang der Sache gerichtete Handlung vornehmen, während der Käufer die Sach- und Preisgefahr trägt[525]. Der Weinverkäufer wird nicht etwa angehalten, den Wein zu verwahren und auf Aufwendungs- oder Schadensersatz verwiesen[526], sondern er bekommt mit der Befugnis zur *effusio vini* ein ungewöhnlich weitgehendes Recht. Dies wirft auch haftungsrechtliche Fragen auf. Obwohl der Schuldner normalerweise während des Gläubigerverzugs für Vorsatz haftet, wird dem Weinverkäufer die mit der Ausgießung unweigerlich verbundene Vernichtung des Weines ausdrücklich gestattet[527].

Wie gezeigt werden konnte, ließ sich die *effusio* insbesondere damit erklären, dass der Weinproduzent eine Blockade seiner Produktionsstätten abwenden konnte und ohnehin nur Wein verloren ging, der nur noch begrenzte Zeit haltbar war. Ausgehend vom Interessengefüge könnte man die *effusio vini* als eine Art Selbsthilferecht zur Beseitigung des nicht abgeholten, überzählig gewordenen Weines einordnen. Zweifellos hatte die *effusio* für den Weinproduzenten in erster Linie die Funktion, noch belegte Fässer für die kommende Weinlese zu löschen.

---

525 KASER, RP I pp. 431f.

526 Anders nur D. 18,1,6,3, vgl. dazu Zweiter Hauptteil der vorliegenden Untersuchung, § 2, II.

527 Auch KASER hat diesen Widerspruch erkannt, versucht diesen aber mit einem anderen Verständnis von Vorsatz zu erklären: »Selbst die Preisgabe der Sache ist nicht immer *dolos;* so darf der Verkäufer, der die Fässer braucht, den verkauften Wein wegschütten.« Vgl. IDEM, RP I p. 432.

Darüber hinaus könnte man die Weinausgießung auch als gescheiterte Übergabe des nicht abgeholten Weines in Abwesenheit des Käufers betrachten. In Catos Text wurde deutlich, dass der Verkäufer jedenfalls die Zumessung alleine vornehmen kann, wenn der Käufer nicht zum vereinbarten Termin erscheint, um den Wein abzuholen. So erscheint es jedenfalls nicht fernliegend, die *effusio vini* im selben Sinne als eine gescheiterte Übergabe zu verstehen[528]. Die *effusio vini* wäre dann als Vornahme der noch ausstehenden Leistungshandlung anzusehen, bei der die Mitwirkung des Käufers in Form der Entgegennahme und des Abtransports des Weines ausbleibt. Dies führt unweigerlich zum Verlust des Weines, weil kein Käufer anwesend ist, um den Wein mit seinem Gefäß aufzufangen. Bei dieser Betrachtung erschiene die Weinausgießung nicht als vorsätzliche Zerstörung der Kaufsache, sondern eher als Verlust des Vertragsgegenstandes infolge einer unterlassenen Mitwirkung des Käufers.

In diesem Abschnitt sollen deshalb die Quellen auf die Frage hin untersucht werden, ob es sich bei der Weinausgießung um eine übergabeähnliche Leistungshandlung ohne Mitwirkung des Käufers handelt. Hierzu muss geklärt werden, ob die Bereitstellung des Weines bei Abholung durch den Käufer überhaupt eine Leistungshandlung darstellt. Nur wenn man die stoffliche Übergabe des Weines mit Abtransport des Käufers als *traditio* versteht, lässt sich die *effusio vini* als gescheiterte Übergabe interpretieren. Ist der Weinverkäufer hingegen bereits bei Zumessung von seiner Leistungspflicht frei geworden, kann die Ausgießung nicht mit einer einseitig vorgenommenen Leistungshandlung gleichgesetzt werden. Eine weitere Hilfsüberlegung wird darin bestehen, ob – so wie der Verkäufer zur Übergabe verpflichtet war – auch eine Verpflichtung zur *effusio vini* bestanden haben könnte.

I. Cato agr. 148 – Weinausgießung bei Cato

Bei Cato wird vereinbart, dass der Wein vor den ersten Kalenden des Januars abgenommen wird. Geschieht dies nicht, darf der Produzent den Wein in Abwesenheit des Verkäufers zumessen. Lagerplatz im Weinkeller des Produzenten gewährt dieser bis zu

528 Nach diesem Verständnis Benítez López, Venta di vino pp. 150f.

den ersten Kalenden des Oktobers. Hat der Käufer den Wein bis dahin nicht aus den *dolia* des Produzenten entfernt, kann der Gutsherr mit dem Wein tun, was er will.

Bei Cato wird der Wein mit der Zumessung tradiert, wenn der Käufer, wie vereinbart, auf dem Weingut erscheint[529]. So wird das juristisch relevante Verb *accipere* mit der Zumessung in Verbindung gebracht: *Vinum accipito ante K. Ian. primas. Si non ante acceperit, dominus vinum admetietur*[530]. Mit der Zumessung kann der Weinproduzent auch den Kaufpreis fordern: *Quod admensus erit, pro eo resolvito.* Zu diesem Zeitpunkt kann der Weinproduzent nach hier vertretener Auffassung den Kaufpreis vom *coactor* eintreiben lassen. Der Käufer wird mit der Zumessung schon den Teil des Weines mitgenommen haben, der für den sofortigen Verbrauch oder Weiterverkauf bestimmt war[531]. Geht es um den Abtransport des übrigen zugemessenen und im Keller des Produzenten lagernden Weines, ist bei Cato hingegen untechnisch von *deportare* die Rede. In diesem Aspekt weist der Cato-Text eine starke Ähnlichkeit zur Vertragsabwicklung in graecoägyptischen Papyri auf. Sowohl in den Papyri als auch bei Cato wird der Weinkäufer bei vertragskonformem Verhalten bereits mit Zumessung Eigentümer, der Wein lagert jedoch, nachdem er zugemessen wurde, noch einige Monate beim Verkäufer[532]. Für die Ausgießung bei Cato lässt sich somit keine rechtliche Verwandtschaft von *effusio* und *traditio* feststellen: Die *effusio vini* ersetzt nicht die Übergabe des verkauften Weines. Vielmehr war der Wein regelmäßig, wenn der Verkäufer den nicht abgeholten Wein ausgoss, bereits durch Zumessung tradiert.

Zum anderen befindet sich der Wein, wenn der Weinproduzent im Cato-Text zur Ausgießung schreitet, nicht mehr im *dolium*. Nachdem der Wein in Abwesenheit des Käufers zugemessen wurde, entnimmt der Produzent nach hier vertretener Ansicht den Wein aus dem Gärfass und lagert diesen regelmäßig in kleineren Gefäßen im Weinkeller ein[533]. Eine Ausgießung bei Cato wäre deshalb nicht

529 Erscheint der Käufer nicht zur Zumessung auf dem Weingut, kommt es zwar nicht zum Eigentumsübergang, allerdings darf der Verkäufer durch Zumessung in Abwesenheit des Käufers den Übergang der Sach- und Preisgefahr herbeiführen. Damit kann er zu einem späteren Zeitpunkt die Weinfässer gefahrlos ausleeren.

530 So auch Jakab, Risikomanagement p. 64.

531 Vgl. ibidem p. 65.

532 Vgl. Kruit, ZPE 90 pp. 274ff.

533 Vgl. Jakab, Risikomanagement pp. 64ff.

gleichbedeutend mit einer Entnahme des Weines aus den *dolia* und würde auch nur bedingt einer Übergabehandlung ähneln. Stattdessen würde der Verkäufer die im Weinkeller lagernden und mit dem verkauften Wein gefüllten *urnae* ausleeren.

Auch finden wir im Text keine Anhaltspunkte für eine Pflicht zur *effusio vini*. Eine solche Pflicht würde sich ergeben, wenn die *effusio* rechtlich einer Übergabe entspräche. Insbesondere der Passus *si ante non deportaverit, dominus vino quid volet faciet*, spricht gegen eine solche Pflicht zur Ausgießung. Im Text ist überhaupt zum einen nicht ausdrücklich von Weinausgießung die Rede, der Weinproduzent könnte also nach dem Wortlaut des Textes den Wein behalten oder verschenken. Jedenfalls ist der Weinproduzent bei Cato frei darin, zu entscheiden, was er mit dem Wein tut, um sein Platzproblem zu lösen. Die *effusio vini* wird hier also als rein praktisches Löschen der Fässer dargestellt und nicht als eine Handlung, in der gewissermaßen symbolisch die letzte Leistungshandlung vorgenommen wird.

Einen weiteren Anhaltspunkt für ein rein tatsächliches Verständnis der *effusio vini* liefern unsere Beobachtungen hinsichtlich des Vertragsgegenstandes, also Fasswein. In Bezug auf die bei der Ausgießung von Fasswein typischerweise vorliegende Interessenlage konnten wir feststellen, dass im Cato-Text der Wein sich dem Ende seiner Haltbarkeit nähert. Er war dazu bestimmt, direkt im ersten Jahr nach seiner Reife getrunken zu werden[534]. Von diesem Jahr sind bereits neun Monate verstrichen, ohne dass der Wein angerührt wurde. Aus Sicht des Weinproduzenten bestand deshalb Grund zur Annahme, dass der Weinkäufer kein großes Interesse mehr am Wein hatte. Neben die Tatsache, dass die für die Herstellung neuen Weines unentbehrlichen Fässer blockiert sind, tritt also der Umstand, dass der Wein, der sich noch in den *dolia* befindet, alter, nicht mehr lange haltbarer Wein ist. Der Wein wird also vom Produzenten zum einen weggegossen, weil dieser seine *dolia* wieder für neuen Wein benötigt, zum anderen aber auch, weil eine noch wesentlich längere Verwahrung dieses Weines ökonomisch nicht sinnvoll war.

Demnach erscheint uns die *effusio vini* bei Cato als eine eher vom praktischen Verständnis eines Weinproduzenten geprägte Rechtsfigur. Dafür, dass die Weinausgießung eine einseitige Übergabehandlung darstellt, finden sich bei Cato hingegen keine Anhaltspunkte.

---

534 Vgl. Jakab, Risikomanagement p. 49.

II. D. 18,6,1,3 – Weinausgießung bei Ulpian

Möglicherweise ergeben D. 18,6,1,3 und 4 als juristische Texte ein anderes Bild auf den juristischen Gehalt der *effusio vini*.

> D. 18,6,1,3 (Ulp. 28 ad Sab.): *Licet autem venditori vel effundere vinum, si diem ad metiendum praestituit nec intra diem admensum est. Effundere autem non statim poterit, priusquam testando denuntiet emptori, ut aut tollat vinum aut sciat futurum, ut vinum effunderetur. Si tamen, cum posset effundere, non effudit, laudandus est potius: eapropter mercedem quoque doliorum potest exigere, sed ita demum, si interfuit eius inania esse vasa in quibus vinum fuit (veluti si locaturus ea fuisset) vel si necesse habuit alia conducere dolia. Commodius est autem conduci vasa nec reddi vinum, nisi quanti conduxerit ab emptore reddatur, aut vendere vinum bona fide: id est quantum sine ipsius incommodo fieri potest operam dare, ut quam minime detrimento sit ea res emptori.*

1. *Inhalt des Fragments*

In D. 18,6,1,3 äußert sich Ulpian über die *effusio vini*. Direkt zu Beginn des Fragments erfolgt der Hinweis, dass es dem Verkäufer unter bestimmten Bedingungen gestattet ist, Wein auszugießen. Welche Bedingungen dies sind, erläutert Ulpian sogleich: Ein Ausgießen ist erlaubt, wenn der vertraglich vereinbarte Termin zur Zumessung verstreicht, ohne dass eine Zumessung vorgenommen wurde. Und auch dann könne die Weinausgießung nicht sofort vorgenommen werden, sondern erst, nachdem der Weinverkäufer dem Käufer vor Zeugen angekündigt hat, dass der Wein demnächst ausgegossen werde, wenn der Käufer diesen nicht mitnimmt. Gieße der Verkäufer den Wein, obwohl er könnte, nicht aus, sei dieser zu loben, urteilt Ulpian. Dann zeigt er andere Möglichkeiten für den Weinverkäufer auf, der (drohenden) Blockade seiner Produktionsstätte zu begegnen. So könne er Geld für die Fässer verlangen, als wären diese vermietet worden, aber nur dann, wenn er tatsächlich ein Interesse daran hat, dass die Fässer geleert werden oder der Weinverkäufer andere Fässer anmieten musste. Am bequemsten sei es nach Ulpian aber, entweder andere Fässer für den Wein anzumieten und den Wein zurückzuhalten, bis der Weinkäufer die Kosten der Fassmiete ersetzt habe, oder den Wein *bona fide* zu verkaufen. Dies bedeutet, der Weinhändler solle soviel Arbeit aufwenden, wie er kann, ohne selbst einen Nachteil zu erleiden, sodass dem Käufer so wenig Schaden wie möglich entsteht. Der Verkäufer erhält somit die Möglichkeit, den Kauf auf Rechnung des Käufers zu veräußern[535].

2. *Überarbeitungsspuren im Text*

Bereits beim ersten Lesen erscheint das Fragment in Bezug auf die *effusio vini* widersprüchlich und wirft daher Fragen auf. Mit dem Passus *si tamen, cum posset effundere, non effudit, laudandus est potius* beginnt ein neuer Sinnabschnitt, in dem die Möglichkeit der zunächst für zulässig befundenen Weinausgießung wieder relativiert wird. Man erhält im zweiten Teil des Textes den Eindruck, als wolle Ulpian dem Fragesteller von einer Weinausgießung eher abraten. Dies ist deshalb überraschend, weil der Weinverkäufer sich vorher bereits durch Androhung vor Zeugen rechtlich abgesichert hat. Auch die Aussage *laudandus est potius* ist untypisch für eine juristische Stellungnahme. Wieso soll der Weinverkäufer nicht ausgießen und sich stattdessen mit der Anmietung neuer Fässer begnügen, zumal der Fasswein nicht mehr allzu lange haltbar sein würde? So erscheint fraglich, wieso Ulpian dem Weinproduzenten nahelegt, auf die Interessen des säumigen Käufers Rücksicht zu nehmen, obwohl dieser mit seinem Annahmeverzug die Vermögensinteressen des Produzenten bedrohte. Es kann daher kaum verwundern, dass dieses Digestenfragment, insbesondere in der älteren Literatur, für interpoliert gehalten wurde[536]. So hält beispielsweise Hayman den § 3 für komplett eingeschoben und konstatiert, »das folgende Gerede sollte weder formell noch sachlich jemand dem Klassiker zutrauen.«[537] Auch Beseler hält D. 18,6,1,3–4 für in weiten Teilen interpoliert, nimmt zahlreiche Ergänzungen vor und hält lediglich Teile des ersten Satzes für echt[538].

Eine andere Strömung in der Literatur verteidigt den Text hingegen als dem Grunde nach klassisch, geht aber davon aus, dass in diesem Fragment Sätze von Sabinus einer Bearbeitung durch Ulpian

---

535 Vgl. Kaser, RP I pp. 517f. not. 41; Jakab, ZRG RA 116 pp. 72f.

536 Vgl. Mitteis, Ludwig/Levy, Ernst/Rabel, Ernst: Index interpolationum: quae in Iustiniani Digestis inesse dicuntur. Ad libros Digestorum I–XX pertinens. Vol. 1. Weimar 1929 col. 330.

537 Haymann, ZRG RA 41 pp. 112f. not. 8.

538 Vgl. Beseler, Gerhard von: Romanistische Studien. In: TR 8 (1928) pp. 279–335, bes. 294. Ähnlich auch Seckel/Levy, ZRG RA 47 p. 141, der nur einige Teile von D. 18,6,1,3 für klassisch hält.

unterzogen worden sind[539]. So schreibt Schulz nur den ersten Satz bis *effunderetur* Sabinus zu und hält den Rest des Fragments für eine Kommentierung Ulpians[540]. Hiervon ausgehend Jakab versteht das Fragment in der Weise, dass dem Text ursprünglich eine von Sabinus beantwortete Rechtsfrage zu Grunde gelegen haben könnte. Im zweiten Teil des Fragments ab *si tamen…* versucht Ulpian, den Fragesteller durch »umsichtige Überlegungen« noch weiter abzusichern[541].

Die im Fragment D. 18,6,1,3 deutlich hervortretende Ambivalenz muss also nicht auf Interpolationen zurückgeführt werden. Vielmehr kann es sich hierbei um Spuren einer Überarbeitung eines Sabinustextes durch Ulpian handeln. Mit diesem Hintergrundwissen können wir unter Berücksichtigung der verschiedenen Textstufen von der Echtheit jedenfalls der für unsere Bearbeitung entscheidenden Textteile ausgehen.

3. *Voraussetzungen der effusio vini*

Bevor wir uns der Frage, ob die *effusio* bei Ulpian rechtlich der *traditio* entspricht, widmen, soll der Text zunächst inhaltlich erschlossen werden. D. 18,6,1,3 unterscheidet sich im Hinblick auf die Voraussetzungen für eine Weinausgießung deutlich von CATO agr. 148. Als markantester Unterschied fällt ins Auge, dass bei Ulpian weder von einer neunmonatigen Lagerung des Weines die Rede ist, noch der Zeitpunkt der *effusio vini*[542] irgendeine Rolle spielt[543]. Stattdessen knüpft Ulpian – vermutlich aus Beweisgründen – die Ausgießung daran, dass dem Käufer vor Zeugen angedroht wird, dass der Wein demnächst weggegossen werde. Ferner ist bei Ulpian – anders als noch bei Cato – nicht die Rede davon, dass der Verkäufer die Zumessung in Abwesenheit des Käufers vornehmen kann.

---

539 Vgl. JAKAB, ZRG RA 116 pp. 75f.; APATHY, ZRG RA 101 p. 199 not. 38; PENNITZ, Martin: Zu den Voraussetzungen der mora accipiendi im klassischen römischen Recht. In: ZRG RA 123 (2006) pp. 152–184, bes. 162.

540 Vgl. SCHULZ, Fritz: Sabinus-Fragmente in Ulpians Sabinus-Commentar. Halle a.d.S. 1906 p. 65. IDEM zufolge ist der Sabinuskommentar grundsätzlich so aufgebaut, dass Ulpian einen von Sabinus stammenden Satz wörtlich wiedergab und daran seine eigene Kommentierung anschloss, vgl. IBIDEM p. 2.

541 Vgl. JAKAB, ZRG RA 116 pp. 75f.

542 Bei CATO agr. 148 waren dies die ersten Kalenden des Oktobers.

543 Mit diesem Verständnis auch JAKAB, ZRG RA 116 p. 80; anders aber LÜBTOW, Catos leges p. 397.

Ein besonders deutlicher inhaltlicher Zusammenhang besteht zwischen D. 18,6,1,3 und D. 18,6,1,4. In D. 18,6,1,3 erscheint der Weinkäufer nicht zum vereinbarten Termin für die Zumessung, in D. 18,6,1,4 hingegen wurde hinsichtlich der Übergabe des verkauften Weines nichts vereinbart. Ulpian behandelt vorliegend also einmal die *effusio vini* im Fall eines Termins für Zumessung und Abholung. Im Anschluss hieran bildet Ulpian einen Fall ohne eine solche Terminvereinbarung[544]. Dieser enge inhaltliche Zusammenhang zwischen beiden Fragmenten tritt noch stärker hervor, wenn man in die Betrachtung miteinbezieht, welche Teile des Fragments mutmaßlich auf Sabinus zurückgehen. Nach Schulz ist Ulpians Sabinuskommentar in der Weise aufgebaut, dass Ulpian seine Textabschnitte grundsätzlich mit einem Sabinus-Zitat beginnt, um dieses anschließend zu kommentieren. Hierbei trennt Ulpian bisweilen auch in engem Zusammenhang miteinander stehende Textabschnitte von Sabinus[545]. Hieraus folgert Schulz für D. 18,6,1,3–4, dass in D. 18,6,1,3 nur der erste Satz der Stelle Sabinus zuzuschreiben ist. In D. 18,6,1,4 hält Schulz den Textteil von *si doliare vinum* bis *effundere* für ein Sabinus-Zitat[546]. Betrachten wir also allein die mutmaßlich auf Sabinus zurückgehenden Textteile, ergibt sich folgender Text:

> D. 18,6,1,3: *Licet autem venditori vel effundere vinum, si diem ad metiendum praestituit nec intra diem admensum est*[547]. *[...]*

> D. 18,6,1,4: *Si doliare vinum emeris nec de tradendo eo quicquam convenerit, id videri actum, ut ante evacuarentur quam ad vindemiam opera eorum futura sit necessaria. Quod si non sint evacuata, faciendum, quod veteres putaverunt, per corbem venditorem mensuram facere et effundere*[548]. *[...]*

---

544 Siehe auch Pennitz, ZRG RA 123 p. 163, der aber nicht auf einen Zusammenhang zwischen beiden Paragrafen hinweist.

545 Vgl. Schulz, Sabinus-Fragmente p. 2.

546 Vgl. ibidem p. 65.

547 »Es ist dem Verkäufer sogar gestattet, den Wein auszugießen, wenn ein Termin für die Zumessung vereinbart und bis zu diesem Tag nicht zugemessen worden ist.«

548 »Wenn du Fasswein gekauft hast und wegen dessen Übergabe nichts vereinbart wurde, wird es als vereinbart angesehen, dass ausgegossen wird, bevor diese bei der Weinlese gebraucht werden. Wenn sie nicht [vom Käufer] geleert worden sind, soll der Verkäufer nach Meinung der *veteres* den Wein durch ein Korbgefäß messen und dann ausgießen.«

Sabinus stellte offensichtlich die Weinausgießung mit und ohne Termin für die Zumessung gegenüber. Im ersten Fall gestattet Sabinus die Ausgießung des Weines sofort nach Verstreichen des Termins, im zweiten Fall, wenn kein Termin vereinbart wurde, erst zum Zeitpunkt der Weinlese. In der zweiten Konstellation gilt für Sabinus der spätestmögliche Termin als vereinbart, nämlich wenn die Fässer für die kommende Ernte gebraucht werden[549]. In beiden Fällen darf nach Verstreichen dieses – tatsächlich vereinbarten oder nur fingierten – Termins der Verkäufer den Wein ausgießen. Mithin geht es Sabinus vorliegend allein um die Frage, ab welchem Zeitpunkt sich der Käufer – als Voraussetzung der *effusio vini* – in Gläubigerverzug befindet. Dies erklärt auch die systematische Stellung dieses Texts im Titel *de periculo et commodo rei venditae*[550]. Sabinus behandelt die Frage, zu welchem Zeitpunkt durch Gläubigerverzug der Übergang von Sach- und Preisgefahr erfolgt. Dieser Umstand war Voraussetzung und Grundlage der nachfolgenden *effusio vini*. Hierbei scheint Sabinus den mit der *effusio vini* unweigerlich verbundenen Verlust des Weines als Verwirklichung der Sach- und Preisgefahr zu sehen und setzt die Weinausgießung insoweit mit dem Verlust der Sache infolge von höherer Gewalt gleich.

Die auf Sabinus zurückgehenden Textteile stehen ferner in überhaupt keinem inhaltlichen Widerspruch zur Weinausgießung nach Cato. Während Letzterer mit dem praktischen Blick eines Landwirtes auf die *effusio vini* schaut, beleuchtet Sabinus diese aus juristischer Sicht und beantwortet hier aller Wahrscheinlichkeit nach die Frage, ab welchem Zeitpunkt eine Weinausgießung erlaubt ist. Seine Antwort lautet sinngemäß, dass diese bei einer Terminvereinbarung direkt nach dem verstrichenen Termin erfolgen könne. Ohne einen solchen Zumessungstermin müsse der Weinverkäufer jedoch bis zur Weinlese abwarten.

Diese Entscheidung erscheint Ulpian offensichtlich zu hart, sodass er in beiden Fällen Sabinus' Bewertung des Falles etwas aufweicht, ohne jedoch das Recht zur *effusio vini* grundsätzlich infrage zu stellen[551]. In Bezug auf die erste Fallvariante ist Ulpian

549 Vgl. PENNITZ, ZRG RA 123 p. 163.

550 Anderer Ansicht z.B. SECKEL/LEVY, ZRG RA 47 p. 242 not. 1: »Nichts mit dem *periculum* haben Ulp. D. 18,6,1 §§3,4 zu tun.« Andererseits will JAKAB das Fragment vor dem Hintergrund des Gefahrenüberganges verstanden wissen, vgl. EADEM, ZRG RA 116 p. 74 m.w.N.

551 Vgl. PENNITZ, ZRG RA 123 pp. 162f.

offensichtlich der Ansicht, dass eine Ausgießung nicht bereits nach Verstreichen des Zumessungstermins erfolgen sollte. Mit *effundere autem non statim poterit* korrigiert Ulpian diese Entscheidung von Sabinus und knüpft die Weinausgießung zusätzlich an die Voraussetzung der Androhung vor Zeugen. Dieser Umstand führt dazu, dass der Käufer, wenn er den Wein dennoch nicht abholt, bewusst und damit schuldhaft handelt[552]. Hierdurch verändert sich das Interessengefüge zwischen Verkäufer und Käufer, sodass die Ausgießung nach versäumtem Zumessungstermin etwas entschärft wird. Hierzu passt, dass Ulpian später dem Verkäufer nur dann Aufwendungsersatz für zusätzlich gemietete Fässer zuspricht, wenn die Fässer tatsächlich unmittelbar gebraucht werden.

Betrachtet man die in D. 18,6,1,3 nach Ulpian der *effusio vini* vorzuziehenden Alternativen, fällt ins Auge, dass offenbar ein Zustand verhindert werden soll, bei dem der Verkäufer sowohl den vollen Kaufpreis als auch den Wein behalten darf. So wird dem Verkäufer entweder empfohlen, den Wein weiter für den Käufer vorzuhalten[553] und so am Vertrag festzuhalten oder den Wein auf Rechnung des Käufers zu verkaufen. In dieser Alternative darf der Verkäufer den Erlös aus seinem zweiten Verkauf nicht behalten, sondern muss den Käufer für den verlorenen Wein kompensieren. Dieser Kompensationsgedanke ist im Cato-Text nicht nachweisbar. Hier ist der Verkäufer völlig frei, mit dem Wein zu tun, was er möchte (*vino quid volet faciet*).

Man gewinnt somit den Eindruck, dass Ulpian, auch wenn er das Recht zur Ausgießung als solches nicht infrage stellt, die *effusio vini* eher kritisch bewertet: *si tamen, cum posset effundere, non effudit, laudandus est potius*. Er rät dem Weinverkäufer daher, trotz Verzuges den Wein in eigenen oder angemieteten Fässern aufzubewahren[554] und hierfür entweder Ersatz zu verlangen oder den Wein *bona fide* zu verkaufen. Interessant ist, dass Ulpian dem Weinverkäufer unter anderem nahelegt, von seinem Retentionsrecht[555] Gebrauch

---

552 Vgl. Reetz, TR 83 p. 406; Pennitz, ZRG RA 123 p. 164.

553 Indem der Verkäufer eine Fassmiete verlangt oder selbst Fässer anmietet und sich vom Käufer erstatten lässt.

554 In Bezug auf die Fassmiete wird die Echtheit dieses Textteiles teilweise in Zweifel gezogen. *Conduxerit* in Kombination mit *vasa* könnte einen von Tribonian vorgenommenen Einschub darstellen, vgl. Gradenwitz, Otto: Vocabularium iurisprudentiae romanae. Tomus I: A–C. Berlin 1903 col. 902 linn. 5f.

555 Auch bei diesem Textteil besteht in Bezug auf *nec–nisi* der Verdacht eines Einschubs durch Tribonian, vgl. Kübler, Bernhard/Meinhart, Marianne:

zu machen, ganz ähnlich wie auch Pomponius den Erben von vermachten Weinfässern in D. 33,8,6[556] auf sein Zurückbehaltungsrecht verweist[557]. Dies ist vor allem deshalb bemerkenswert, weil im Pomponius-Fragment eine Blockade der Produktionsstätte überhaupt nicht gegeben ist und der Erbe deshalb weniger schutzbedürftig erscheint als der Verkäufer[558]. Zudem ist ein Retentionsrecht an verderblichem Wein ein denkbar stumpfes Schwert. Je mehr Zeit also verstreicht, ohne dass der Wein abtransportiert wurde, desto weniger empfiehlt es sich für den Verkäufer, weitere Aufwendungen für die Aufbewahrung des Weines zu tätigen.

Worauf diese veränderte Einschätzung Ulpians in Bezug auf die *effusio vini* zurückzuführen ist, kann nicht mit Sicherheit geklärt werden. Zu bedenken ist allerdings, dass zwischen Sabinus im 1. Jahrhundert n. Chr. und Ulpian als Spätklassiker ein Zeitraum von fast zwei Jahrhunderten liegt. In einer solchen Zeitspanne kann sich die grundsätzliche Einschätzung gegenüber *effusio vini* als doch recht archaisch anmutendem Rechtsinstitut durchaus geändert haben[559]. Möglicherweise passte das alte Instrument der Weinausgießung nicht mehr recht zu einem moderner werdenden Warenverkehr.

Vielleicht hielt Ulpian die Weinausgießung auch für ökonomisch sinnlos und wollte sie deshalb, wo es möglich war, vermeiden. Wie wir in unserer Untersuchung zeigen konnten[560], sprechen die im Text angedeutete Knappheit an Fässern, die Modalitäten der Zumessung und ein Vergleich mit Weinkäufen in den Papyri des Oxyrhynchus dafür, in D. 18,6,1,3 einen Mostkauf zu sehen. Möglicherweise hat Ulpian im Gegensatz zu Sabinus ein größeres Augenmerk auf die wirtschaftlichen Rahmenbedingungen der Transaktion gelegt. Grundsätzlich verursachte die Ausgießung

---

Vocabularium iurisprudentiae Romanae. Tom IV: N–Q, Halbband 1: N–P, Fasciculus 2: Numeratio–Per (Praepositio). Berlin 2011 col. 146 lin. 20.

556 D. 33,6,8 (Pomp. 6 epist.): *Si heres damnatus sit dare vinum, quod in doliis esset, et per legatarium stetit, quo minus accipiat, periculose heredem facturum, si id vinum effundet: sed legatarium petentem vinum ab herede doli mali exceptione placuit summoveri, si non praestet id, quod propter moram eius damnum passus sit heres.*

557 Vgl. Apathy, ZRG RA 101 pp. 202f.

558 Vgl. Reetz, TR 83 pp. 406f. Apathy, ZRG RA 101 pp. 202f. vermutet, dass beim Erben die Ausgießung als *periculose* bewertet wird.

559 Vgl. Pennitz, ZRG RA 123 p. 164.

560 Vgl. 1. Hauptteil, § 2, III., 2., b) der vorliegenden Untersuchung.

von (fertigem) Fasswein keinen großen wirtschaftlichen Schaden, weil der vergossene Wein ohnehin nicht mehr lange haltbar war. Bei ausgegossenem Most ist der wirtschaftliche Schaden größer, weil in diesem Fall die Möglichkeit besteht, den Wein weiter zu gären und damit zu veredeln.

Allerdings zeigt besonders die Textumgebung von D. 18,6,1,3, dass es für Ulpian in rechtlicher Hinsicht wohl keinen Unterschied machte, ob junger oder fertiger Wein verkauft wurde. So ist in D. 18,6,1 § 1–4 durchgängig von *vinum* die Rede. Wenngleich dieser Begriff bisweilen auch für Most (*mustum*) verwendet wurde[561], gebraucht Ulpian in demselben Fragment[562] den Begriff *vinum* einmal für Wein und einmal für Most[563]. Mit einiger Wahrscheinlichkeit geht es in allen anderen Texten des Fragments außer D. 18,6,1,3 um den Verkauf von fertigem Fasswein.

Ulpian, wie auch schon Sabinus, wird es in erster Linie auf das in D. 18,6,1,3–4 ausdrücklich hervorgehobene Kriterium der Zumessung mit respektive ohne Termin angekommen sein. Dennoch sprechen gute Gründe dafür, bei D. 18,6,1,3 einen Mostkauf anzunehmen. Dass solche Kaufverträge über Most nur in einigen griechischen Quellen belegt sind[564] und nirgends in den Digesten, rechtfertigt keine andere Bewertung des Fragments. Die Untersuchungen von Jakab[565] und Kruit[566] haben gezeigt, dass sich Weintransaktionen im römischen und griechischen Rechtsraum im Hinblick auf *realia*

---

561 Vgl. Jakab, Risikomanagement p. 176.

562 D. 18,6,1 pr.–4 stammen aus Ulpians Kommentar *ad Sabinum* und werden auch von Lenel in dieser Reihenfolge angeordnet, vgl. Idem, Palingenesia II col. 1121.

563 In D. 18,6,1 pr. geht es um die Haftung für *acor* und *mucor* und die Gefahrtragung für diese Weinfehler bis zur *degustatio*. Hier ist also eindeutig von Verkauf von Fasswein und nicht von Most die Rede. Auch in D. 18,6,1,4 geht es um die Weinausgießung zu einem Zeitpunkt deutlich nach der Weinlese, sodass auch hier von einem Verkauf von fertig gegorenem Fasswein auszugehen ist, vgl. auch Jakab, Risikomanagement pp. 178f. In D. 18,6,1,1, einem Text über die *custodia*-Haftung des Verkäufers, wird der Verkauf von Fasswein dem von Amphorenwein gegenübergestellt, sodass es auch in diesem Fragment eher um fertigen Wein als um Most handeln dürfte. D. 18,6,1,2, in dem es darum geht, dass ein Weinkäufer sein Siegel an ein Weinfass anbringt, stellt insoweit eine Fortsetzung von D. 18,6,1,1 dar. Zu D. 18,6,1,2 vgl. auch Schulz, Sabinus-Fragmente p. 65, der den gesamten § 2 für einen kommentierenden Einschub Ulpians hält, der nicht auf Sabinus zurückgehe.

564 Vgl. Jakab, Risikomanagement pp. 123ff.

565 Vgl. loc. cit.; Eadem, ZRG RA 116.

566 Vgl. Kruit, ZPE 90.

und Abläufe mitunter stark ähnelten. Es ist deshalb nicht ersichtlich, wieso der in Griechenland regelmäßig praktizierte Verkauf von Most in Rom völlig unbekannt gewesen sein sollte.

4. *Effusio vini und traditio*

Wie bei CATO agr. 148 soll auch in D. 18,6,1,3 der Wein mit der Zumessung tradiert werden. Anders als bei Cato ist im Ulpian-Text allerdings nicht davon die Rede, dass der Verkäufer die Zumessung alleine vornehmen darf, wenn der Weinkäufer nicht erscheint. Wie bereits besprochen, war der Weinkäufer bei der Zumessung in D. 18,6,1,3 unabkömmlich, da dieser den Wein im Anschluss an die Zumessung sofort fortschaffen musste. Da die Zumessung nach hier vertretener Ansicht zur Zeit der Weinlese erfolgte, benötigte der Verkäufer alle verfügbaren Weingefäße selbst, sodass eine Zumessung des Weines in Abwesenheit des Käufers und ein Umfüllen des verkauften Weines in Transportgefäße nicht praktikabel war[567]. Somit können wir davon ausgehen, dass der Weinverkäufer bei Ulpian noch nicht tradierten Wein ausgießt[568]. Durch die Weinausgießung wird die *traditio* also ein für alle Mal verhindert, durch sie scheitert die Übergabe des verkauften Weines.

5. *Zwischenergebnis*

Unsere Betrachtung von D. 18,6,1,3 hat ergeben, dass dieser Text in zwei Teile zerfällt, in das wohl ursprüngliche Responsum von Sabinus und die sich daran anschließende Kommentierung durch Ulpian. Diese Textstufen erwiesen sich für das Verständnis des Textes als zentral. Wir konnten zeigen, dass der auf Sabinus zurückgehende Textteil in engem inhaltlichem Zusammenhang zu D. 18,6,1,4 steht. In D. 18,6,1,3 geht es um eine Weinausgießung als Reaktion auf einen versäumten Zumessungstermin, während in D. 18,6,1,4 ein Fall ohne eine solche Terminvereinbarung gebildet wird. Im Sabinus-Zitat, auf das Ulpians Textteile aufbauen, geht es um den Zeitpunkt, ab dem infolge von Annahmeverzug Sach- und Preisgefahr auf den Gläubiger übergegangen und eine *effusio* gestattet ist. Der im Sabinustext

567 Vgl. JAKAB, ZRG RA 116 p. 80.

568 Es ist davon auszugehen, dass der Verkäufer den Wein, wie in D. 18,6,1,4 beschrieben, unmittelbar vor der Ausgießung abgemessen hat, um den Kauf durch Aussonderung aus dem Vorrat perfekt zu machen.

deutliche inhaltliche Zusammenhang von D. 18,6,1,3–4 wird durch Ulpians Kommentierung etwas in den Hintergrund gedrängt. Wie gezeigt werden konnte, war Ulpian in stärkerem Umfang als noch Sabinus um einen Interessenausgleich bemüht. Ulpian erachtet deshalb bei D. 18,6,1,3 die Ausgießung nach Verstreichen des Zumessungstermins erst dann für zulässig, wenn die *effusio vini* dem Käufer vor Zeugen angedroht worden ist. Hierbei wird sichergestellt, dass der Käufer den Wein schuldhaft nicht annimmt, was die Rechtsfolge einer *effusio vini* weniger hart erscheinen lässt. Zudem legt Ulpian, obwohl er das grundsätzliche Recht des Weinverkäufers zur *effusio* nicht infrage stellt, dem Verkäufer andere Vorgehensweisen nahe. Wahrscheinlich bildete der Verkauf von jungem Wein den wirtschaftlichen Hintergrund des Falles. Dies rechtfertigt, warum Ulpian in D. 18,6,1,3 eine Weinausgießung verhindern möchte und dem Verkäufer rät, den Wein anderweitig zu lagern oder zu verkaufen. Auffällig erschien hier insbesondere, dass Ulpian, ganz anders als noch Cato, offenbar bestrebt war, den Käufer zu kompensieren.

Für unsere Frage nach dem rechtlichen Wesen der *effusio vini* ergaben sich Anhaltspunkte, die die Weinausgießung als fehlgeschlagene Übergabe erscheinen ließen. Dadurch, dass der Käufer im Fragment nicht erschien, konnte der Wein nicht wie geplant zugemessen und sofort im Anschluss abtransportiert werden. Somit verhinderte eine *effusio* zwingend die Übergabe des Weines. Hiervon ausgehend erschien die *effusio vini* nicht nur als Selbsthilfeinstrument, sondern stand in einem Zusammenhang mit der *traditio*.

III. D. 18,6,1,4 – *mensura* bei *effusio*

D. 18,6,1,4 wurde bereits kursorisch im Rahmen von D. 18,6,1,3 behandelt. Im folgenden Abschnitt werden wir D. 18,6,1,4 auf Anhaltspunkte untersuchen, ob es sich bei der Weinausgießung um eine Übergabehandlung des Verkäufers handelt.

> D. 18,6,1,4 (Ulp. 28 ad Sab.): *Si doliare vinum emeris nec de tradendo eo quicquam convenerit, id videri actum, ut ante evacuarentur quam ad vindemiam opera eorum futura sit necessaria: quod si non sint evacuata, faciendum, quod veteres putaverunt, per corbem venditorem mensuram facere et effundere: veteres enim hoc propter mensuram suaserunt, si, quanta mensura esset, non appareat, videlicet ut appareret, quantum emptori perierit.*

1. *Inhalt*

»Wenn du Fasswein gekauft hast und wegen dessen Übergabe nichts vereinbart wurde, wird es als vereinbart angesehen, dass die Fässer geleert werden, bevor diese bei der Weinlese gebraucht werden. Wenn sie nicht [vom Käufer] geleert worden sind, soll der Verkäufer nach Meinung der *veteres* den Wein durch ein Gemäß messen und dann ausgießen. Denn die *veteres* rieten deshalb zur Abmessung, damit, wenn es nicht klar war, wie viel der Wein maß, man wusste, wie viel zulasten des Käufers untergegangen ist.«[569]

Inhaltlich entspricht das in D. 18,6,1,4 geschilderte Kaufmodell weitgehend dem aus Cato agr. 148[570]. In beiden Fällen wurde fertiger Fasswein verkauft und für die Zumessung kein genauer Termin vereinbart. Eine Ausgießung der Weinfässer ist deshalb erst dann statthaft, wenn die Gärfässer für die nächste Ernte wieder benötigt werden. Neu ist allerdings, dass Ulpian, auf die *veteres*[571] verweisend und insoweit wahrscheinlich Sabinus zitierend[572], dem Weinproduzenten dazu rät, den Wein durch ein Messgefäß auszugießen. Dies solle laut Ulpian geschehen, damit man wisse, wie viel dem Käufer verloren gehe.

Anders als bei Cato wurde der Wein in D. 18,6,1,4 unmittelbar vor der Ausgießung noch nicht zugemessen. Im Fall der

569 Vgl. sinngemäß auch die Übersetzung aus Otto, Karl Eduard/Schilling, Bruno/Sintenis, Carl Friedrich Ferdinand (edd.): Das Corpus Juris. In's Deutsche übersetzt von einem Vereine Rechtsgelehrter und herausgegeben von Dr. Carl Ed. Otto, Dr. Bruno Schilling, Professoren der Rechte an der Universität Leipzig, und Dr. Carl Friedrich Ferdinand Sintenis, als Redactoren. Vol. 2. Leipzig 1831 p. 389: »Wenn in Fässern befindlicher Wein gekauft und wegen der Uebergabe nichts verabredet wird, so scheint die Absicht der Betheiligten darauf gegangen zu sein, dass die Fässer geleert werden bevor deren Gebrauch zur Weinernte nothwendig wird; sind sie nicht geleert worden, so muss der Verkäufer nach der Meinung der Alten verfahren, den Wein durch ein Gemäss messen und auslaufen lassen; denn die Alten riethen, wenn nicht bekannt sei, wie viel der Wein messe, deshalb an, solchen zu messen, um dadurch zu erfahren, wie viel dem Käufer zu Grunde gegangen sei.«

570 Vgl. Jakab, ZRG RA 116 p. 80; Eadem, Risikomanagement p. 179; Apathy, ZRG RA 101 p. 200.

571 Zum Begriff der *veteres* siehe Berger, EDRL 43,2 (N.S.) s.v. ›*veteres*‹. In Texten, die wie der Vorliegende von Ulpian stammen, werden mit *veteres* die klassischen Juristen bezeichnet, entweder aus der Zeit der Republik oder dem Prinzipat.

572 Vgl. Schulz, Sabinus-Fragmente p. 65.

Nichtabholung durch den Käufer fallen dadurch Zumessung und Ausgießung zusammen[573]. Dies führt dazu, dass der Käufer rein äußerlich genau das tut, was er auch in Anwesenheit des Käufers tun würde: Er misst den Wein zu und gießt ihn dann aus. Wird hier dem Verkäufer, wie dies bei CATO agr. 148 im Hinblick auf die Zumessung geschah, gestattet, sämtliche noch ausstehenden Leistungshandlungen alleine vorzunehmen[574]? Um dies zu klären, muss zunächst analysiert werden, was der Grund für dieses Zumessen des Weines unmittelbar vor seiner Ausgießung ist. Der nicht unaufwendige Akt der Zumessung[575] dient allgemein entweder der Aussonderung oder – bei einem Kauf eines oder mehrerer ganzer Fässer – der Preisbestimmung[576].

2. *Übergabe in Abwesenheit des Käufers?*

D. 18,6,1,4 handelt nach ganz herrschender Meinung vom selben Verkaufsmodell wie bei Cato[577]. In Catos Text wurde ein Preis pro *culleus* vereinbart. Insoweit heißt es: *Quod admensus erit, pro eo resolvito*[578]. Ein oder mehrere Fässer wurden also zu einem Preis pro Einheit gekauft und es bedurfte einer Zumessung, um den Endpreis des Weines zu ermitteln. Deshalb liegt es auf den ersten Blick nahe, auch bei D. 18,6,1,4 von einer preisbestimmenden *mensura* auszugehen[579]. Dies würde allerdings bedeuten, dass der Weinverkäufer, nachdem er den Wein verkauft hat, bis zur nächsten Weinlese mit der Zumessung gewartet hätte. Dies scheint aus verschiedenen

573 Vgl. JAKAB, Risikomanagement p. 179.

574 Nach diesem Verständnis BENÍTEZ LÓPEZ, Venta di vino pp. 150f.

575 Vgl. nur CATO agr. 154.

576 Vgl. ERNST, ZRG RA 114 p. 304.

577 Vgl. JAKAB, Risikomanagement p. 179; EADEM, ZRG RA 116 p. 80; PENNITZ, ZRG RA 123 p. 163 not. 49; APATHY, ZRG RA 101 p. 200.

578 Mit diesem Textverständnis auch PLATSCHEK, Rg 18 p. 230 mit dem Hinweis, *resolvito* in CATO agr. 148 sei »paläographisch fragwürdig«, da diese Formulierung nur in der ersten Druckschrift von 1472 sowie in der Handschrift Paris BN lat. 11213 auftauche. In allen anderen Handschriften heiße es hingegen *rem solvito*, die Sache bezahlen. Anders aber JAKAB, Risikomanagement pp. 66ff.

579 Mit diesem Textverständnis HAYMANN, ZRG RA 41 pp. 103, 112f. not. 8; vgl. ERNST, ZRG RA 114 pp. 304ff. zur preisbestimmenden Abmessung. Möglicherweise auch BENÍTEZ LÓPEZ, Venta di vino pp. 110, 151ff., die das Abmessen des Weines nur bei Fasswein für sinnvoll hält, weil nur in diesem Fall der Fassinhalt noch nicht bestimmt sei.

Gründen impraktikabel. Ginge man von einer preisbestimmenden *mensura* unmittelbar vor der *effusio* aus, würde das für den Verkäufer bedeuten, dass er erst jetzt den Kaufpreis beziffern und einfordern könnte. Aber kann man einem Verkäufer raten, Wein wegzugießen, bevor man den Kaufpreis erhalten hat[580]? Bei Cato wird die Zumessung, notfalls in Abwesenheit des Käufers, im Januar vorgenommen. Ist es realistisch, dass der Verkäufer in D. 18,6,1,4 dagegen den Wein solange nicht zugemessen und unbezahlt im *dolium* belässt, bis sich daraus für ihn ein logistisches Problem[581] entwickelt? Hinzu kommt, dass erst mit der Zumessung die Gefahrtragung für den Verkäufer endet[582]. Auch aus dieser Perspektive macht es für den Verkäufer überhaupt keinen Sinn, so lange mit einer preisbestimmenden *mensura* zu warten[583]. All dies macht es unwahrscheinlich, dass es sich bei der Zumessung in D. 18,6,1,4 um eine preisbestimmende *mensura* handelt[584]. Näher liegt daher, dass die *mensura* im von Ulpian beschriebenen Fall, wie bei Cato, notfalls in Abwesenheit des Käufers zu einem früherem Zeitpunkt[585] vorgenommen wurde[586].

Auch die Zumessung zum Zwecke der Aussonderung aus einem Vorrat erscheint wenig wahrscheinlich, denn eine solche

---

580 Mit ähnlicher Argumentation auch Jakab, ZRG RA 116 p. 101.

581 Vgl. auch Eadem, Risikomanagement p. 181 not. 105, die im Zusammenhang von D. 18,6,1,4 von »[wirtschaftlicher] Notsituation« spricht.

582 Vgl. ibidem p. 241, siehe hierzu auch § 5 im zweiten Hauptteil der vorliegenden Untersuchung.

583 Allenfalls denkbar wäre eine Vertragsgestaltung, bei der der Inhalt eines ganzen Fasses zu einem Preis pro Einheit verkauft und der schätzungsweise ermittelte Kaufpreis bereits vorausgezahlt wurde. Die unmittelbar vor der Weinausgießung erfolgende Abmessung des Weines würde – im Zuge einer Endabrechnung – der Ermittlung des exakten Preises dienen, sodass der Käufer entweder einen geringen Betrag zurückgezahlt bekäme oder nachzahlen müsste. Diese Vertragsgestaltung unterschiede sich allerdings deutlich von den Verkaufsmodalitäten, die Cato Weinproduzenten empfiehlt.

584 Vgl. Jakab, Risikomanagement p. 241.

585 Der Wein befindet sich in D. 18,6,1,4 – anders als bei Cato – bei der Ausgießung noch im *dolium*. Eine solche Handhabe war in Ägypten die Regel, vgl. Kruit, ZPE 90 p. 273. Praktisch gesehen geht der Weinproduzent wohl ähnlich vor wie in Cato agr. 154 beschrieben. Er entnimmt also den Wein mit einer genau einen *culleus* fassenden Wanne und gibt den Wein nach der Zumessung zurück ins Fass. Bei *dolia* mit einem Fassungsvermögen von über einem *culleus* benötigt man hierfür zusätzliche *dolia* oder ein weiteres *labrum culleare*.

586 Jakab, Risikomanagement p. 241 geht von einer früheren Zumessung aus.

Aussonderung ist zum einen im Fall einer unmittelbar sich anschließenden Ausgießung obsolet, zum anderen schreibt Ulpian selbst, dass es bei der Ausgießung um eine Feststellung der Menge des ausgegossenen Weines geht.

Fraglich ist also, welchem Zweck die *mensura* diente. Einen ersten Anhaltspunkt für die Beantwortung dieser Frage liefert uns Ulpian selbst: Dieser Vorgang diene dazu festzustellen, wie viel dem Käufer verloren gehe. Jakab vermutet diesbezüglich, die Ausgießung durch ein Gemäß habe aus Gründen der Beweissicherung zu erfolgen[587]. Fraglich ist aber, welchen Erkenntnisgewinn sich der Weinverkäufer von einem nochmaligen Zumessen verspricht. Möglicherweise erfolgt die Abmessung, um eventuelle Schadensersatzansprüche des Käufers wegen einer rechtswidrigen *effusio* leichter anhand des Marktpreises beziffern zu können[588]. Gerade vor dem Hintergrund, dass die Weinausgießung regelmäßig nur einen Teil des verkauften Weines betraf, erscheint diese Lesart nicht unplausibel, denn üblicherweise nahm der Käufer schon bei Zumessung einen Teil des Weines, der zum baldigen Konsum bestimmt war, mit. Der übrige Wein verblieb zunächst im Keller des Verkäufers[589]. Insoweit wäre es für den Verkäufer aus Beweisgründen sinnvoll, die Menge des nicht abgeholten Weines noch einmal vor der Ausgießung zu ermitteln.

Nachdem wir uns inhaltlich an D. 18,6,1,4 angenähert haben, können wir uns nun der Frage widmen, ob in diesem Fragment in der *effusio* eine Übergabehandlung zu sehen sein könnte. Nach hier vertretener Ansicht wurde der Wein in D. 18,6,1,4, wie auch schon bei Cato, bereits mit Zumessung tradiert. Aus diesem Grund liegt in der Ausgießung keine Übergabehandlung. Für eine solche Deutung spricht auch, dass Ulpian[590] nur für den Fall dazu rät, den Wein durch ein Gemäß auszugießen, wenn *quanta mensura esset, non*

---

587 Vgl. Jakab, ZRG RA 116 p. 80 not. 42.

588 Siehe hierzu diese Untersuchung, Erster Hauptteil § 4.

589 Vgl. Jakab, Risikomanagement p. 65.

590 Schulz, Sabinus-Fragmente p. 65, führt den ersten Teil des Fragments auf Sabinus zurück und hält den letzten Teil ab *veteres enim hoc propter* für einen Zusatz von Ulpian. Haymann, ZRG RA 41 pp. 103, 112f. not. 8; Seckel / Levy, ZRG RA 47 p. 161 halten den Text wenigstens dem Sinn nach für klassisch, erwägen aber, dass der letzte Teil aus der Feder eines Glossators stammt. Vgl. auch Mitteis, Ludwig / Levy, Ernst: Index interpolationum: quae in Iustiniani Digestis inesse dicuntur. Ad libros Digestorum XXXVI–L pertinens. Vol. 3. Weimar 1929 col. 330.

appareat, also wenn nicht bekannt war, wie viel Wein sich im Fass befand. Andernfalls konnte eine Zumessung also unterbleiben.

IV. Ergebnis: *effusio* als Löschen

In diesem Abschnitt haben wir versucht, die *effusio vini* rechtlich einzuordnen. Zentral war hierbei die Frage, ob es sich bei der Weinausgießung um eine Übergabehandlung in Abwesenheit des säumigen Käufers oder lediglich um ein rein tatsächliches Löschen der Weinfässer handelte. Zur Klärung dieser Fragestellung haben wir mit Cato agr. 148, D. 18,6,1,3 und D. 18,6,1,4 drei die *effusio vini* betreffende Quellen herangezogen.

Cato beleuchtete die Weinausgießung aus der lebensnah-praktischen Sicht eines Landwirtes. Hier erschien die *effusio vini* in erster Linie als Maßnahme, um eine drohende Blockade der Produktionsstätte abzuwenden und damit eher als Selbsthilferecht.

Insbesondere die Tatsache, dass bei Cato der Wein bereits mit der Zumessung tradiert wurde, sprach dagegen, in der Ausgießung des nur noch im Weinkeller des Produzenten lagernden Weines eine Übergabe zu sehen. Hinzu kam, dass dem Weinproduzenten im Fragment gestattet wird, mit dem Wein zu tun, was er will. Dem Handlungsspielraum des Weinproduzenten werden also keine Grenzen gesetzt, er könnte den Wein also auch behalten. Damit sprach die Cato-Stelle gegen einen Zusammenhang von *traditio* und *effusio.*

Ein ähnliches Bild lieferte D. 18,6,1,4, ein Fragment, das rechtlich eine dem Cato-Fall zumindest sehr ähnliche Konstellation abbildet. Nach hier vertretener Ansicht wurde der Wein auch hier mit Zumessung tradiert, sodass für eine auf *traditio* gerichtete Handlung bei Ausgießung kein Raum mehr war.

Ein anderes Bild zeigte allerdings D. 18,6,1,3. Insoweit sprachen gute Gründe dafür, in diesem Fragment mit Jakab einen Verkauf von Most respektive jungem Wein zu sehen, der direkt nach der Weinlese abgenommen werden sollte. Auch hier war eine *traditio* mit Zumessung beabsichtigt. Allerdings war in D. 18,6,1,3, anders als noch bei Cato, eine Zumessung in Abwesenheit des Käufers nicht vorgesehen. Dieser Umstand führte dazu, dass der Wein im Ulpian-Fragment bei Ausgießung noch nicht tradiert war. Damit bestand in D. 18,6,1,3 ein Zusammenhang von *traditio* und *effusio,* da die vom Verkäufer vorgenommene Weinausgießung eine zukünftige

Übergabe des Weines an den Käufer endgültig ausschloss. Hier nahm der Weinverkäufer mit der Ausgießung alle noch ausstehenden Leistungshandlungen alleine vor. Ferner konnten wir in D. 18,6,1,3 beobachten, dass Ulpian im Vergleich zu anderen die *effusio* behandelnden Fragmenten einen Zustand vermeiden wollte, in dem der Verkäufer ganz frei über den nicht abgeholten Wein verfügen und gleichzeitig den Kaufpreis behalten durfte. Auch dies sprach für einen Zusammenhang von *traditio* und *effusio*.

Für unsere Ausgangsfrage bedeutet dieser uneinheitliche Befund, dass die Weinausgießung nicht per se als gescheiterte Übergabe verstanden werden kann. Grundsätzlich war die Zumessung gleichbedeutend mit der Übergabe, sodass die *effusio vini* lediglich eine Leerung des Weinlagers spätestens im Zeitpunkt der nächsten Weinlese darstellte. Etwas anderes ergab sich für den in D. 18,6,1,3 beschriebenen Fall, dass eine Zumessung, verbunden mit dem Umfüllen des Weines in Transportgefäße, in Abwesenheit des Käufers nicht vorgesehen war. Hier entsprach die Weinausgießung der Vornahme der noch ausstehenden Leistungshandlungen.

§ 3 Selbsthilferecht bei Gläubigerverzug?

Wir hatten zu Beginn unserer Betrachtung der *effusio vini* die These aufgestellt, dass es sich bei der Weinausgießung um ein einzigartiges und nur für den Weinkauf geltendes Rechtsinstitut handelte. Dies würde unsere Annahme der rechtlichen Eigentümlichkeit des Weinkaufs weiter bestätigen. Im folgenden Abschnitt werden wir untersuchen, ob es in den Quellen Hinweise auf ein mit der *effusio vini* vergleichbares Selbsthilferecht außerhalb des Weinkaufs gibt.

Dies vermutet beispielsweise Riccobono. Ihm zufolge sei eine analoge Ausweitung der *effusio vini* »offensichtlich« immer dann möglich, wenn das Behalten-Müssen des verkauften Gegenstandes für den Verkäufer eine Beeinträchtigung seines Eigentums bedeuten würde. In diesem Fall solle der Verkäufer / Gläubiger durch die Aufgabe der Kaufsache von jeder Verantwortlichkeit frei werden[591].

I. D. 19,1,38,1 – kein Recht zur Preisgabe

Im folgenden Abschnitt werden wir untersuchen, ob es in den Quellen Hinweise auf eine grundsätzliche Übertragbarkeit der *effusio vini* auf andere Fälle des Gläubigerverzugs gibt.

> D. 19,1,38,1 (Celsus 8 Dig.): *Si per emptorem steterit, quo minus ei mancipium traderetur, pro cibariis per arbitrium indemnitatem posse servari Sextus Aelius, Drusus dixerunt, quorum et mihi iustissima videtur esse sententia.*

591 Vgl. Riccobono, AUPA 29 pp. 126f. An späterer Stelle schrankt Idem seine Aussage jedoch dahingehend ein, dass eine Preisgabe wie in D. 18,6,1,4 geschildert eine überholte Regel sei, die aus ihrem historischen Kontext heraus erklärt werden müsse: Die ökonomische Situation zur Zeit der Agrarreformen nach dem 2. Punischen Krieg und die während dieser Zeit herrschende Knappheit an Produktionsmitteln (i.e. *dolia*) hätten eine Rechtsfolge wie die *effusio vini* erforderlich gemacht, vgl. ibidem pp. 127ff.

Celsus schildert uns einen von Sextus Aelius und Drusus überlieferten Fall: Es liegt am Käufer eines Sklaven (*mancipium*), dass ihm dieser nicht übergeben werden kann. Sextus Aelius und Drusus entschieden, dass der Verkäufer für die Ernährung des Sklaven durch Schiedsspruch eine Entschädigung verlangen könne. Dieses Urteil erscheint Celsus höchst gerecht.

Wie bei der *effusio vini* entstehen dem Verkäufer eines Sklaven durch den Annahmeverzug Nachteile, hier in Form zusätzlicher Kosten für die Ernährung des Sklaven. Allerdings kann sich der Verkäufer nur schadlos halten und Ersatz der ihm entstandenen Mehraufwendungen verlangen. Warum hier eine Rechtsfolge wie die *effusio vini* nicht recht passen mag, leuchtet sofort ein. Eine – wie auch immer geartete – Aufgabe des Sklaven durch den Verkäufer, beispielsweise durch Freilassung, ergäbe überhaupt keinen Sinn. Der Verkäufer steht besser, wenn er den Sklaven behält, da er seine Arbeitskraft anderweitig nutzen kann. Hinzu kommt, dass der Kaufpreis im Sklavenfall, anders als in den *effusio*-Fällen, noch nicht gezahlt wurde, da die *mancipatio* verzugsbedingt noch nicht erfolgt ist. Das Interessengefüge im Sklavenfall unterscheidet sich damit grundlegend von der Konstellation bei einer *effusio vini*.

Bereits hier wird deutlich, dass die Rechtsfolge der *effusio* nicht auf jeden Fall des Annahmeverzuges passt, selbst wenn der Verkäufer ein gesteigertes und damit rechtlich schützenswertes Interesse an der Abnahme der Kaufsache hat. Diese rechtspraktischen Erwägungen sprechen bereits gegen eine grundsätzliche Übertragbarkeit des Rechtsinstituts der *effusio* auf andere Gläubigerverzugsfälle.

II. D. 19,1,9 – Blockade eines Grundstücks

Ein ähnliches Bild wie D. 19,1,38,1 liefert auch D. 19,1,9 (Pomponius 20 ad Sab.): *Si is, qui lapides ex fundo emerit, tollere eos nolit, ex vendito agi cum eo potest, ut eos tollat.*

1. *Inhalt*

Von Pomponius stammt folgender Fall: »Wenn jemand, der Steine von einem Grundstück gekauft hat, diese nicht wegschaffen will, kannst du aus dem Verkauf gegen den Käufer klagen, damit er diese abtransportiert.«

Die Parallelen dieses Falles zur Konstellation bei einer Weinausgießung sind deutlicher als in D. 19,1,38,1. Auch im Steine-Fall hat der Verkäufer ein besonderes Interesse daran, dass ihm die verkauften Steine abgenommen werden, da sie auf seinem Grundstück lagern und so dessen Nutzung beeinträchtigen. Aufgrund dieses gesteigerten Interesses am Abtransport der Steine wird dem Verkäufer vorliegend die *actio venditi* gewährt[592]. Hiervon ausgehend wird von Teilen der Lehre in Anlehnung an das BGB vertreten, der Käufer der Steine befinde sich nicht nur in Gläubiger-, sondern auch in Schuldnerverzug. Hintergrund dieser Argumentation ist, dass aufgrund des gesteigerten Interesses – geltend rechtlich gesprochen – nicht nur eine Obliegenheit, sondern eine Pflicht zur Abnahme der Kaufsache bestehe. Verletzt der Käufer durch die Nichtabnahme der Steine also eine vertragliche Pflicht, so müsse er sich insoweit in Schuldnerverzug befinden[593]. Handelt es sich also bei D. 19,1,9 um einen Fall von Schuldnerverzug, der bereits aus diesem Grunde überhaupt nicht mit den *effusio*-Fällen vergleichbar ist?

Überzeugender erscheint, dass die aus dem geltenden Recht bekannte strenge Einteilung der Verzugsarten in Schuldner- und Gläubigerverzug anhand des Konzepts der Pflichtverletzung nicht auf das römische Recht übertragen werden kann[594]. Insbesondere im Vergleich von D. 19,1,9 mit D. 19,1,38,1 und den *effusio*-Fällen ist kaum verständlich, warum sich allein der Käufer, der die Steine nicht rechtzeitig annimmt, in Schuldnerverzug befindet[595]. Daher gehen wir in dieser Untersuchung davon aus, dass es sich bei der in D. 19,1,9 gewährten *actio venditi* um eine Folge des Gläubigerverzugs des Käufers handelt. Damit ist nach hier vertretener Ansicht der Steinefall mit den Konstellationen der Weinausgießung im Grundsatz vergleichbar.

Auch wenn im Fall die *actio venditi* auf die Abholung der Steine gerichtet ist, gilt im Formularprozess der Grundsatz der

592 Vgl. Honsell, Quod interest p. 114; Medicus, Id quod interest p. 171; Apathy, ZRG RA 101 p. 204.

593 Vgl. Mommsen, Friedrich: Die Lehre von der Mora, nebst Beiträgen zur Lehre von der Culpa. Braunschweig 1855 pp. 134f. not. 3; Kaser, RP I p. 551 not. 59.

594 Vgl. Reetz, TR 83 pp. 410ff. Zur Frage einer Abnahmepflicht in D. 19,1,9 vgl. ferner Pennitz, ZRG RA 123 insbesondere pp. 180ff.; Harke, Jan Dirk: Mora debitoris und mora creditoris im klassischen römischen Recht. Vol. 46 (N.F.). Berlin 2005 p. 99; Apathy, ZRG RA 101 pp. 203ff.

595 Vgl. ibidem p. 204; Reetz, TR 83 pp. 410ff.

Geldverurteilung[596]. Verurteilt wurde also nicht auf Abholung der Steine, sondern auf die im Rahmen der *litis aestimatio* geschätzte Geldsumme. Der verurteilte Käufer konnte die Vollstreckung in diese Geldsumme durch Abtransport der Steine vermeiden[597]. Somit wurde der Verkäufer der Steine also – ganz ähnlich wie auch im Sklavenfall in D. 19,1,38,1 – auf Schadensersatz verwiesen, er bekam durch die *actio venditi* kein vollstreckbares Recht auf den Abtransport der Steine[598]. Ihm wird auch nicht zugestanden, analog zur *effusio vini* die Steine selbst zu entsorgen. Obwohl der Verkäufer sowohl in den Wein-Fragmenten als auch in D. 19,1,9 ein übergeordnetes Interesse an der Abnahme der Kaufsache hat[599], ist es für den Steinverkäufer ungleich komplizierter sich der Steine zu entledigen als für den Weinverkäufer. Der Verkäufer in D. 19,1,9 muss auf Abholung der Steine klagen. Diese Leistung wird im Formularprozess in eine Geldforderung umgewandelt, sodass die Klage auf das Interesse geht, das der Verkäufer an der Abholung der Steine hat[600]. Eine eigenhändige Beseitigung des verkauften Gutes ist damit in D. 19,1,9 zwar nicht per se ausgeschlossen, käme aber erst im Rahmen einer Klage zum Tragen. Der Weinverkäufer kann in den *effusio*-Fällen den Wein hingegen ohne eine vorherige Klage auf Abholung ausgießen.

2. *Blockade eines Steinbruches?*

Es liegt nahe, diese Andersbehandlung des Wein- respektive Steinekäufers mit einem jeweils unterschiedlichen Interessengefüge zu begründen[601]. Wir konnten zeigen, dass für die Weinausgießung die Interessenlage von Weinkäufer und -verkäufer entscheidend war.

596 Vgl. Gai. Inst. 4,48: *Omnium autem formularum, quae condemnationem habent, ad pecuniariam aestimationem condemnatio concepta est. Itaque et si corpus aliquod petamus, uelut fundum, hominem, uestem, aurum, argentum, iudex non ipsam rem condemnat eum, cum quo actum est, sicut olim fieri solebat, sed aestimata re pecuniam eum condemnat.*

597 Vgl. Blank, Helmut: Condemnatio pecuniaria und Sachzugriff. In: ZRG RA 99 (1982) pp. 303–316, bes. 304ff.

598 Vgl. Apathy, ZRG RA 101 p. 203 not. 43.

599 Vgl. Honsell, Quod interest p. 114; Medicus, Id quod interest p. 171; Apathy, ZRG RA 101 p. 204.

600 Vgl. Benke, József: »De emptore, qui non vult rem tollere«. Gedanken zu einigen Problemen des Gläubigerverzuges nach Pomp. D. 19.1.9. In: RIDA 61 (2014) pp. 111–130, bes. 128.

601 Vgl. Reetz, TR 83 pp. 407f.

Zentral war, dass Gärfässer als wichtige Produktionsstätte des Weinproduzenten durch den nicht abgeholten Wein blockiert waren.

Sind die Interessen in D. 19,1,9 möglicherweise ähnlich gelagert? Klar ist, dass der Verkäufer im Steinefall ein Interesse an der zügigen Abnahme der Steine hat, weil diese auf seinem Grundstück lagern. Davon, dass es sich bei diesem Grundstück, wie es bei einer *effusio vini* der Fall ist, um eine Produktionsstätte handelt, ist jedoch im Text des Fragmentes nicht die Rede. Pennitz, Honsell und Bechmann fassen allerdings D. 19,1,9 als Verkauf von Steinen aus einem Steinbruch auf: Dem Käufer werde hier in Form eines Rechtskaufs gestattet, Steine aus einem Steinbruch abzutragen[602]. Er verweigere dann jedoch, so Pennitz, den Abtransport der Steine[603]. Honsell[604] und wohl auch Bechmann[605], die *tollere*[606] als brechen oder herausreißen übersetzen, sehen den Verzug des Käufers in einem unterbliebenen Abbau. Nach dieser Ansicht wären die Parallelen zu den *effusio*-Konstellationen unübersehbar. Bei einem so ähnlichen Interessengefüge in beiden Konstellationen wäre eine Übertragbarkeit der *effusio* auf andere Fälle zumindest denkbar.

Allerdings wäre der Gebrauch des Wortes *tollere* im Zusammenhang mit dem Abbau von Rohstoffen untypisch. Zu erwarten gewesen wäre vielmehr *eximere* oder bei Steinen etwa die Bezeichnung *ius lapides eximendi*[607]. Dies spricht gegen ein Verständnis von D. 19,1,9 im Sinne eines unterbliebenen Abbaus von Steinen[608].

Gehen wir deshalb probehalber mit Pennitz davon aus, der Käufer in D. 19,1,9 verweigere den Abtransport selbst gebrochener Steine[609]; in diesem Zusammenhang wäre der Gebrauch von *tollere* im Sinne von Wegschaffen nicht zu beanstanden[610]. Pennitz deutet D. 19,1,9 im Kontext zu D. 39,5,6, einem Text, in dem der

602 Vgl. Pennitz, ZRG RA 123 pp. 180ff.; Bechmann, Kauf II p. 387 not. 3, der diese Auffassung jedoch später aufgegeben hat, Idem, Kauf III,1 pp. 156f.; Honsell, Quod interest p. 114.

603 Vgl. Pennitz, ZRG RA 123 pp. 180ff.

604 Vgl. Honsell, Quod interest p. 114.

605 Vgl. Bechmann, Kauf II p. 387 not. 3; später aber mit anderer Ansicht Idem, Kauf III,1 pp. 156f.

606 Vgl. Heumann/Seckel, Handlexikon s.v. ›*tollere*‹.

607 Vgl. Berger, EDRL 43,2 (N.S.) s.v. ›*lapis*‹, siehe auch Heumann/Seckel, Handlexikon s.v. ›*eximere*‹, Benke, RIDA 61 p. 112.

608 So auch ibidem pp. 111f. und Otto/Schilling/Sintenis, Vol. 2 p. 406.

609 Vgl. Pennitz, ZRG RA 123 pp. 180ff.

610 Vgl. Benke, RIDA 61 p. 112.

Grundstückseigentümer einem anderen ein Schürfrecht einräumt, dann aber die Mitnahme der Steine untersagt. D. 19,1,9 will Pennitz als Komplementärstelle zu D. 39,5,6[611], ebenfalls eine Stelle aus Pomponius' Sabinuskommentar, verstanden wissen. In D. 19,1,9 verweigere nach Pennitz – anders als im vorgenannten Fall – nun der Käufer, nachdem er die Steine gebrochen hat, deren Abtransport[612]. Damit läge im Steinefall eine mit der Weinausgießung vergleichbare Konstellation vor, in der die nicht abgeholten Steine weitere Arbeiten im Steinbruch behinderten und somit gewissermaßen eine Produktionsstätte blockierten.

Allerdings spricht das Fragment nur vom Verkauf von Steinen *ex fundo*, von einem Steinbruch ist – auch nicht andeutungsweise – die Rede. Andere Stimmen in der Literatur verstehen deshalb D. 19,1,9 als Fall eines Verkaufs von auf einem Grundstück lagernden Steinen[613].

Aufschluss über den D. 19,1,9 zugrunde liegenden Sachverhalt gibt möglicherweise Lenels Palingenesie. Das Fragment wird dort zusammen mit den Fragmenten D. 39,3,16, D. 45,1,25 und D. 47,7,6 in die Rubrik *de damno infecto* I »über den drohenden Schaden« eingeordnet[614]. In den Fragmenten dieser Rubrik geht es mit Ausnahme von D. 45,1,25 um Schäden an einem Grundstück beispielsweise durch Überflutung (D. 39,3,16) oder umgestürzte Bäume (D. 47,7,6). Im Digestentitel 39,2, ebenfalls mit dem Titel *de damno infecto et de suggrundis et proiectionibus* wird häufig auf den drohenden Einsturz eines Gebäudes Bezug genommen. Regelmäßig verlangt der Nachbar vom Eigentümer des abbruchreifen Hauses eine Kaution für den Fall, dass der Einsturz des Hauses auf seinem benachbarten

611 D. 39,5,6 (Ulp. 42 ad Sab.): *Qui saxum mihi eximere de suo permisit donationis causa, statim cum lapis exemptus est meus fit, neque prohibendo me evehere efficit, ut meus esse desinat, quia quodammodo traditione meus factus est: plane si mercennarius meus exemit, mihi exemit. Sed si is qui a me emerat sive mercede conduxerat, ut paterer eum sibi iure eximere, si antequam eximat, me paenituerit, meus lapis durat, si postea, ipsius factum avocare non possum: quasi traditio enim facta videtur, cum eximitur domini voluntate. Quod in saxo est, idem erit etiam, si in arbore caesa vel dempta acciderit.*

612 Pennitz, ZRG RA 123 pp. 181f. Sowohl D. 19,1,9 als auch D. 39,5,6 werden von Lenel jeweils der Rubrik *de damno infecto* zugeordnet, vgl. Idem, Palingenesia II coll. 128, 1172, ähnlich Astolfi, Riccardo: Sabino e la ›exemptio‹ dei minerali. In: SDHI 53 (1987) pp. 372–377, bes. 374.

613 Vgl. Benke, RIDA 61 p. 112; Apathy, ZRG RA 101 pp. 203f., der auf die unterbliebene Abholung der gekauften Steine abstellt.

614 Vgl. Lenel, Palingenesia II col. 128.

Grundstück Schaden anrichtete[615]. Hiervon ausgehend liegt nahe, aufgrund der systematischen Stellung von D. 19,1,9 anzunehmen, dass es um den Verkauf von Bausteinen einer auf dem Grundstück befindlichen Ruine geht. Wahrscheinlich werden also in D. 19,1,9 Steine eines mittlerweile eingestürzten Hauses verkauft[616].

Gegen ein Textverständnis als Kauf selbstgebrochener Steine spricht ferner, dass für den Vertragsgegenstand das Wort *lapides*, also Bau- oder Pflastersteine, verwendet wird[617]. Ginge es um wertvollere Steine aus einem Steinbruch, läge näher, das jeweilige Abbauprodukt – beispielsweise Edelsteine (*lapilli*), Kalkstein (*creta*) oder Bruchstein (*saxum*) – spezifisch zu bezeichnen[618]. Hinzu kommt, dass D. 19,1,9 keine Aussage über die Eigentumsverhältnisse am Grundstück trifft. Da nur der Grundstückseigentümer Servituten wie ein Schürfrecht einräumen kann, wäre hier der Zusatz *ex fundo suo* notwendig, um eine Einräumung einer Dienstbarkeit durch den Berechtigten zu verdeutlichen. Insoweit vergleichbare Digestenstellen, in denen es um die Einräumung von Dienstbarkeiten geht[619], enthalten jeweils den Passus *ex fundo meo* beziehungsweise *tuo*. In D. 19,1,9 fehlt hingegen eine solche Information, wahrscheinlich, weil die Eigentumsverhältnisse am Grundstück im Steinefall unbeachtlich sind[620].

Damit erscheint es unwahrscheinlich, dass in D. 19,1,9 in einer mit den *effusio*-Fällen vergleichbaren Weise eine Produktionsstätte blockiert wird[621]. Plausibler erscheint es, anzunehmen, dass die verkauften Steine – möglicherweise infolge des Einsturzes eines

615 Vgl. den Digestentitel D. 39,2 *De damno infecto et de suggrundis et proiectionibus*. D. 39,2,6, D. 39,2,7,1–2, D. 39,2,9 pr., D. 39,2,15,3 und 34–35, D. 39,2,18,6, D. 39,2,24,4–5, D. 39,2,28 und D. 39,2,34 handeln vom drohenden Einsturz eines Gebäudes. Zu LENELS Verortung von D. 19,1,9 in der Rubrik *de damno infecto* vgl. auch ASTOLFI, SDHI 53 p. 377, der das Fragment in die Rubrik *de lege Aquilia* einordnen will.

616 Vgl. BENKE, RIDA 61 p. 125 not. 83 und p. 126.

617 Vgl. HEUMANN/SECKEL, Handlexikon s.v. ›*lapis*‹.

618 Vgl. BENKE, RIDA 61 p. 113. Vgl. hierzu in den Quellen z.B. D. 4,3,34 oder D. 39,5,6.

619 Vgl. etwa D. 4,3,34 über die Einräumung eines Schürfrechts, D. 7,4,24,2 über die Gewährung eines Nießbrauchs oder D. 43,24,13,4, wo das Recht, Bäume zu fällen, behandelt wird.

620 BENKE, RIDA 61 pp. 115ff. Deshalb hinkt auch der von PENNITZ vorgenommene Vergleich zu D. 39,5,6, da nur in diesem Fragment auf die Eigentumsverhältnisse am Grundstück eingegangen wird, IDEM, ZRG RA 123 pp. 181f.

621 Vgl. BENKE, RIDA 61 p. 126.

Hauses – auf dem Grundstück lagerten und dort eine etwaige landwirtschaftliche Nutzung oder anderweitige Bebauung des Grundstücks verhinderten[622].

3. *Vergleich des Interessengefüges bei Wein- und Steinekauf*

Während die Weinausgießung von einer Belegung der *dolia* mit altem Wein motiviert war, ließ sich beim Steinefall keine Blockade einer Produktionsstätte nachweisen. Zwar konnten auch nicht abtransportierte Steine, wenn sie etwa die landwirtschaftliche Nutzung des Grundstücks verhinderten oder beeinträchtigten[623] ähnlich wie in den *effusio*-Fällen, die Nutzung vorhandener Ressourcen erschweren. Die unterbliebene Entgegennahme von Fasswein führte hingegen unmittelbar und unweigerlich zu einer Blockade der *dolia* und verhinderte so teilweise die Produktion neuen Weines. Hiermit ist eine Konstellation wie im Steinefall nur bedingt vergleichbar, da, auch wenn eine landwirtschaftliche Nutzung des Grundstücks durch den Annahmeverzug unterbleibt, es nur mittelbar zu Folgeschäden kommt. Dennoch hat sowohl in den *effusio*-Fällen als auch im Steinefall der Verkäufer ein dringendes Bedürfnis, die jeweilige Kaufsache abgenommen zu bekommen.

An dieser Stelle wird deutlich, dass Riccobonos Annahme einer Übertragbarkeit der *effusio vini* bei einer durch eine Knappheit von Produktionsmitteln verschärften Eigentumsbeeinträchtigung[624] nicht trägt. In D. 19,1,9 verhindern die nicht abgeholten Steine die Nutzung eines Grundstücks. Nach Riccobono müsste der Verkäufer der Steine nun durch eine Aufgabe der Kaufsache frei werden. Dennoch muss der Verkäufer in D. 19,1,9 klagen und kann die Steine nicht einfach selbst beseitigen.

Die unterschiedliche Behandlung könnte sich jedoch aus der unterschiedlichen Beschaffenheit des jeweiligen Kaufgegenstandes ergeben. Wie oben beschrieben handelte es sich bei Fasswein um ein Produkt von geringerer Haltbarkeit, das zum Verzehr innerhalb etwa eines Jahres bestimmt war[625]. Der noch beim Weinproduzenten lagernde Wein drohte ab einer gewissen Dauer des Verzuges zu verderben. Bei den in D. 19,1,9 verkauften Steinen war eine

---

622 Vgl. Benke, RIDA 61 p. 127.
623 Vgl. loc. cit.
624 Vgl. Riccobono, AUPA 29 pp. 126ff.
625 Vgl. Jakab, Risikomanagement p. 49.

vergleichbare Verschlechterung nahezu ausgeschlossen[626]. Vor diesem Hintergrund erschien die Herbeiführung des Untergangs der Kaufsache bei Fasswein als für den Käufer noch hinnehmbar. Eine Entsorgung der Steine in D. 19,1,9 würde nicht nur den Käufer härter treffen, sondern wäre auch insgesamt wirtschaftlich wenig sinnvoll.

Für den Verkäufer in D. 19,1,9, auf dessen Grundstück die nicht abgeholten Steine lagerten, wäre eine Zerstörung oder eine selbst durchgeführte Beseitigung der Steine ferner viel aufwendiger und weniger praktikabel gewesen als das Ausleeren der *dolia* bei einer *effusio vini*. Ferner wird nach herrschender Meinung in D. 19,1,9 die *actio venditi* allein aufgrund des besonderen, schützenswerten Interesses des Verkäufers an der Abnahme der Steine gewährt[627]. Überwiegend geht die Lehre insoweit sogar von einer entweder vertraglich oder stillschweigend vereinbarten Nebenpflicht auf Abholung der gekauften Steine aus[628].

Geht man davon aus, dass hier eine Nebenpflicht zur Abnahme der Steine und Reinigung des Grundstücks besteht, wird deutlich, dass ein mit der *effusio vini* vergleichbares Selbsthilferecht zur Beseitigung der Steine den Interessen des Verkäufers in D. 19,1,9 überhaupt nicht gerecht würde. Ihm zu gestatten, die Steine selbst wegzuschaffen und das Grundstück selbst zu reinigen, würde bedeuten, ihm die Aufgabe des Käufers aufzubürden und nicht, ihn zu entlasten. Dies ist bei einer *effusio vini* naturgemäß anders. Durch das vergleichsweise einfache Ausgießen des Weines kann sich der Verkäufer in den *effusio*-Fällen von dem alten Wein befreien und die Blockade seiner Gärfässer beenden. Er kann sich also selbst helfen, der Verkäufer im Steinefall ist hingegen in viel stärkerem Maße auf die Mitwirkung des Käufers angewiesen. Eine der *effusio vini* entsprechende Rechtsfolge wäre somit auch in dieser vertraglichen Konstellation unpassend.

4. *Zusammenfassung*

In D. 19,1,9 wurde einem Verkäufer von Steinen mit einem besonderen, schützenswerten Interesse an deren Abnahme die *actio venditi* gewährt. Die im Fragment gewährte *actio venditi* ging letztlich auf

626 Vgl. Benke, RIDA 61 p. 127.
627 Vgl. Reetz, TR 83 pp. 410f.; 411 not. 62.
628 Vgl. Kaser, RP I p. 551 not. 59; Mommsen, Mora pp. 143f. not. 3; Apathy, ZRG RA 101 pp. 203ff.

das Interesse an der Nutzung des Grundstücks, der Käufer der Steine konnte aufgrund des Prinzips der *condemnatio pecuniaria* nicht unmittelbar zur Abholung der Steine gezwungen werden. Damit verfestigte sich der in D. 19,1,38,1 gewonnene Eindruck, dass außerhalb des Weinkaufs der Verkäufer, der ein Interesse an der Abnahme der Kaufsache hat, auf Schadensersatz verwiesen wird, aber kein unmittelbares Selbsthilferecht bekommt.

Aufgrund der Tatsache, dass durch die auf dem Grundstück lagernden Steine möglicherweise aber eine landwirtschaftliche Nutzung des Grundstücks verhindert oder zumindest erschwert wurde, hatte der Verkäufer im Steinefall wie auch der Weinverkäufer in den *effusio*-Fragmenten ein übergeordnetes und schützenswertes Interesse an der Abnahme. Dieses Interesse des Verkäufers von Steinen, die Kaufsache los zu sein, war mit der Situation des Weinproduzenten, der auf die belegten *dolia* angewiesen war, durchaus vergleichbar und rechtfertigte in D. 19,1,9 letztlich die bei Gläubigerverzug untypische Gewährung der *actio venditi*.

Trotz dieser Parallelen erschien in D. 19,1,9 ein mit der *effusio vini* vergleichbares Selbsthilferecht in tatsächlicher, rechtspraktischer Hinsicht als unpassend. Dies lag insbesondere an der sehr unterschiedlichen Beschaffenheit des jeweiligen Kaufgegenstandes, also Fasswein einerseits und Steine andererseits. Ferner hätte ein mit der *effusio vini* vergleichbares Recht zur sofortigen Beseitigung der Steine für den Käufer daher keine Entlastung bedeutet, sondern nur die Aufgabe des Käufers auf den Verkäufer abgewälzt.

Es konnte also gezeigt werden, dass eine Preisgabe des Kaufgegenstandes auch in der in D. 19,1,9 geschilderten Konstellation nicht in Betracht kam. Dies lag nicht am Interesse des Verkäufers an der Abnahme, sondern in erster Linie an der unterschiedlichen Beschaffenheit des jeweiligen Kaufgegenstandes.

III. Selbsthilferecht in D. 18,6,13 und D. 18,6,15 pr.

Als Parallelstelle zur *effusio vini* wird bisweilen D. 18,6,13 in Verbindung mit 15 pr. genannt[629]. Möglicherweise wird hier dem Verkäufer von Betten in den Fragmenten D. 18,6,13 und 15 pr. ein mit der *effusio vini* vergleichbares Preisgaberecht gewährt.

629 Vgl. Kaser, RP I p. 432 not. 37.

D. 18,6,13 (Paul. 3 epit. Alf.): *Lectos emptos aedilis, cum in via publica positi essent, concidit: si traditi essent emptori aut per eum stetisset quo minus traderentur, emptoris periculum esse placet. [...]*

D. 18,6,15 pr. (Paul. 3 epit. Alf.): *Quod si neque traditi essent neque emptor in mora fuisset quo minus traderentur, venditoris periculum erit.*

Folgender Fall wird von Paulus geschildert: Ein *Aedil* zerschlägt in einer öffentlichen Straße abgestellte, verkaufte Betten. Paulus sagt, dass der Käufer die Gefahr für den Untergang der Betten trage, wenn diese ihm zuvor übergeben worden waren oder es an ihm lag, dass eine Übergabe nicht stattfand. In D. 18,6,15 pr. wird sodann der spiegelbildliche Fall erörtert: Waren die Betten noch nicht tradiert und lag dies auch nicht am Käufer, so trage der Verkäufer die Gefahr.

Wenden wir uns zunächst der Variante zu, in der die Betten vom Käufer schuldhaft nicht entgegengenommen wurden, sich der Käufer also in Annahmeverzug befand. Diese Konstellation ist für uns im Hinblick auf den Vergleich mit der beim Annahmeverzug des Weinkäufers gestatteten *effusio vini* besonders interessant. In dieser Fallalternative muss der Bettenverkäufer nicht dafür haften, dass er sich der verkauften Betten entledigt hat, indem er sie auf die Straße stellt, wo sie von einem *Aedil* zerschlagen werden. Das Handeln der jeweiligen Verkäufer – hier das Abstellen der Betten, dort das Ausgießen des Weines – führt in beiden Fällen zum Untergang der Kaufsache, die der Käufer schuldhaft nicht entgegengenommen hat.

1. *Vergleich mit Weinausgießung*

Allerdings fallen sofort deutliche Unterschiede zwischen den *effusio*-Fragmenten und dem in D. 18,6,13 und 15 pr. geschilderten Bettenfall ins Auge.

So führt die *effusio vini* unweigerlich und unmittelbar zum Verlust des Weines, während die Zerstörung der Betten in D. 18,6,13 und 15 pr. im Rahmen eines zweiaktigen Geschehens erfolgt: Durch das Abstellen der Betten auf der Straße werden diese der Gefahr der Zerstörung[630] ausgesetzt. Diese Gefahr verwirklicht sich, als der

630 Der Verkäufer wird es sicher nicht auf die Zerstörung der Betten, also die Zerstörung der Früchte seiner Arbeit angelegt haben. Ginge es dem Bettenverkäufer tatsächlich nur darum, die verkauften Betten los zu sein, erschiene es zudem zielführender, dem Verkäufer selbst das Zerschlagen

Aedil kraft seiner *cura urbis*[631] die den Verkehr behindernden Betten zerschlägt, was von den römischen Juristen wahrscheinlich als ein Fall von höherer Gewalt angesehen wurde[632].

Mit der *effusio* wird dem Weinverkäufer hingegen gestattet, eine unmittelbar zum Untergang der Sache führende Handlung eigenhändig vorzunehmen. Prima facie ist der Verkäufer bei der *effusio vini* damit selbst zur Vernichtung der Kaufsache befugt, während er im Bettenfall nur eine für deren Zerstörung ursächliche Handlung tätigt. Dabei ist das auf die Straße Verbringen der Betten eine im Grundsatz reversible Maßnahme, die auch nur temporärer Natur sein könnte. Dies stellt einen weiteren Unterschied zwischen der Weinausgießung und der Zerschlagung der Betten dar. Die Weinausgießung ist hingegen immer endgültig: Wurde der Wein einmal ausgegossen, so war er unrettbar verloren.

a) Blockade der Produktionsstätte

Gleichzeitig weist der in D. 18,6,13 und 15 pr. geschilderte Gläubigerverzugsfall unübersehbare rechtliche wie tatsächliche Parallelen zur *effusio vini* auf. In beiden Fällen befindet sich der Käufer in Annahmeverzug. Durch eine Handlung des Verkäufers verwirklicht sich die Sachgefahr, sodass die Kaufsache zerstört wird und der Käufer keine Leistung mehr verlangen kann.

Inhaltlich ist die Situation, in der sich der Weinverkäufer bei einer *effusio vini* befindet, der im Bettenfall geschilderten Konstellation sehr ähnlich. Der wahrscheinlichste Grund dafür, dass der Verkäufer die Betten auf die öffentliche Straße[633] stellt, ist, dass der Verkäufer, was die bauliche Situation beispielsweise in Pompeji veranschaulicht, keinen Platz innerhalb seiner Räumlichkeiten hat, um bereits verkaufte Betten dort zu lagern[634]. Dieser Platzmangel

---

der Betten zu gestatten. So würde durch eine Inanspruchnahme der *Aedilen* zumindest nicht die Allgemeinheit beeinträchtigt.

631 Vgl. Kubitschek, Wilhelm: Aedilis. Reihe 1, Vol. 1,1: Aal–Alexandros. Stuttgart 1893 coll. 448–464, bes. 454.

632 Vgl. Seckel/Levy, ZRG RA 47 p. 246.

633 *Via publica* bildet hier den Gegenbegriff zur *via privata*. Nur die *via publica* stand dem Gemeingebrauch offen, vgl. Berger, EDRL 43,2 (N.S.) s.v. ›*viae*‹; Ramsey, William: Viae. Boston 1859 pp. 1191–1195, bes. 1191. Nur auf solche öffentlichen Straßen erstreckt sich die sog. *cura urbis* des *Aedils*, vgl. RE I.1,1 s.v. ›*aedilis*‹ col. 454.

634 Vgl. Krückmann, ZRG RA 60 p. 71.

des Verkäufers bedeutet im wahrscheinlichen Fall eines Werklieferungsvertrages[635] eine Blockade seiner Produktionsstätte. Ähnliches hatten wir bei der *effusio vini* in Bezug auf die *dolia* festgestellt. Die Weinfässer waren als Gärstätte zentraler Produktionsort bei der Weinherstellung, genau wie es für den Bettenschreiner seine Werkstatt war[636]. Damit erscheint die Interessenlage des Verkäufers in den *effusio*-Fragmenten mit der Situation des Bettenverkäufers im gegenständlichen Fragment durchaus vergleichbar.

b) Übergabe der Betten in Abwesenheit des Käufers?

Möglicherweise sind auch die Handlungen der jeweiligen Verkäufer, also das auf die Straße Stellen der Betten beziehungsweise das Ausgießen des Weines ganz vergleichbar. Es erscheint durchaus denkbar, dass der oben festgestellte Unterschied, dass allein die *effusio vini* unmittelbar zum Verlust des Weines führt, sich aus den *realia* ergibt und auf die unterschiedliche Beschaffenheit von Wein und Betten zurückzuführen ist. Wein befindet sich vor der Ausgießung in Behältnissen des Verkäufers, eine Besitzaufgabe ist zwingend mit der Entnahme des Weines aus diesen Behältnissen verbunden. Im Fall der *effusio vini* ist es deshalb ausgeschlossen, dass der Käufer den Wein zu einem späteren Zeitpunkt doch noch erhält. Bei den Betten verwirklicht sich die Sachgefahr hingegen erst mit dem Einschreiten des *Aedils*. Die Betten gehen also nicht bereits mit dem Abstellen auf der Straße verloren.

In Anbetracht dieser Parallelen von Weinausgießung und Bettenfall werden wir der Frage nachgehen, inwieweit die Maßnahmen der Verkäufer in den *effusio*-Fällen mit dem Vorgehen des Bettenverkäufers tatsächlich vergleichbar sind. Hierbei werden die konkreten tatsächlichen Umstände und die Zweckrichtung der jeweiligen Maßnahme des Verkäufers eine entscheidende Rolle spielen.

Unsere Betrachtung der Fragmente zur Weinausgießung hat insoweit ergeben, dass die *effusio* nicht pauschal als Übergabehandlung in Abwesenheit des Verkäufers angesehen werden kann, sondern in erster Linie ein schlichtes Löschen der Fässer darstellte. Dadurch, dass dem Weinverkäufer erlaubt wird, den alten, nicht abgeholten Wein auszugießen, erhält dieser ein Preisgaberecht, um die drohende Blockade seiner Produktionsstätte abzuwenden.

635 Für einen Werklieferungsvertrag siehe Krückmann, ZRG RA 60 pp. 69f.
636 Vgl. Pennitz, Periculum p. 366.

Möglicherweise ist das Verbringen der Betten auf die Straße in D. 18,6,13 und 15 pr. genau wie die Weinausgießung als Preisgabe zu sehen. So könnte man das Abstellen der Betten auf der Straße bei Annahmeverzug als eine Übergabehandlung in Abwesenheit des Verkäufers ansehen. In diesem Fall würde der Verkäufer gewissermaßen den Besitz an der Kaufsache aufgeben, während es der Käufer versäumt, die Kaufsache doch noch entgegenzunehmen, bevor diese durch den *Aedil* zerstört wird.

Im Folgenden wird daher zu klären sein, inwieweit die *effusio vini* mit dem in D. 18,6,13 geschilderten Fall vergleichbar ist und inwieweit es sich bei der Weinausgießung um einen rechtlichen Sonderfall handelt. Hierfür muss das auf die Straße Stellen der Betten und das Ausgießen des Weines isoliert betrachtet und aus lebenspraktischer Sicht analysiert werden. Ein besseres Verständnis der Lebenswirklichkeit und der Straßensituation ist besonders im Bettenfall unerlässlich, um den in D. 18,6,13 und 15 pr. geschilderten Fall zu verstehen und um die Handlung des Verkäufers einordnen zu können.

c) Isolierte Analyse des Bettenfalls

aa) Bett als Verkehrshindernis

Gerade in Bezug auf die Straßen- und Verkehrssituation wirft das Verhalten des Bettenverkäufers Fragen auf: Die auf der Straße abgestellten Betten erscheinen prima facie als schwerwiegendes Verkehrshindernis. Wieso durfte der Verkäufer also die Betten auf die Straße stellen, obwohl der Käufer möglicherweise überhaupt nicht in Sicht war[637]? Kann die Platznot eines Einzelnen eine die Allgemeinheit betreffende, massive Verkehrsbehinderung tatsächlich rechtfertigen?

Dieses Störgefühl tritt noch deutlicher hervor, wenn man den Fall rechtlich in die heutige Zeit überträgt. Das Abstellen eines sperrigen Gegenstandes auf der Straße ohne Genehmigung stellt heute aus Sicht der einschlägigen Straßen- und Wegegesetze eine unerlaubte Sondernutzung[638] dar. Deshalb kann die zuständige Behörde

---

637 Ein ähnliches Störgefühl hat auch BECHMANN, Kauf III,1 p. 113. Anders aber die Einschätzung von PENNITZ, Periculum p. 368, nach der das Zerschlagen der Betten »ohne jeden Zweifel eine überaus harte Strafmaßnahme [darstellt]«.

638 Vgl. Artt. 18ff. BayStrWG, § 18 Abs. 1 StrWG NRW.

die Betten auf Kosten des Störers beseitigen[639] und ihn, da dieses Verhalten den Tatbestand einer Ordnungswidrigkeit erfüllt, mit einer Geldbuße belegen[640]. Im Digestenfragment wird das Verhalten des Bettenverkäufers unter Umständen zivilrechtlich, jedoch nicht straf- oder verkehrsrechtlich sanktioniert. Deshalb liegt nahe, dass das Fragment von ganz anderen Umständen ausgeht, als dies im heutigen motorisierten Verkehr der Fall ist. Um sich dieser anderen Lebenswirklichkeit anzunähern, werden im Folgenden die Fallumstände rekonstruiert, wie bereits im Zusammenhang mit der *effusio vini* geschehen. Nur auf diese Weise kann ein fundierter Vergleich des Bettenfalls mit der *effusio vini* angestrengt werden.

bb) Historische Einordnung des Bettenfalls

Hierzu muss der im Fragment beschriebene Fall zunächst zeitlich grob eingeordnet werden. Die Textstelle stammt von Paulus, einem Spätklassiker. Der im Fragment geschilderte Sachverhalt scheint jedoch älter zu sein, da ab der Kaiserzeit die Aufgaben der *Aedilen* schrittweise durch andere Magistrate übernommen wurden. Die Polizeigewalt wurde bereits unter Augustus von den *Aedilen* auf das Amt des Stadtpräfekten (*praefectus urbi*) übertragen[641], sodass der geschilderte Fall wahrscheinlich nicht von Paulus erstmalig behandelt wurde. Da die Textstelle ursprünglich aus den Digesten Alfens stammt, liegt nahe, dass der im Fragment beschriebene Sachverhalt aus der Zeit Alfens, also dem 1. Jahrhundert v. Chr., oder sogar von dessen Lehrer Servius Sulpicius stammt[642].

Versuchen wir also, die im Fragment enthaltene Lebenswirklichkeit zu rekonstruieren. Beim Fragment D. 18,6,13–15 pr. gehen wir davon aus, dass der Verkäufer die Betten auf einer Straße innerhalb einer römischen Stadt abgestellt hat und nicht auf einer Hauptverkehrsader. Diese Straßen von untergeordneter Bedeutung weisen regelmäßig eine Fahrbahnbreite von genau acht Fuß auf, also etwa zweieinhalb Metern; bisweilen wurden für die Fußgänger

639 Vgl. Art. 18b BayStrWG, § 22 StrWG NRW.

640 Vgl. Art. 66 Nr. 2 BayStrWG, § 59 Abs. 1 Nr. 1, Abs. 2 StrWG NRW. Ferner stellt das Bereiten von Hindernissen im Verkehr unter gewissen Voraussetzungen eine Straftat dar, sodass der Bettenverkäufer heute möglicherweise sogar einen gefährlichen Eingriff in den Straßenverkehr im Sinne des § 315b Abs. 1 Nr. 2, Abs. 4 StGB vornehmen würde.

641 Vgl. Long, George: Aediles. Boston 1859 pp. 18–20, bes. 19.

642 Vgl. auch Pennitz, Periculum p. 366.

›Bürgersteige‹ angelegt[643]. Diese Straße wurde von Fußgängern, Reitern, Lastentieren, Sänften und Wagen benutzt[644], wobei Wagen im Straßenverkehr nicht die Regel darstellten[645]. Wie ein Text von Martial veranschaulicht, okkupierten zudem Handwerker den öffentlichen Straßenraum für ihre Berufsausübung[646]. Eck fasst diese Straßensituation wie folgt zusammen: »die Enge in den Straßen war […] dramatisch«[647].

Diese Verkehrssituation wurde auch dadurch begünstigt, dass ein mit unserer heutigen StVO vergleichbarer, niedergeschriebener Kanon an Verkehrsregeln in römischer Zeit nicht existierte. Vielmehr war der römische Straßenverkehr weitestgehend von der *lex Aquilia*[648] und dem Verbot, einen anderen zu schädigen, bestimmt[649]; die Okkupation des Straßenraumes für verkehrsfremde Zwecke war deshalb nicht per se verboten, auch wenn sie bisweilen, wie unser Digestenfragment zeigt, zum Einschreiten der Obrigkeit führen konnte. Durch die für den römischen Verkehr typische Enge und die unterschiedlichen Verkehrsteilnehmer darf das für die heutige Zeit selbstverständliche Prinzip des reibungslos fließenden Verkehrs keinesfalls auf die Antike übertragen werden[650].

643 Vgl. DGRA s.v. ›*viae*‹ p. 1192, insbesondere die Abbildung der Straße am Stadteingang von Pompeji.

644 Vgl. Laurence, Ray: City Traffic and the Archeology of Roman Streets from Pompeii to Rome. In: Stadtverkehr in der antiken Welt. Internationales Kolloquium zur 175-Jahrfeier des Deutschen Archäologischen Instituts Rom, 21.–23. April 2004. Wiesbaden 2008 pp. 87–106, bes. 87.

645 Vgl. Eck, Werner: Verkehr und Verkehrsregeln in einer antiken Großstadt. Das Beispiel Rom. In: Stadtverkehr in der antiken Welt. Internationales Kolloquium zur 175-Jahrfeier des Deutschen Archäologischen Instituts Rom, 21.–23. April 2004. Wiesbaden 2008 pp. 59–69, bes. 67.

646 Mart. 7,61: *Abstulerat totam temerarius institor urbem inque suo nullum limine limen erat. Iussisti tenuis, Germanice, crescere vicos, et modo quae fuerat semita, facta via est. Nulla catenatis pila est praecincta lagonis nec praetor medio cogitur ire luto, stringitur in densa nec caeca novacula turba occupat aut totas nigra popina vias. Tonsor, copo, cocus, lanius sua limina servant. Nunc Roma est, nuper magna taberna fuit*. Siehe auch W. Eck, Verkehr und Verkehrsregeln p. 64.

647 Loc. cit. Dies führte in Rom zu einer Verbannung von Wagen aus den Straßen Roms für bestimmte Tageszeiten. In anderen Städten wie Pompeji wurden durch Bürgersteige Wagen und Fußgänger voneinander separiert, vgl. Laurence, Stadtverkehr in der antiken Welt p. 67.

648 Vgl. Kaser, RP I pp. 161, 619ff.

649 Vgl. W. Eck, Verkehr und Verkehrsregeln pp. 59f.

650 Vgl. ibidem p. 59.

cc) Übergabe der Betten?

Dieses archäologische Hintergrundwissen ermöglicht uns einen unverstellten Blick auf den Fall. Die in D. 18,6,13–15 pr. auf der Straße abgestellten Betten verschlimmerten zweifellos die Enge in den Straßen, verursachten aber nicht zwangsläufig ein Erliegen des Verkehrs. Sollte durch die Betten etwa ein Wagen an der Weiterfahrt gehindert gewesen sein, wäre dieses Verkehrshindernis durch ein kurzzeitiges Wegtragen der Betten leicht zu beheben gewesen. Abgestellte Betten konnten Fußgänger auch in engen Straßen nicht am Passieren hindern. Überdies war es für ansässige Händler und Gewerbetreibende durchaus nicht ungewöhnlich, den öffentlichen Straßenraum für ihre Geschäfte zu okkupieren. Dies galt auch für den Bettenverkäufer, wie uns Paulus in der Abwandlung des Falles in D. 18,6,15 pr. auch selbst mitteilt: Hier hatte der Bettenverkäufer noch vor der geplanten Übergabe die Betten vorübergehend auf der Straße zwischengelagert. Dies hätte der Verkäufer niemals riskiert, wenn er mit der unmittelbaren Zerstörung der Betten durch die *Aedilen* hätte rechnen müssen. Ein *Aedil* schritt also nicht zwangsläufig ein, sondern nur bei besonders gravierenden Verkehrsbehinderungen. Dies wird nicht zuletzt auch dadurch verdeutlicht, dass die Kompilatoren mit D. 18,6,14[651] einen Text über die Haftung für unrechtmäßige Handlungen eines *Aedils* in den Bettenfall einfügten[652]. Insbesondere der Vergleich der unterschiedlichen Alternativen im Bettenfall zeigt, dass die Frage, ob sich der Käufer in Annahmeverzug befindet, überhaupt nicht maßgeblich für das Verhalten des Verkäufers gewesen sein musste. Vielmehr entsteht der Eindruck, dass dieser regelmäßig seine Waren auf der Straße zwischenlagerte. Das Beanspruchen öffentlicher Straßen für private Zwecke war weit verbreitet und wurde nicht zwangsläufig sanktioniert. Hieraus folgt, dass der Verkäufer, als er die Betten auf der Straße abstellte, mit ihrer unmittelbaren Zerstörung durch die *Aedilen* rechnen konnte, aber nicht rechnen musste.

Im Fragment finden wir keinen handfesten Beleg dafür, dass im Abstellen der Betten eine Preisgabe oder *traditio* zu sehen ist.

---

651 D. 18,6,14 (Iul. 3 ad urs. ferocem.): *Eumque cum aedili, si id non iure fecisset, habiturum actionem legis aquiliae: aut certe cum venditore ex empto agendum esse, ut is actiones suas, quas cum aedile habuisset, ei praestaret.*

652 Pennitz geht von einer »Strafmaßnahme« des *Aedils* aus, vgl. Idem, Periculum pp. 366ff.

Es erscheint durchaus denkbar, dass der Verkäufer bei Platznot die Betten, die ohnehin hätten abgeholt werden müssen, auf die Straße stellte und davon ausging, dass der Käufer sie von dort aus abtransportieren würde. Ebenso besteht die Möglichkeit, dass der Verkäufer nur kurzfristig irgendwelche der von ihm hergestellten Betten auf der Straße zwischenlagern wollte, ohne dass dies im Hinblick auf eine avisierte Übergabe geschah. In diesem Fall wäre das Abstellen der Betten auf der Straße nicht als Besitzaufgabe und dementsprechend als Leistungshandlung zu werten. Als Indiz gegen das Vorliegen einer *traditio* an den säumigen Käufer wird in der Literatur ferner auf die parallele Struktur von D. 18,6,13 und 14 hingewiesen. Beide Fragmente zerfallen durch *aut* respektive *aut certem* in zwei Teile[653]. Demnach hätte bei rechtswidrigem Handeln der *Aedilen* der säumige Käufer nur einen Anspruch auf Abtretung der *actio legis Aquiliae* und – mangels Eigentümerstellung, da keine *traditio* – keine Klage aus eigenem Recht[654].

Letztlich schweigt das Fragment aber zu der Frage, ob im Verbringen der Betten auf die Straße eine *traditio* zu sehen ist, denn im Fokus der Stelle steht die Haftung des Verkäufers[655]. Er stellt Betten sorgfaltswidrig auf die Straße. Zwar wurde die Nutzung des Straßenraums als Lagerraum nicht per se verboten, stellte im vorliegenden Fall aber einen Verstoß gegen die *lex Aquilia* dar, andernfalls wäre das Einschreiten der *Aedilen* nicht gerechtfertigt. Aufgrund des Annahmeverzugs des Käufers haftet der Verkäufer jedoch nicht für den leicht fahrlässig von ihm herbeigeführten Untergang der Betten[656].

dd) *Vergleich des Bettenfalls mit der effusio vini*

Diese Erkenntnis bedeutet für unsere Frage nach der Vergleichbarkeit der Maßnahme des Verkäufers im Bettenfall einerseits

---

653 D. 18,6,13: *Lectos emptos aedilis, cum in via publica positi essent, concidit: si traditi essent emptori* ***aut*** *per eum stetisset quo minus traderentur, emptoris periculum esse placet.*
D. 18,6,14: *Eumque cum aedili, si id non iure fecisset, habiturum actionem legis aquiliae:* ***aut*** *certe cum venditore ex empto agendum esse, ut is actiones suas, quas cum aedile habuisset, ei praestaret.*

654 Vgl. Schmidt-Scharff, Wolfgang: Wirkungen der mora accipiendi des Käufers. Frankfurt 1891 p. 9.

655 So auch Seckel/Levy, ZRG RA 47 p. 246, der allerdings sowohl die *effusio vini* als auch den Bettenfall ausgehend von der Haftung für *custodia* begreift.

656 Vgl. Schmidt-Scharff, mora accipiendi p. 7f.

und in den *effusio*-Fällen andererseits, dass nur die Weinausgießung rechtlich ausdrücklich gestattet war. Im Gegensatz hierzu wird dem Bettenverkäufer gerade nicht erlaubt, die Betten auf der Straße abzustellen; er handelt insoweit fahrlässig, auch wenn er bei Annahmeverzug des Käufers nicht haftet[657]. Somit stellt sich die *effusio vini* als ein eigenständiges Rechtsinstitut dar, das an bestimmte Voraussetzungen geknüpft ist und dessen Ablauf Regeln unterliegt. Im Bettenfall hingegen konnten wir nicht mit Sicherheit nachweisen, ob es sich beim Abstellen der Betten auf der Straße bei Annahmeverzug überhaupt um eine Preisgabe handelte. Jedenfalls stellte der Untergang der Betten gewissermaßen ein Missgeschick dar, weil sich gerade in dieser Situation der *Aedil* zum Einschreiten entschloss. Bei der *effusio vini* wird der Verlust des Weines hingegen vom Verkäufer beabsichtigt.

2. *Zusammenfassung Bettenfall*

In diesem Abschnitt haben wir untersucht, ob die Digestenstelle D. 18,6,13 und 15 pr. als mögliche Parallelstelle zu den *effusio*-Fällen in Betracht kommt. Hierzu haben wir die jeweiligen Maßnahmen des Verkäufers bei Nichtannahme des Kaufgegenstandes im Fall einer *effusio* mit dem Bettenfall verglichen. Hierbei ergaben sich sowohl Gemeinsamkeiten als auch deutliche Unterschiede. Als wichtige Übereinstimmung ergab sich, dass in beiden Fällen der Verkäufer keine Gefahr für den Untergang der Sache trug und sowohl das Zerschlagen der Betten durch einen *Aedil* als auch das Versickern des Weines bei einer *effusio* als Sachverlust infolge von *vis maior* angesehen wurde. Beide Konstellationen unterschieden sich aber deutlich dadurch, dass der Bettenverkäufer nur ursächlich für die letztlich durch den *Aedil* herbeigeführte Zerschlagung der Betten war, der Weinverkäufer den Untergang des Weines hingegen selbst herbeiführen durfte. Hieraus ergab sich die Frage, ob sich dieser deutliche Unterschied allein aus den *realia* ergab: Während ein Bett problemlos außerhalb der Werkstatt des Schreiners abgestellt werden konnte, verflüchtigte sich Wein sofort nachdem er ausgegossen wurde.

Um dieser Frage nachzugehen, wurde die Verkäufermaßnahme in D. 18,6,13 und 15 pr. in Form des Verbringens der Betten auf die

657 Vgl. SCHMIDT-SCHARFF, mora accipiendi p. 7f.

Straße genauer untersucht. Hierzu wurde das Verbringen der Betten auf die Straße vor dem Hintergrund der Straßensituation in einer römischen Stadt genauer beleuchtet. Hier ergab sich insbesondere, dass das Prinzip des reibungslos fließenden Verkehrs keinesfalls auf die Antike übertragen werden darf. Die Inanspruchnahme des öffentlichen Straßenraums war unter Handwerkern und Gewerbetreibenden üblich und führte nur ausnahmsweise zum Einschreiten der Obrigkeit. Diese Erkenntnisse erlaubten uns Rückschlüsse auf die Zielrichtung des Verbringens der Betten auf die Straße in D. 18,6,13 und 15 pr. So stellte sich das Verbringen der Betten auf die Straße als zumindest leicht fahrlässiges Handeln des Verkäufers dar, das letztlich für die Zerstörung der Betten ursächlich war. Während es im Bettenfall also letztlich aufgrund eines Missgeschicks zum Untergang des Vertragsgegenstandes kam, war die *effusio vini* immer beabsichtigt. Anders als im Bettenfall handelt es sich bei der Weinausgießung um erlaubtes Verhalten, das an bestimmte Voraussetzungen geknüpft war und hinsichtlich des Ablaufs festen Regeln folgte. Auch war die in D. 18,6,13 und 15 pr. geschilderte Maßnahme des Verkäufers nicht zwingend als eine Reaktion auf den Annahmeverzug des Bettenkäufers anzusehen. Vor diesem Hintergrund ließ sich nicht mit Gewissheit sagen, ob im Bettenfall überhaupt eine auf Übergabe gerichtete Preisgabe der Betten erfolgt.

Somit erwies sich die Maßnahme des Verkäufers in D. 18,6,13 und 15 pr. als nicht mit dem Löschen der Fässer bei einer *effusio vini* vergleichbar.

IV. Zwischenergebnis: Keine Parallelstellen zur *effusio vini*

Unsere Untersuchung der anderen als Parallelstelle in Betracht kommenden Gläubigerverzugsfragmente D. 19,1,38,1, D. 19,1,9 sowie D. 18,6,13 und 15 pr. ergab, dass keiner dieser Fälle mit der Weinausgießung tatsächlich vergleichbar war. Außerhalb des Weinkaufs konnten wir somit keine mit der *effusio vini* in irgendeiner Form verwandte Rechtsfolge nachweisen. Damit erwies sich auch Riccobonos Annahme einer Übertragbarkeit der Weinausgießung bei einer Eigentumsbeeinträchtigung als nicht tragfähig. In keiner anderen Konstellation außer dem Weinkauf wurde dem Verkäufer gestattet, in ähnlicher Weise den Untergang des Vertragsgegenstandes herbeizuführen, meist wäre eine solche Lösung bereits in praktischer Hinsicht kaum durchführbar gewesen.

Die *effusio vini* erklärte sich nicht nur aus dem Interesse des Verkäufers an einer pünktlichen Abnahme, sondern auch aus in den *realia* begründeten Umständen. Eine mit den *effusio*-Fällen vergleichbare Blockade der Produktionsstätte war weder in D. 19,1,38,1 noch in D. 19,1,9 nachweisbar. Ferner wurde die Weinausgießung für den Käufer dadurch zumutbar, dass der verkaufte Fasswein zu verderben drohte. Insbesondere hierdurch ließ sich D. 19,1,9 klar zu den Fällen einer Weinausgießung abgrenzen.

Des Weiteren kam als Parallelstelle D. 18,6,13 und 15 pr. infrage. Zwar ähnelte dieses Fragment rein äußerlich stärker als die anderen Fragmente der Weinausgießung, weil in beiden Fällen infolge einer Maßnahme des Verkäufers bei Annahmeverzug die Kaufsache vernichtet wurde. Sowohl bei einer *effusio vini* als auch im Bettenfall wurde infolge des Annahmeverzuges in vergleichbarer Weise die Produktions- und Betriebsstätte des Verkäufers beeinträchtigt. Doch nur dem Weinverkäufer wurde erlaubt, mit der Ausgießung unmittelbar den Untergang der Kaufsache herbeizuführen. Demgegenüber handelt es sich beim Abstellen der Betten auf der Straße nicht um rechtlich erlaubtes oder erwünschtes Verhalten. Während die Weinausgießung beabsichtigt, als eigenständige Rechtsfigur an besondere Voraussetzungen geknüpft und hinsichtlich ihres Ablaufes Regeln unterworfen war, kam es im Bettenfall nur versehentlich zur Zerstörung der Betten. Damit unterschied sich der Bettenfall ganz wesentlich von einer *effusio vini* und taugte aus diesem Grund nicht als Parallelstelle.

§ 4 Rechtspraktische Übertragbarkeit der *effusio vini*

Insbesondere die archäologische Analyse der *effusio vini* und der Vergleich mit anderen Quellen konnte zeigen, wieso eine Preisgabe des Vertragsgegenstandes bei Gläubigerverzug nur beim Weinkauf üblich und nicht auf andere in den Quellen geschilderte Fälle des Gläubigerverzugs ohne Weiteres übertragbar war.

Bereits im ersten Teil der Arbeit konnten wir in Bezug auf den Vertrieb von Weizen und Öl starke Parallelen zu Weinkäufen feststellen. Hierauf aufbauend vertritt beispielsweise Benítez López die Ansicht, dass für Verträge über ›fungible Konsumgüter‹ wie Wein, Öl oder Getreide dieselben Rechtsgrundsätze und -regeln zur Anwendung kämen[658], sodass auch die *effusio vini* im Grundsatz übertragbar wäre. Dies soll im folgenden Abschnitt überprüft werden.

I. Quellenlage

In den Quellen ist eine Preisgabe von Öl oder Weizen nicht belegt. Wir wollen uns aber dennoch die Frage stellen, ob eine rechtspraktische Übertragbarkeit der *effusio vini* auf andere Konsumgüter überhaupt denkbar wäre.

Deshalb wollen wir zunächst kurz zusammentragen, welche produktbezogenen Aspekte die *effusio vini* erforderlich machten und diese bedingten.

II. Konstitutive Faktoren der *effusio vini*

Die *effusio vini* konnten wir auf für die Weinproduktion typische Umstände zurückführen. Entscheidend dafür, dem Verkäufer zu

658 Vgl. Benítez López, Venta di vino pp. 11f., die den Ausdruck »bienes fungibles y consumibles« verwendet.

gestatten, den Wein auszugießen, war in erster Linie die Blockade der für die Herstellung neuen Weines unerlässlichen *dolia*. Die Auswertung der *effusio*-Stellen hat ferner ergeben, dass die Ausgießung regelmäßig erst dann erlaubt war, wenn der Weinverkäufer die Fässer tatsächlich benötigte.

Wie wir zeigen konnten, war die Menge an verfügbaren *dolia* eine wichtige betriebliche Größe in einem Weingut. Der Weinproduzent schaffte so viele Fässer an[659], wie er für die Verarbeitung seiner Ernte[660] benötigte. Unabhängig von der Größe eines Weinguts kalkulierte der Weinproduzent mit seinem Lagerraum.

Im Hinblick auf die Interessenlage der Vertragsparteien bei einer Weinausgießung konnten wir ferner feststellen, dass regelmäßig Fasswein von geringerer Haltbarkeit und mittlerer Qualität ausgegossen wurde[661]. Damit war auch die schnelle Verderblichkeit der Ware Bedingung für die *effusio vini*.

Für die *effusio vini* spielten also auf der Ebene der *realia* insbesondere folgende Faktoren eine Rolle:

1. Blockade der Produktionsstätte
2. Vertrieb verderblicher Ware
3. Vertrieb im Großhandel

Eine rechtstatsächliche Übertragbarkeit der Grundsätze der Weinausgießung kommt somit nur in Betracht bei Geschäften, bei denen das Produkt wie Wein verderblich ist und im Hinblick auf die Betriebsabläufe auf ähnliche Weise vertrieben wird wie Wein.

---

659 In Cato agr. 11 und Varro rust. 1,22 wird die Anschaffung von Fässern mit einem Fassungsvermögen von insgesamt 800 *cullei* empfohlen, in Colvm. 12,18,7 von insgesamt 600 *cullei*. Diese Größenordnungen sowie die Tatsache, dass als Gemäßgröße der *culleus* von 524 Litern verwendet wurde, vgl. Flach, HAW III,9 pp. 189f, zeigt, dass solche Weingüter Großhandelsbetriebe darstellten. Selbstverständlich existierten bspw. in und um Pompeji auch deutlich kleinere Weingüter, vgl. De Simone, Agricultural Economy of Pompeii p. 16.

660 Teilweise schaffte der Weinproduzent auch *dolia* für mehrere aufeinanderfolgende Ernten an, vgl. Cato agr. 11: *dolia ubi quinque vindemiae esse possint culeum DCCC.*

661 Im Rahmen einer *effusio* wurde regelmäßig *vinum doliare* ausgegossen, also offener Trinkwein von mittlerer Qualität und geringer Haltbarkeit. Nur solcher Wein verblieb nach der Gärung im Fass. Spitzenwein wurde hingegen nach der Gärung aus dem Fass abgezogen und als Amphorenwein verkauft, vgl. Jakab, Risikomanagement p. 49.

Ob dies bei Weizen und Öl der Fall ist, soll im folgenden Abschnitt geklärt werden.

III. Preisgaberecht bei Weizen und Öl?

Aufgrund der Ähnlichkeit von Weizen, Wein und Öl könnten alle drei Produkte möglicherweise vergleichbare Anforderungen an den Rechts- und Handelsverkehr gestellt haben. Anhaltspunkte für eine solche rechtliche Nähe dieser drei Güter liefert D. 13,3,4. In diesem Text geht es um die Schätzung des Streitwerts, wenn wegen einer Wein-, Weizen- oder Öllieferung geklagt wird. Cassius und Gaius nennen hier Wein, Öl und Getreide in einem Atemzug. Dieser Umstand könnte für eine zumindest partielle rechtliche Verwandtschaft von Wein, Weizen und Öl sprechen. Hiervon ausgehend soll überprüft werden, inwieweit Weizen, Wein und Öl rechtlich gleichbehandelt wurden.

1. *Wein, Weizen und Öl als merx*

Aus dem Provinzialedikt ist folgender Text überliefert, in dem Gaius Cassius referiert.

> D. 13,3,4 (Gai. 9 ad ed. provinc.): *Si merx aliqua, quae certo die dari debebat, petita sit, veluti vinum oleum frumentum, tanti litem aestimandam Cassius ait, quanti fuisset eo die, quo dari debuit: si de die nihil convenit, quanti tunc, cum iudicium acciperetur. Idemque iuris in loco esse, ut primum aestimatio sumatur eius loci, quo dari debuit, si de loco nihil convenit, is locus spectetur, quo peteretur. Quod et de ceteris rebus iuris est.*

Wenn wegen irgendeiner Ware geklagt wird, die an einem bestimmten Tag geschuldet ist, wie zum Beispiel Wein, Öl oder Getreide, dann sagt Cassius, dass der Wert des streitigen Gegenstands so zu schätzen sei, wie er an dem Tag gewesen ist, an dem der Gegenstand geleistet werden musste; wenn hinsichtlich des Tages nichts vereinbart wurde, dann sei die Schätzung so vorzunehmen, wie es dem Richter billig erscheint. Dasselbe gelte für den Ort. So solle die Schätzung zunächst an dem Ort erfolgen, wo geleistet werden soll; wenn über den Ort nichts vereinbart wurde, wird der Ort betrachtet, wo geklagt wird. Dies, so schließt Gaius, sei auch bei anderen Dingen richtig.

Aus welchen Gründen geklagt wird, lässt der Text offen. Allerdings referiert Iulianus im ähnlich gelagerten Fall D. 12,1,22 die Ansicht von Sabinus. Möglicherweise nimmt hier Cassius zu demselben Rechtsproblem Stellung[662]. Zieht man D. 12,1,22 als Auslegungshilfe für D. 13,3,4 heran, würde es in beiden Texten um die Streitwertschätzung bei einer Klage wegen umgeschlagenen Weines gehen.

> D. 12,1,22 (Iul. 4 ex Minic.): *Vinum, quod mutuum datum erat, per iudicem petitum est: quaesitum est, cuius temporis aestimatio fieret, utrum cum datum esset an cum litem contestatus fuisset an cum res iudicaretur. Sabinus respondit, si dictum esset quo tempore redderetur, quanti tunc fuisset, si dictum non esset, quanti tunc fuisset, cum petitum esset. interrogavi, cuius loci pretium sequi oporteat. respondit, si convenisset, ut certo loco redderetur, quanti eo loco esset, si dictum non esset, quanti ubi esset petitum.*

Wie in D. 13,3,4 beschäftigt sich Iulianus in D. 12,1,22 mit der Frage, welcher Zeitpunkt und welcher Ort bei der *litis aestimatio* zugrunde zu legen seien. Zunächst wendet sich Iulianus dem entscheidungserheblichen Zeitpunkt zu und zeigt als Möglichkeiten den Leistungszeitpunkt, den Zeitpunkt der Klageerhebung sowie der Zeitpunkt bei Urteilsspruch auf. Zur Beantwortung dieser Frage referiert Iulianus Sabinus. Sabinus sei der Auffassung gewesen, dass wenn ein Leistungszeitpunkt bestimmt worden ist, dieser Zeitpunkt entscheidend sei. Sei ein solcher Termin nicht bestimmt worden, dann sei maßgeblich, wie viel der Wein zum Zeitpunkt der Klage wert war. Sodann wendet sich Iulianus der Frage zu, welcher Ort für die Schätzung des Weinpreises maßgeblich ist. Wieder verweist Iulianus auf Sabinus: Wenn ein bestimmter Leistungsort vereinbart ist, sei der Wert des Weines an diesem Ort zugrunde zu legen. Sei kein Leistungsort bestimmt, dann sei der Wert am Sitz des Gerichtes maßgeblich.

2. *Volatile Preisentwicklung als tertium comparationis*

In beiden Texten, dem hier in erster Linie betrachteten D. 13,3,4 sowie in D. 12,1,22, geht es um das Problem von regionalen und zeitlichen Preisunterschieden[663]. Hintergrund solcher Preisunterschiede war,

662 Vgl. auch Pennitz, ZRG RA 123 p. 159 not. 36.

663 Auch in Bezug auf Öl berichtet Paulus von solchen zeitlichen und regionalen Preisschwankungen. D. 35,2,63,2 (Paul. 2 ad leg. Iul. et Pap.): *Nonnullam tamen*

dass Wein zu einem bestimmten Preis pro Einheit verkauft werden konnte[664]. Dies traf auch auf Öl und Weizen zu[665]. Hiervon ausgehend ergibt sich für Wein, Weizen und Öl das Bild von gewissen Schwankungen unterliegenden, regional unterschiedlichen Preisen[666]. Dieses Marktcharakteristikum der volatilen Preisentwicklung bei fungiblen Konsumgütern bildet den thematischen Schwerpunkt der beiden Fragmente D. 13,3,4 sowie D. 12,1,22.

Für unsere Hypothese der rechtlichen Vergleichbarkeit von Weizen, Wein und Öl bedeutet dies, dass aufgrund der für alle drei Produkte typischen volatilen Preisentwicklung rechtliche Parallelen gezogen werden können. Gemeinsamkeiten in Bezug auf die Preisbildung und Streitwertschätzung allein liefern allerdings noch keine Anhaltspunkte für eine Übertragbarkeit der *effusio vini*, die bedingt wurde durch das Interesse des Verkäufers am Freiwerden seiner Gärfässer.

3. *Termingeschäft als tertium comparationis*

Dem Text können wir allerdings auch entnehmen, dass bei Geschäften über Wein, Weizen und Öl die Vereinbarung eines Leistungszeitpunktes nicht unüblich war[667]. Dieser Umstand könnte eindeutigere Anhaltspunkte für eine Übertragbarkeit der *effusio vini* auf Weizen oder Öl liefern. Zwar beschreibt D. 13,3,4 einen Fall von Nichtleistung zum vereinbarten Zeitpunkt und damit einen Fall von

---

pretio varietatem loca temporaque adferunt: nec enim tantidem Romae et in Hispania oleum aestimabitur nec continuis sterilitatibus tantidem, quanti secundis fructibus, dum hic quoque non ex momentis temporum nec ex ea quae raro accidat caritate pretia constituantur. Gründe für solche Preisschwankungen in regionaler oder zeitlicher Hinsicht zeigt Paulus in D. 35,2,63,2 exemplarisch auf: So habe Öl in Griechenland einen anderen Preis als in Spanien. Gleichfalls wirkten sich gute beziehungsweise schlechte Ernten auf den Marktpreis für Öl aus.

664 Dies geht beispielsweise aus CATO agr. 148 und D. 18,6,1,4 hervor. Vgl. hierzu JAKAB, Risikomanagement p. 64 not. 106; noch deutlicher und mit u. E. richtigerem Textverständnis PLATSCHEK, Rg 18 p. 230, der *resolvito* im Sinne von ›bezahlen‹ versteht. Anders aber JAKAB, Risikomanagement pp. 66ff. Zu D. 18,6,1,4 vgl. EADEM, ZRG RA 116 p. 80; EADEM, Risikomanagement p. 179; APATHY, ZRG RA 101 p. 200.

665 So auch BENÍTEZ LÓPEZ, Venta di vino pp. 76f.

666 So auch HONSELL, Quod interest p. 2, der diese volatile Preisentwicklung sogar mit heutigen Börsenkursen vergleicht.

667 Der Begriff des Termingeschäfts wird hier in Abgrenzung zum Kassageschäft verwendet und beschreibt eine Transaktion, bei der die Erfüllung einer oder beider Leistungspflichten auf einen späteren Zeitpunkt verschoben werden.

Schuldnerverzug. Allerdings zeigt der in D. 19,1,3,4[668] geschilderte Fall, dass eine termingerechte Weinlieferung auch am Gläubiger scheitern konnte. Eine ähnliche Konstellation ist ohne Weiteres auch für Öl oder Weizengeschäfte denkbar. Diese Konstellation rückt somit in die Nähe einer *effusio vini*[669].

Ferner wurden sowohl Öl als auch Weizen genauso wie Wein in *dolia* gelagert[670]. Beim Handel mit Öl und Weizen erscheint es deshalb naheliegend, dass auch hier der Verkäufer mit den ihm zur Verfügung stehenden *dolia* kalkulieren musste. Wenn also eine Leistung zu einem bestimmten Termin vereinbart war, hielt auch der Verkäufer von Öl oder Weizen die *dolia* nur bis zu diesem Zeitpunkt vor, sodass auch in dieser Konstellation möglicherweise Engpässe entstehen konnten, wenn die Fässer für die nächste Ernte gebraucht wurden oder Arbeiten an ihnen nötig waren. Wir hatten außerdem festgestellt, dass Wein, Weizen und Öl im Großhandel, also in großen Quantitäten angebaut und vertrieben wurden.

Damit liegen in Bezug auf Lagerung und rechtzeitige Abnahme von Wein, Weizen und Öl gewisse Parallelen vor. Dieser Umstand könnte in weit größerem Maße als das Kriterium der Volatilität für eine Übertragbarkeit der *effusio vini* auf Weizen und Öl sprechen.

a) Vergleich mit Weizen

aa) Lagerung und Herstellung von Weizen in der Antike

Dolia frumentaria, so wie auch die für Trockenfrüchte genutzten *dolia acinaria*, wiesen zu *dolia vinaria* nur geringe äußerliche Unterschiede

668 D. 19,1,3,4 (Pomp. 9 ad Sab.): *Quod si per emptorem mora fuisset, aestimari oportet pretium quod sit cum agatur, et quo loco minoris sit. Mora autem videtur esse, si nulla difficultas venditorem impediat, quo minus traderet, praesertim si omni tempore paratus fuit tradere. Item non oportet eius loci pretia spectari, in quo agatur, sed eius, ubi vina tradi oportet: nam quod a Brundisio vinum venit, etsi venditio alibi facta sit, Brundisi tradi oportet.*

669 In diesem Fall sei bei der Schätzung des Klagewertes das *pretium* zur Zeit der Klageerhebung maßgeblich. Im Gegensatz zum in D. 19,1,3,3 behandelten Fall von Schuldnerverzug ist jedoch bei der Unterscheidung zwischen Klage- und Erfüllungsort der jeweils geringere Marktpreis anzusetzen, vgl. Pennitz, ZRG RA 123 p. 156.

670 *Dolia* wurden nicht nur zur Aufbewahrung von Flüssigkeiten, sondern auch zur Lagerung von Getreide oder anderen getrockneten Lebensmitteln wie Rosinen oder Feigen genutzt, vgl. DAGR 2,1 s.v. ›*dolium*‹ pp. 332f.

auf[671]. Diese Unterschiede sind darauf zurückführbar, dass bei Getreide, Trockenfrüchten und ähnlichen Gütern nicht wie bei Wein ein aufwendiger Fermentierungs- und Reifeprozess kontrolliert und überwacht werden musste[672]. Deswegen war bei Korn, anders als bei Wein, weder eine konstante Lagertemperatur nötig noch musste der Kontakt des Gutes mit Sauerstoff verhindert werden. In diesen Fällen konnte deshalb auf ein Eingraben der *dolia* in die Erde verzichtet werden[673]. Insbesondere weil es bei Weizen nicht auf eine luftdichte Verwahrung ankam, mussten *dolia frumentaria* auch nicht wie *dolia vinaria* inwendig mit Pech ausgestrichen werden[674]. Im Hinblick auf ihre Ausmaße waren *dolia* für Weizen und Wein vergleichbar[675].

Als entscheidenden Umstand für das Interessengefüge bei der Weinausgießung hatten wir herausgearbeitet, dass infolge der Nichtabnahme des Weines eine Blockade der Produktionsstätte drohte, die der Weinproduzent durch die *effusio* abwenden konnte. Weizen durchlief jedoch nicht wie Wein einen Gär- und Reifeprozess im *dolium*, sondern wurde darin, nachdem er gedroschen wurde, lediglich aufbewahrt. Damit konnte eine Belegung der Weizengefäße infolge einer Nichtabnahme zwar Engpässe auf einem Landgut auslösen, allerdings waren die *dolia frumentaria* nicht unverzichtbar für die Produktion neuen Weizens. Da die *dolia frumentaria* somit für die Weizenproduktion nicht im selben Maße unverzichtbar waren wie *dolia vinaria* für die Weinproduktion, war der Verkäufer von Weizen diesbezüglich weniger schutzwürdig.

Ferner ergab unsere Untersuchung der Weinausgießung, dass im Rahmen einer *effusio* regelmäßig Fasswein ausgegossen

---

671 Beispielsweise wurden Fässer für Getreide oder Trockenfrüchte auf dem Boden eines Kellers abgestellt und nicht wie Weinfässer in die Erde eingegraben. Deswegen waren nur Weinfässer nach unten hin angespitzt, während Weizenfässer unten eine Standfläche aufwiesen, vgl. White, Kenneth Douglas: Roman farming. Aspects of Greek and Roman life. London 1970 p. 427.

672 Vgl. loc. cit.

673 Vgl. DAGR 2,1 s.v. ›*dolium*‹ p. 333.

674 Vgl. Docter, Roald Fritjof: Dolium. In: Brill's New Pauly. Antiquity volumes edited by: Hubert Cancik and Helmuth Schneider. English Edition by: Christine F. Salazar. Classical Tradition volumes edited by: Manfred Landfester. English Edition by: Francis G. Gentry; online abgerufen am 20. Dezember 2022 <http://dx.doi.org/10.1163/1574-9347_bnp_e322210>.

675 Vgl. DAGR 2,1 s.v. ›*dolium*‹ p. 333 fig. 2493. Hier ist ein auf dem Boden abstellbares *dolium* mit einer Höhe von 2,75 m abgebildet.

wurde, also offener Trinkwein von mittlerer Qualität und geringer Haltbarkeit. Nur solcher Wein verblieb nach der Gärung im Fass. Spitzenwein wurde hingegen nach der Gärung aus dem Fass entnommen und als Amphorenwein verkauft[676]. Dadurch, dass im Rahmen einer *effusio* also eher günstiger und nicht mehr lange haltbarer Wein ausgegossen wurde, erschien die Preisgabe des Weines aus ökonomischer Sicht noch hinnehmbar. Dieser für die Weinausgießung maßgebliche Unterschied zwischen Fass- und Amphorenwein kann auf den Weizenhandel nicht übertragen werden[677], da dieser unabhängig von Art und Qualität gedroschen und anschließend im *dolium* gelagert wurde[678].

Als weiteren für die Weinausgießung entscheidenden Aspekt hatten wir die geringere Haltbarkeit von Fasswein herausgearbeitet. Fasswein war regelmäßig für den Verzehr innerhalb eines Jahres nach Reife bestimmt[679]. Demgegenüber hatte gedroschener Weizen

676 Vgl. Jakab, Risikomanagement p. 49.

677 Wie Wein wurde auch Weizen in unterschiedlichen Qualitäten und Gattungen angeboten, vgl. hierzu Colvm. 2,6, der seine Ausführungen zu Weizen und Dinkel beginnt mit den Worten *Tritici genera complura cognovimus.* Columella zählt neben Dinkel im Wesentlichen drei echte Weizenarten auf, sogenannten *robus*, ferner den *siligo* genannten Winterweizen sowie den auch zum *siligo* zählenden dreimonatigen Weizen. Ferner gäbe es eine Vielzahl an weiteren Weizenarten, die Columella allerdings für überflüssig hält. Über sogenannten *robus* stellt Columella fest, dass diese Weizenart den anderen in Gewicht und Glanz überlegen sei und daher am meisten ausgesät werde. Vgl. Colvm. 2,6: *Quoniam sementi terram docuimus praeparare, nunc seminum genera persequemur. Prima et utilissima sunt hominibus frumenta, triticum et semen adoreum. Tritici genera complura cognovimus. Verum ex his maxime serendum est, quod robus dicitur, quoniam et pondere et nitore praestat. Secunda conditio est habenda siliginis, cuius species in pane praecipua pondere deficitur. Tertium erit trimestre, cuius usus agricolis gratissimus. Nam ubi propter aquas aliamve causam matura satio est omissa, praesidium ab hoc petitur. Id genus est seliginis. Reliquae tritici species, nisi si quos multiplex varietas frugum et inanis delectat gloria, supervacuae sunt. Adorei autem plerumque videmus in usu genera quattuor. Far, quod appellatur Clusinum, candoris nitidi. Far, quod vocatur vennunculum, rutilum, atque alterum candidum, sed utrumque maioris ponderis quam Clusinum. Semen trimestre, quod dicitur halicastrum, idque pondere et bonitate est praecipuum. Sed haec genera tritici et adorei, propterea custodienda sunt agricolis, quod raro quisquam ager ita situs est, ut uno semine contenti esse possimus, interveniente parte aliqua vel uliginosa vel arida. Triticum autem sicco loco melius coalescit. Adoreum minus infestatur humore.*

678 Vgl. Marchant, Louis: Frumenta. Vol. 2,2: F–G. Paris 1896 pp. 1343–1346 s.v. ›*frumenta*‹, bes. p. 1343.

679 Vgl. Jakab, Risikomanagement p. 49.

in der Antike eine längere Haltbarkeit[680]. Aufgrund der längeren Konservierbarkeit von Weizen[681] im *dolium* kann, anders als bei Fasswein, kein beträchtlicher Wertverlust angenommen werden. Es ergab deshalb für einen Weizenproduzenten nur wenig Sinn, infolge von Annahmeverzug vollwertige Ware zu entsorgen.

Gegen eine analoge Anwendung der Regeln der *effusio vini* sprechen nicht zuletzt auch Zweifel an der Praktikabilität einer Preisgabe von Weizen. Während ausgegossener Wein annähernd rückstandslos im Boden versickerte, wäre bei einem Ausleeren der *dolia frumentaria* der Weizen nicht in ähnlicher Weise verschwunden. Insbesondere bei einem hypothetischen Ausschütten größerer Mengen an Weizen verbliebe nach dem Leeren der Fässer ein größerer Haufen Getreide, durch den möglicherweise Schädlinge angelockt werden würden. Dem Weizenverkäufer wäre schon aus diesem Grund von einer Weizenpreisgabe nach dem Vorbild einer *effusio vini* abzuraten.

bb) Lex frumentaria

Bei der Betrachtung von Weizen fällt außerdem noch ein weiterer gewichtiger Unterschied zu Wein ins Auge. Auch wenn Wein in der Antike in großem Umfang konsumiert wurde, handelte es sich bei Weizen um ein echtes Grundnahrungsmittel[682]. Möglicherweise hätte eine Preisgabe eines solchen Grundnahrungsmittels daher auch eine soziale, gesellschaftspolitische Dimension gehabt, durch die eine hypothetische Weizenausschüttung der Bevölkerung schwer vermittelbar gewesen wäre.

---

680 Dies zeigt exemplarisch die Josefsgeschichte aus dem 1. Buch Mose, Gen 41,33–36. Um eine drohende siebenjährige Hungersnot abzuwenden, rät Josef dem ägyptischen Pharao, in den bevorstehenden sieben reichen Jahren Kornvorräte anzulegen. Die Zahl sieben muss hier nicht wörtlich, sondern im Sinne einer mehrjährigen Hungersnot verstanden werden, da es sich bei der Sieben um eine biblische Zahl handelt. So beispielsweise in Ex 25,31 (siebenarmiger Leuchter), vgl. hierzu Hutmacher, Hans A.: Symbolik der biblischen Zahlen und Zeiten. Paderborn et al. 1993 pp. 66f., oder etwa in der siebentägigen Schöpfungsgeschichte Gen 2,2–3, Ex 20,8–10 und Hebr 4,9–10; vgl. ibidem pp. 80ff.

681 Vgl. Lo Cascio, Canon frumentarius, suarius, vinarius p. 166: »per un buon nummero di anni«.

682 Sirks, Food for Rome p. 11: »Grain constituded the main food consumed, be it in the form of porridge (called *puls* by the Romans) or as bread [...]. Because of this annona also came to mean grain or bread and we can understand why annoniariae species (CTh 13,3,5 = CJ 11,2,1) could mean grain.«

Im Jahr 123 v. Chr. wurde durch die *lex Sempronia frumentaria*, ein Plebiszit, festgelegt[683], dass alle Bürger Roms monatlich fünf *modii* Weizen zu einem Festpreis von 6 ⅓ As erhielten. Damit war die Versorgung Roms mit Getreide[684] aus den sogenannten Kornprovinzen zu einem Festpreis sichergestellt[685]. In einem solchen Kontext staatlicher Regulierung[686] erscheint das Wegschütten von Weizen jedenfalls schwer erklärbar[687]. Zudem hätte ein Weizenverkäufer jedenfalls die Möglichkeit gehabt, überzähligen Weizen anderweitig zu verkaufen[688].

683 Das Gesetz wurde erlassen, als mit zunehmender Ausdehnung des Römischen Reiches der fruchtbare Boden in Italien nicht ausreichte, um die Stadt Rom und das Heer zu versorgen, weswegen Weizen und Getreide generell aus anderen Provinzen importiert werden mussten. Da der Weizenanbau aufgrund hoher Kosten ohnehin wenig rentabel war, wurde die Weizenproduktion ab der Zeit der großen Eroberungen mehr und mehr in die Provinzen, insbesondere Sizilien, Sardinien, Spanien und Nordafrika verlagert. Hierdurch entstand eine Grundnahrungsmittelbhängigkeit Roms von den Kornprovinzen. Vgl. Benítez López, Venta di vino p. 21.

684 Diese Gesetzgebung wurde zwar 58 v. Chr. durch die *lex Clodia frumentaria* auf bedürftige Personen beschränkt, aber nicht völlig aufgegeben. Vgl. loc. cit.

685 Vgl. Berger, EDRL 43,2 (N.S.) pp. 559f. s.v. ›*lex Sempronia frumentaria*‹.

686 Eine *annona* existierte in Rom und Konstantinopel. Aber auch in Provinzstätten existierten Regeln über die *annona*, vgl. Sirks, Food for Rome p. 13.

687 Die Annahme, dass die *lex frumentaria* in das Privatrecht ausstrahlte, steht möglicherweise im Zusammenhang mit der ›Delegifizierungsthese‹ Mantovanis, was hier aber nicht weiter vertieft werden muss. Vgl. Idem: Legum multitudo. Die Bedeutung der Gesetze im römischen Privatrecht. Vol. 78 (N.F.). Berlin 2018 passim. Damit stellt er die vorherrschende Meinung infrage, nach der das römische Recht ›reines‹, vom öffentlichen Recht nicht beeinflusstes Privatrecht darstellte, vgl. Rotondi, Giovanni: Leges publicae populi Romani. Elenco cronologico con una introduzione sull'attività legislativa dei comizi romani. Mailand 1912 passim. Zur Rezeption der Delegifizierungsthese vgl. Stagl, Jakob Fortunat: Juristenrecht oder Gesetzesrecht. In: Legum multitudo. Die Bedeutung der Gesetze im römischen Privatrecht. Berlin 2018 pp. 110–123 und Idem: Die Bedeutung von leges publicae im Römischen Recht: Der Beitrag Mantovanis zur »legum multitudo« und die Frage der Privatautonomie bei den Römern. In: ZRG RA 136 (2016) pp. 445–458, bes. 453ff. Mantovanis These in Zweifel ziehend hingegen Forschner, Benedikt/Haubner, David: Kein Volk der Gesetze. Anmerkungen zu Mantovanis These der legum multitudo im römischen Privatrecht. In: ZRG RA 136 (2016) pp. 322–344. Ebenfalls ablehnend Santucci, Gianni: Legum inopia e diritto privato: riflessioni intorno ad un recente contributo. In: SDHI 80 (2014) pp. 373–393. Vgl. zu Santuccis Beitrag auch die Erwiderung von Mantovani selbst, vgl. Idem, Legum multitudo pp. 100ff.

688 Vgl. D. 18,6,1,3, in dem Ulpian dem Weinverkäufer zum Verkauf *bona fide* rät, also so, dass dem Käufer ein möglichst geringer Schaden entsteht.

Die konkreten Hintergründe für diese Gesetzesinitiative sind in der Literatur umstritten[689]. Jedenfalls war die Versorgung aller Bevölkerungsschichten in Rom mit ausreichend Getreide eine gesellschaftlich[690] und gesellschaftspolitisch[691] relevante Frage. Auch Aristoteles verwies in seinen Πολιτικά auf die soziale Sprengkraft, die eine ungleiche Besitzverteilung oder ein mangelnder Zugang zu Grundnahrungsmitteln entfalten konnten[692].

Ausgehend von diesem Gedanken, dass eine Grundversorgung für alle sozialen Schichten sichergestellt sein müsse, erscheint die Preisgabe von Weizen allein aus dem Grund, dass dieser nicht rechtzeitig vom Käufer abgenommen wurde, schwer erklärbar. Wäre Weizen bei Annahmeverzug in erheblichem und in Rom spürbarem

689 Judeich hält das Frumentationsgesetz in erster Linie für ein Agitationsmittel, mit dem sich der damalige Volkstribun Gracchus die Gunst der Proletarier für andere Gesetzesvorhaben sichern wollte. Alleiniges Motiv für die *lex frumentaria* wäre mithin machtpolitisches Kalkül, weshalb Judeich dem Gesetz eine deutliche »demagogische Tendenz« attestiert, vgl. Idem: Die Gesetze des Gaius Gracchus. In: HZ 111 (1913) pp. 473–494, bes. 480f. Ähnlich auch in Sirks, Food for Rome p.12. Nach anderer, beispielsweise von Stern und Benítez López vertretener Ansicht diente das Gesetz dazu, durch Spekulationen verursachte Schwankungen des Weizenpreises abzufangen. Um einer aus Preissteigerungen resultierenden möglichen Bedrohung der öffentlichen Ordnung entgegenzutreten, sei die Getreideversorgung Roms zu festen Preisen in der *lex frumentaria* staatlich reglementiert worden, vgl. Idem, Venta di vino p. 21; Stern, Hermes 56 p. 278.

690 Vgl. Cicero, der in seiner Rede *pro domo* die *lex Clodia frumentaria* thematisiert, Cic. dom. 11 und 12. Zur *lex Clodia frumentaria* siehe oben not. 460.

691 Stern hält diese Frumentationsgesetzgebung zudem von der griechischen Philosophie und Staatstheorie beeinflusst. Demnach sei insbesondere Gaius Sempronius Gracchus Anhänger der griechischen Demokratielehre und somit der Auffassung gewesen, dass der Staat eine Versorgung des Volkes mit wichtigen Nahrungsmitteln wie Weizen gewährleisten müsse, vgl. Idem, Hermes 56 p. 278. So lief beispielsweise der durch Spekulation überhöhte Weizenpreis in Rom Aristoteles' Vorstellungen zuwider, denn die Spekulation mit Waren zum alleinigen Zweck der Geldvermehrung stellte eine Zweckentfremdung dar und war somit widernatürlich, da nach Aristoteles Geld nur die Funktion hat, einen Tausch von Waren und Dienstleistungen zu ermöglichen. Die übermäßige Anhäufung von Geld als Selbstzweck erachtet Aristoteles hingegen als widernatürlich. Vgl. Aristot. pol. I 9, 1256 b 40ff. Bereits Aristoteles thematisiert diesbezüglich das sich aus einer ungleichen Besitzverteilung ergebende Potenzial für soziale Konflikte, vgl. Aristot. pol. II 7, 1266 a 31ff.

692 Vgl. Aristot. pol. II 7, 1266 a 31ff.

Umfang entsorgt worden, hätte dies das Potenzial gehabt, das Grundnahrungsmittel Weizen noch weiter zu verteuern und so den sozialen Frieden zu stören. Diese Gedanken Aristoteles' könnten die *lex frumentaria* politisch motiviert haben[693].

Auch lässt die Abhängigkeit Roms von den Kornprovinzen, die den politischen Hintergrund der *lex frumentaria* gebildet hat, auf eine Import-Situation unter anderem für Weizen schließen[694]. Damit kann bei Weizen nicht von einer bei Weinkäufen typischerweise vereinbarten Abholung auf dem Landgut ausgegangen werden, sodass sich die Ausgangslage deutlich anders darstellt als bei einer *effusio vini*.

Ferner bestand in Rom ein durchgängig hoher Getreidebedarf[695], sodass der Weizenhändler durch die Möglichkeit des Deckungsverkaufs ausreichend vor den nachteiligen Folgen des Gläubigerverzugs geschützt war. Damit bestand wohl überhaupt kein rechtspolitisches Bedürfnis, die Grundsätze der *effusio vini* auf Weizen auszudehnen. Es erscheint also sehr unwahrscheinlich, dass eine Preisgabe von Getreide im Fall des Annahmeverzuges nach dem Vorbild einer *effusio vini* jemals stattgefunden hat. Für eine Ausweitung der Regelung zur Weinausgießung bestand nicht nur kein rechtspolitisches Bedürfnis, sondern sie hätte auch die öffentliche Ordnung Roms gefährdet. Eine weitgehende rechtliche Parallelität von Weizen und Wein, wie sie beispielsweise von Benítez López[696] vertreten wird, scheidet damit unseres Erachtens jedenfalls beim Annahmeverzug aus.

b) Vergleich mit Öl

In D. 13,3,4 ist auch von Termingeschäften in Bezug auf Öl die Rede. Hiervon ausgehend hatten wir vermutet, dass insbesondere im Großhandel mit Weizen oder Öl eine ähnliche Situation wie bei der *effusio vini* entstehen konnte. Denkbar wäre daher, dass insbesondere im Ölgroßhandel eine unterbliebene Abnahme von verkauftem Öl eine der *effusio vini* ähnliche Rechtsfolge auslösen könnte[697]. Um

693 Vgl. Stern, Hermes 56 p. 278.
694 Vgl. Benítez López, Venta di vino p. 21.
695 Vgl. loc. cit.
696 Vgl. Benítez López, Venta di vino pp. 11f., 170ff.
697 So hält Benítez López die *effusio vini* für im Grundsatz übertragbar und geht von einer rechtlichen Ähnlichkeit fungibler Konsumgüter aus. Sie verweist im

dieser Frage nachzugehen, soll zunächst die Herstellung von Öl in der Antike holzschnittartig dargestellt und dann mit der Weinproduktion verglichen werden.

Nach der Ernte wurden die Oliven zunächst gesäubert und anschließend gepresst. Das noch verunreinigte Öl wurde in einem Bleigefäß aufgefangen und anschließend mit einem großen Schöpflöffel in eine Wanne geschöpft, wo es ruhte, damit sich Verunreinigungen absetzen konnten. Das geklärte Öl wurde anschließend in eine weitere Wanne geschöpft, wo es erneut ruhte. Dieser Vorgang wurde so lange wiederholt, bis das Öl frei von Ölschaum (*amurca*) und anderen Verunreinigungen war. Sobald dieser Prozess abgeschlossen war, wurde das Öl in *dolea olearia* gefüllt[698]. *Dolia olearia* waren in Ausmaßen und Beschaffenheit[699] bisweilen mit *dolia vinaria* vergleichbar: So geht Vitruv bei Ölfässern von einem Fassungsvermögen von bis zu einem *culleus*[700] und mit einem Durchmesser von vier Fuß aus[701]. Auch Cato geht von Ölfässern mit einem Fassungsvermögen von 50 Amphoren aus[702].

Abschnitt über den Ölkauf (Benítez López, Venta di vino pp. 195ff.) auf Weinkäufe und arbeitet keinerlei Unterschiede heraus. Dies gilt auch für den Gläubigerverzug, für den pauschal auf Weinkäufe verwiesen wird, vgl. ibidem p. 150.

698 Vgl. DGRA s.v. ›*olea*‹ p. 826.

699 Auch Ölfässer mussten inwendig mit Pech überzogen werden, um ein Versickern der Flüssigkeit durch den porösen Ton zu verhindern, vgl. DGRA s.v. ›*olea*‹ p. 826.

700 Heute 525 Liter, vgl. Jakab, Risikomanagement Anhang.

701 Vgl. Vitr. 6,6,3: *Olearia autem ita est conlocanda, ut habeat a meridie calidisque regionibus lumen; non enim debet oleum congelari, sed tempore caloris extenuari. Magnitudines autem earum ad fructuum rationem et numerum doliorum sunt faciundae, quae, cum sint cullearia, per medium occupare debent pedes quaternos. Ipsum autem torcular, si non cocleis torquetur sed vectibus et prelo premetur, ne minus longum pedes XL constituatur; ita enim erit vectiario spatium expeditum. Latitudo eius ne minus pedum senum denum; nam sic erit ad plenum opus facientibus libera versatio et expedita. Sin autem duobus prelis loco opus fuerit, quattuor et viginti pedes latitudini dentur.* Vgl. auch DAGR 2,1 s.v. ›*dolium*‹ p. 333. Ein *culleus* entspricht aus heutiger Sicht 525 Litern, vgl. Flach, HAW III,9 pp. 189f.

702 Vgl. Cato agr. 69: […] *Si recte leveris, in dolium quinquagenarium cummim P. IIII satis erit.* Siehe auch RE I.5,1 s.v. ›*dolium*‹ p. 1285. Andere Angaben, nach denen die Ölfässer versiegelt und anschließend zum *custos* transportiert wurden, lassen hingegen auf eine deutlich geringere Größe schließen, vgl. DGRA s.v. ›*olea*‹ p. 826. Bei einem Transport der *dolia* muss unseres Erachtens von deutlich kleineren *dolia* die Rede sein als bei Vitr. 6,6,3. Große *dolia* mussten vom Boden her aufgebaut werden und waren schon aufgrund ihres Eigengewichts weder zum Transport geeignet noch bestimmt, vgl. Jakab, Risikomanagement p. 10.

Allerdings waren *dolia olearia,* ähnlich wie die für Weizen genutzten *dolia frumentaria,* reine Lagergefäße und dienten nicht wie *dolia vinaria* der Ermöglichung eines Gärprozesses[703]. Diesen Umstand haben wir bei Weizen als mögliches Indiz gegen eine Übertragbarkeit der *effusio vini* gewertet, denn durch eine Blockade der *dolia vinaria* wurde nicht nur ein Lagerengpass ausgelöst, sondern unvermeidlich die Produktion neuen Weines verhindert. Bei der Produktion von Öl kommt hinzu, dass ein Ölproduzent zeitlich flexibler als ein Weinproduzent war. War ein sofortiges Weiterverarbeiten zu Öl nicht möglich, wurden die Oliven unter freiem Himmel ausgebreitet und konnten so wenigstens für eine Übergangszeit lagern, ohne Schaden zu nehmen[704].

Ob eine für die *effusio vini* typische Situation, nämlich die Blokkade der *dolia,* auch bei Öl eintreten konnte, hängt insbesondere davon ab, ob in einem großen *dolium* von mehreren Hundert Litern Fassungsvermögen lagerndes Öl bei der Abholung in Gefäße des Käufers abgefüllt wurde.

Eine Auflistung der für einen Ölkeller anzuschaffenden Gegenstände in Cato agr. 13[705] legt nahe, dass verkauftes Öl aus den *dolia* in kleinere, transportable Gegenstände des Käufers oder möglicherweise Zwischenhändlers abgefüllt wurde. Catos Auflistung enthält *dolia olearia* mit Deckeln, die wohl zur Verwahrung des Öles bestimmt waren, aber nur sehr wenige kleinere Gefäße. In Bezug auf letztere empfiehlt Cato lediglich zwei kleine Ölflaschen und zwei Ölamphoren. Hieraus ergibt sich, dass der Ölproduzent keine kleineren Gefäße vorhielt, um Öl in ihnen zu verkaufen. Demgegenüber beinhaltet die Auflistung aber Utensilien zum Abmessen des Öles: ein *sextarium olearum*[706], einen Messbecher zum Abmessen von etwas mehr als 500 ml Öl[707] sowie zwei *urnales*, Hohlmaße, mit

703 Vgl. White, Roman farming p. 427.

704 Vgl. DGRA s.v. ›*olea*‹ p. 826.

705 Cato agr. 13,2: *In cellam oleariam haec opus sunt. Dolia olearia, opercula, labra olearia XIIII, concas maioris II et minoris II, trullas aheneas tris, amphoras olearias II, urceum aquarium I, urnam quinquagenariam I, sextarium olearium I, labellum I, infidibula II, spongeas II, urceos fictiles II, urnales II, trullas ligneas II, claves cum clostris in cellas II, trutinam I, centumpondium I et pondera cetera.*

706 Für eine detaillierte Beschreibung des *sextarium* vgl. Rothenhöfer, Peter: Ein bronzenes römisches Hohlmaß (*sextarium*) mit militärischer Inschrift und Bemerkungen zu gleichartigen Inschriften. In: Gephyra 13 (2016) p. 119.

707 Vgl. Jakab, Risikomanagement Anhang; zu regionalen Maßabweichungen vgl. Rothenhöfer, Gephyra 13 p. 121.

denen eine *urna*[708] abgemessen werden konnte. Hieraus lässt sich entnehmen, dass ein Ölmüller nach Catos Vorbild über fast keine kleinen Ölgefäße verfügte, um Öl hierin zu verkaufen, wohl aber Hohlmaße zum Abmessen von verkauftem Öl. Somit erscheint es nicht unwahrscheinlich, dass es auch bei Öl eine mit dem Verkauf von *vinum doliare* vergleichbare Vertragsgestaltung[709] gegeben hat.

In Bezug auf unsere Fragestellung hinsichtlich einer Übertragbarkeit der *effusio vini* auf Öl ergibt sich mithin Folgendes: Nahm der Käufer von Öl dieses nicht zum vereinbarten Zeitpunkt ab, konnte eine mit der Situation bei einer *effusio vini* vergleichbare Lage entstehen: Infolge der bei Annahmeverzug in unzulässiger Weise belegten *dolia* war unter Umständen ein reibungsloser Betriebsablauf bei der Ölherstellung nicht mehr gewährleistet.

Dass dem Ölverkäufer jedoch zugestanden wurde, sich in so einer Situation des Öles zu entledigen, erscheint dennoch unwahrscheinlich. Wie wir dies auch bei Weizen feststellen konnten, wäre eine *effusio olei* nicht so leicht wie eine Weinausgießung zu bewerkstelligen gewesen. Bei einer *effusio vini* konnte sich der Verkäufer ohne unzumutbaren Aufwand selbst der Kaufsache entledigen[710]. Nach dem Ausgießen versickerte der Wein ohne weitere Rückstände im Boden.

Bei Öl hätte eine wie oben beschriebene Preisgabe auch schon relativ kleinerer Mengen zu einer Verunreinigung des Grundstücks geführt[711]. Der Verkäufer von Öl hätte sich somit nicht mit einer

---

708 Dies entsprach einer halben Urne, vgl. Jakab, Risikomanagement Anhang.

709 Verbreitet war außerdem der Export von Öl. In der Zeit der Republik konnte auf der italienischen Halbinsel, insbesondere in Apulien und der Campania, bei der Ölproduktion ein beträchtlicher Überschuss erzielt werden. Ab dieser Epoche wurde der Ölexport nach Griechenland gestattet. Diese Entwicklung ist darauf zurückzuführen, dass zu dieser Zeit in Bezug auf die Ölherstellung technische Fortschritte erzielt werden konnten. Infolge dieser Fortschritte wurde die Ölproduktion günstiger und warf größere Gewinne ab, vgl. Benítez López, Venta di vino p. 22.

710 Dafür ließen mehrere Sklaven das *labrum culleare* in das *dolium* hinab, entnahmen so den Wein aus dem Fass und ließen das *labrum culleare* dann auslaufen, vgl. Cato agr. 154; Jakab, Risikomanagement p. 64.

711 Vgl. zur besseren gedanklichen Einordnung auch den heutigen Straftatbestand der Bodenverunreinigung, § 324a Abs. 1 StGB: Wer unter Verletzung verwaltungsrechtlicher Pflichten Stoffe in den Boden einbringt, eindringen läßt oder freisetzt und diesen dadurch: 1. in einer Weise, die geeignet ist, die Gesundheit eines anderen, Tiere, Pflanzen oder andere Sachen von bedeutendem Wert oder ein Gewässer zu schädigen, oder 2. in bedeutendem Umfang verunreinigt oder sonst nachteilig verändert, wird mit Freiheitsstrafe bis zu fünf Jahren oder mit Geldstrafe bestraft.

Ausgießung entlastet, sondern sich mit einer erheblichen Bodenverunreinigung selbst geschadet.

4. *Zwischenergebnis*

Nach hier vertretener Ansicht hat es somit aller Wahrscheinlichkeit nach keine mit der der *effusio vini* vergleichbare Preisgabe anderer fungibler Konsumgüter wie Weizen oder Öl gegeben[712]. Nur bei Wein rechtfertigte die Interessenlage die Preisgabe des verkauften Produktes bei Gläubigerverzug. Dies lag insbesondere daran, dass die *effusio vini* auf die *realia* der Weinherstellung zugeschnitten war. Obschon sowohl Weizen als auch Öl in ähnlicher Weise wie Wein in *dolia* gelagert wurden, waren die *dolia* nur für die Weinherstellung unverzichtbar. *Dolia vinaria* waren die eigentlichen Produktionsstätten, in ihnen fand der für Wein essenzielle Reife- und Gärungsprozess statt. Entscheidend kam hinzu, dass nur bei Wein eine Preisgabe praktisch mit vertretbarem Aufwand durchführbar war, weil hier der Wein rückstandslos im Boden versickerte. Bei Weizen und Öl wäre eine Preisgabe hingegen nicht praktikabel gewesen.

Die *effusio vini* war somit eine Ausnahmeerscheinung im Vertragsrecht, weil sie insbesondere durch die schnelle Verderblichkeit von Fasswein und den in den Gärfässern stattfindenden Fermentierungsprozess bedingt war. In dieser Hinsicht stellt sich Wein als ein deutlich komplexeres Produkt dar als beispielsweise Weizen und Öl. Für eine Anwendung auf andere Güter war die *effusio vini* deshalb ungeeignet.

---

712 Anders aber Benítez López, Venta di vino pp. 11f., 170ff. Die Autorin verweist dort jeweils auf p. 150, wo der Gläubigerverzug bei einem Weinkauf behandelt wird. Im Abschnitt über den Ölkauf, werden keine Unterschiede zum Weinkauf herausgearbeitet, vgl. ibidem pp. 195ff.

§ 5 Gefahrtragung und Degustation beim Weinkauf

Wir hatten zu Beginn der Untersuchung die These aufgestellt, dass der Weinkauf einen Sonderfall im römischen Vertragsrecht darstellte und Quellen über Weingeschäfte daher nicht ohne Weiteres auf andere vertragliche Konstellationen übertragbar sind. In Bezug auf die *effusio vini* ergab sich, dass die Weinausgießung nur vor dem Hintergrund des weintypischen Gärvorgangs und den sich hieraus ergebenden speziellen Produktionsbedingungen erklärbar ist.

Offensichtlich weinspezifisch ist auch die Frage der Gefahrtragung für ein Umschlagen des Weines. Nach den bisher gewonnenen Erkenntnissen wäre auch hier eine nicht verallgemeinerungsfähige Regel zu erwarten. Tatsächlich begegnet uns im Zusammenhang mit dem *periculum acoris et mucoris* das Rechtsinstitut der *degustatio*. Im Folgenden soll geklärt werden, wie die Gefahr des Sauerwerdens rechtlich bewältigt wurde und welche Rolle die Weinverkostung hierbei spielte.

Hierzu sollen zunächst das *periculum acoris et mucoris* und das Rechtsinstitut der Weinverkostung näher beleuchtet werden. Mit einer Betrachtung der Fragmente CATO agr. 148, D. 18,6,1 pr., D. 18,6,4,1 und D. 18,6,6 wird die *degustatio* in verschiedenen Kontexten beleuchtet. Hiervon ausgehend kann am Ende des Abschnittes eine Aussage über die Wirkungsweise der *degustatio* im Kontext der Weinherstellung und des Gärvorgangs sowie ihre Rolle für die Gefahrtragung beim Weinkauf getroffen werden.

I. *Periculum acoris et mucoris*

Wein wird sauer, wenn er mit Sauerstoff in Kontakt kommt und von Bakterien befallen wird. Diese wandeln den Alkohol im Wein in Essigsäure und Ethylacetat um, ein chemischer Vorgang, der in der Antike noch nicht nachvollzogen werden konnte. So war den

Römern nicht erklärlich, warum Wein plötzlich sauer wurde[713]. Diese Veränderung des Weines wurde von antiken Juristen als ›vom Wein selbst herrührender Fehler‹[714] und als ›in der Natur des Weines liegend‹[715] beschrieben. Auch wenn Fehler bei der Weinlese oder Vorbereitung der Fässer das Umschlagen von Wein begünstigen konnten, wurde das Sauerwerden als Fall höherer Gewalt und nicht als Ergebnis eines Herstellungsfehlers begriffen[716]. Dies leuchtet ein: Da der chemische Vorgang des Umschlagens noch nicht erklärt werden konnte, war es auch einem sorgfältigen Weinproduzenten nicht möglich, ein Umschlagen mit Sicherheit zu verhindern[717]. Es fehlte zudem die endgültige Evidenz, um ein Sauerwerden zweifelsfrei auf ein Verhalten des Produzenten bei der Weinherstellung zurückzuführen. Eine Benennung möglicher Ursachen für ein Umschlagen, wie beispielsweise eine nicht sorgfältige Vorbereitung der Fässer, musste letztlich spekulativ bleiben.

1. *Periculum est emptoris*

In D. 18,6,1 pr. statuiert Ulpian, dass die Gefahr der plötzlichen Veränderung des Weines vom Käufer getragen werde[718]. Angesichts dieser klaren Aussage wurde auch in der älteren Literatur das *periculum est emptoris* bei Weingeschäften nicht in Zweifel gezogen. So hält auch Haymann, der ansonsten von einer Gefahrtragung des Verkäufers ausgeht, den in D. 18,6,1 pr. formulierten Grundsatz für eine Ausnahmeerscheinung. Dies begründet der Autor mit der »wandelbaren Natur« des Weines[719] beziehungsweise »alten

713 Vgl. Frier, ZRG RA 100 p. 259.

714 D. 19,2,15,2: *vitium ex ipsa re.*

715 D. 18,6,16: *sua natura corrupta.* Ähnlich auch Plin. nat. 14,26,131: *Proprium autem inter liquores vino mucescere aut in acetum verti, exstantque medicinae volumina.*

716 Vgl. Jakab, Risikomanagement p. 204.

717 Das Entstehen von Essig- oder Kahmpilzen hätte nur durch Luftabschluss der Weinfässer vermieden werden können. Dies konnte bei den porösen *dolia* kaum sichergestellt werden, vgl. Wolf, Error p. 131 not. 73.

718 In ähnlicher Weise geht auch aus Frg. Vat. 16 (Pap. 3 resp.) die grundsätzliche Gefahrtragung des Käufers hervor: *Vino mutato periculum emptorem spectat, quamvis ante diem pretii solvendi vel condicionem emptionis inpletam id evenerit. Quod si mille amphoras certo pretio corpore non demonstrato vini vendidit, nullum emptoris interea periculum erit.*

719 Haymann, ZRG RA 41 p. 71.

Usancen beim Weinhandel«.[720] Auch Seckel/Levy sprechen bei der Gefahrtragung für *acor* und *mucor* zwar vom einzigen in seiner Klassizität unbestrittenen Fall eines *periculum est emptoris*, halten dies aber nicht für eine Regelung mit Ausnahmecharakter[721].

a) Weinkauf und Bedingungslehre

Einen bedeutenden Beitrag zur heute wohl herrschenden Meinung eines generellen *periculum est emptoris* hat Ernst geliefert. Ausgehend von D. 18,6,8 pr. leitet Ernst ab, dass die Gefahr immer im Moment der Perfektion auf den Käufer übergehe. Es gelte daher ausnahmslos die Regel *periculum est emptoris*[722]. Trage der Verkäufer die Gefahr für Untergang oder Verschlechterung, habe noch keine Perfektion und damit noch kein Gefahrübergang stattgefunden. Damit unterfielen Fälle des *periculum est venditoris* in Wahrheit der Regel *casum sentit dominus*[723]. Der Rechtsakt komme erst durch den Eintritt der aufschiebenden Bedingung zustande, sodass der bedingte Kauf keine Ausnahme vom Grundsatz des *periculum est emptoris* bilde[724].

In einer späteren Abhandlung stellt Ernst jedoch selbst klar, dass sich der Zumessungskauf von Wein nicht völlig in dieses System einzufügen scheint, denn bei einer Bedingungskonstellation wird die Perfektion bei Bedingungseintritt dadurch verhindert, dass die Kaufsache nicht entsteht. Dies ist auf Weinfälle, in denen es um eine Verschlechterung des Weines geht, nur eingeschränkt übertragbar, denn bei Wein kann eine Zumessung auch mit sauer gewordenem Wein vorgenommen werden[725]. Eigentlich müssten

720 Haymann, ZRG RA 41 p. 99.
721 Vgl. Seckel/Levy, ZRG RA 47 pp. 204f.
722 Vgl. Ernst, ZRG RA 99 pp. 225ff.
723 Vgl. ibidem p. 218.
724 Vgl. ibidem p. 222.
725 Man könnte auf den Gedanken kommen, eine Zumessung sei bei sauer gewordenem Wein nicht möglich, da sich der Wein zu Essig und damit zu einem anderen Objekt gewandelt hat. Hiergegen spricht jedoch die in D. 18,1,9,2 (Ulp. 28 ad Sab.) angeführte Wertung von umgeschlagenem Wein und Essigsauce als unterschiedliche Dinge. Ulpian wirft in diesem Text die Frage auf, ob ein Kauf wirksam geschlossen sei, wenn sich die Parteien nicht über den Gegenstand geirrt hätten (*error in corpore*), sondern lediglich über die Substanz (*error in substantia*). Zunächst referiert Ulpian Marcellus, nach dessen Ansicht der Kauf wirksam geschlossen worden sei, wenn Konsens über den Gegenstand (*corpore*) vorliege. Dem widerspricht

deshalb bei einer echten Bedingung der Übergang der Gefahr des Umschlagens und der Übergang der allgemeinen Sachgefahr auseinanderfallen. Daher gelangt Ernst zu dem Schluss, dass die Zumessung beim Weinkauf nicht mit der Wirkung einer Bedingung vergleichbar sei. Vielmehr schiebe die Zumessung die Wirkungen des Gefahrübergangs auf[726]. Damit stellt der Zumessungskauf von Wein auch nach Ernst eine Ausnahme von dem auf die Perfektion zugeschnittenen Verständnis des Gefahrübergangs dar[727].

b) Kein einheitliches Konzept des periculum bei Wein

Auch Jakab beobachtet, dass sich Geschäfte über Fasswein nicht in Ernsts Perfektionslehre einordnen lassen[728]. Sie versteht das *periculum est emptoris* ab Perfektion als einen »Haupttrend« im Kaufrecht, wobei der Weinkauf eine eigene Fallgruppe bilde[729].

Zentral für Jakab ist die Annahme, dass *periculum* nicht als einheitliches Konzept verstanden werden könne. So spielten bei Wein zum einen das Risiko der *vis maior*, also der Zerstörung des Weinvorrates, eine Rolle. Des Weiteren sei aber auch das Risiko einer Verschlechterung des Weines durch Umschlagen relevant. Dies nennt Jakab vertragsspezifisches Risiko[730]. Jakab belegt mit Quellen zur *locatio conductio*, dass eine Unterscheidung der Gefahrtragung für vertragsspezifische Risiken einerseits und *vis maior* andererseits dem römischen Vertragsrecht nicht fremd war[731].

Dass der Gefahrübergang beim Weinkauf Parallelen zum Werkvertrag aufwies, erscheint nicht fernliegend. So weist der Kauf von noch nicht entstandenem Wein offensichtlich werkvertragliche Elemente auf. Dieser Umstand, dass der Vertragsgegenstand zunächst

---

Ulpian teilweise für Wein: Hier stimme er nur zu, wenn der Wein umgeschlagen sei, weil dies seinem Wesen entspreche. Ist der Wein hingegen nicht sauer geworden, sondern war von Anfang an Essig wie bei Essigsauce (*embamma*), wurde etwas anderes verkauft, sodass kein Konsens und somit auch kein Kauf vorliegt. Im ersten Fall des Umschlagens sei der Kauf hingegen zustande gekommen. Vgl. hierzu FRIER, ZRG RA 100 pp. 274ff.

726 Vgl. ERNST, ZRG RA 114 pp. 306f.

727 Vgl. IBIDEM p. 307 not. 180.

728 Vgl. JAKAB, Risikomanagement p. 191, insoweit verweisend auf ERNST, ZRG RA 114 pp. 306f.

729 Vgl. JAKAB, Risikomanagement p. 192: »Haupttrend«, nicht aber »Hauptregel«.

730 Vgl. IBIDEM pp. 202f.

731 Vgl. IBIDEM pp. 199ff.

produziert werden muss, wirkt sich auch auf die von den Vertragsparteien zu berücksichtigenden Risiken aus: Neben das Risiko, dass der Vertragsgegenstand infolge von höherer Gewalt nicht geleistet werden kann, tritt das Risiko, dass der Vertragsgegenstand nicht so wie geschuldet erbracht werden kann. Beim Weinkauf ist dieses vertragsspezifische Risiko des Umschlagens gegenüber einem Untergang infolge von *vis maior* das ökonomisch und rechtlich relevantere. Bei anderen Kauftypen hingegen ist das Risiko, dass die Kaufsache sich vor Lieferung verschlechtert, weniger relevant.

2. *Zwischenergebnis: periculum bei Wein*

Jakab ist daher zuzustimmen, dass bei Weingeschäften nicht von *periculum* als einem einheitlichen Konzept ausgegangen werden kann. Hinsichtlich der sich aus dem Eintritt von *vis maior* ergebenden Gefahr, dass der gesamte Weinvorrat zerstört wird, greift die von Ernst entwickelte Lehre des *periculum est emptoris* bis zur Perfektion. Für die vertragsspezifischen Risiken des Umschlagens sowie des Auslaufens von Wein haben sich besondere Klauseln etabliert[732].

Unsere Untersuchung der Vertragsgestaltung von Weinkäufen und der *effusio vini* hat ergeben, dass beim Weinkauf insbesondere dort Sonderregelungen erforderlich wurden, wo besondere Wein-Charakteristika rechtlich bewältigt werden mussten. Während es neben Wein auch andere fungible Konsumgüter gab wie Öl und Weizen, findet nur bei Wein eine Gärung statt. Angesichts dessen liegt nahe, dass hinsichtlich des Gefahrübergangs besondere, sich aus dem Gärvorgang ergebende Risiken rechtlich berücksichtigt werden mussten.

II. Die Degustation

1. *Einführung*

a) *Gefahrtragung des Käufers für acor und mucor*

Um das Risiko des Umschlagens rechtlich bewältigen zu können, hat sich das Institut der *degustatio* etabliert. Durch eine Ausprobung

732 Vgl. Jakab, Risikomanagement p. 204.

des Weines konnte die Gefahr des Umschlagens gerecht auf beide Parteien verteilt[733] oder zumindest Streit vorgebeugt werden[734]. Aufgrund dieses Zuschnitts der *degustatio* auf das für Wein typische Umschlagen begegnet uns die *degustatio* in den Quellen ausschließlich im Zusammenhang mit Wein[735]. Im Rahmen einer Weinprobe erhält der Käufer die Gelegenheit, den Wein zu kosten und ihn, falls nötig, zurückzuweisen[736]. Über die Rechtsnatur und den Anwendungsbereich der *degustatio* besteht jedoch in der Literatur Uneinigkeit.

b) Sachlicher Anwendungsbereich der degustatio

Ein Teil der Literatur stellt die Weinverkostung in einen engen Zusammenhang mit Geschäften über Fasswein[737]. Dies findet bereits in den Quellen keine eindeutige Stütze: Nur in Cato agr. 148[738] und in D. 18,6,16[739] ist ausdrücklich von der Verkostung von Fasswein die Rede, in allen anderen Digestenstellen im Titel D. 18,6 wird keine Aussage darüber getroffen, ob es sich um Fasswein oder

733 Vgl. Frier, ZRG RA 100 pp. 280f.

734 Vgl. Wolf, Error p. 133 not. 79.

735 Vgl. D. 18,1,34,5, D. 18,6,1 pr., D. 18,6,4 pr.–1, D. 18,6,16. Die einzige Ausnahme bilden Cod. Theod. 13,4,1: [...] *architectis quam plurimis opus est; sed quia non sunt, sublimitas tua in provinciis Africanis ad hoc studium eos impellat, qui ad annos ferme duodeviginti nati liberales litteras degustaverint* und Cod. Theod. 16,10,1: [...] *si quid de palatio nostro aut ceteris operibus publicis degustatum fulgore esse constiterit [...]*, in denen *degustare* im Sinne von »etwas thematisch streifen« verwendet wird, vgl. Heumann/Seckel, Handlexikon s.v. ›*degustare*‹.

736 Vgl. D. 18,1,34,5 (Paulus 33 ad ed.): *Alia causa est degustandi, alia metiendi: gustus enim ad hoc proficit, ut improbare liceat, mensura vero non eo proficit, ut aut plus aut minus veneat, sed ut appareat, quantum ematur.* Bei einer *degustatio* kann der Käufer den Wein also gegebenenfalls zurückweisen (*improbare*).

737 Vgl. Frier, ZRG RA 100 p. 282; Seckel/Levy, ZRG RA 47 p. 207; Lübtow, Catos leges p. 402. Gegen die von Seckel und v. Lübtow getroffene Annahme einer zur Verkehrssitte gewordenen *degustatio* bei Fasswein aber Jakab, Risikomanagement p. 225 not. 56.

738 Cato agr. 148: *Vinum in doliis hoc modo venire oportet. Vini in culleos singulos quadragenae et singulae urnae dabuntur. Quod neque aceat neque muceat, id dabitur. In triduo proxumo viri boni arbitratu degustato […].*

739 D. 18,6,16 pr. (Gai. 2 cott. rer.): *Si vina quae in doliis erunt venierint eaque, antequam ab emptore tollerentur, sua natura corrupta fuerint, si quidem de bonitate eorum adfirmavit venditor, tenebitur emptori: quod si nihil adfirmavit, emptoris erit periculum, quia sive non degustavit sive degustando male probavit, de se queri debet […].*

Amphorenwein handelt[740]. Yaron weist zutreffend darauf hin, dass der Weinkäufer unabhängig von den Einzelheiten der Transaktion ein Interesse daran hatte, die Qualität des Weines zu überprüfen. Zwar war bei jungem Fasswein das Risiko des Umschlagens höher als bei älterem Amphorenwein, allerdings sei letzterer auch teurer gewesen, sodass auch hier der Käufer ein Interesse daran hatte, den Wein zu kosten[741]. Somit konnte nahezu jedes Weingeschäft eine Degustationsabrede enthalten.

2. *Rechtsnatur der degustatio*

D. 18,1,34,5[742] gibt Aufschluss über den generellen Ablauf einer Weinverkostung. Der Käufer erhielt die Gelegenheit, den jeweiligen Wein zu kosten. Erwies sich hierbei der Wein als mangelhaft, so konnte der Käufer den Wein zurückweisen und vom Vertrag zurücktreten[743]. Akzeptierte der Käufer hingegen den Wein, war er an seine Billigung gebunden, selbst wenn sich der Wein im Nachhinein als fehlerhaft erwies[744].

Allerdings herrscht Uneinigkeit in der Literatur darüber, wie die Degustationsabrede und das mit ihr zusammenhängende Loslösungsrecht vom Vertrag rechtlich einzuordnen sind.

---

740 Vgl. SECKEL/LEVY, ZRG RA 47 pp. 207f. führen ferner D. 18,6,1 an. Nach Ansicht der Autoren wurde von den Kompilatoren unter anderem im ersten Satz D. 18,6,1 pr. das Wort *amphorium* gestrichen, sodass der erste Halbsatz lauten würde: *Si vinum <amphorium> venditum acuerit [...].* Hierdurch ergäbe sich aus dem Fragment ein Gegensatz von Fasswein einerseits und Amphorenwein andererseits.

741 Vgl. YARON, FS de Zulueta pp. 71f.

742 D. 18,1,34,5 (Paul. 33 ad ed.): *Alia causa est degustandi, alia metiendi: gustus enim ad hoc proficit, ut improbare liceat, mensura vero non eo proficit, ut aut plus aut minus veneat, sed ut appareat, quantum ematur.*

743 Vgl. HARDER, FS Bärmann p. 24; SECKEL/LEVY, ZRG RA 47 pp. 205f.; YARON, FS de Zulueta p. 75 ist ausgehend von D. 18,1,34,5 der Ansicht, dass der Käufer den Wein aus welchen Gründen auch immer zurückweisen konnte und dass der in CATO agr. 148 enthaltene Halbsatz *viri boni arbitratu* nur in vom Verkäufer gestellte Verträge aufgenommen wurde. Hiergegen spricht bereits die Interessenlage des Verkäufers, möglichst zu einem frühen Zeitpunkt seine Produktion abzusichern. Gute Gründe sprechen dafür, dass die Zurückweisung von Wein gerichtlich überprüft werden konnte, vgl. FRIER, ZRG RA 100 pp. 281f.

744 Vgl. IBIDEM p. 281; SECKEL/LEVY — ZRG RA 47 pp. 209f. gehen davon aus, dass bei Fasswein eine *degustatio* zur Verkehrssitte geworden sei, bei Amphorenwein hingegen gesondert vereinbart werden musste.

Teile der Literatur verstehen die *degustatio* als aufschiebende Bedingung[745], als auflösende[746] Bedingung oder als Rücktrittsvorbehalt[747]. Zwar schreibt Ulpian in D. 18,6,1 pr., Wein sei erst mit der Ausprobung gänzlich – *plenissime* – verkauft, was tatsächlich an eine Bedingungskonstruktion denken lässt. Allerdings wird in den Quellen an keiner Stelle die *degustatio* eindeutig als Bedingung bezeichnet. In D. 18,6,4 pr. ist im Zusammenhang mit Weinkauf und *degustatio* von einem Verkauf *quasi sub condicione* die Rede. Allerdings spricht Ulpian gerade nicht von einem bedingten Kauf, sondern rückt die Weinprobe nur in die Nähe einer Bedingung[748]. Vieles spricht daher dafür, die *degustatio* als Aufhebungsabrede zu qualifizieren[749].

Hinzu kommt, dass die *degustatio* je nach Eigenheiten des Weingeschäfts vertraglich unterschiedlich ausgestaltet sein konnte. In den Quellen finden wir die Weinverkostung einerseits als gefahrüberwälzenden Vorgang, an anderer Stelle erfolgt die Ausprobung im Rahmen einer Garantie[750]. Jakab hat hierauf schon in ihrer Untersuchung hingewiesen: »Der wirtschaftliche Kontext und der Vergleich mit dem reichen Urkundenmaterial zeigen uns jedoch, dass die von der Kautelarpraxis ausgefeilten Vertragsklauseln oft eine hohe Komplexität aufweisen. Ihre Wirkungen können deshalb mit einheitlichen, homogenen Rechtsfiguren kaum erfasst werden.«[751]

Im folgenden Abschnitt sollen daher anhand von CATO agr. 148, D. 18,6,1 pr., D. 18,6,4,1 und D. 18,6,6 mögliche Wirkungsweisen einer Degustationsabrede näher beleuchtet werden.

a) Die Weinprobe bei Cato

Bei CATO agr. 148[752] soll die Ausprobung des verkauften Weines innerhalb von drei Tagen erfolgen. Im Fragment beschreibt Cato,

745 Vgl. HAYMANN, ZRG RA 48 p. 335.
746 Vgl. KASER, RP I pp. 257, 561.
747 Vgl. WOLF, Error p. 133 not. 79.
748 Vgl. JAKAB, Risikomanagement p. 191.
749 Vgl. IBIDEM p. 60.
750 Vgl. IBIDEM pp. 218ff. EADEM unterscheidet jedoch zwischen »anfänglicher« und »nachträglicher« Weinverkostung.
751 IBIDEM p. 226.
752 CATO agr. 148: *Vinum in doliis hoc modo venire oportet. Vini in culleos singulos quadragenae et singulae urnae dabuntur. Quod neque aceat neque muceat, id dabitur. In triduo proxumo viri boni arbitratu degustato. Si non ita fecerit, vinum pro degustato erit. Quot dies per dominum mora fuerit, quo minus vinum degustet,*

wie Fasswein verkauft[753] wird und gibt für die Ausprobung folgende Hinweise. Für jeden *culleus* werden 41 Urnen gegeben. Ferner sei der Wein frei von *acor* und *mucor* zu leisten. Binnen drei Tagen solle der Wein nach dem Urteil eines *vir bonus* verkostet werden. Findet die Verkostung nicht statt, so gilt der Wein als gebilligt. Liegt es hingegen am Gutsherrn, dass der Wein nicht verkostet wird, so wird die Frist um so viele Tage verlängert, wie der Gutsherr die Verkostung verhindert hat. Sodann wird in Catos Fragment als spätester Abholtermin der 1. Januar festgesetzt.

aa) Fristbeginn

Das Fragment wirft in mehrfacher Hinsicht Fragen auf: Zunächst gibt Cato zwar an, dass für die Ausprobung eine dreitägige Frist vorgesehen ist. Im Text finden wir jedoch keinen Hinweis darauf, wann diese Frist zu laufen beginnt. Bei einer unvoreingenommenen Betrachtung liegt nahe, von einer Verkostung binnen drei Tagen nach Vertragsschluss auszugehen. Dieser Ansicht sind auch weite Teile der Literatur[754].

Allerdings wird vereinzelt vertreten, dass die dreitägige Frist erst zu laufen beginne, wenn der Wein seine volle Reife erreicht habe[755]. Ausgangspunkt dieser Argumentation ist, dass es aus Verkäufersicht merkwürdig erscheint, die Qualität des Weines einerseits zuzusichern, aber dann die Haftung hierfür auf lediglich drei Tage zu beschränken. Das Risiko, dass der Wein in dieser kurzen Frist umschlägt, erscheine so unwahrscheinlich, dass ein Einstehen für drei Tage in praktischer Hinsicht überhaupt keinen Unterschied

---

totidem dies emptori procedent. Vinum accipito ante K. Ian. primas. Si non ante acceperit, dominus vinum admetietur. Quod admensus erit, pro eo resolvito. Si emptor postularit, dominus ius iurandum dabit verum fecisse. Locus vinis ad K. Octobres primas dabitur. Si ante non deportaverit, dominus vino quid volet faciet. Cetera lex, quae oleae pendenti.

753 Lübtow ist der Ansicht, dass es im Fragment um einen Spezieskauf geht, also den Kauf des Inhalts eines bestimmten Fasses, vgl. Idem, Catos leges p. 396; dagegen spricht allerdings bereits der Umstand, dass es sich bei Cato um einen Großhandelsbetrieb handelt. Überzeugend daher Harder, FS Bärmann p. 23; offen lassend Jakab, Risikomanagement p. 56.

754 Vgl. Frier, ZRG RA 100 p. 277; Harder, FS Bärmann p. 23; Wolf, Error p. 133, wohl Yaron, FS de Zulueta p. 72. Jakab, Risikomanagement p. 57 not. 69 gibt einen Überblick über die Diskussion, entscheidet die Frage aber nicht.

755 Vgl. Lübtow, Catos leges p. 401.

ausmachen würde[756]. Gegen einen Fristbeginn ab Vollreife des Weines spricht zunächst, dass diese Lesart im Text keine eindeutige Stütze findet. Ferner erscheint der Begriff der Vollreife eher als wertende Aussage als ein eindeutiges und trennscharfes Ereignis, das geeignet ist, eine rechtserhebliche Frist in Gang zu setzen.

bb) Garantie und degustatio bei Cato

Ferner besteht in der Literatur Uneinigkeit darüber, ob und für welchen Zeitraum der Weinproduzent die Freiheit von *acor* und *mucor* garantiert. Ausgangspunkt der Diskussion ist, dass in Catos Formular zunächst zugesichert wird, dass nur Wein, der weder kahmig noch sauer sei, gegeben werde. Gleich danach wird eine Frist für die Verkostung festgesetzt und geregelt, was im Fall der Nichtverkostung geschieht. Im Fragment sichert der Weinhändler zu, nur Wein zu liefern, der weder sauer noch kahmig ist (*quod neque aceat neque muceat, id dabitur*)[757]. Bei dieser Art der Zusicherung handelt es sich mit hoher Wahrscheinlichkeit um eine Garantie[758].

Jakab bezieht die Garantie auf den Zeitpunkt der Übergabe, sodass die Freiheit von *acor* und *mucor* bis zum 1. Januar vom Gutsherrn garantiert werden soll[759]. Hieraus schlussfolgert Jakab, dass eine abschließende Verkostung zur Qualitätskontrolle mit der *mensura* stattfinde[760].

Den Passus *quod neque aceat neque muceat, id dabitur* auf den Zeitpunkt der Übergabe zu beziehen, ist jedoch keineswegs zwingend, da jede Zusage des Verkäufers unabhängig vom Zeitpunkt mit *dabitur* umschrieben wird[761].

Diese Interpretation wirft jedoch Fragen dahingehend auf, welche Funktion der *degustatio* binnen drei Tagen nach Vertragsabschluss zukommt[762]. Der Text deutet klar darauf hin, dass es hier um ein Gestaltungsrecht gehen muss. Die Billigung des Weines durch den

---

756 Zu diesem Ergebnis kommt auch Jakab, Risikomanagement p. 58.

757 Mit diesem Textverständnis auch Lübtow, Catos leges p. 400 und Jakab, Risikomanagement p. 58.

758 Vgl. ibidem pp. 56ff. Auch Frier, ZRG RA 100 p. 277 spricht von »warranty«, Harder, FS Bärmann p. 23 von »versichern«.

759 Vgl. Jakab, Risikomanagement p. 58; so auch Lübtow, Catos leges pp. 400f.

760 Vgl. Jakab, Risikomanagement pp. 57ff.

761 Bspw. Cato agr. 148: *Locus vinis ad K. Octobres primas dabitur.* So auch Wolf, Error p. 132.

762 Vgl. Jakab, Risikomanagement p. 58.

Käufer ist so zentral für den Bestand des Vertrages, dass sie nicht bei Abwesenheit des Käufers fingiert werden darf. Gingen wir hingegen davon aus, dass der Verkäufer die Qualität des Weines ohnehin bis zum 1. Januar zugesichert hätte, ist die Ausprobung aus Sicht des Käufers beinahe obsolet. Ferner bleibt unklar, was bei einer Degustationsabrede und langer Garantie passieren würde, wenn der Käufer ›schlecht‹ verkostet. Darf er, wenn bei Verkostung bereits Weinfehler erkennbar waren, sich bei Übergabe auf die Garantie berufen? Bejahte man diese Frage, wäre die *degustatio* letztlich unerheblich. Der Text legt jedoch eine herausgehobene Bedeutung der *degustatio* nahe. Geht man hingegen bei einer langen Garantie von einer Präklusion der Rüge von Weinfehlern aus, würde die ursprünglich vom Verkäufer ausgesprochene Garantie fast völlig ausgehöhlt.

Auch andere Autoren können den Cato-Text nicht frei von Widersprüchen erklären. Wolf geht davon aus, dass die Ausprobung auf den Fall beschränkt sei, dass der Wein nicht sofort zugemessen wurde[763]. Wie bereits ausgeführt, sprechen nach hier vertretener Ansicht die besseren Argumente dafür, dass eine Weinprobe unabhängig von bestimmten Kaufmodellen vereinbart werden konnte[764]. Des Weiteren ist Wolf der Auffassung, dass die *degustatio* ausschließlich der Durchsetzung von Verkäuferinteressen diene. Inhaltlich werde, so Wolf, durch die *degustatio* die Rechtsregel des *periculum est emptoris* durchgesetzt. Nachdem der Käufer den Wein verkostet und gebilligt habe, könne er sich nicht mehr darauf berufen, dass der Wein bei Vertragsabschluss verdorben gewesen sei[765]. Hiergegen spricht jedoch, dass im Text dem Weinkäufer zugesichert wird, es werde nicht saurer und nicht kahmiger Wein geleistet. Auch D. 18,6,1 pr.[766] spricht gegen eine Zuspitzung der *degustatio* auf die Interessen des Weinproduzenten. In diesem Fragment ist klar davon die Rede, dass durch eine Degustationsabrede die Gefahr der Verschlechterung des Weines, jedenfalls für einen gewissen Zeitraum, vom Käufer auf den Verkäufer übertragen wird.

763 Vgl. Wolf, Error pp. 132f.

764 Vgl. Yaron, FS de Zulueta p. 71; Jakab, Risikomanagement p. 207.

765 Vgl. Wolf, Error p. 133.

766 D. 18,6,1 pr. (Ulp. 28 ad Sab.): *Si vinum venditum acuerit vel quid aliud vitii sustinuerit, emptoris erit damnum, quemadmodum si vinum esset effusum vel vasis contusis vel qua alia ex causa. Sed si venditor se periculo subiecit, in id tempus periculum sustinebit, quoad se subiecit: quod si non designavit tempus, eatenus periculum sustinere debet, quoad degustetur vinum, videlicet quasi tunc plenissime veneat, cum fuerit degustatum […].*

Harder erklärt das Fragment damit, dass Cato zwei unterschiedliche Kaufmodelle behandele, sodass der Text in zwei Sinnabschnitte zerfalle. Nur im ersten Teil (*vinum in doliis–procedent*) des Fragments gehe es um einen Weinkauf mit Degustationsabrede, bei dem Ausprobung, Zumessung und Abholung in einem Akt zusammenfielen. Im zweiten Teil (*vinum accipito–faciet*) gehe es hingegen um einen Pauschalkauf, bei dem Wein, ohne vorher verkostet zu werden, fassweise verkauft werde. Diese Unterscheidung entspreche dem Textaufbau von D. 18,6,4,1–2[767]. Gegen diese Auffassung ist einzuwenden, dass aus dem Cato-Text nicht hervorgeht, dass in den vermeintlichen Textteilen von einem ganz anderen Kaufmodell die Rede sein soll. Gegen die Annahme, im zweiten Textteil gehe es um einen fassweisen Verkauf von Wein ohne vorherige Weinprobe, spricht ferner das von Wolf als Beleg angeführte Fragment D. 18,6,4,1. Gerade im Hinblick auf den Verkauf von Fasswein ohne Weinprobe meint Ulpian, dass schwerlich irgendjemand sich auf so eine Kaufvereinbarung einlasse (*difficile autem est, ut quisquam sic emat, ut ne degustet*). Zudem handelt es sich bei Cato nicht um einen Rechtstext, sondern um ein Werk, das sich an andere Landwirte und damit an Praktiker richtet. Es wäre nur schwer erklärbar, warum Cato solche in der Praxis kaum denkbaren Formulare in sein Werk aufnehmen sollte. Auch Harders Ansatz vermag somit nicht zu überzeugen.

cc) Die kurze Garantie bei Cato

Aufbauend auf diesen unterschiedlichen Interpretationsansätzen soll im folgenden Abschnitt eine eigene Lesart des Fragments vorgeschlagen werden. Ausgangspunkt unserer Überlegungen ist, dass die im Cato-Text statuierte Garantie mit der vom Autor erwähnten Ausprobung in Einklang gebracht werden muss.

Bei unvoreingenommenem Lesen erscheint es so, als werde die Freiheit des Weines von *acor* und *mucor* nur für wenige Tage bis zur Ausprobung garantiert. Hiergegen hatte Jakab eingewandt, dass eine nur für so einen kurzen Zeitraum geltende Garantie »merkwürdig« erscheine[768]. Möglicherweise lässt sich aber doch eine Begründung für diese Vertragsgestaltung finden. Bei einer nur bis zur Ausprobung geltenden Garantie wird der Istzustand des Weines in Bezug auf *acor* und *mucor* zugesichert. Ein sich abzeichnendes Umschlagen

767 Vgl. Harder, FS Bärmann p. 25.
768 Jakab, Risikomanagement p. 58.

oder Kahm sind die einzigen Gründe für ein Zurückweisen des Weines[769]. Da der verkaufte Wein bei einer Versteigerung auf dem *forum vinarium* nicht vom Verkäufer mitgebracht wurde, fügt sich die Zusicherung der Qualität des verkauften Weines ins Bild[770].

Noch nicht geklärt ist allerdings die Frage, warum die Zusicherung der Qualität des Weines nur für wenige Tage aufrechterhalten wird. Garantiert der Verkäufer die gute Qualität des Weines bis zur Verkostung, versichert er also, dass der Käufer mangelfreien Wein zur Verkostung angeboten bekommt. Dies bedeutet, dass die Garantie dann eingreift, wenn dem Käufer im Zuge der Weinprobe umgeschlagener Wein angeboten wird. Da mangelfreier Wein zugesichert wurde, kann der Käufer in diesem Fall verlangen, dass er Wein aus einem anderen Fass desselben Jahrgangs verkosten darf. Er hat aufgrund der Garantie die Wahl, ein anderes Fass zu kosten oder aber sich vom Vertrag zu lösen[771]. Die Garantie führt mithin dazu, dass der Käufer aus einer Reihe von Fässern desselben Weines so lange probieren darf, bis er Wein kostet, der keine Anzeichen von *acor* oder *mucor* aufweist. Hat der Käufer den verkosteten Wein gebilligt, trägt er ab diesem Zeitpunkt die Gefahr für *acor* und *mucor*.

Auch wenn die bei Cato gewährte Garantie nur die Zeit von Vertragsschluss auf dem *forum vinarium* bis zur Ausprobung umfasst, beinhaltet diese Zusicherung für den Käufer eine signifikante Besserstellung. So wird dem Käufer zugesichert, dass seine Anreise zum Weingut, um den gekauften Wein zu verkosten, nicht umsonst sein wird. Der Wert dieser Garantie für den Käufer erschließt sich insbesondere dann, wenn man sich vergegenwärtigt, dass der Käufer den Wein auf dem *forum vinarium* blind gekauft hat. Bei Vertragsschluss hatte er also noch keine Gelegenheit, sich von der Qualität des Weines zu überzeugen. Nun erhält er durch die Garantie drei Tage Zeit, um den Wein zu kosten. Der Käufer muss also unmittelbar nach Vertragsschluss Vorkehrungen treffen, um zum Weingut zu fahren. Allein die bloße Anfahrt wird für den Käufer mit einigen Mühen und zumindest Opportunitätskosten

---

769 Die Gefahr des Verlusts geht demgegenüber erst mit Zumessung auf den Käufer über, vgl. Platschek, Rg 18 pp. 230f.

770 Vgl. Jakab, Risikomanagement pp. 54ff.

771 Ein Abgehen vom Vertrag käme insbesondere dann in Betracht, wenn der Käufer bei Wein aus mehreren umgeschlagenen Fässern probiert hat. Dann muss er davon ausgehen, dass der Weinfehler einen Großteil des Jahrganges betrifft. In diesem Fall liegt ein Loslösen vom Vertrag aus Käufersicht nahe.

verbunden gewesen sein[772]. Ist der Käufer also zur Weinverkostung angereist und es stellt sich heraus, dass der Wein umgeschlagen ist, bedeutet dies für den Käufer einen Verlust, selbst wenn er den Wein zurückweisen und sich vom Vertrag lösen kann, denn in diesem Fall hätte er vergebens den Weg zum Weingut auf sich genommen. Die vom Weinproduzenten bei Cato ausgesprochene Garantie sichert den Käufer insbesondere gegen diese vergebliche Anreise ab. Ist der Wein umgeschlagen, kann er Wein aus einem anderen Fass verkosten. Er erhält auf diese Weise in jedem Fall für gut befundenen Wein und muss nicht mit leeren Händen wieder abreisen.

Die Zusicherung wirkt somit wie eine Preisgarantie. Der Käufer erhält den verkosteten und gebilligten Wein zu denselben Konditionen wie beim Vertragsschluss auf dem *forum vinarium*. Dies wäre ohne eine Zusicherung wie im Cato-Text wohl nicht der Fall. Hat der Käufer umgeschlagenen Wein zurückgewiesen, besteht für ihn ein Anreiz, doch noch ein Weingeschäft über anderen Wein abzuschließen, um nicht vergebens angereist zu sein. Anders als auf dem *forum* besteht aber auf dem Weingut für den Weinproduzenten kein Konkurrenzdruck, sodass der Weinproduzent im Fall einer Neuaushandlung einen höheren Preis verlangen wird. Damit bietet die Zusicherung über den guten Istzustand des Weines für den Käufer sowohl Schutz vor einer vergeblichen Anreise als auch größere Sicherheit und Transparenz.

Ein Weinproduzent nach Catos Vorbild kann eine solche Garantie aussprechen, weil eine solche kurze Frist für ihn kein erhebliches Risiko darstellt. Für ihn macht es bei einer Vielzahl verfügbarer Fässer keinen Unterschied, aus welchem Fass der Käufer Wein erhält. Ferner wird durch die Garantie größeres Vertrauen zwischen den Vertragsparteien und für den Käufer ein Anreiz geschaffen, nicht vom Vertrag zurückzutreten.

Ausgehend von dieser Lesart des Textes ergibt sich für die Gefahrtragung der beiden Vertragsparteien bei Cato Folgendes: Zum einen tritt durch die Ausprobung eine Art Konkretisierung ein. Die Gefahr des Umschlagens beschränkt sich, nachdem der Wein gebilligt wurde, auf das gekostete Fass, da sich der Vorrat, aus dem der Wein zugemessen wird, verkleinert. Zum anderen dient die Ausprobung hier allein dazu, dass sich der Käufer, der den Wein

772 Diese Opportunitätskosten entstehen auch, wenn die Ausprobung nicht vom Käufer selbst, sondern von einem Sklaven vorgenommen wird. In dieser Zeit kann der Sklave keine anderen Arbeiten verrichten.

zuvor auf dem *forum vinarium* blind gekauft hat, über den Istzustand des Weines rückversichern kann. Für ihn wird das Risiko des Umschlagens erst durch seine Verkostung kalkulierbar. Er erlangt die Gewissheit, nicht an ein Geschäft über umgeschlagenen Wein gebunden zu sein. Die kurzfristige Ausprobung dient somit allein der Schaffung von Transparenz für den Käufer. Die Dauer der Gefahrtragung wird durch diese Form der Degustationsabrede für den Verkäufer nicht entscheidend verändert. Es bleibt im Wesentlichen bei dem zum Beispiel in D. 18,6,1 pr. statuierten Grundsatz, dass der Käufer die Gefahr des Umschlagens trägt[773].

dd) Ergebnis

Nach hier vertretenem Textverständnis von Cato agr. 148 können wir für eine Ausprobung innerhalb einer kurzen Frist Folgendes festhalten.

Wie oben dargestellt war auch hier das Ziel der Degustation, die Gefahr des Umschlagens gerecht auf beide Parteien zu verteilen. Dies ist allerdings nicht gleichbedeutend mit einer erheblichen Verschiebung des für den Gefahrübergang maßgeblichen Zeitpunkts. In zeitlicher Hinsicht bleibt es im Wesentlichen bei dem für die Gefahr für *acor* und *mucor* geltenden Grundsatz, dass der Käufer hierfür das Risiko trägt. Durch die Degustationsabrede wird das Risiko des Umschlagens für den erfahrenen Weinkäufer aber kalkulierbar. Die Verkostung hebt die noch auf dem *forum vinarium* bestehende Wissensasymmetrie auf. Durch die *degustatio* kann der Käufer sich über den Zustand des Weines vergewissern und das getätigte Geschäft überprüfen.

b) Degustatio und Parteiinteressen

Bei Cato wurde auf dem Weingut lagernder, reifer Wein verkauft und binnen drei Tagen verkostet. Bereits Jakab hat herausgestellt, dass die konkrete vertragliche Ausgestaltung und der Zeitpunkt der *degustatio* von den Vertragsmodalitäten abhing[774]. Im folgenden Abschnitt soll skizziert werden, von welchen Faktoren der Zeitpunkt der *degustatio* und damit des Gefahrübergangs abhängen konnten.

---

773 Wie bereits an anderer Stelle festgestellt, ist die *mensura* für den Übergang der Gefahr des Umschlagens unerheblich, vgl. Ernst, ZRG RA 114 pp. 306, 307 not. 180. Mit der Zumessung geht lediglich die Gefahr des Verlustes über, vgl. Platschek, Rg 18 p. 231.

774 Vgl. Jakab, Risikomanagement pp. 218ff.

aa) D. 18,6,1 pr. – Zeitpunkt des Gefahrübergangs

Die hier zur Untersuchung anstehende Stelle zeigt, dass der Zeitpunkt der *degustatio* frei ausgehandelt werden konnte.

> D. 18,6,1 pr. (Ulp. 28 ad Sab.): *Si vinum venditum acuerit vel quid aliud vitii sustinuerit, emptoris erit damnum, quemadmodum si vinum esset effusum vel vasis contusis vel qua alia ex causa. Sed si venditor se periculo subiecit, in id tempus periculum sustinebit, quoad se subiecit: quod si non designavit tempus, eatenus periculum sustinere debet, quoad degustetur vinum, videlicet quasi tunc plenissime veneat, cum fuerit degustatum. Aut igitur convenit, quoad periculum vini sustineat, et eatenus sustinebit, aut non convenit et usque ad degustationem sustinebit [...].*

Im Text behandelt Ulpian das Umschlagen von verkauftem Wein. Zunächst stellt er fest, dass für das Sauerwerden grundsätzlich der Käufer die Gefahr trage. Etwas anderes gelte aber, wenn der Verkäufer die Gefahr für das Umschlagen auf sich genommen habe. Danach behandelt Ulpian verschiedene Konstellationen einer solchen Gefahrübernahme. Zunächst behandelt Ulpian den Fall, in dem der Zeitpunkt des Gefahrübergangs vertraglich vereinbart ist. Wenig überraschend stellt Ulpian fest, dass in solchen Fällen die Gefahr des Sauerwerdens zum vereinbarten Zeitpunkt vom Verkäufer auf den Käufer übergehe. Wenn von einer Gefahrübernahme des Verkäufers auszugehen ist, aber kein konkreter Zeitpunkt festgelegt wurde, so verweist Ulpian auf die *degustatio* als maßgeblichen Zeitpunkt, denn der Wein sei erst mit der Ausprobung gänzlich – *plenissime* – verkauft. Ulpian geht in D. 18,6,1 pr. davon aus, dass der Zeitpunkt des Gefahrübergangs der Einigung der Vertragsparteien unterliegt. Allerdings gehe, wenn nichts anderes bestimmt ist, die Gefahr mit der Verkostung über.

Ulpian statuiert somit klar in D. 18,6,1 pr., dass der Zeitpunkt des Gefahrübergangs vorrangig vom Willen der Vertragsparteien abhängt. Wie gezeigt werden konnte, wurde in Cato agr. 148 eine nur dreitägige Ausprobungsfrist vereinbart, nach deren Ablauf die Gefahr auf den Käufer übergehen sollte. Aus dem Ulpiantext wird nun deutlich, dass diese Vertragsgestaltung frei nach dem Belieben der Parteien modifiziert werden konnte.

bb) D. 18,6,4,1 – Zeitpunkt der degustatio

Zu welchem Zeitpunkt der Wein üblicherweise verkostet werden soll, darüber gibt D. 18,6,4,1 Aufschluss.

> D. 18,6,4,1 (Ulp. 28 ad Sab.): *Si aversione vinum venit, custodia tantum praestanda est. Ex hoc apparet, si non ita vinum venit, ut degustaretur, neque acorem neque mucorem venditorem praestare debere, sed omne periculum ad emptorem pertinere: difficile autem est, ut quisquam sic emat, ut ne degustet. Quare si dies degustationi adiectus non erit, quandoque degustare emptor poterit et quoad degustaverit, periculum acoris et mucoris ad venditorem pertinebit: dies enim degustationi praestitutus meliorem condicionem emptoris facit.*

Ulpian behandelt hier den Kauf eines ganzen Weinvorrats und wirft die Frage auf, wann die Gefahr des Umschlagens auf den Käufer übergehe, wenn keine Weinprobe vereinbart sowie wenn der konkrete Zeitpunkt für die Ausprobung nicht vertraglich bestimmt wurde.

In D. 18,6,4,1 stellt Ulpian eingangs klar, dass der Weinverkäufer bei einem Verkauf in *aversione* im Grundsatz lediglich für *custodia* haftet. Sodann behandelt Ulpian den hypothetischen Fall eines Kaufs *in aversione* ohne Degustationsabrede. In diesem – laut Ulpian kaum denkbaren – Fall haftet der Verkäufer weder für *acor* noch *mucor*, sodass der Käufer die Gefahr des Umschlagens trägt. Sodann widmet Ulpian sich dem auch für unsere Untersuchung relevanteren Fall, dass ein Termin für die Verkostung nicht bestimmt ist. Hierzu wird angegeben, der Käufer müsse verkosten *quandoque poterit*. Die Stelle schließt mit der Bemerkung, dass die Bestimmung eines Termins für die Ausprobung im Interesse des Käufers erfolge.

Geteilte Meinungen bestehen in der Literatur insbesondere darüber, wie der Passus *quandoque degustare emptor poterit* zu verstehen ist. Bisweilen wird dieser Satzteil so verstanden, dass der Käufer, wenn kein Zeitpunkt des Gefahrübergangs vereinbart wurde, den Wein verkosten könne, wann immer er wolle. Demnach unterläge der Zeitpunkt der Weinprobe ohne vertragliche Vereinbarung allein dem Willen des Käufers[775]. Dieser wird ein Interesse daran haben, die *degustatio* möglichst weithinauszögern, sodass der Verkäufer möglichst lange die Gefahr eines Umschlagens trägt[776]. Dieses

775 Vgl. Otto / Schilling / Sintenis, Vol. 2, siehe D. 18,6,4,1.
776 Vgl. Seckel / Levy, ZRG RA 47 p. 213.

Textverständnis lässt sich allerdings nur schwer in Einklang bringen mit dem letzten Satz des Fragments. Hier schreibt Ulpian, die Festlegung eines Ausprobungstermins erfolge im Interesse des Käufers[777]. Könnte der Käufer aber ohne entsprechende Vereinbarung tatsächlich den Zeitpunkt der Weinprobe frei bestimmen, dann stünde der Käufer besser, wenn ein solcher Zeitpunkt vertraglich nicht festgelegt würde. De Zulueta will deshalb, Mommsen folgend, eine Textkorrektur von *emptoris* zu *eius*, also *venditoris* vornehmen, um beide Textteile miteinander in Einklang bringen zu können[778]. Allerdings bestätigt auch das Ambrosius-Manuskript der Basiliken den überlieferten lateinischen Text. Somit steht fest, dass die Vereinbarung eines Verkostungszeitpunktes im Interesse des Käufers erfolgt[779].

Um den letzten und den vorletzten Teil des Fragments miteinander in Einklang zu bringen, ist deshalb nötig, die Übersetzung von *quandoque degustare emptor poterit* als ›wann der Käufer möchte‹ zu hinterfragen, denn Ulpian schreibt gerade nicht, eine Verkostung solle erfolgen, wann der Käufer möchte, sondern, wann er kann oder mit anderen Worten, wenn er hierzu imstande ist.

Ausgehend von dieser Übersetzung des Fragments muss der Käufer den Wein dann verkosten, wenn er vom Verkäufer zum Verkosten aufgefordert und so in Verzug gesetzt wurde[780]. In Cato agr. 148 wurden insoweit die Wirkungen einer unterlassenen Ausprobung aufgezeigt. Hier gilt der Wein nach Fristablauf als gebilligt. In Fragment D. 18,6,4,1 spricht deshalb vieles dafür, dass an die Stelle der vereinbarten Ausprobungsfrist eine Aufforderung durch den Verkäufer tritt, der Käufer möge den Wein demnächst verkosten. Nach der Aufforderung des Verkäufers findet die Verkostung statt, sobald der Käufer hierzu imstande ist (*quandoque degustare emptor poterit*). Dies entspräche in einem solchen Kontext der Zeit, die der Käufer benötigt, um das Weingut zu erreichen. Wie beispielsweise aus dem Cato-Text ersichtlich wird, fand die Versteigerung auf dem *forum vinarium* statt, also in einem Stadtzentrum, wohingegen sich das Weingut außerhalb befand, sodass dem Käufer eine gewisse Zeit für die Anreise zugestanden werden musste.

777 Vgl. Yaron, FS de Zulueta p. 73.

778 Vgl. De Zulueta, Francis: The Roman law of Sale. Oxford 1945 p. 115; zit. n. Yaron, FS de Zulueta p. 73 (unserer Fernleihe nicht zugänglich).

779 Vgl. loc. cit.

780 Vgl. Seckel/Levy, ZRG RA 47 p. 213; Jakab, Risikomanagement p. 221; Yaron, FS de Zulueta pp. 73f.

Die im Cato-Text ausdrücklich vereinbarten drei Tage erscheinen als durchaus realistischer Zeitrahmen für den Käufer, um nötige Vorkehrungen zu treffen und sich für die Verkostung auf dem Weingut einzufinden. Hier wird deutlich, dass sich der Cato-Text und D. 18,6,1,4 weitestgehend entsprechen. Möglicherweise war auch bei Cato agr. 148 die dreitägige Ausprobungsfrist überhaupt nicht ausdrücklich vereinbart, sondern entsprach einer Verkostung, die stattfand, ›sobald der Käufer hierzu imstande‹ war. Kam der Käufer der Aufforderung, den Wein zu verkosten, nicht nach, galt er, wie bei Cato, als akzeptiert.

Somit konnte in D. 18,6,4,1 der Verkäufer den Käufer jederzeit zum Verkosten des Weines auffordern, wenn kein Termin für die Ausprobung vereinbart wurde[781]. Nach diesem Textverständnis läge es im Interesse des Käufers, einen Zeitpunkt für die Weinverkostung zu vereinbaren, um nicht dem Belieben des Verkäufers unterworfen zu sein, denn der Weinverkäufer hat, anders als der Käufer von Wein, ein Interesse daran, die Gefahr eines Umschlagens möglichst früh auf den Käufer übergehen zu lassen. Da der Gefahrübergang in aller Regel mit der Verkostung zusammenfällt, wird der Verkäufer die *degustatio* möglichst bald durchführen wollen[782]. Dieses Textverständnis lässt sich problemlos mit dem letzten Satz des Fragments in Einklang bringen: Einen Termin für die Ausprobung des gekauften Weines zu vereinbaren, stellt die für den Käufer günstigere Vertragsgestaltung dar.

Damit zeigt das Fragment die hinter der Weinprobe stehenden widerstreitenden Interessen von Käufer und Verkäufer. Während der Verkäufer grundsätzlich durch eine schnelle *degustatio* die Gefahr auf den Käufer überwälzen will, möchte der Käufer diese hinauszögern[783]. Somit hing der Zeitpunkt der Weinverkostung insbesondere vom konkreten Interessengefüge der Parteien ab. Diese Interessenlage konnte auch durch andere Faktoren beeinflusst werden, wie zum Beispiel vom Reifegrad des verkauften Weines. Wein wurde häufig nur nach abstrakten Merkmalen bestimmt und veräußert. Dies ermöglichte es dem Verkäufer, seinen Wein schon zu einem früheren Zeitpunkt zu veräußern und so seine Produktion

781 Vgl. Jakab, Risikomanagement p. 221; Seckel/Levy, ZRG RA 47 p. 213, Yaron, FS de Zulueta pp. 73f.
782 Vgl. Seckel/Levy, ZRG RA 47 p. 213.
783 Vgl. loc. cit.

beziehungsweise Leistung und Gegenleistung abzusichern[784]. In diesen Fällen wäre eine Ausprobung binnen drei Tagen nach Vertragsabschluss wenig praktikabel. Bei einem zeitlich gestreckten Weinkauf liegt insoweit nahe, dass der Verkäufer die Gefahr jedenfalls annähernd bis zur Vollreife auf sich nimmt und für diesen Zeitpunkt eine Ausprobung vereinbart wird. Erst dann ist eine Verkostung praktikabel und sinnvoll. Dieser Zeitpunkt entspräche im Hinblick auf den Reifegrad des Weines Cato agr. 148[785].

cc) Ergebnis

Die Untersuchung von D. 18,6,1 pr. und D. 18,6,4 hat gezeigt, dass die Gefahr regelmäßig mit der Verkostung überging, aber anderslautende Parteivereinbarungen möglich waren. Sowohl der Zeitpunkt des Gefahrübergangs als auch der Zeitpunkt der Ausprobung unterlagen dem Willen der Parteien und konnten je nach Vertragsmodalitäten frei angepasst werden. Der Zeitpunkt des Gefahrübergangs wurde insbesondere durch das Interessengefüge der Vertragsparteien beeinflusst. Während der Verkäufer ein großes Interesse an einer schnellen *degustatio* hatte, wollte der Käufer diese möglichst hinauszögern. Auch der Reifegrad des Weines beim Verkauf konnte sich auf die Interessenlage auswirken. Wurde kein Termin für die Ausprobung vereinbart, deutet D. 18,6,4,1 darauf hin, dass nicht auf eine Weinprobe verzichtet wurde, sondern die Ausprobung stattfinden sollte, sobald der Käufer nach Aufforderung des Verkäufers das Weingut erreichen konnte. Inhaltlich lassen sich bei dieser Lösung Parallelen zum catonianischen Modell herstellen.

c) Degustatio und Garantie

Im vorhergehenden Abschnitt wurde die *degustatio* als ein gefahrüberwälzender Vorgang betrachtet. Aus dem Fragment D. 18,6,1 pr. geht allerdings auch hervor, dass die Parteien eine noch weitergehende Haftung des Verkäufers im Sinne einer Garantie vereinbaren konnten[786]. Hier ist davon die Rede, dass der Verkäufer

---

784 Vgl. Ernst, ZRG RA 114 pp. 277f.

785 So geht auch Jakab, Risikomanagement p. 225 von einer Gefahrtragung bis zur Vollreife, also bis Januar aus, aber mit einer anderen Lesart von Cato agr. 148 im Hinblick auf die *degustatio*.

786 Vgl. Yaron, FS de Zulueta p. 76.

– jedenfalls für eine gewisse Zeit – die Gefahr des Umschlagens auf sich nahm[787].

aa) D. 18,6,6

Über die genaue Wirkung solcher Garantiezusagen gibt D. 18,6,6 Aufschluss.

> D. 18,6,6 (Pomp. 9 ad Sab.): *Si vina emerim exceptis acidis et mucidis et mihi expediat acida quoque accipere, Proculus ait, quamvis id emptoris causa exceptum sit, tamen acida et mucida non venisse: nam quae invitus emptor accipere non cogeretur, iniquum esse non permitti venditori vel alii ea vendere.*

In diesem Fall wurden Weine verkauft, unter denen sich auch fehlerhafte Produkte befinden. Saure und kahmige Weine wurden hierbei vom Kauf ausgenommen. Nun möchte der Weinkäufer die sauren Weine dennoch annehmen. Aus dem Kontext ergibt sich, dass der Verkäufer die sauren Weine nun anderweitig verkauft hat, woran sich ein Rechtsstreit entzündet. Zur Lösung dieses Falles referiert Ulpian Proculus. Letzterer gibt an, dass der umgeschlagene Wein vom Kauf ausgenommen sei, obwohl die Ausnahme von fehlerhaften Weinen im Interesse des Käufers erfolgte. Da der Verkäufer den Käufer nicht zwingen kann, die fehlerhaften Weine anzunehmen, sei es unbillig, dem Verkäufer nicht zu gestatten, diese anderweitig zu verkaufen.

bb) Garantiezusagen bei Wein

Für unsere Untersuchung sollen folgende Aspekte besonders hervorgehoben werden. Zum einen ähnelt die im Fragment verwendete negative Formulierung *exceptis acidis et mucidis* der Formulierung *quod neque aceat neque muceat* bei Cato agr. 148[788], bei der nach hier vertretener Auffassung der Verkäufer kurzzeitig die Gefahr des Umschlagens mittels einer Garantie übernommen hat[789]. Eine

787 D. 18,6,1 pr. (Ulp. 28 ad Sab.): *Sed si venditor se periculo subiecit, in id tempus periculum sustinebit, quoad se subiecit.*

788 So auch Jakab, Risikomanagement p. 223.

789 Zur Garantie Cato agr. 148, vgl. Jakab, Risikomanagement pp. 56ff. Auch Frier, ZRG RA 100 p. 277; Harder, FS Bärmann p. 23.

solche Zusage bewirkte, dass die von der Lieferung ausgenommenen fehlerhaften Weine kein taugliches Erfüllungsobjekt darstellten. Der Weinhändler konnte seine Schuld nur mit guten Weinen, nicht mit sauren oder kahmigen erfüllen. Proculus entscheidet unzweideutig, dass saure Weine selbst dann nicht als Erfüllung in Betracht kommen, wenn der Käufer bereit ist, diese Weine zu billigen. Der Weinhändler konnte seine Schuld nur durch Lieferung von nicht saurem und nicht kahmigem Wein begleichen[790]. Damit hatte die Weinverkostung im Fall einer Garantie einen anderen Zweck als den der Überwälzung der Gefahr des Umschlagens auf den Käufer. Hier dient die *degustatio* der Feststellung, ob mit dem gelieferten Wein erfüllt wurde. Häufig fand eine solche *degustatio* bei Abholung statt. Wurde die Freiheit von *acor* und *mucor* nur für einen bestimmten Zeitraum garantiert, erfolgte die Verkostung am Ende des Garantiezeitraumes. Eine solche Garantiehaftung des Verkäufers kommt insbesondere bei gestreckten Verträgen in Betracht, wenn bei Vertragsschluss noch kein reifer Wein vorliegt[791].

cc) Garantiezusagen in griechischen Papyri

Bereits bei der Garantie in CATO agr. 148 haben wir uns die Frage gestellt, was passierte, wenn entgegen der Zusage des Verkäufers fehlerhafter Wein geliefert wurde. Dort kamen wir zu dem Ergebnis, dass der Käufer in diesem Fall verlangen konnte, Wein aus einem anderen Fass zu kosten. Wie verhielt es sich in Großhandelskonstellationen, bei denen die Lieferung von gutem Wein stipulationsweise versprochen wurde? Einiges spricht dafür, dass Krüge mit umgeschlagenem Wein ausgetauscht wurden, da diese zur Erfüllung der Schuld des Verkäufers ungeeignet waren.

Diese Hypothese findet eine Stütze in griechischen Quellen, in denen die Weinverkostung behandelt wird[792]. Im griechischen Kaufrecht hatten sich für Weingeschäfte besondere Vertragsgestaltungen etabliert, die mehr oder weniger stark an das Darlehen angelehnt waren[793]. So konnten abstrakte Lieferungskäufe rechtlich dargestellt

790 So auch JAKAB, Risikomanagement p. 224.

791 Vgl. IBIDEM pp. 222ff., die diese Form der Weinverkostung als »nachträgliche *degustatio*« beschreibt.

792 Hierzu ausführlich IBIDEM pp. 212ff.

793 Vgl. RUPPRECHT, Darlehen p. 128; IDEM, Beiträge zur Juristischen Papyrologie p. 87.

werden, bei denen der konkrete Vertragsgegenstand noch nicht existierte[794]. Die Anlehnung an das Darlehen erlaubte eine nur nach allgemeinen Merkmalen bestimmte Kaufsache – etwas, was das am Barkauf orientierte griechische Kaufrecht nicht zuließ[795]. Infolge dieser abstrakten Bezeichnung ist auch die Rechtsfolge einer Nichtbilligung des Weines im Rahmen der Verkostung eine andere als bei einer *emptio venditio*. Aufgrund der abstrakt gefassten Lieferungspflicht führte eine Zurückweisung des Weines zu einem Austausch der von *acor* oder *mucor* betroffenen Krüge[796] und nicht zu einer Zurückweisung des gesamten Weines oder zu einem Unwirksamwerden des Vertrages, denn wenn bester Wein versprochen war, konnte die Verbindlichkeit nicht mit umgeschlagenem Wein erfüllt werden.

III. Zusammenfassung

Unsere Untersuchung hat gezeigt, dass die *degustatio* beim Weinkauf die Gefahr des Umschlagens von Wein auf beide Parteien verteilen sollte. Damit war die *degustatio* bei Weingeschäften untrennbar mit dem Gärvorgang verbunden und stellte so ein spezifisch auf Weingeschäfte zugeschnittenes Rechtsinstitut dar.

Eine Betrachtung der Gefahrtragungsregeln beim Weinkauf ergab, dass der im römischen Kaufrecht typische Grundsatz des *periculum est emptoris* auch bei Weinkäufen galt. Demnach trug der Käufer grundsätzlich das *periculum acoris et mucoris*. Ausgehend von Ernsts Perfektionslehre konnte festgestellt werden, dass sich der Weinkauf mit Zumessungs- und Degustationsabrede nicht in dessen Modell des bedingten Kaufs einfügte, weil ein Umschlagen des Weines nicht das spätere Zumessen unmöglich machte. Damit hätte ein durch das Umschlagen verursachter Bedingungseintritt nicht die Perfektion des Kaufvertrages verhindert. Hiervon ausgehend kamen wir zu dem Ergebnis, dass beim Weinkauf zwischen dem Risiko des Auslaufens und dem Risiko des Umschlagens unterschieden werden muss, sodass für den Weinkauf nicht von einem einheitlichen Begriff des *periculum* ausgegangen werden kann.

794 Vgl. Ernst, ZRG RA 114 p. 275.

795 Vgl. Pringsheim, GLS pp. 90f.

796 Vgl. P.Lond. I 113 11 a, (6.–7. Jh.); SB XII 10918, (Anfang 3. Jh.) linn. 3–6, siehe auch Jakab, Risikomanagement pp. 32, 123f., 214.

Sodann nahmen wir die Wirkungsweise einer Degustationsabrede in den Fokus. Wir konnten zeigen, dass eine solche Abrede nicht auf bestimmte Vertragstypen beschränkt war. Vielmehr bestand bei Weinkäufen jeglicher Art ein Interesse des Käufers, den verkauften Wein zu kosten, um sich über die Qualität rückzuversichern. Im Zentrum unserer Untersuchung der *degustatio* stand die Frage, wie die Weinprobe rechtlich einzuordnen ist. Es konnte gezeigt werden, dass eine *degustatio* je nach vertraglichem Kontext unterschiedliche Funktionen erfüllte. In D. 18,6,1 pr. und D. 18,6,4,1 wurde eine Weinprobe vereinbart, um die zunächst beim Verkäufer verbleibende Gefahr für die qualitative Verschlechterung des Weines auf den Käufer übergehen zu lassen. Dies ermöglichte eine angemessene Aufteilung der Gefahr der Verschlechterung auf beide Vertragsparteien. Der Verkäufer hatte ein Interesse daran, durch eine zeitnahe Weinprobe die Gefahr schnellstmöglich auf den Käufer abzuwälzen, der Käufer hatte ein Interesse, dies so lange wie möglich hinauszuzögern. Die Parteien konnten vor diesem Hintergrund den Zeitpunkt von Weinprobe und Gefahrübergang frei aushandeln. Anhand von D. 18,6,1 pr. und D. 18,6,4,1 konnte ferner gezeigt werden, dass der Verkäufer, wenn die Parteien keine derartige Vereinbarung getroffen hatten, den Käufer sofort zur Verkostung auffordern konnte, sodass es beim Grundsatz der Gefahrtragung des Käufers blieb.

D. 18,6,6 verdeutlichte, dass die Weinprobe im Zusammenhang mit Garantiezusagen im Vergleich zu D. 18,6,1 pr. und D. 18,6,4,1 eine gänzlich andere Funktion hatte. Wurde die Lieferung von saurem oder kahmigem Wein ausgeschlossen, konnte der Verkäufer nur mit mangelfreiem Wein erfüllen. Damit diente im Fall einer Garantie die Degustation der Feststellung, ob der gelieferte Wein zur Erfüllung der vertraglichen Pflichten geeignet war.

In CATO agr. 148 fanden wir eine Kombination beider Fallgruppen vor. Nach hier vertretener Ansicht wurde bis zur gefahrüberwälzenden *degustatio* die Mangelfreiheit des Weines garantiert, um den Käufer gegen eine vergebliche Anreise zum Weingut abzusichern.

Schluss

§ 1 Zusammenfassung

I. Problementfaltung

Laut Lenels Palingenesie waren die Wein-Fragmente im Titel D. 18,6 ursprünglich in den Sabinuskommentaren von Ulpian, Paulus und Pomponius unter einer eigenen Rubrik *de vini venditione* versammelt. Diese Absonderung der Weinstellen vom Kaufrecht nahm Lenel vor, um den »praktischen Eigentümlichkeiten«[797] des Weinkaufs gerecht zu werden. In der vorliegenden Arbeit wurde untersucht, ob nach heutigem Stand der Forschung tatsächlich das Weingeschäft als so eigentümlich angesehen werden muss, wie Lenel es vermutete. Ausgehend hiervon wurde erstmals der Versuch einer systematischen Einordnung des Weinkaufs in das römische Kaufrecht unternommen.

Hierzu stellten wir uns die Fragen:

(1.) ob die Entscheidung Lenels, den Weinkauf unter einer eigenen Rubrik zu behandeln, auch von den Quellen gestützt wird,
(2.) welche Konsequenzen dies gegebenenfalls für die Verallgemeinerungsfähigkeit und
(3.) für die systematische Verortung des Weinkaufs im römischen Recht hätte sowie
(4.) ob sich die von Lenel behauptete Eigentümlichkeit des Weingeschäfts auch in echten Sonderregelungen zeigt.

Als Thesen formulierten wir, dass das Weingeschäft nicht zwingend als *emptio venditio* ausgestaltet und die Entscheidung Lenels,

797 Lenel, FG Ihering p. 59.

P. Friedrich, *Die Eigentümlichkeit des Weinkaufs*,
https://doi.org/10.1007/978-3-658-50367-3_4

das Weingeschäft in seiner Palingenesie unter einer eigenen Rubrik anzuordnen, korrekt war. Ferner stellten wir die Hypothese auf, dass das Weingeschäft vertragsrechtlich als Sondermaterie verstanden werden muss. Demnach wären in den Quellen gewonnene Erkenntnisse über das Weingeschäft weitestgehend nicht übertragbar.

II. Maximale dogmatische Ausdehnung der *emptio venditio*

Im ersten Hauptteil der Arbeit wurde untersucht, welchen Platz der Weinkauf im Obligationenrecht einnahm und ob das Weingeschäft tatsächlich einen Kauf im Rechtssinne darstellte. Hierbei wurde neben dem römischen Recht auch das griechische Kaufrecht betrachtet. Insbesondere der Verkauf zukünftiger Gegenstände stellte beide Kaufregime vor ganz ähnliche Probleme.

Im am Barkauf orientierten griechischen Kaufrecht war die Zusage des Verkäufers, in Zukunft etwas liefern zu wollen, nicht vollstreckbar. Gerade im Großhandel bestand allerdings ein wirtschaftliches Bedürfnis, solche Lieferungskäufe abzuschließen. Der Pränumerationskauf und damit auch das Weingeschäft nahmen deshalb im griechischen Kaufrecht eine Sonderstellung zwischen Kauf und Darlehen ein.

Auch im römischen Kaufrecht war die *emptio venditio* auf Spezieskäufe ausgerichtet, sodass auf diesem Wege keine Verpflichtungen rein generischer Natur begründet werden konnten. Hier bestand ein deutlicher Widerspruch zwischen *emptio venditio* und den bei Weingeschäften gängigen Vertragsgestaltungen, bei denen eine abstrakte Menge Weines veräußert wurde.

Unsere Untersuchung zeigte, dass im römischen Recht Tendenzen bestanden, die *emptio venditio* auf Konstellationen auszudehnen, die aus heutiger Sicht eher Gattungskäufen entsprächen. Eine solche Umdeutung von heutigen Gattungs- in Spezieskäufe betraf beispielsweise die *emptio rei speratae* sowie die *emptio pondere numero mensura*.

Durch eine Umdeutung komplexer Kaufkonstellationen in Spezieskäufe konnten deutlich mehr Weingeschäfte dem römischen Kaufrecht zugeordnet werden, als zu erwarten war.

Die in dieser Untersuchung vorgeschlagene Deutung von D. 18,6,1,3 als Mostkauf zeigte, dass der Verkauf von Wein aus noch am Stock befindlichen Trauben von der *emptio pondere numero mensura* erfasst werden konnte, obwohl der für die *emptio venditio* eigentlich erforderliche Speziesbezug in dieser Konstellation nur noch in Ansätzen vorhanden war. Dies wurde von uns als maximale dogmatische Ausdehnung der *emptio venditio* gewertet. Bei einem reinen Beschaffungskauf von Wein ohne Erntebezug lag ein erforderlicher Vorratsbezug der *emptio venditio* nicht vor, sodass solche Konstellationen nicht mehr als Kauf abgebildet werden konnten.

III. Keine wechselseitige Stipulation

Pränumerationskäufe waren, gerade bei Wein, gängige Praxis. Hiervon ausgehend stellten wir uns die Frage, wie der Verkauf von Wein ohne jeden Erntebezug auf andere Weise als über eine *emptio venditio* rechtlich dargestellt werden konnte.

Die herrschende Lehre geht mit Seckel/Levy davon aus, dass Wein im Wege zweier wechselseitiger Stipulationen versprochen werden konnte. In den Quellen konnten wir Stipulationen größerer Mengen von Wein, Weizen und Öl nachweisen, nicht aber wechselseitige Stipulationen.

Es konnte gezeigt werden, dass es im Großhandel nicht nötig war, eine Kaufvereinbarung mit zwei wechselseitigen Stipulationen zu begründen. Typischerweise leistete der Käufer bei diesen Weingeschäften den Kaufpreis bereits bei Vertragsabschluss vor. Mithin wurde die bei einem Weinkauf entstehende Geldschuld sofort beglichen, sodass kein Bedarf für eine Absicherung der Geldschuld durch Stipulation bestand. Nur die noch ausstehende Lieferung musste durch Stipulation klagbar gemacht werden.

Die Hypothese der wechselseitigen Stipulationen als Vorstufe einer Vertragsbeziehung mit zwei synallagmatischen Leistungspflichten konnte damit verworfen werden. Nach unserer Ansicht bleibt die Stipulation ein dem Vollzug der Lieferungspflicht dienendes Element. Sie wurde genutzt, um die noch ausstehende Lieferung des Weines klagbar zu machen und nicht, um Konsens zu erzeugen.

IV. Wirtschaftlich-pragmatisches Kaufverständnis in der Spätklassik

Abschließend untersuchten wir das nachklassische Recht und stellten uns die Frage, ob sich das römische Kaufrecht im Hinblick auf fungible Konsumgüter beim Aufeinandertreffen von griechischem und römischem Kaufregime weiterentwickelte. Es konnte gezeigt werden, dass die im griechischen Recht typische Urkundskonstruktion zur Abbildung eines Pränumerationskaufs nach römischem Recht grundsätzlich nicht durchsetzbar war. Eine Vereinbarkeit griechischer Formularverträge mit dem römischen Recht konnte nur hergestellt werden, indem eine Stipulationsklausel in die Verträge eingefügt wurde.

Das Laisser-faire der Römer gegenüber der griechischen Vertragsgestaltung mit Stipulationsklausel konnte mit den Schwierigkeiten erklärt werden, die beide Rechtssysteme mit der rechtlichen Abbildung des Pränumerationskaufs hatten. Nach beiden Rechtssystemen war die formlose Vereinbarung eines Lieferungskaufs ohne Erntebezug nicht durchsetzbar und bedurfte deshalb der Novation. In dieser Hinsicht waren beide Rechtstraditionen miteinander vereinbar. Dies rechtfertigte Zugeständnisse sowohl auf griechischer als auch auf römischer Seite. Somit erwies sich der Umgang der Römer mit der griechischen Praxis als Bekenntnis zum Pragmatismus.

Insbesondere die Gewährung der *actio empti* in C. 4,2,10 und C. 4,49,12 zeigte, dass in der Spätklassik wahrscheinlich eine Abkehr von strenger Dogmatik und damit einhergehend eine Veränderung des Kaufrechtsbegriffs stattfand. Diese Veränderung sollte jedoch nicht als dogmatische Weiterentwicklung der *emptio venditio* missverstanden werden, sondern als Ausdruck eines wirtschaftlich-pragmatischen Kaufverständnisses.

V. Ähnlichkeiten bei Wein, Weizen und Öl

Für Wein, Weizen und Öl existierten Besonderheiten bei der Ermittlung des *pretium*. Bei fungiblen Konsumgütern erfolgte im Fall einer Nichtleistung die Schadensermittlung vor Gericht immer abstrakt unter Zugrundelegung des Marktpreises. Sogar bei *bonae fidei iudicia* erfolgte die Schadensberechnung pauschal; individuelle Umstände bei der Wertberechnung wurden nicht berücksichtigt.

Es konnte gezeigt werden, dass bei Weizen, Wein und Öl im Hinblick auf die Wertermittlung Unterschiede bestanden. So fanden wir nur bei Weizen und Öl Bestrebungen zur staatlichen Kontrolle der Marktpreise, da eine Spekulation mit Grundnahrungsmitteln aus sozialpolitischen Gründen unterbunden werden sollte. Einen

Gegensatz hierzu bildete der Handel mit Wein, der bis in die Spätantike den Marktgesetzen unterworfen blieb.

VI. Die *effusio vini* als weinspezifische Sonderregelung

Unsere Untersuchung konnte belegen, dass die *effusio vini* eine nicht verallgemeinerungsfähige und nur auf Weingeschäfte zugeschnittene Rechtsfolge war.

Zunächst wurde die *effusio vini* in ihren archäologischen Kontext der zeitgenössischen Weinherstellung eingeordnet. Als entscheidenden Umstand für die Weinausgießung konnten wir herausarbeiten, dass die *dolia* als wichtigstes Produktionsmittel limitiert waren und der Verkäufer gegebenenfalls durch die Weinausgießung eine Blokkade seiner Produktionsstätte abwenden konnte.

In juristischer Hinsicht stellte sich die Frage nach einer rechtlichen Einordnung der *effusio vini*. Nach hier vertretener Ansicht stellte die *effusio vini* ein schlichtes Löschen der Fässer in Ausübung eines Selbsthilferechts dar. Anders als vereinzelt in der Literatur vertreten, fanden wir für ein Verständnis der *effusio vini* als Übergabehandlung keine zwingenden Belege.

Außerhalb des Weinkaufs konnten wir keine mit der *effusio vini* in irgendeiner Form verwandte Rechtsfolge nachweisen. In keiner anderen Konstellation wurde dem Verkäufer gestattet, in ähnlicher Weise den Untergang des Vertragsgegenstandes herbeizuführen. Auch eine von einzelnen Stimmen in der Literatur vertretene Verallgemeinerungsfähigkeit der *effusio vini* auf andere fungible Konsumgüter konnte widerlegt werden. Es konnte nachgewiesen werden, dass die *effusio vini* eine auf den Gärvorgang von Wein zugeschnittene Spezialregelung darstellte.

VII. Gefahrtragung für *acor* und *mucor* als weinspezifische Sonderregelung

Schließlich wandten wir uns der Frage zu, wie die Gefahr des Sauerwerdens von Wein rechtlich bewältigt wurde und welche Rolle die Weinverkostung hierbei spielte.

Eine Betrachtung der Gefahrtragungsregeln beim Weinkauf ergab, dass der im römischen Kaufrecht typische Grundsatz des *periculum est emptoris* auch für das *periculum acoris et mucoris* galt.

Allerdings kamen wir zu dem Ergebnis, dass beim Weinkauf zwischen dem Risiko des Auslaufens und dem Risiko des Umschlagens unterschieden werden muss. Für den Weinkauf kann damit nicht von einem einheitlichen Begriff des *periculum* ausgegangen werden.

Im Zentrum unserer Untersuchung der *degustatio* stand der Versuch einer rechtlichen Einordnung der Weinprobe. Eine *degustatio* konnte je nach vertraglichem Kontext unterschiedliche Funktionen erfüllen. Einige Quellen belegten, dass eine Weinprobe vereinbart werden konnte, um die zunächst beim Verkäufer verbleibende Gefahr einer qualitativen Verschlechterung des Weines auf den Käufer abzuwälzen.

Wurde die Lieferung von saurem oder kahmigem Wein hingegen durch eine Garantie ausgeschlossen, konnte der Verkäufer nur mit mangelfreiem Wein erfüllen. Damit diente im Fall einer Garantie die *degustatio* der Feststellung, ob der gelieferte Wein zur Erfüllung geeignet war.

Auch eine Kombination beider Fallgruppen war möglich. Nach hier vertretener Ansicht konnte bis zur gefahrüberwälzenden *degustatio* die Mangelfreiheit des Weines garantiert werden, um den Käufer gegen eine vergebliche Anreise zum Weingut abzusichern. Diese Versicherung hatte die Wirkung einer Preisgarantie und bedeutete für den Käufer einen erheblichen Vorteil.

Damit erwies sich die *degustatio* als untrennbar mit dem Gärvorgang verbundenes und als nicht übertragbares Rechtsinstitut. Gefahrtragungsregeln für *acor* und *mucor* können somit nicht auf andere kaufrechtliche Konstellationen übertragen werden.

§ 2 Ergebnisse

Den Ausgangspunkt unserer Untersuchung bildete die Frage, ob Lenels Entscheidung, den Weinkauf palingenetisch in einer eigenen Rubrik zu verorten, von den Quellen gestützt wird. Eingangs hatten wir die These aufgestellt, dass Weintransaktionen aus dem Kaufrecht herausfallen konnten. Im griechischen Recht bildeten Lieferungskäufe einen eigenen Vertragstyp. Für das römische Recht ergab sich hingegen ein differenzierteres Bild. In einer maximalen dogmatischen Ausdehnung erfasste die *emptio venditio* auch Weingeschäfte, bei denen der Weinvorrat noch nicht entstanden war. Lediglich Weintransaktionen ohne jeden Erntebezug, also reine Beschaffungskäufe, konnten nicht als Kauf, sondern nur als Stipulation abgeschlossen werden.

Wir konnten nachweisen, dass die Besonderheit des Produktes Wein zu zahlreichen rechtlichen Eigentümlichkeiten führte. So gab es Sonderregelungen bei Vertragsgestaltung, Wertberechnung, Gläubigerverzug und Gefahrtragung für *acor* und *mucor*.

Zum einen konnten wir besondere Regeln für fungible Konsumgüter nachweisen. Dies betraf den vor allem im Großhandel mit Wein, Weizen und Öl praktizierten Rückgriff auf die Stipulation sowie die für diese Waren typische Wertberechnung anhand eines Marktpreises. Hier führte die Fungibilität zu vergleichbaren rechtlichen Wertungen. Innerhalb dieser engen Grenzen erwiesen sich deshalb Regelungen, die die Vertragsgestaltung und Wertberechnung betrafen, als grundsätzlich übertragbar.

Daneben existierten im römischen Recht mit der einzigartigen Verzugsfolge der *effusio vini* sowie den Grundsätzen zur Gefahrtragung für *acor* und *mucor* echte Sonderregeln, die ausschließlich für Weingeschäfte galten. Diese Regelungen trugen dem für Wein spezifischen Reife- und Gärungsprozess Rechnung und waren damit nicht auf andere Geschäfte übertragbar.

Quellentexte, die den Kauf von Wein behandeln, erlauben somit nur ausnahmsweise dogmatische Rückschlüsse auf andere römisch-rechtliche Vertragstypen. Das romanistische Schrifttum wird daher genauer als bisher prüfen müssen, ob ein bestimmtes Weinfragment überhaupt geeignet ist, Aussagekraft für das gesamte Kaufrecht zu entfalten. Vor allem dürfen Weinfragmente nicht wie selbstverständlich als etwaige Parallelstellen für andere kaufrechtliche Konstellationen herangezogen werden.

Unter Würdigung aller in dieser Arbeit gewonnenen Erkenntnisse kann abschließend festgehalten werden, dass sich der Weinkauf als Sonderling im römischen Kaufrecht erweist.

Bibliografie

Amundsen, Leif/Eitrem, Samson: Sale of Wine on Delivery (P.Osl. inv. no. 1440). In: Krókowski, Georgius / Steffen, Victor / Strzelecki, Ladislaus (edd.): Symbolae Raphaeli Taubenschlad dedicatae. 2. Bratislava et al. 1957 pp. 77–81
= Amundsen / Eitrem, Sale of Wine.

Apathy, Peter: Mora accipiendi und Schadenersatz. In: Zeitschrift der Savigny-Stiftung für Rechtsgeschichte: Romanistische Abteilung. Vol. 101 (1984) pp. 190–205
= Apathy, ZRG RA 101.

Arangio-Ruiz, Vincenzo: L'application du droit romain en Égypte après la constitution Antonienne. In: Bulletin de l'Institut d'Égypte. Vol. 29 (1946 / 1947) pp. 83–130
= Arangio-Ruiz, BIE 29.

Arangio-Ruiz, Vincenzo: La compravendita in diritto romano corso di lezioni svolto nell'Università di Roma anni 1951–1953. 2. Aufl., Neapel 1954
= Arangio-Ruiz, Compravendita.

Astolfi, Riccardo: Sabino e la ›exemptio‹ dei minerali. In: Studia et documenta historiae iuris. Vol. 53 (1987) pp. 372–377
= Astolfi, SDHI 53.

Babusiaux, Ulrike/Baldus, Christian/Ernst, Wolfgang/Meissel, Franz-Stefan/Platschek, Johannes/Rüffner, Thomas: Handbuch des Römischen Privatrechts. Vol. 1. Tübingen 2022
= *Babusiaux* / Baldus / Ernst / Meissel / Platschek / Rüffner, Römisches Privatrecht 1.

Becher, Wilhelm: Modius. In: Wissowa, Georg / Kroll, Wilhelm / Ziegler, Konrat / Mittelhaus, Karl / Pauly, August (edd.): Paulys Real-Encyclopädie der classischen Altertumswissenschaft. Reihe 1, Vol. 15,2: Met–Molaris lapis. Stuttgart 1932 col. 2328
= Becher, RE I.15,2 s.v. ›*modius*‹.

Bechmann, August von: Geschichte des Kaufs im römischen Recht. In: Der Kauf nach gemeinem Recht. Vol. 1. Erlangen 1876
= Bechmann, Kauf I.

P. Friedrich, *Die Eigentümlichkeit des Weinkaufs*,
https://doi.org/10.1007/978-3-658-50367-3

Bechmann, *August von*: System des Kaufs nach gemeinem Recht. In: Der Kauf nach gemeinem Recht. Vol. 2: Erste Abtheilung. Erlangen 1884
= Bechmann, Kauf II.

Idem: System des Kaufs nach gemeinem Recht. In: Der Kauf nach gemeinem Recht. Vol. 3,1: Zweite Abtheilung. Erste Hälfte. Erlangen et al. 1905
= Bechmann, Kauf III,1.

Benítez López, *María*: La venta di vino y otras mercancias en la jurisprudencia romana. Madrid 1994
= Benítez López, Venta di vino.

Benke, *József*: »De emptore, qui non vult rem tollere«. Gedanken zu einigen Problemen des Gläubigerverzuges nach Pomp. D. 19.1.9. In: Revue Internationale des droits de l'antiquité. Vol. 61 (2014) pp. 111–130
= Benke, RIDA 61.

Berger, *Adolf*: Die Strafklauseln in den Papyrusurkunden. Ein Beitrag zum gräko-ägyptischen Obligationenrecht. Leipzig et al. 1911
= Berger, Strafklauseln.

Idem: Encyclopedic dictionary of Roman law. In: Transactions of the American Philosophical Society. Vol. 43,2 (N.S.). Philadelphia 1953
= Berger, EDRL 43,2 (N.S.).

Beseler, *Gerhard von*: Romanistische Studien. In: Tijdschrift voor Rechtsgeschiedenis / Revue d'Histoire du Droit / The Legal History Review. Vol. 8 (1928) pp. 279–335
= Beseler, TR 8.

Betti, *Emilio*: Bewußte Abweichung der Parteiabsicht von der typischen Zweckbestimmung (causa) des Rechtsgeschäfts. In: Festschrift Paul Koschaker. Vol. 1. Weimar 1939 pp. 296–333
= Betti, FS Koschaker.

Blank, *Helmut*: Condemnatio pecuniaria und Sachzugriff. In: Zeitschrift der Savigny-Stiftung für Rechtsgeschichte: Romanistische Abteilung. Vol. 99 (1982) pp. 303–316
= Blank, ZRG RA 99.

Bluhme, *Friedrich*: Die Ordnung der Fragmente in den Pandectentiteln. Ein Beitrag zur Entstehungsgeschichte der Pandecten. In: Zeitschrift für geschichtliche Rechtswissenschaft. Vol. 4 (1820) pp. 257–472
= Bluhme, ZGR RA 4.

Bökh, August: Metrologische Untersuchungen über Gewichte, Münzfüße und Maße des Alterthums in ihrem Zusammenhange. Berlin 1838
= Bökh, Metrologische Untersuchungen.

Brinz, Alois von: Lehrbuch der Pandekten. Vol. 2, 2. Abteil. 2. Aufl., Erlangen 1882
= Brinz, Pandekten II.2.

Bürge, Alfons: Geld- und Naturalwirtschaft im vorklassischen und klassischen römischen Recht. In: Zeitschrift der Savigny-Stiftung für Rechtsgeschichte: Romanistische Abteilung. Vol. 99 (1982) pp. 128–157
= Bürge, ZRG RA 99.

Idem: Fiktion und Wirklichkeit: Soziale und rechtliche Strukturen des römischen Bankwesens. In: Zeitschrift der Savigny-Stiftung für Rechtsgeschichte: Romanistische Abteilung. Vol. 104 (1987) pp. 465–558
= Bürge, ZRG RA 104.

Carrington, Roger Clifford: Studies in the Campanian ›Villae Rusticae‹. In: The Journal of Roman Studies. Vol. 21 (1931) pp. 110–130
= Carrington, Villae Rusticae.

Cato, Marcus Porcius/Bréhaut, Ernest: Cato the Censor on farming. In: Records of civilization. Vol. 17. New York 1933
= Cato / Bréhaut, Farming.

Cato, Marcus Porcius/Thielscher, Paul: Des Marcus Cato Belehrung über die Landwirtschaft. Berlin 1963
= Cato / Thielscher, Belehrung über die Landwirtschaft.

Cohen, Edward: Consensual contracts at Athens. In: Rupprecht, Hans Albert (ed.): Symposium 2003. Wien 2006 pp. 73–84
= Cohen, Consensual contracts.

De Simone, Girolamo Ferdinando: The Agricultural Economy of Pompeii. Surplus and Dependence. In: Flohr, Miko / Wilson, Andrew (edd.): In: The Economy of Pompeii. Oxford 2017 pp. 23–52
= De Simone, Agricultural Economy of Pompeii.

De Zulueta, Francis: The Roman law of Sale. Oxford 1945
= De Zulueta, Roman Law of Sale.

Dernburg, Heinrich/Sokolowski, Paul: System des Römischen Rechts. Zweiter Teil. 8. Aufl., Berlin 1912
= Dernburg / Sokolowski, System II.

Die Bibel. Altes und Neues Testament; Einheitsübersetzung. Freiburg et al. 1980
= Die Bibel.
Eck, Ernst: Die Verpflichtung des Verkäufers zur Gewährung des Eigenthums nach Römischem und gemeinem Deutschen Recht. In: Festschrift im Auftrage der Juristen-Fakultät Halle-Wittenberg (Herrn Karl Witte ... zu seinem sechszigjährigen Jubiläum als Doctor der Philosophie). Halle 1874
= Eck, E., FS Witte
Eck, Werner: Verkehr und Verkehrsregeln in einer antiken Großstadt. Das Beispiel Rom. In: Stadtverkehr in der antiken Welt. Internationales Kolloquium zur 175-Jahrfeier des Deutschen Archäologischen Instituts Rom, 21.–23. April 2004. Wiesbaden 2008 pp. 59–69
= Eck, W., Verkehr und Verkehrsregeln.
Ernst, Wolfgang: Periculum est emptoris. In: Zeitschrift der Savigny-Stiftung für Rechtsgeschichte: Romanistische Abteilung. Vol. 99 (1982) pp. 216–248
= Ernst, ZRG RA 99.
Idem: Rechtsmängelhaftung. Tübingen 1995
= Ernst, Rechtsmängelhaftung.
Idem: Die Konkretisierung in der Lehre vom Gattungskauf. In: Gedächtnisschrift für Brigitte Knobbe-Keuk. Köln 1997 pp. 49–110
= Ernst, FS Knobbe-Keuk.
Idem: Gattungskauf und Lieferungskauf im römischen Recht. In: Zeitschrift der Savigny-Stiftung für Rechtsgeschichte: Romanistische Abteilung. Vol. 114 (1997) pp. 272–344
= Ernst, ZRG RA 114.
Idem: Die Vorgeschichte der exceptio non adimpleti contractus im römischen Recht bis Justinian. In: Festgabe für Werner Flume zum 90. Geburtstag. Mit Beiträgen zum Römischen Recht in Antike und Mittelalter, zum geltenden Zivil- und Steuerrecht sowie zu den Grundlagen der Rechtsidee ehren Horst Heinrich Jakobs, Eduard Picker, Jan Wilhelm zusammen mit Wolfgang Ernst, Rainer Hüttemann und Wolfgang Schön den Lehrer Werner Flume aus Anlaß seines 90. Geburtstages. Berlin et al. 1998 pp. 1–58
= Ernst, FG Flume.

Ernst, Wolfgang: Kurze Rechtsgeschichte des Gattungskaufs. In: Zeitschrift für Europäisches Privatrecht. Vol. 7 (1999) pp. 584–641
= Ernst, ZEuP 7.

Idem: Die Einrede des nichterfüllten Vertrages zur historischen Entwicklung des synallagmatischen Vertragsvollzugs im Zivilprozeß. Schriften zur europäischen Rechts- und Verfassungsgeschichte. Berlin 2000
= Ernst, Einrede des nichterfüllten Vertrages.

Flach, Dieter: Römische Agrargeschichte. Handbuch der Altertumswissenschaft. Dritte Abteilung: Alter Orient, Griechische Geschichte, Römische Geschichte. Teil 9. München 1990
= Flach, HAW III,9.

Forschner, Benedikt/Haubner, David: Kein Volk der Gesetze. Anmerkungen zu Mantovanis These der legum multitudo im römischen Privatrecht. In: Zeitschrift der Savigny-Stiftung für Rechtsgeschichte: Romanistische Abteilung. Vol. 136 (2016) pp. 322–344
= Forschner/Haubner, ZRG RA 136.

Frier, Bruce W.: Roman law and the wine trade: The problem of »vinegar sold as wine«. In: Zeitschrift der Savigny-Stiftung für Rechtsgeschichte: Romanistische Abteilung. Vol. 100 (1983) pp. 257–295
= Frier, ZRG RA 100.

Gagliardi, Lorenzo: La legge sulla *ὁμολογία* e i vizi della volontà nei contratti in diritto ateniense. In: Gagarin, Michael/Lanni, Adriaan (edd.): Symposion 2013, Vorträge zur griechischen und hellenistischen Rechtsgeschichte. Wien 2014 pp. 177–214
= Gagliardi, La legge.

Gordon, William M.: Risk in sale in roman law. In: Collatio ivris romani. Études dédiées à Hans Ankum à l'occasion de son 65e anniversaire. Vol. 1. Amsterdam 1995 pp. 123–130
= Gordon, FS Ankum 1.

Gothofredus, Denis: Corpus Iuris Civilis I. Coloniae Munatianae 1756
= Gothofredus, CIC I.

Gradenwitz, Otto: Vocabularium iurisprudentiae romanae. Tomus I: A–C. Berlin 1903
= Gradenwitz, VIR 1.

Harder, Manfred: Weinkauf und Weinprobe im Römischen Recht. In: Recht und Wirtschaft in Geschichte und Gegenwart. Fest-

schrift für Johannes Bärmann zum 70. Geburtstag. München 1975 pp. 17–30
= HARDER, FS Bärmann.

HARKE, *Jan Dirk*: Mora debitoris und mora creditoris im klassischen römischen Recht. In: Freiburger Rechtsgeschichtliche Abhandlungen. Vol. 46 (N.F.). Berlin 2005
= HARKE, Mora debitoris und mora creditoris.

HARRAUER, *Hermann*: Sechs byzantinische Weinkaufverträge aus dem Hermupolites. Mit Bemerkungen zu einigen Formeln. In: PINTAUDI, Rosario (ed.): In: Miscellanea Papyrologica. Florenz 1980 pp. 109–126
= HARRAUER, Miscellanea Papyrologica.

HAYMANN, *Franz*: Textkritische Studien zum römischen Obligationenrecht II. Periculum est emptoris. In: Zeitschrift der Savigny-Stiftung für Rechtsgeschichte: Romanistische Abteilung. Vol. 41 (1920) pp. 44–185
= HAYMANN, ZRG RA 41.

IDEM: Zur Klassizität des periculum emptoris. In: Zeitschrift der Savigny-Stiftung für Rechtsgeschichte: Romanistische Abteilung. Vol. 48 (1928) pp. 314–418
= HAYMANN, ZRG RA 48.

IDEM: Haben die Römer den Gattungskauf gekannt? In: Jherings Jahrbücher für die Dogmatik des heutigen römischen und deutschen Privatrechts. Vol. 79 (1928/1929) pp. 95–127
= HAYMANN, JhJB 79.

IDEM: Haftung für unmittelbaren und mittelbaren Schaden beim Kauf. In: Studi in onore di Pietro Bonfante nel XL anno d'insegnamento. Vol. 2. Mailand 1930 pp. 441–462
= HAYMANN, St. Bonfante II.

HEIMBACH, Gustav Ernst/HEIMBACH, Karl Wilhelm Ernst/FABROT, Charles Annibal (edd.): Basilicorum libri LX. Vol. 5. Leipzig 1850
= *HEIMBACH/HEIMBACH/FABROT*, Basilic. libri LX (5).

HEUMANN, Hermann Gottlieb/SECKEL, Emil: Heumanns Handlexikon zu den Quellen des römischen Rechts. 11. Aufl., Graz 1971
= HEUMANN / SECKEL, Handlexikon.

HILGERS, Werner: Lateinische Gefäßnamen. Bezeichnungen, Funktion und Form römischer Gefäße nach den antiken Schriftquellen. In: Bonner Jahrbücher. Beih. 31. Düsseldorf 1969
= HILGERS, Lateinische Gefäßnamen.

HONSELL, *Heinrich*: Quod interest im bonae-fidei-iudicium. Studien zum römischen Schadensersatzrecht. In: Münchener Bei-

träge zur Papyrusforschung und antiken Rechtsgeschichte. Vol. 55. München 1969
= HONSELL, Quod interest.

HULTSCH, Friedrich: Griechische und römische Metrologie. 2. Bearbeitung, Berlin 1882
= HULTSCH, Griechische und römische Metrologie.

HUMBERT, Gustave Amédée: Annona. In: DAREMBERG, Charles/SAGLIO, Edmond (edd.): Dictionnaire des antiquités grecques et romaines, d'après les textes et les monuments. Vol. 1,1: A–B. Graz 1877 pp. 273–278
= HUMBERT, DAGR 1.1 s.v. ›*annona*‹.

HUTMACHER, Hans A.: Symbolik der biblischen Zahlen und Zeiten. Paderborn et al. 1993
= HUTMACHER, Symbolik.

JAKAB, Éva: Gedanken zur Gefahrtragung beim Kauf. In: A bonis bona discere. Festgabe für János Zlinszky zum 70. Geburtstag. Miskolc 1998 pp. 161–169
= JAKAB, FG Zlinszky.

EADEM: Vinum effundere in Ulp. D. 18.6.1.3. In: Zeitschrift der Savigny-Stiftung für Rechtsgeschichte: Romanistische Abteilung. Vol. 116 (1999) pp. 71–111
= JAKAB, ZRG RA 116.

EADEM: Antwort auf Edward Cohen Symposium 2003 In: CANTARELLA, Eva/MODRZEJEWSKI, Joseph Mélèze/THÜR, Gerhard (edd.): Symposion 2003. Vorträge zur griechischen und hellenistischen Rechtsgeschichte. Wien 2003 pp. 85–92
= JAKAB, Antwort auf Edward Cohen.

EADEM: Periculum und Praxis. Vertragliche Abreden beim Verkauf von Wein. In: Zeitschrift der Savigny-Stiftung für Rechtsgeschichte: Romanistische Abteilung. Vol. 121 (2004) pp. 189–232
= JAKAB, ZRG RA 121.

EADEM: Risikomanagement beim Weinkauf. Periculum und Praxis im Imperium Romanum. In: Münchener Beiträge zur Papyrusforschung und antiken Rechtsgeschichte. Vol. 99. München 2009
= JAKAB, Risikomanagement.

EADEM: Instrumentum emptionis: vendita di vino con anticipazione del prezzo. In: MEROLA, Giovanna/SANTINI, Paola (edd.): In: Lawine. Commercio e consumo del vino nel

mondo antico. Apetti giuridici. Atti del simposio internazionale Napoli, 17.–18. Gennaio 2019. Neapel 2020 pp. 147–167
= JAKAB, Lawine. Commercio e Consumo.

JOHNSON, Allan Chester: Roman Egypt to the reign of Diocletian. In: An Economic survey of ancient Rome. Vol. 2. Baltimore 1936
= JOHNSON, Roman Egypt.

JÖRS, Paul/KUNKEL, Wolfgang/WENGER, Leopold: Römisches Recht. Enzyklopädie der Rechts- und Staatswissenschaft. Abteilung Rechtswissenschaft. Berlin et al. 1949
= JÖRS / KUNKEL / WENGER, Röm. Recht.

JUDEICH, Walter: Die Gesetze des Gaius Gracchus. In: Historische Zeitschrift. Vol. 111 (1913) pp. 473–494
= JUDEICH, HZ 111.

KAISER, Wolfgang: Überlegungen zum Vertragsschluss bei einer μίσθωσις über Grundstücke. In: Zeitschrift der Savigny-Stiftung für Rechtsgeschichte: Romanistische Abteilung. (2022) pp. 391–409
= KAISER, ZRG RA 139.

KASER, Max: Mora. In: WISSOWA, Georg / KROLL, Wilhelm / ZIEGLER, Konrat / MITTELHAUS, Karl / PAULY, August (edd.): Paulys Real-Encyclopädie der classischen Altertumswissenschaft. Reihe 1, Vol. 16,1: Molatzes–Myssi. Stuttgart 1933 coll. 254ff.
= KASER, RE I.16,1 s.v. ›*mora*‹.

IDEM: Quanti ea res est. Studien zur Litisästimation im klassischen römischen Recht. München 1935
= KASER, Quanti ea res est.

IDEM: Das römische Privatrecht. Erster Abschnitt: Das Altrömische, das vorklassische und klassische Recht. In: Rechtsgeschichte des Altertums. 2. neubearb. Aufl., München 1971
= KASER, RP I.

KASER, Max/KNÜTEL, Rolf/LOHSSE, Sebastian: Römisches Privatrecht. Ein Studienbuch. 21. Aufl., München 2017
= KASER / KNÜTEL / LOHSSE, Röm. Privatrecht.

KNÜTEL, Rolf: Zum Nutzungszins. In: Zeitschrift der Savigny-Stiftung für Rechtsgeschichte: Romanistische Abteilung. Vol. 105 (1988) pp. 514–540
= KNÜTEL, ZRG RA 105.

KNÜTEL, Rolf: Hoffnungskauf und Eviktionshaftung. In: Zeitschrift der Savigny-Stiftung für Rechtsgeschichte: Romanistische Abteilung. Vol. 117 (2000) pp. 445–453
= KNÜTEL, ZRG RA 117.

Krückmann, Paul: Zur Reform des Kaufrechtes: Ein Beitrag zur Revision des Handelsgesetzbuches. Berlin 1896
= Krückmann, Zur Reform des Kaufrechtes.

Krückmann, Paul: Periculum emptoris. In: Zeitschrift der Savigny-Stiftung für Rechtsgeschichte: Romanistische Abteilung. Vol. 60 (1940) pp. 1–79
= Krückmann, ZRG RA 60.

Kruit, Nico: Local Customs in the Formulas of Sales of Wine for Future Delivery. In: Zeitschrift für Papyrologie und Epigraphik. (1992) pp. 167–184
= Kruit, ZPE 94.

Kruit, Nico: The Meaning of Various Words Related to Wine. In: Zeitschrift für Papyrologie und Epigraphik. (1992) pp. 265–276
= Kruit, ZPE 90.

Kubitschek, Wilhelm: Aedilis. In: Wissowa, Georg / Kroll, Wilhelm / Ziegler, Konrat / Mittelhaus, Karl / Pauly, August (edd.): Paulys Real-Encyclopädie der classischen Altertumswissenschaft. Reihe 1, Vol. 1,1: Aal–Alexandros. Stuttgart 1893 coll. 448–464
= Kubitschek, RE I.1,1 s.v. ›*aedilis*‹.

Kubitschek, Wilhelm: Canon Frumentarius. In: Wissowa, Georg / Kroll, Wilhelm / Ziegler, Konrat / Mittelhaus, Karl / Pauly, August (edd.): Paulys Real-Encyclopädie der classischen Altertumswissenschaft. Reihe 1, Vol. 3,2: Campanus ager–Claudius. Stuttgart 1899 coll. 1487–1488
= Kubitschek, RE I.3,2 s.v. ›*canon frumentarius*‹.

Kübler, Bernhard/Meinhart, Marianne: Vocabularium iurisprudentiae Romanae. Tom IV: N–Q, Halbband 1: N–P, Fasciculus 2: Numeratio–Per (Praepositio). Berlin 2011
– Kübler / Meinhart, VIR 4.1,2.

Laurence, Ray: City Traffic and the Archeology of Roman Streets from Pompeii to Rome. In: Stadtverkehr in der antiken Welt. Internationales Kolloquium zur 175-Jahrfeier des Deutschen Archäologischen Instituts Rom, 21.–23. April 2004. Wiesbaden 2008 pp. 87–106
= Laurence, Stadtverkehr in der antiken Welt.

Lenel, Otto: Palingenesia juris civilis. Juris consultorum reliquiae quae Justiniani Digestis continentur ceteraque Juris prudentiae civilis fragmenta minora secundum auctores et libros disposuit. Vol. I. Leipzig 1889
= Lenel, Palingenesia I.

LENEL, *Otto*: Palingenesia juris civilis. Juris consultorum reliquiae quae Justiniani Digestis continentur ceteraque Juris prudentiae civilis fragmenta minora secundum auctores et libros disposuit. Vol. II. Leipzig 1889
= LENEL, Palingenesia II.

IDEM: Das Sabinussystem. In: Festgabe Rudolf von Ihering zu seinem Doctor-Jubiläum. Überreicht von der Rechts- und Staatswissenschaftlichen Fakultät zu Strassburg. Strassburg 1892 pp. 1–106
= LENEL, FG Ihering.

IDEM: Das Edictum perpetuum. Ein Versuch zu dessen Wiederherstellung. 3. Aufl., Leipzig 1927
= LENEL, Edictum.

LEONHARD, *Rudolf*: Arra. In: WISSOWA, Georg / KROLL, Wilhelm / ZIEGLER, Konrat / MITTELHAUS, Karl / PAULY, August (edd.): Paulys Real-Encyclopädie der classischen Altertumswissenschaft. Reihe 1, Vol. 2,1: Apollon–Artemis. Stuttgart 1895 coll. 1219–1223
= LEONHARD, RE I.2,1 s.v. ›*arra*‹.

IDEM: Contractus. In: WISSOWA, Georg / KROLL, Wilhelm / ZIEGLER, Konrat / MITTELHAUS, Karl / PAULY, August (edd.): Paulys Real-Encyclopädie der classischen Altertumswissenschaft. Reihe 1, Vol. 4,1: Claudius mons–Cornificius. Stuttgart 1900 coll. 1161–1163
= LEONHARD, RE I.4,1 s.v. ›*contractus*‹.

LEVY, *Ernst*: Die querela non numeratae pecuniae. Ihr Aufkommen und Ausbau. In: Zeitschrift der Savigny-Stiftung für Rechtsgeschichte: Romanistische Abteilung. (1953) pp. 214–246
= LEVY, ZRG RA 70.

LO CASCIO, *Elio*: Canon frumentarius, suarius, vinarius. Stato e privati nell'approvvigionamento dell'urbs. In: HARRIS, William Vernon (ed.): The transformations of vrbs Roma in late antiquity. Portsmouth 1999 pp. 163–182
= LO CASCIO, Canon frumentarius, suarius, vinarius.

LOHSSE, *Sebastian*: §§ 286–292 Verzug des Schuldners. In: RÜCKERT, Joachim / SCHMÖCKEL, Mathias / ZIMMERMANN, Reinhard (edd.): In: Historisch-kritischer Kommentar zum BGB. Vol. 2,1. Tübingen 2007 pp. 1312ff.
= LOHSSE, HKK §§ 286–292.

LONG, *George*: Aediles. In: SMITH, William (ed.): A Dictionary of Greek and Roman Antiquities. Boston 1859 pp. 18–20
= LONG, DGRA s.v. ›*aediles*‹.

LONG, *George*: Servus. In: SMITH, William (ed.): A Dictionary of Greek and Roman Antiquities. Boston 1859 pp. 1034–1042
= LONG, DGRA s.v. ›*servus*‹.

LÜBTOW, *Ulrich von*: Catos Leges Venditioni et Locationi dictae. In: KRÓKOWSKI, Georgius / STEFFEN, Victor / STRZELECKI, Ladislaus (edd.): Symbolae Raphaeli Taubenschlag dedicatae. Vol. 3. Bratislava et al. 1957 pp. 227–441
= LÜBTOW, Catos leges.

MANTOVANI, *Dario*: Legum multitudo. Die Bedeutung der Gesetze im römischen Privatrecht. In: Freiburger Rechtsgeschichtliche Abhandlungen. Vol. 78 (N.F.). Berlin 2018
= MANTOVANI, Legum multitudo.

IDEM: Les juristes écrivains de la Rome antique: les œuvres des juristes comme littérature. In: Collection Docet omnia. Vol. 3. Paris 2018
= MANTOVANI, Les juristes.

MARCHANT, *Louis*: Frumenta. In: DAREMBERG, Charles / SAGLIO, Edmond (edd.): Dictionnaire des antiquités grecques et romaines, d'après les textes et les monuments. Vol. 2,2: F–G. Paris 1896 pp. 1343–1346
= MARCHANT, DAGR 2,2 s.v. ›*frumenta*‹.

MASTINO, *Attilo*: Constitutio Antoniniana: La politica della cittadinanza di un imperatore africano. In: Bullettino dell'Istituto di Diritto Romano »Vittorio Scialoja«. Vol. 107 (2013) pp. 37–56
= MASTINO, BIDR 107.

MAU, *August*: Dolium. In: WISSOWA, Georg / KROLL, Wilhelm / ZIEGLER, Konrat / MITTELHAUS, Karl / PAULY, August (edd.): Paulys Real-Encyclopädie der classischen Altertumswissenschaft. Reihe 1, Vol. 5,1: Demogenes–Donatianus. Stuttgart 1903 coll. 1284–1286
= MAU, RE I.5,1 s.v. ›*dolium*‹.

MEDICUS, *Dieter*: Id quod interest. Studien zum römischen Recht des Schadenersatzes. In: Forschungen zum römischen Recht. Vol. 14. Köln et al. 1962
= MEDICUS, Id quod interest.

MEES, *Allard Wijnund*: Organisationsformen römischer Töpfer-Manufakturen am Beispiel von Arezzo und Rheinzabern. Unter Berücksichtigung von Papyri, Inschriften und Rechtsquellen. Vol. 2. Mainz 2002
= MEES, Organisationsformen römischer Töpfer-Manufakturen.

Misera, Karlheinz: Der Kauf auf Probe im klassischen römischen Recht. In: Temporini, Hildegard (ed.): In: Recht (Materien [Forts.]). Aufstieg und Niedergang der römischen Welt (ANRW). Geschichte und Kultur Roms im Spiegel der neueren Forschung. Teil 2: Principat. Vol. 14. Berlin, New York 1982 pp. 524–582
= Misera, ANRW II.14.

Mitteis, Ludwig: Zu Pseudo-Asconius in Verrem, II,1,36. In: Zeitschrift für das Privat- und öffentliche Recht der Gegenwart. Vol. 17 (1890) pp. 559–586
= Mitteis, GrünhutsZ 17.

Mitteis, Ludwig/Levy, Ernst: Index interpolationum: quae in Iustiniani Digestis inesse dicuntur. Ad libros Digestorum XXXVI–L pertinens. Vol. 3. Weimar 1929
= Mitteis / Levy, Index Itp. 3.

Mitteis, Ludwig/Levy, Ernst/Rabel, Ernst: Index interpolationum: quae in Iustiniani Digestis inesse dicuntur. Ad libros Digestorum I–XX pertinens. Vol. 1. Weimar 1929
= Mitteis / Levy / Rabel, Index Itp. 1.

Mommsen, Friedrich: Die Lehre von der Mora, nebst Beiträgen zur Lehre von der Culpa. Braunschweig 1855
= Mommsen, Mora.

Idem: Zur Lehre von dem Interesse. In: Beiträge zum Obligationenrecht. Vol. 2. Braunschweig 1855
= Mommsen, Interesse.

Morley, Neville: Trade in classical antiquity. Key themes in ancient history. Cambridge 2007
= Morley, Trade in classical antiquity.

Münzer, Friedrich: Pactum. In: Wissowa, Georg / Kroll, Wilhelm / Ziegler, Konrat / Mittelhaus, Karl / Pauly, August (edd.): Paulys Real-Encyclopädie der classischen Altertumswissenschaft. Reihe 1, Vol. 18,2: Orphische Dichtung–Palatini. Stuttgart 1942 coll. 2127–2154
= Münzer, RE I.18,2 s.v. *›pactum‹*.

Otto, Karl Eduard/Schilling, Bruno/Sintenis, Carl Friedrich Ferdinand (edd.): Das Corpus Juris. In's Deutsche übersetzt von einem Vereine Rechtsgelehrter und herausgegeben von Dr. Carl Ed. Otto, Dr. Bruno Schilling, Professoren der Rechte an der Universität Leipzig, und Dr. Carl Friedrich Ferdinand Sintenis, als Redactoren. Vol. 2. Leipzig 1831
= *Otto/Schilling/Sintenis*, Vol. 2.

Otto, Karl Eduard/Schilling, Bruno/Sintenis, Carl Friedrich Ferdinand (edd.): Das Corpus Juris. In's Deutsche übersetzt von einem Vereine Rechtsgelehrter und herausgegeben von Dr. Carl Ed. Otto, Dr. Bruno Schilling, Professoren der Rechte an der Universität Leipzig, und Dr. Carl Friedrich Ferdinand Sintenis, als Redactoren. Vol. 5. Leipzig 1832
= *Otto/Schilling/Sintenis*, Vol. 5.

Pennitz, Martin: Die Gefahrtragung beim Weinverkauf im klassischen römischen Recht. In: Tijdschrift voor Rechtsgeschiedenis / Revue d'Histoire du Droit / The Legal History Review. Vol. 62 (1994) pp. 251–29
= Pennitz, TR 62.

Idem: Das Periculum rei venditae: Ein Beitrag zum »aktionenrechtlichen Denken« im römischen Privatrecht. Zugl. Graz, Univ., Habil.-Schr., 1998/99. In: Forschungen zum römischen Recht. Vol. 44. Köln et al. 2000
= Pennitz, Periculum.

Idem: Zu den Voraussetzungen der mora accipiendi im klassischen römischen Recht. In: Zeitschrift der Savigny-Stiftung für Rechtsgeschichte: Romanistische Abteilung. Vol. 123 (2006) pp. 152–184
= Pennitz, ZRG RA 123.

Platschek, Johannes: Caveat emptor (Rez. Jakab, Risikomanagement beim Weinkauf). In: Zeitschrift des Max-Planck-Instituts für europäische Rechtsgeschichte. Vol. 18 (2011) pp. 229–232
= Platschek, Rg 18.

Idem: Das Edikt De pecunia constituta: die römische Erfüllungszusage und ihre Einbettung in den hellenistischen Kreditverkehr. In: Münchener Beiträge zur Papyrusforschung und antiken Rechtsgeschichte. Vol. 106. München 2013
= Platschek, De pecunia constituta.

Idem: ›Contra fidem veritatis‹. Documenti greci nella prospettiva romana con un excursus sui ›nomina arcaria‹ negli archivi campani. In: Masi, Carla / Cascione, Cosimo (ed.): Quid est veritas? Un seminario su verità e forme giuridiche. Napoli 2013 pp. 251–275
= Platschek, ›Contra fidem veritatis‹.

Pottier, Edmond: Dolium. In: Daremberg, Charles / Saglio, Edmond (edd.): Dictionnaire des antiquités grecques et romaines, d'après les textes et les monuments. Vol. 2,1: D–E. Graz 1892 pp. 332f.
= Pottier, DAGR 2,1 s.v. ›*dolium*‹.

Pringsheim, Fritz: The Greek law of sale. Weimar 1950
= Pringsheim, GLS.

Idem: A new and peculiar Contract for Cash Payment with deferred Delivery (P.Oslo Inv. No. 1440). Studia et documenta historiae iuris. Vol. 24. Romae 1958 pp. 224–236
= Pringsheim, SDHI 24.

Idem: Diocletian in C. 4,2,6. In: Tulane Law Review. Vol. 33 (1958/1959) pp. 551–554
= Pringsheim, Tul. L. Rev. 33.

Idem: Stipulations-Klausel. In: Gesammelte Abhandlungen. Vol. 2. Heidelberg 1961 pp. 194–256
= Pringsheim, Gesammelte Abhandlungen 2.

Rabel, Ernst: Geschichtliche Studien über den Haftungserfolg. In: Die Haftung des Verkäufers wegen Mangels im Rechte. Vol. 1. Leipzig 1902
= Rabel, Haftung wegen Mangels im Rechte 1.

Idem: Nachgeformte Rechtsgeschäfte. Mit Beiträgen zu den Lehren von der Injurezession und vom Pfandrecht. In: Zeitschrift der Savigny-Stiftung für Rechtsgeschichte: Romanistische Abteilung. Vol. 28 (1907) pp. 311–379
= Rabel, ZRG RA 28.

Idem: Das Recht des Warenkaufs. Eine rechtsvergleichende Darstellung. In: Sonderveröffentlichung der Zeitschrift für Ausländisches und Internationales Privatrecht. Vol. 2. Berlin et al. 1958
= Rabel, Recht des Warenkaufs II.

Idem: Das Recht des Warenkaufs. Vol. 1. Berlin 1964 (Nachdruck)
= Rabel, Das Recht des Warenkaufs.

Ramsey, William: Olea. In: Smith, William (ed.): A Dictionary of Greek and Roman Antiquities. Boston 1859 pp. 823–826
= Ramsey, DGRA s.v. ›*olea*‹.

Idem: Viae. In: Smith, William (ed.): A Dictionary of Greek and Roman Antiquities. Boston 1859 pp. 1191–1195
= Ramsey, DGRA s.v. ›*viae*‹.

Ramsey, William: Vinum. In: Smith, William (ed.): A Dictionary of Greek and Roman Antiquities. Boston 1859 pp. 1201–1209
= Ramsey, DGRA s.v. ›*vinum*‹.

Reetz, Pia: Mora creditoris im römischen Recht. In: Tijdschrift voor Rechtsgeschiedenis/Revue d'Histoire du Droit/The Legal History Review. Vol. 83 (2015) pp. 392–420
= Reetz, TR 83.

Riccobono, Salvatore jr.: Profilo storico della dottrina della mora nel diritto romano. In: Annali del Seminario Giuridico dell'Università di Palermo (AUPA). Vol. 29 (1964) pp. 105–472
= Riccobono, AUPA 29.

Rossiter, J. J.: Roman farm buildings in Italy. In: B.A.R. International series. Vol. 52. Oxford 1978
= Rossiter, Roman farm buildings.

Rothenhöfer, Peter: Ein bronzenes römisches Hohlmaß (*sextarium*) mit militärischer Inschrift und Bemerkungen zu gleichartigen Inschriften. In: Gephyra. Zeitschrift für Geschichte und Kulturen des antiken östlichen Mittelmeerraums. Vol. 13 (2016) pp. 119–125
= Rothenhöfer, Gephyra 13.

Rotondi, Giovanni: Leges publicae populi Romani. Elenco cronologico con una introduzione sull'attività legislativa dei comizi romani. Mailand 1912
= Rotondi, Leges publicae populi Romani.

Rüfner, Thomas: Vertretbare Sachen? Die Geschichte der res, quae pondere numero mensura constant. In: Schriften zur europäischen Rechts- und Verfassungsgeschichte. Vol. 31. Berlin 2000
= Rüfner, Res, quae pondere numero mensura constant.

Rupprecht, Hans Albert: Vertragliche Mischtypen in den Papyri. Mnēmē Geōrgiu A. Petropulu. Bd. 2. Athen 1984 pp. 273–283
= Rupprecht, Mischtypen.

Idem: Untersuchungen zum Darlehen im Recht der graeco-ägyptischen Papyri der Ptolomäerzeit. München 1965
= Rupprecht, Darlehen.

Idem: Kleine Einführung in die Papyruskunde. Darmstadt 2005
= Rupprecht, Einführung in die Papyruskunde.

Idem: Vertragliche Mischtypen in den Papyri. In: Jördens, Andrea (ed.): In: Hans-Albert Rupprecht. Beiträge zur Juristischen Papyrologie. Kleine Schriften. Stuttgart 2017 pp. 86–94
= Rupprecht, Beiträge zur Juristischen Papyrologie.

Santucci, Gianni: Legum inopia e diritto privato: riflessioni intorno ad un recente contributo. In: Studia et documenta historiae iuris. Vol. 80 (2014) pp. 373–393
= Santucci, SDHI 80.

Schmidt-Scharff, Wolfgang: Wirkungen der mora accipiendi des Käufers. Frankfurt 1891
= Schmidt-Scharff, mora accipiendi.

Schönbauer, Ernst: Neue Rechtsquellen zum C. Antoniniana-Problem. In: Krókowski, Georgius / Steffen, Victor / Strzelecki, Ladislaus (edd.): Symbolae Raphaeli Taubenschlag dedicatae. Vol. 1. Bratislava et al. 1956 pp. 473–498
= Schönbauer, C. Antoniniana-Problem.

Schulz, Fritz: Sabinus-Fragmente in Ulpians Sabinus-Commentar. Halle a.d.S. 1906
= Schulz, Sabinus-Fragmente.

Idem: Classical Roman Law. Oxford 1969
= Schulz, Classical Roman Law.

Schütrumpf, Eckart (ed.): Aristoteles: Politik. Übersetzt und mit einer Einleitung sowie Anmerkungen herausgegeben von Eckart Schütrumpf. Hamburg 2012
= Aristot. pol.

Seckel, Emil/Levy, Ernst: Die Gefahrtragung beim Kauf im klassischen römischen Recht. In: Zeitschrift der Savigny-Stiftung für Rechtsgeschichte: Romanistische Abteilung. Vol. 47 (1927) pp. 117–263
= Seckel / Levy, ZRG RA 47.

Siber, Heinrich: Römisches Recht in Grundzügen für die Vorlesung. Vol. 2. Darmstadt 1928
= Siber, Römisches Recht II.

Simon, Dieter: Studien zur Praxis der Stipulationsklausel. In: Münchener Beiträge zur Papyrusforschung und antiken Rechtsgeschichte. Vol. 48. München 1964
= Simon, Stipulationsklausel.

Sirks, Boudewijn: Food for Rome. The Legal Structure of the Transportation and Processing of Supplies for the Imperial Distributions in Rome and Constantinople. Amsterdam 1991
= Sirks, Food for Rome.

Idem: Noxa caput sequitur. In: Tijdschrift voor Rechtsgeschiedenis / Revue d'Histoire du Droit / The Legal History Review. Vol. 81 (2013) pp. 81–108
= Sirks, TR 81.

Smith, William: Frumentariae leges. In: Smith, William (ed.): A dictionary of Greek and Roman antiquities. Boston 1859 pp. 548–551
= Smith, DGRA s.v. ›*frumentariae leges*‹.

Soden, Heiko von: Untersuchungen zur Homologie in den griechischen Papyri Ägyptens bis Diokletian. In: Graezistische Abhandlungen. Vol. 5. Köln 1973
= Soden, Homologie.

STAGL, *Jakob Fortunat*: Die Bedeutung von leges publicae im Römischen Recht: Der Beitrag Mantovanis zur »legum multitudo« und die Frage der Privatautonomie bei den Römern. In: Zeitschrift der Savigny-Stiftung für Rechtsgeschichte: Romanistische Abteilung. Vol. 136 (2016) pp. 445–458
= STAGL, ZRG RA 136.

IDEM: Juristenrecht oder Gesetzesrecht. In: Legum multitudo. Die Bedeutung der Gesetze im römischen Privatrecht. Berlin 2018 pp. 110–123
= STAGL, Nachwort Legum multitudo.

IDEM: Der Tempel der Gerechtigkeit: Zur Morphologie und Hermeneutik der Pandekten. Paderborn 2023
= STAGL, Tempel.

STAUB, *Hermann*/PINNER, *Albert*/BONDI, *Felix*: Staub's Kommentar zum Handelsgesetzbuch. Vol. 1: §§ 1–177. 14. Aufl., Berlin et al. 1932
= STAUB/PINNER/BONDI, Staub HGB 1.

STEINER, *Anja*: Die römischen Solidarobligationen. Eine Neubesichtigung unter aktionenrechtlichen Aspekten. In: Münchener Beiträge zur Papyrusforschung und antiken Rechtsgeschichte. Vol. 100. München 2009
= STEINER, A., Solidarobligationen.

STEINER, *Hans*: Datio in solutum. München 1914
= STEINER, H., Datio in solutum.

STERN, *Ernst von*: Zur Beurteilung der Politischen Wirksamkeit des Tiberius und Gaius Gracchus. In: Hermes: Zeitschrift für Klassische Philologie. Vol. 56 (1921) pp. 229–301
= STERN, Hermes 56.

TALAMANCA, *Mario*: Contributi allo studio delle vendite all'asta nel mondo classico. Atti della Accademia Nazionale dei Lincei Memorie Classe di Scienze Morali, Storiche e Filologiche. Serie 8, volume 6. Roma 1955
= TALAMANCA, vendite all'asta.

IDEM: Vendita in generale (Diritto romano). In: CALASSO, Francesco/MORTATI, Costantino/PUGLIATTI, Salvatore/SANTORO-PASSARELLI, Francesco (edd.): Enciclopedia del diritto. Indice delle fonti. A–Z. (Dal vol. I al XLVI). Diretta da Francesco Calasso poi (dal 1966) da Costantino Mortati e Salvatore Pugliatti poi anche (dal 1978) da Francesco Santoro-Passarelli. Vol. 46: Validità–Zucchero. Milano 1993 pp. 303–475
= TALAMANCA, ED 46 s.v. ›*Vendita in generale (Diritto romano)*‹.

TCHERNIA, *André*: Le vin de l'Italie romaine. Essai d'histoire économique d'après les amphores. In: Bibliothèque des Écoles Françaises d'Athènes et de Rome. Vol. 261. Rom et al. 1986
= TCHERNIA, Le vin de l'Italie romaine.

THIELMANN, *Georg*: Die römische Privatauktion. Zugleich ein Beitrag zum römischen Bankierrecht. In: Berliner juristische Abhandlungen. Vol. 4. Berlin 1961
= THIELMANN, Römische Privatauktion.

THILO, *Ralf Michael*: Der Codex accepti et expensi im Römischen Recht. Ein Beitrag zur Lehre der Litteralobligation. In: Göttinger Studien zur Rechtsgeschichte. Vol. 13. Göttingen 1980
= THILO, Codex accepti et expensi.

THÜR, *Gerhard*: Rechtsfragen des Weinkaufs. In: KRAMER, Bärbel (ed.): In: Akten des 21. internationalen Papyrologenkongresses. Berlin, 13.–19.8.1995. Archiv für Papyrusforschung und verwandte Gebiete. Vol. 2, Beiheft 3. Stuttgart et al. 1997 pp. 967–975
= THÜR, AFP 2 Bh. 3.

UNWIN, *Tim*: Wine and the vine: an historical geography of viticulture and the wine trade. London et al. 1991
= UNWIN, Wine and the vine.

WALLACE, *Robert*: Did Athens have consensual contracts? A response to Lorenzo Gagliardi. In: GAGARIN, Michael / LANNI, Adriaan (edd.): Symposium 2013. Wien 2014 pp. 215–222
= WALLACE, Response.

WHITE, *Kenneth Douglas*: Roman farming. Aspects of Greek and Roman life. London 1970
= WHITE, Roman farming.

WINDSCHEID, *Bernhard*/KIPP, *Theodor*: Lehrbuch des Pandektenrechts. Vol. 2. 9. Aufl., Frankfurt a.M. 1906
= WINDSCHEID / KIPP, Lehrbuch d. Pandektenrechts.

WOLF, *Joseph Georg*: Error im römischen Vertragsrecht. In: Forschungen zum römischen Recht. Köln et al. 1961
= WOLF, Error.

WOLFF, *Hans Julius*: Zur Romanisierung des Vertragsrechts der Papyri. In: Zeitschrift der Savigny-Stiftung für Rechtsgeschichte: Romanistische Abteilung. Vol. 73 (1956) pp. 1–28
= WOLFF, ZRG RA 73.

IDEM: Die Grundlagen des griechischen Vertragsrechts. In: Zeitschrift der Savigny-Stiftung für Rechtsgeschichte: Romanistische Abteilung. Vol. 74 (1957) pp. 26–72
= WOLFF, ZRG RA 74.

Yaron, Reuven: Sale of wine. In: Daube, David (ed.): In: Studies in roman law of sale. Dedicated to the memory of Francis de Zulueta. Oxford 1959 pp. 71–77
= Yaron, FS de Zulueta.

Zimmermann, Reinhard: The law of obligations. Roman foundations of the civilian tradition. Oxford et al. 1996
= Zimmermann, Obligations.

Quellenregister

Die Zitierweise orientiert sich an der des Thesaurus linguae Latinae (Index librorum scriptorum inscriptionum ex quibus exempla afferuntur. Editio altera, Leipzig 1990) und Abkürzungen biblischer Bücher an den Loccumer Richtlinien.

§ 1. Vorjustinianische Rechtsquellen

Gaius Institutiones

Fragmenta Vaticana

Codex Theodosianus

§ 2. Corpus Iuris Civilis

Digesta Iustiniani

P. Friedrich, *Die Eigentümlichkeit des Weinkaufs*,
https://doi.org/10.1007/978-3-658-50367-3

Codex Iustinianus

§ 3. Byzantinische Rechtsquellen

Basilicorum libri LX

§ 4. Papyri

§ 5. Inschriften

§ 6. Biblische Quellen

§ 7. Literarische Quellen